上海三联人文经典书库

编委会主任　　陈启甸

主　　编　　陈　恒　黄　韬

编　委　会　（以姓氏笔画为序）

上海三联人文经典书库

110

旧约：一部文学史

[瑞士] 康拉德·施密特 著

李天伟 姜振帅 译

LITERATURGESCHICHTE DES ALTEN TESTAMENTS

EINE EINFÜHRUNG

上海三联书店

总　序

陈　恒

　　自百余年前中国学术开始现代转型以来,我国人文社会科学研究历经几代学者不懈努力已取得了可观成就。学术翻译在其中功不可没,严复的开创之功自不必多说,民国时期译介的西方学术著作更大大促进了汉语学术的发展,有助于我国学人开眼看世界,知外域除坚船利器外尚有学问典章可资引进。20世纪80年代以来,中国学术界又开始了一轮至今势头不衰的引介国外学术著作之浪潮,这对中国知识界学术思想的积累和发展乃至对中国社会进步所起到的推动作用,可谓有目共睹。新一轮西学东渐的同时,中国学者在某些领域也进行了开创性研究,出版了不少重要的论著,发表了不少有价值的论文。借此如株苗之嫁接,已生成糅合东西学术精义的果实。我们有充分的理由企盼着,既有着自身深厚的民族传统为根基、呈现出鲜明的本土问题意识,又吸纳了国际学术界多方面成果的学术研究,将会日益滋长繁荣起来。

　　值得注意的是,20世纪80年代以降,西方学术界自身的转型也越来越改变了其传统的学术形态和研究方法,学术史、科学史、考古史、宗教史、性别史、哲学史、艺术史、人类学、语言学、社会学、民俗学等学科的研究日益繁荣。研究方法、手段、内容日新月异,这些领域的变化在很大程度上改变了整个人文社会科学的面貌,也极大地影响了近年来中国学术界的学术取向。不同学科的学者出于深化各自专业研究的需要,对其他学科知识的渴求也越来越迫切,以求能开阔视野,迸发出学术灵感、思想火花。近年来,我们与国外学术界的交往日渐增强,合格的学术翻译队伍也日益扩大,同时我们也深信，学术垃圾的泛滥只是当今学术生产面相之一隅，高质量、原创作的学术著作也在当今的学术中坚和默坐书斋的读书种子中不断产生。然囿于种种原因，人文社会科学各学科的发展并不平衡，学术出版方面也有畸轻畸重的情形（比如国内还鲜有把国人在海外获得博士学位的优秀论文系统地引介到学术界）。

有鉴于此，我们计划组织出版"上海三联人文经典书库"，将从译介西学成果、推出原创精品、整理已有典籍三方面展开。译介西学成果拟从西方近现代经典（自文艺复兴以来，但以二战前后的西学著作为主）、西方古代经典（文艺复兴前的西方原典）两方面着手；原创精品取"汉语思想系列"为范畴，不断向学术界推出汉语世界精品力作；整理已有典籍则以民国时期的翻译著作为主。现阶段我们拟从历史、考古、宗教、哲学、艺术等领域着手，在上述三个方面对学术宝库进行挖掘，从而为人文社会科学的发展作出一些贡献，以求为21世纪中国的学术大厦添一砖一瓦。

中文版序

对旧约的文学史的讨论是在旧约不同文本的历史顺序以及在这些文本之间的相互关系中,去解释旧约文本。这本书基于当下旧约的国际范围的批评性学术研究,将其作为公元前第一千纪的一个文本进行理解。

圣经的书卷并非在一开始就意在作为圣经书写,而是在经历了一个长期的不同传统的发展、更新,最终被正典化之后,才成为了现在圣经意义上的书写。对旧约运用文学历史研究方法进行审视,可以有助于理解这些文本为什么形成了现在的形式,为什么这些文本有时聚焦于某些神学主题而没有关注其他神学主题,为什么它们有时关心在古代以色列历史中的某些具体事件,而对另外一些事件却保持沉默。但同时需要注意的是,对旧约的文学史讨论又可以展现这些文本在思想表达上的一种共通性:旧约的书写拥有一个普遍化的历史和社会背景,不同文本在神学讨论层面相互联系。在这种相互联系中,对旧约的文学史研究得以展开与重建。

我希望本书可以阐明旧约的内在与历史的复杂性,同时还有在主题层面上所具有的那些相似性。另外,本书也同时意在对一些当今的圣经学术批评研究趋势进行整合,至少在某种程度上,使得这些批评性研究成果可以为那些对圣经的文学-历史研究进路怀有兴趣者所接受。

我诚挚地感谢李天伟和姜振帅对本书的翻译,也感谢他们在这本译著出版过程中所做的工作。我也非常感谢上海三联书店将这本书列入著名的"上海三联人文经典书库"出版。

康拉德·施密特（Konrad Schmid）

瑞士苏黎士大学"希伯来圣经与古代犹太教"教授

2020 年 11 月

第二版序

在该版中,我对一些疏漏进行了修改,且增补了一些在2008—2013年间所出现的重要文献。在此,我要特别感谢洛桑的赫茨利博士(Jörg Hutzli)和苏黎世的丽达·帕诺夫(Lida Panov)通读了书稿。

康拉德·施密特
2013年11月于苏黎世

Sicut enim a perfecta scientia procul sumus,
levioris culpae arbitramur saltem parum,
quam omnino nihil dicere.

既然，人们与完善的知识相距甚远，
那么，相较于一言不发，
敢于跨出一步，人们或许少些负疚感。

——哲罗姆(PL 25,380B)

第一版序

这本论著主要探究的是旧约文学史的条件、背景、过程以及内容间的联系，因此其主要是讨论关于旧约发展的历史进程以及相关表现。从标题即可以看出，其定位是一部导论性的论著。由此该论著不会穷尽讨论有关旧约文学史的所有问题。在当今研究丰富多样的背景下，对其进行完全性的讨论已然困难，更非是可以通过一部范围有限的论著完成。然而，该论著也绝非是简单的铺陈或碎片式的论述。尽管当今研究的确经常表现出分散性的特征，但是在某些方面这一点也常被夸大：虽然学界就旧约文学的起源与发展问题尚有众多难以达成一致的观点，就此一部文学史必须有所保留，但在最近的讨论中，开始出现一些新的对部分观点的认同，并涉及到一些重要的基本性结论。这使得对旧约文学史的建构在一开始就成为可能。而对个别细节的理解则离不开对整体的把握，就像对整体的理解应建立在对细节的把握之上。在这一点上，圣经学界应进行充分的批判性反思，不应回到施莱尔马赫之前的时代。

在对具体问题的解释中，整体上的视野起着重要作用。因此，文学史的建构是对具体问题作出判断的基础。在当今的研究中，关于文学史的问题无法再是对"导论"研究中已有结论的简单归纳，而更是对其的一种深化与加强。在圣经历史研究中，那些在完全意义上持历史实证主义观点的看法，会声称只有当每个具体解释问题得到解决之后，才可以进行一种旧约文学史的讨论。然而，这些相关问题的结论更多是一种可能性设定的开始，它们的有效性不仅依赖于它们本身，同时也取决于整体上相关的背景架构。如果人们不希望简单依赖于传统的学术史设定，那么就更不可避免地要注意整体层面上的问题，比如进行文学-历史性综合的可能。当然，如历史实证主义的误解一样，同样不能将整体上的文学-历史性的综合作为对个别解释的决定因素，而应让其起到一种配合性的作用。这两种方法在根本上都应保持一种可进行修正的开放性。在圣经学界，如何将两种方法的初期结论结合起来，仍是一个有待解决的问题。

因此，这本论著并非是旧约文学史研究的一种结束或者开端，而首先是一种中间站性质的：一方面提出文学史的相关问题，另一方面展现出对有关内容的一些基础视角。该论著无意也不能够对现阶段旧约研究的发展进行充分的评判、综合，当然也并非是进行总结。这本书的目的乃是为了在旧约学术研究背景下，从历史角度批判性地重建历史与神学层面的文本或作品之间的对话。

这本论著中所展现的文学史的层级架构，可能让一些读者存有疑问。在最为基础的层面，是关于文学史时期的划分（前亚述时期、亚述时期、巴比伦时期、波斯时期、托勒密时期、塞琉古时期）；第二个层面是对在这些历史时期中不同文学形式的分类（礼仪传统、智慧传统、叙事传统、先知传统、律法传统）；最后一个层面，即第三个层面，是对具体文学内容与思想的讨论。第三个层面的相关安排可能最有争议，但根据叙利亚-巴勒斯坦地区的政治力量与相应的文化影响而做出的旧约文学史分期，在现今讨论中基本已不再有根本性的争论。同样，关于不同文学阶段的文学分类可能也不会有太大的异议，尤其是这些分类首先并非是内容意义上，而更是为了一种铺陈上的便利。

关于旧约文学文本与写作的具体分类，在学界中尽管有着各种尚不确定的讨论，但是有两个方面是需要注意的。一方面，在这各种不确定与分歧背后，仍然可以、也可能重建旧约文学史发展的基本脉络。这包括：就五经而言，表现在对祭司文本以及一定程度上《申命记》核心文本的辨析与整理；在前先知书部分中，表现在对其内容"申命思想"的辨析，以及新近对"申命思想"在编修层面上作出的进一步区别；在先知书中，表现在对第一以赛亚与第二以赛亚的区分，以及对先知书一个长期编修写作过程的认知；同样，在《诗篇》与智慧文学中，并不是很困难就可以辨析出前王国时期与后王国时期的思想特征。当然，从整体上看，尚存在着更多具有争议的问题，但是这本身就是文学史研究的性质所决定的，并不能以此为理由减少相应的尝试。也因此，一种关于旧约文学史的书写在根本上并无异于通常意义上的"旧约导论"研究——其本身也不会由于目前存在一些有争议的认知而被否定。

另一方面，需要强调的是，将某一写作传统放在某一历史时期内讨论在原则上是相对而言的。很多旧约文本与作品具有口传传统，或经历过前期编修过程，就如它们在后期也经历了不同的编修一样。因此，将它们放在某一特定的历史时期进行讨论并非就意味着这些材料与文本是首次凭空使用与书写，且不再经历后期的编修。旧约文学在根本上更应视作是一种"传统文学"，比如，将摩西—出埃及历史叙事放在新亚述时期进行讨论并不否定、而是认为该叙事使用了更早时期的叙事材料，正如该叙事在后来的时代也经历了大规模的文本扩展。然而，新亚述时期被视为该叙事在文学层面上初次形成的时代。因此它也就出现在关于新亚述时期的章节进行讨论，而非其他地方。

关于具体文学史讨论中的历史事件以及导论研究的问题，只有涉及到重要的文学史问题，才会予以介绍。关于更多相关问题的讨论，可参阅近期有关旧约以及以色列历史导论的研究。本书中所列的参考文献虽看似已不少，但基于本书讨论的广度，它们只能够是代表性的作品。

本书中有一些篇章是作者早期发表过作品的各种形式的再整理：关于学术史的讨论部分（第一章第一节"二"），[1]是基于我的一篇论文[2]的删减形式。关于文学生产与接受的文学-社会方面的讨论，[3]采用了我的一篇文章[4]并进行了大幅扩展。关于申命学派的《列王纪》的开端的章节，[5]部分基于我的另一篇论文。[6] 而关于先知文学的讨论，有些部分以或删减或增添的形式，在文学史层面基于本人在一本编著中关于"后先知书"导论研究的文章。[7]

我在此特别感谢达姆施达特的 Wissenschaftlichen Buchgesellschaft（WBG）出版社，感谢我在苏黎世的同事路易丝·奥尔利（Luise Oehrli）、马丁·洛伊恩贝格尔（Martin Leuenberger）和优格·赫茨利（Jürg Hutzli），以及苏黎世的旧约研究学会，同时也感谢我的同仁们，如耶拿的尤韦·贝克（Uwe Becker）、海德堡的简·克里斯蒂安·格茨（Jan Christian Gertz）和法兰克福的马库斯·威特（Markus Witte），尤其要感谢伯尔尼的恩斯特·阿克塞尔·克瑙夫（Ernst Axel Knauf）在很多问题上所给予的建议以及对一些错误的指正，虽然一些潜在错误可能仍无法完全避免。我同样感谢普林斯顿的神学研究中心（Center of Theological Inquiry in Princeton）不仅提供了一年的驻访研究，更让我有机会可以同与德语学界在一些方面有明显不同的美国圣经学界进行交流和讨论。

康拉德·施密特

2008 年 2 月于苏黎世

---

[1] 参见本书第一章第一节"二"。

[2] Schmid 2007c.

[3] 参见本书第一章第二节"三"。

[4] Schmid 2004a.

[5] 参见本书第二章第三节"二·1"。

[6] Schmid 2004b.

[7] Gertz 2010,313 – 412.

目　录

4

第一章　一部旧约文学史的任务、历史和问题

第一节　为什么需要一部旧约文学史？

一、任务

写作一部文学史,是一种展现和诠释文学作品的尝试,不仅是针对文学作品自身,也包括它们所置身的内在背景、关联以及历史发展。[①] 这种关于文学史任务的描述虽然简明,但也同时表现出了写作一部文学史所面临的问题与机遇。文学学术界的讨论正确地指出,写作一部文学史的综合过程,几乎会不可避免地导致至少是部分地忽略个别作品:"人们必须承认,大部分的文学史**要么**是社会史或文学作品所反映出的思想史,**要么**是或多或少按年代顺序对个别作品进行的观察与评判。"[②]在韦勒克(René Wellek)和沃伦(Austin Warren)看来,人们无法在一部著作中同时做到平衡两个方面:一方面是对不同时期的不同作品进行系统化的文学史概览,另一方面又同时对每个作品进行恰当的评估。所以,韦勒克在后期要放弃一部文学史的研究规划。[③] 帕金斯(David Perkins)在他的

---

① Köpf 2002.
② Wellek/Warren,1949/1971,276.(强调部分为本书作者所加,下同。——译注)
③ Wellek 1979.

文学理论著作《文学史是可能的吗？》中,也倾向于对标题的疑问作出否定的回答。④ 然而,将特定作品放在其文学史背景里进行历史编排显然有助于理解作品。另外,不仅是对于个别作品的理解问题,关于这样一种文学史概览,也是一个具有合法性和可以增进理解的任务,即使这是以对它的构成要素进行简化叙述为代价。

这些讨论针对的并非圣经文学,或许在此可以置之一旁。但是,对旧约而言,因为旧约文本之间富有各种多样性的联系,所以显然特别适合于从文学史的视角对它们进行审视。旧约正是将自身展现——以各种不同的正典编排方式⑤——为一部文学史。⑥

但是,如何将一部旧约文学史的课题作为一个批评性的（kritische）、学术性的（wissenschaftliche）学科进行研究?

这可以理解为是对旧约学术研究的传统学科分支进行重新整合的尝试——它并非替代已有的分支学科,而是对其进行充实。就旧约文学史所探究的问题而言,与之关系最为密切的自然是旧约导论研究。但是,一方面,导论研究与以色列史和旧约神学（也就是对旧约作品中的不同神学概念置于特定历史背景下进行阐明）的构成要素紧密结合;另一方面,一部文学史——不像导论研究那样——并不是按照正典的顺序,而是按照以色列历史的顺序进行讨论。

因此,圣经的文本首先要被历史性地考量:它们产生自特定的年代,最初只是向它们自己所属的特定时期陈言。但是,对于圣经来说,其文本却又在不同的时代被重新阅读和接续写作。⑦ 这个过程在神学层面具有极为重要的意义,也由于这个过程我们才得以完整认识旧约:没有对文本的不断誊抄和扩展,最初的版本很快就会消失。在一般环境中,古代书卷的存在不会超过 200 年。

---

④ Perkins 1992,17.
⑤ 参见正文第一章第一节"五"。
⑥ 参见 Utzschneider 2002。
⑦ 参见 Jeremias 1996,20 - 33；Steck 1996；2001。

与此情况相应,一部旧约文学史必须不仅要处理所定位的最初的历史背景中的旧约文本形式,还应考虑到这些文本在旧约形成的整个时期中的接受形象。例如,《以赛亚书》几乎与旧约文学史横跨的所有纪元相关,不仅因为它综合了从公元前 8 世纪至公元前 2 世纪不同历史情境下的材料,最终生长成形为当前的样式,还在于它的早期部分在不断地被重新阅读和诠释。[8] 因此,对旧约文学的历史审视不能局限于对个别章节的单点性探究和排序,而是应当作——在某种意义上是从结果导向的视角——这样的考量:在某个文本的生长和转变的不同时期,该文本的传统部分和其编修性的部分如何放在一起来理解?

具有历史问题导向的旧约文学史课题,首先产生自与启蒙主义不同的浪漫主义主张,不把圣经视为一幅"永恒真理的图画书卷"。然而,它也超越了浪漫主义的潜在基本信条,没有采取后者对起源及颓废模式的狂热。相反,它尝试以一种合宜的历史方式来理解圣经对象。

> 以历史的方式处理问题,需要对单纯的历史事件之外的各种因素进行分析,进行历史性的评判,这些因素包括经济史、社会史,以及像年鉴学派(*Ecole des annales*)所主张的历史发展之地理决定因素等。[9]

> 最后,还需要注意一种把旧约文学进行历史情境化的广泛趋势,即文本首先是对历史情形的文学反映(*Reflexe*)——从哲学史层面说,是某种程度上韦伯(Max Weber)相应于马克思(Karl Marx)的判断。[10] 文本不仅加工历史经验,反之它也有力量去驱动历史。关于巴比伦时期犹大的沦亡,以及作为宗教所

---

[8] Steck 1992b；1996；Blenkinsopp 2002.

[9] Mohr 1988.

[10] 参见 Schluchter 2006。

决定之民族的犹太教的出现，[11]可以说是此过程的一个例子。如果没有相应的传统基础，该过程就不能被合理说明。也有较近的相关不同提议，在历史层面把关于审判的预言解释为"根据事件结果的预言"（*vaticinia ex eventu*），[12]例如巴兰铭文（Tell Deir Alla）[13]——这个提议并非完全令人信服：无中不能生有（*Ex nihilo nihil fit*）。如果不存在审判预言在其历史地被证实之前的陈述或者相关的文本依据，它们的历史源起问题就无法得到充分的解释。然而，这并没有排除、而是包括了这样的可能，即在许多先知文本中，事实上都可以发现其关于未来的视角是事件发生之后（*ex post*）在文学层面的建构。例如，在大部分针对以色列和犹大的沿约旦河邻邦的预言中，的确给人这样的印象，即这些预言试图在事后将它们的沦亡通过历史的预言给出合理化的解释。

一部旧约文学史既不是简单的历史性的旧约导论，也不是按照正典的顺序进行塑造的另一部旧约导论，而是以不同方式拓宽了关于文本起源的历史问题。除了关于旧约书卷和文本的起源问题，一方面它特别探究文本对象是怎样被置于传统的历史组成部分之中，另一方面也探究它们怎样与旧约文学中大概相同时期的可供对话的作品相联系。因此，就需要分清一个文本之历时的和共时的关联和参照。在此基础上，一方面尝试通过将旧约里所表现出的各种神学立场与其竞争立场进行比较，使旧约里的各种神学立场的特征更为清晰，另一方面也对神学历史的发展进行重建和阐明。在这里也应提到，从第二章至第七章中对旧约文学史发展的概略性介绍，并不总是能够为这些部分里的论述提供足够的材料基础。另外，旧约的文学史学术研究也并非全新的事物，就如

---

[11]　参见 Blum 1995。

[12]　Kratz 1997b；2003b, c.

[13]　TUAT II：138-148；参见 van der Toorn 2007, 176；Blum 2008a；2008b。

在接下来的部分所讨论的。但是,截至目前还少有对其进行集中的深入实践。同时,一些或清晰、或不那么清晰的方法的不时融入,将帮助我们在旧约文本以及作品的历史背景中呈现出它们之间的文学-历史关联。

二、学术史

旧约的文学-历史研究并非新的事物。这种研究的学术史是怎样的,又面临着哪些可能性和问题?[14]

对文学史的探究,意味着对旧约的历史批评研究的起源,以及意识到相关的圣经自我表达与历史性重建之间的差异。在 1670年,斯宾诺莎(Baruch de Spinoza)就已在他的著作《神学政治论》(*Tractatus theologico-politicus*)中倡导对旧约进行一种文学史研究的必要性,因为旧约展现了希伯来人精神的民族发展和自然发展。最早期的文学史研究,也可以在西门(Richard Simon)、洛思(Richard Lowth)、赫德(Johann Gottfried Herder)等人的著作中找到。[15] 然而,在那个时期所发生的变革特别与一个叫威尔豪森(Julius Wellhausen)的名字联系在一起。在此之前,旧约文学史的重建仍与圣经本身的准则紧密关联。尽管在 1844 年霍普菲尔德(Hermann Hupfeld)也曾明确表达过("这个研究专有和唯一正确的名称是旧约和新约神圣作品史,或者如理查德·西门所已称呼的圣经文学"),[16]但是在旧约学术研究中尚没有真正的文学史分支学科发展出来。

一种真正的、在术语表达及方法论层面对旧约文学史研究的反思,在迈耶(Ernst H. Meier)1856 年关于希伯来诗类的民族文学史的著作中第一次表现出来。然而,这完全被视作局外人的工作,几

18

---

⑭　参见 Schmid 2007c。

⑮　Simon 1685;Lowth 1753;Herder 1782/1783.

⑯　Hupfeld 1844,12‐13;参见 Kaiser 2005。

乎没有得到任何关注。[17] 此种命运与现象，即旧约文学史研究不是由旧约学者，而是由研究古代近东的学者来进行的，也可以被视作是一个先知性预示，指向在后来的旧约学术中文学史问题几乎完全被边缘化。与其所处的时代相关，就迈耶所采用的旧约文学史研究而言，他在本质上是从一部希伯来"民族"文学问题的角度展开的。[18] 他对希伯来文学的描述近似于圣经中的描绘，将之分为三个时期："准备期，从摩西到王国起始"，"描述了希伯来国家的建立"；第二个时期跨越"王国建立至流放结束"，此时"民族精神达到真正的兴盛"；第三个时期从"波斯时期开始到马加比时代"，也是"鼎盛和衰落"的时期。[19]

接近圣经本身所展现图景的旧约文学史研究还包括弗斯特(Julius Fürst)的两卷本著作。[20] 这部著作最初也有意将新约包括进去，但最终只涉至波斯时代的早期。弗斯特遵照五经研究中早期的源本学说：对他来说，《诗篇》起源于大卫，《箴言》起源于所罗门。在他的著作中，先知们在文学史层面对他们的整个作品负有根本上的责任。但是，较早期的来源材料在这些旧约书卷中被重新加工过了。因而从大的范围上看，弗斯特的文学史读起来更像是在描述纳入圣经书卷的较早期的材料。

卡塞尔(David Cassel)的两卷本著作更多是以形式的视角来组织的。[21] 它不是优先以年代顺序为框架，而是努力根据文体形式来组织材料。卡塞尔划分了诗歌文学、先知文学、律法文学和历史文学。但是他的历史文学表述在操作时只针对这一组的前两种。考虑到材料的性质，他又只对先知文学真正进行了历史性的区分。卡塞尔也提及希伯来圣经所处的背景与其的关联，但是在根本上视圣经为影响施加的一方。

---

[17] Meier 1856.
[18] 同上书，vi。
[19] 同上书，24。
[20] Fürst 1867 - 1870.
[21] Cassel 1872 - 1873.

威尔豪森通过对祭司文本采取的较晚时期的推定,革新了历史性的圣经批评。他没有以"文学史"作为他任何一部书的标题,然而,在他的《以色列史绪论》(*Prolegomena zur Geschicht Israels*)一书以及他的著作《以色列和犹大的历史》(*Israelitische und jüdische Geschichte*)的个别段落中,[22] 都具有文学史研究方法的特征。有人也许会这样说,正是威尔豪森在其研究中对圣经批评的成果所进行的历史性综合,保证了其研究在旧约学术中的成功。

在格拉夫(Karl Heinrich Graf)、威尔豪森以及屈恩(Abraham Kuenen)之后,罗伊斯(Eduard Reuss)在1881年作出的著名综合,[23] 纲领性地视自身为圣经批评研究已取得成果的延续。"迄今为止,我们所做的最好的工作被称为旧约历史-批评性导论;但这并不是房子本身,而只是工棚和车间准备工作的统计报告。"[24] 罗伊斯自己的描述是按年代顺序组织的,将文学史简要地大致分为四个时期:"英雄的时代""先知的时代""祭司的时代"和"文士的时代"。[25] 尽管如此,罗伊斯也让人们了解到,是什么塑造了接下来几十年里的旧约文学史著述。罗伊斯在赞美诗比如"底波拉之歌"中,找到前王国时期旧约文学的起源,接着是王国时期的伟大作者们,诸如耶和华源本的作者或者以赛亚,最终结束于后被掳时期的祭司文学和律法文学。这三个步骤——以古代单个的诗歌文本作为文学史的起始,以经典先知和五经源本的早期作者作为文学史的高峰,再以律法作为结束——在一定意义上反映了19世纪末、20世纪初在文学史研究层面的"共识"。

在1893年,威德博尔(Gerrit Wildeboer)的文学史以荷兰语出版,两年后被译为德语。[26] 该著述是在罗伊斯、屈恩和威尔豪森引起五经研究的变革之后,对旧约文学的发展进行的一次广阔的综

19

㉒ Wellhausen 1883/⁶1927;Wellhausen 1904.

㉓ Reuss 1881;另参见 Vincent 1990。

㉔ 同上书,21。

㉕ 同上书,xiii - xv。

㉖ Wildeboer 1893.

合性概览,对于在整体上认识古代以色列文学和历史同样举足轻重。威德博尔在导论中主张:"如果人们想正确理解以色列文学史的价值和意义,人们必须首先明了这样的事实,即不但后被掳时期的犹太教把这个文献留传给人们,而且在那个同时期这个文献主体部分的作者们也能够被找到,最后,较早期的著作在流传过程中经常会有很大的介入性的变化。"[27]这种表述听起来似乎是著作的总体纲领,但在具体执行中,威德博尔的著作仍然很大程度上基于当时研究中对于萌芽时期的定位局限。此外,威德博尔从文学史问题本身获益甚微:从更大的范围来看,他的描述像是一部按年代顺序重新编写的旧约导论。

在考茨奇(Emil Kautzsch)的著作中,我们也可以找到一个简要的关于旧约文学史的描述。这部著作起初是作为他所翻译旧约的附录,后来"不再有起初的犹豫不决",将这一部分独立出版。[28] 这部著作根据以色列历史上的内部政治中断情况进行文学史的分期("前王国时期","统一王国时期","从王国分裂到撒玛利亚城被毁时期","从撒玛利亚城被毁到被掳时期","后被掳时期")。[29] 尽管该著作很简洁,但这本著作的材料在某种程度上成为接下来一些年的文学史在细节上讨论的标准。同时,考茨奇的著作曾经只被作为一个简短的附录,表明文学史研究当时在德语学界中的模糊存在。同样,后来衮克尔(Hermann Gunkel)、布德(Karl Budde)和亨佩尔(Johannes Hempel)的文学史研究,看起来也只是作为重要著作或系列中的组成部分出现(Hermann Gunkel, "Die orientalischen Literaturen,"in Die Kultur der Gegenwart, I/7;Karl Budde:"Die Litteraturen des Ostens in Einzeldarstellungen", Band 7;Johannes Hempel:"Handbuch der Literaturwissenschaft")——也就是说,它们在一定程度上是由外在因素推动所产生的。

20

---

[27] 同上书,1,参见 105。
[28] Kautzsch 1897, III.
[29] 同上书,V‐VI。

　　尽管旧约文学史研究可能不曾成为研究领域的中心，但是旧约文学史的学术史仍与衮克尔的名字联系在一起。[30] 在推动研究的进一步发展上，他做出了最为广阔、最富有原创性以及——相对来说——最富成效的努力，即使在他的时代只能出版50页篇幅的著作作为实质性发展的成果。通过他的努力，形式批评研究达到了相当高度（虽然他没有如此称呼它[Blum 2006，85]），并扮演了特别的角色：在衮克尔看来，旧约文学史就是它的文体类别的历史。[31] 他这一看法背后的观念是：旧约文本可以回溯到它们之前的口传阶段，古代以色列的思想史首先是关于口传存在环境的历史性变化，以及之后书写的文体应用的描写。本质上看，这种文学史感兴趣的不是文本本身，而是在它们背后的形塑要素。作为文体历史的文学史寻究的是不同文体类别各自的"生活处境"。至少在衮克尔看来，可以由此一探以色列的宗教和思想生活。在衮克尔的著作中，这个方法的纲领是与一个具有重要意义的古代以色列文学史划分相联系的。衮克尔将之分为三个时期：第一个时期，他描述为"伟大作者出现之前的大众文学时期（至大约公元前750年）"，[32] 接着是"伟大作者个性彰显的时期（公元前750—前540年）"，[33] 以及最后的"模仿者时期"。[34] 根据这个划分，衮克尔重新对——19世纪的特别倾向——前被掳时期的先知"希伯来主义"和后被掳时期的律法化的"犹太教"做了划分，认为作为旧约伟大思想文献来源的宗教天才式人物是属于以赛亚和第二以赛亚之间的时期；在这以后只有"模仿者"。衮克尔的提议在他的时代显然并没有被很好地接受，这也许造成了他所耕耘的文学史研究后来的模糊性存在。[35] 另外，对他

[30]　Gunkel 1906a, b；参见 Klatt 1969，166 - 192；Liwak 2004，IX - XXXI；Witte 2010；Schmid 2011c。

[31]　Gunkel 1913，31.

[32]　Gunkel ［1906b］；1963，5.

[33]　同上书，26。

[34]　同上书，43。

[35]　参见 Bertholet 1907。

的接受者而言,文体问题与作者个性之间的关系是不清晰的。就
衮克尔而言,这两者相互补充,然而对他的读者(可以从一些评论
中推断出)来说,衮克尔对文体更为强调。

布德关于文学史的论述所预想的是面向更多的读者。[36] 但是,
21 布德只是对旧约导论之结论进行一个总结;他的著作是他自己以
起源的历史为导向所作的研究的结论,并没有成为学术史上新的
起点。

在英语世界,1917 年克里尔曼(Harlan Creelman)推出了一部
编年体的旧约导论。此一作品所声称的创新,实际上相对有限:它
面向更广范围的大众,在很大程度上放弃了自己的历史判断。更
确切地说,它把自己作为之前旧约研究的一个综合。克里尔曼论
述的全景过度限制于圣经准则。

由迈因霍德(Johannes Meinhold)在 1919 年写作并被数次再版
的导论,虽然没有被理解为一部文学史,但也并非是常见的导论,因
为它一方面既根据年代讨论旧约文学——不是根据正典顺序——另
一方面又有个别章节描述了不同历史时期。

贝沃(Julius A. Bewer)的文学史论述产生了相当大的影响。[37]
贝沃是纽约联合神学院的一位学者,他在德国出生,带给美国学术
研究一些重要的、来自德语学界历史视角的圣经批评和文体研究
的洞见。

在 20 世纪德语学术研究中,或许最广为人知和最成熟的关于
文学史的论述是 20 世纪 30 年代亨佩尔(Johannes Hempel)的著
作。[38] 该论著分为:导论章,即"前言"(第 1—23 页),[39]讨论圣经导
论的学术史,特别强调威尔豪森和文化地理决定因素;以及其他两
个主要部分,"形式"(第 24—101 页)和"历史进程"(第 102—194

---

[36] Budde 1906.
[37] Bewer 1922.
[38] Hempel 1930.
[39] 这里的页码是德文版页码,即本书边码。——译注

页）。它们清楚地显示出衮克尔对亨佩尔的影响：首先从形式批评的层面对研究对象进行研究，其次才是从文学批评层面进行讨论。亨佩尔首先处理旧约文学的文体和它们的历史，然后以历史顺序来讨论具体文本。在亨佩尔的论著中，值得注意的是他关于旧约的文化-历史关联的主张："在很大程度上，以色列文学只有作为'古代东方世界文学'的一部分，才可以被充分理解。"[40]但是，尽管这项研究有内在的努力和革新精神，但它仍未能确立文体的地位：旧约文学-历史批评仍然与以前一样，是一个边缘项目。

在 20 世纪中期，应当提及的是洛兹（Alfred Lods）的著作。[41] 洛兹在其著作的序论中确信，在旧约研究中文学批评领域长期处于模糊性存在的境地。[42] 他认为，这种状况的形成有三个基本原因。首先，所要说明的是"书卷自身的写作特征"[43]这一基本问题，这个问题进一步被以下的情况所加重：学术研究经常只能以不确定的方式重建这些书卷的发展情况。[44] 归根结底，他指出，"我们拥有的仅是这一文学的极少片段"。[45] 然而，在洛兹看来，这些因素不能由此产生误导性，以至于文学-历史问题被抛弃，因为只以文学批评的方式去分析"书卷自身的综合性质"是不足够的；旧约书卷的文学发展必须要被系统性地重建。关于在文学-历史性重建中的不确定性，洛兹如此强调：尽管细节上有诸多困难，但基本的发现还是可以确定的；而且，尽管古代希伯来文学具有支离破碎的特征，但并非与希腊文学或拉丁文学有根本性的不同。

洛兹的文学批评受到威尔豪森的影响，而在宗教史方面则受格雷斯曼（Hugo Greβmann）的影响；与此相应，他遵循威尔豪森版本的新源本学说，强调古代希伯来文学的宗教历史背景。洛兹的论

---

[40] 同上书,11。
[41] Lods 1950.
[42] 同上书,11。
[43] 同上书。
[44] 同上书,13。
[45] 同上书,14。

述中有三个基本特征应当被强调：首先，虽然洛兹也谈及早期诗歌片段和口传传统，但洛兹是以亚述帝国时期为开端。在这一点上，他相当现代，因为最近的研究发现，只有从这个时期开始，古代以色列才拥有发展到一定水平的书写文化，能够产出较大规模的文本书写。再者，对于洛兹的论述来说，至少在一些地方清楚地显示出他把文本之间交互影响进行主题化的努力。比如，他具体讨论了先知传统对耶典(J)或伊罗欣典(E)的一些增添性文本的影响。[46]最后，人们也可以看到，他对来自古代近东文学的平行现象也进行了一些广泛的讨论。如此一来，洛兹的著作清楚地指向未来，但作为一个法国新教徒，无论是在自己的国家还是在之外的世界他都很少被倾听。

从 20 世纪 50 年代开始直到 20 世纪 80 年代，旧约文学史这个研究项目有着更深的沉寂。在 1964 年，科克(Klaus Koch)如此写道："随着衮克尔的逝世，一个文学史的研究规划无挽歌地死去并归于沉寂，在今天完全被人遗忘。"[47]文学史的概念几乎没有出现，而且也没有新的整合——但这个时期，至少在德语新教神学中，被认为是旧约学术繁盛的时期。[48]若干因素可能导致了这个突出的结果：其中一个是，即使是在文学研究中，文学史问题在那时也鲜有人问津。因此，例如，1967 年姚斯(Hans Robert Jauss)在康斯坦茨的就职讲座中说道：

> 在我们这一时代，文学史越来越不被重视，但无论如何不应如此。在最近 150 年来，这个尊贵学科的历史清楚地展现出一个不断衰落的路线。它的成就的顶峰整体上出现在 19 世纪。在格维纳斯(Georg Gottfried Gervinus)、谢勒尔(Wilhelm Scherer)、德·桑克蒂斯(Francesco De Sanctis)和兰森(Gustave

---

[46] 同上书，305 - 323。
[47] Koch 1964,114.
[48] Ebeling 1972,26 - 27.

Lanson)所处的时代,写作一部民族文学的历史是一个语文学家生命的最高成就……今天这种高海拔的路线已成为一个遥远的记忆。传统形式的文学史,在我们当今的思想生活中处于一种落寞的境遇。[49]

另外一种像斯泰格斯(Emil Staigers)意义上的文本内涵诠释(werkimmanente Interpretation)却流行起来。[50] 此外,在当时,德语新教神学与圣经学术都清楚地受到辩证神学的影响,对文学-历史问题有更少的兴趣。还应当指出的是,在二战之后大量出现的旧约导论,特别是涉及先知书,其内部结构显然由历史性所激发,只是稍微偏离旧约的正典结构,使得这些导论同时极易成为文学史论著的功能替代品。[51] 　23
即使是冯拉德(Gerhard von Rad)具有划时代意义的神学,[52]在早期评论中被描述为是更高类型的导论,故仍可以有所保留地归在这个范畴中。[53] 因此,也就不特别需要自成一体的文学史。

然而,只有在圣经的陈述与以色列历史的进程之间达成广泛的一致时,这样的旧约导论论述的规制才是可能并可行的。尤其是在先祖叙事、出埃及、应许之地的占领、士师时期、王国时期的时代序列下,从《创世记》到《列王纪》的历史书被认为是基本可靠的。也正是在这种认知中,导论和文学史被认为是可以并行的。先知书在当时被认为要稍微重组,特别是对三位"大"先知书——《以赛亚书》《耶利米书》和《以西结书》——所处历史时期的定位进行重组,而这些作品一般被诠释为表达了后被掳时期的敬虔和神学。这种对圣经和文学史之间关系的和谐化理解,也反映在所提出的对圣经与以色列历史根本关系的重新定位上,可以用韦博特(Manfred Weippert)

---

[49]　Jauss [2]1970,144.
[50]　Staigers 1955.
[51]　参见 Anderson 1957;Soggin 1968/1969;Schmidt 1979。
[52]　Von Rad 1957/1960.
[53]　Keller 1958;参见 von Rad,1957,7。

所提出的"次申命学派的"(subdeuterono-mistisch)来概括。[54]可能恰恰是这种在今天看来是有问题的和谐模式,部分促成了 1950 年代至 1980 年代旧约学术的繁荣。

在文学史层面改进的导论著作中,戈特瓦尔德(Norman K. Gottwald)在 1985 年对旧约进行的社会史诠释是某种例外。[55]虽然他努力对旧约文学进行一种历史论述,并对前王国传统有一个广阔的描绘,但是他的著作受圣经主义主导,同时由于他的特质性的理论架构,其著作的影响受到了限制。

一部真正的文学史,直到 1980 年代末才再次出现。弗雷尔(Georg Fohrer)在他简明的纲要性著作中提到了他的前辈们,但是对他们的评价却不充分:"然而,形式批评检视口头形式和文体形式、传统批评(Überlieferungskritik)探寻书卷成文的前史、编修批评(Redaktionskritik)关注成文传统的编辑和修订,这三种研究方法都有所缺欠。"[56]对弗雷尔来说,之前的早期研究在方法上过于单一,在方向上偏向文学批评——以至于排除了其他的诠释方法。虽然这种指责表达得相当宽泛,但也并不是完全不恰当。同时,或许会出现这种疑问,即是否这种指责道出了"旧约文学史"学科史上最重要的问题。弗雷尔的批评只针对他所批评的论著进行导论学术研究所存在的缺陷,他并没有从根本上系统地阐述与"旧约导论"学科有所区别的"旧约文学史"存在的必要性。相应地,他的文学史仍然是一种按编年排列的导论,并没有阐明文本间历时的和共时的关系。

在弗雷尔的著作出版不久,凯泽(Otto Kaiser)在《神学百科全书》(Theologische Realenzyklopädie)上发表了他关于旧约文学史方面的文章。[57]对他而言,"旧约文学史"构成了"分析性导论研究的

---

[54] Weippert 1993,73.
[55] Gottwald 1985.
[56] Fohrer 1989,307 注 2。
[57] Kaiser 1991.

必要补充,通过采用其成果,可以将导论研究展现于政治、社会和 24 文化特别是以色列和早期犹太教宗教历史的有机背景之中。"⑱但 让人惊讶的是,他在其材料描述中并没有实施这种方法,实质上仍 是遵循正典序列给出了一个旧约导论的简短大纲。从他的著作集 同样可以看到,虽然标题包含文学史的概念,但他所关注的根本上 却是导论研究中的各种问题。⑲

1996 年开始出版的《圣经百科全书》(Biblische Enzyklopädie), 是迄今为止最具热情的文学史尝试,不仅包括旧约,而且囊括了整 本基督教圣经,现正在被译成英文。⑳ 在旧约方面,由迪特里希 (Water Dietrich)担任主编。然而,其中并没有突出使用"文学史" 的概念:

> 该丛书系列包括 12 册,其中有 9 册是关于旧约时代和旧 约文学,另外 3 册是关于新约时代和新约文学。所有 12 册都 是以一个单一的基本形式来架构的:首先,对不同时期的圣经 图景进行讨论,接着尝试对这一时期进行历史性重建和文学介 绍,最后讨论神学贡献的问题。这种对材料的组织规制已表 明,历史与圣经中历史叙述之间的互动关系是《圣经百科 全书》所关注的焦点:以圣经所叙述的历史作为起始,将之与 历史发现进行比较,并从文学史和神学两个方面进行思考。
>
> 关于历史问题,《圣经百科全书》各册——相应于还有较多 困难的该领域研究——提供了圣经批评、考古学和古代近东研 究的最新成果。然而,这些问题在总体上并没有达到和谐统一的 诠释。在莱姆切(Niels Peter Lemche)看来,圣经中关于先祖亚伯 拉罕、以撒、雅各或者摩西的叙事并不是历史,而是虚构的"精彩的

---

⑱ 同上书,306。

⑲ Kaiser 2000b;亦参见 Ruppert 1994,以及 Vriezen, van der Woude 2005。

⑳ Lemche 1996;Fritz 1996b;Dietrich 1997;Schoors 1998;Albertz 2001; Gerstenberger 2005;Haag 2003;W. Stegemann 2009.

历史"，[61]是在"公元前5世纪、前4世纪，或者甚至公元前3世纪"[62]才被创造的，比圣经所设定的它们发生的时间晚了足有1000年之久。舒奥尔斯（Antoon Schoors）把先祖历史的起始至少追溯到公元前8世纪，[63]而迪特里希提出，"部分先祖历史以及摩西故事"的起源要在王国早期之前；"就远古历史以及西奈叙事而言"，它们的前王国时期的初始形式是"几乎无法排除的"。[64]《圣经百科全书》的读者们因而会面对一些关于统一性的问题。这些虽然确实会反映出当今讨论现状中的分歧，但是在这个丛书中他们在论证方面并没有直接的关联。

《圣经百科全书》所提出的历史分期，只是提出了一个粗略的历史时间表，本质上是依照圣经自身的历史描述——至少就时期顺序而言是这样——暗示了圣经和历史之间的基本对应。但这也正是应探讨的问题：例如，先祖时期和士师时期就是如圣经所希冀的那样，是两个连续的时期吗？或者并不是这样，而是从历史视角看，它们只是从不同观点对同一时期所进行的两种描绘？

如果有人特别关注圣经文学的起源问题，他也许就会对《圣经百科全书》是否正确地分配各历史分期产生疑问：在关于旧约的9个分册中，有6册处理的是前被掳时期。鉴于有证据表明圣经中没有一卷书是以前被掳时期的形式传给我们，我们便会对波斯帝国时期被相对忽视感到惊讶。这一时期只用了单独的1册书去处理，但它或许应被视为旧约中文学活动最重要的时期。

《圣经百科全书》这项研究的出现正当其时，这是毫无争议的，但"次申命学派"的总体建构和在不同分册中不时出现的片段性共识是有一定问题的。

---

[61] Lemche 1996,220.

[62] 同上书，217。

[63] Schoors 176 - 177.

[64] Dietrich 1997,228.

此外，应当提及的是莱文（Christoph Levin）的一篇简短的文章。[65]这篇文章意在对文学史、宗教史和神学史进行综合。莱文确信，旧约是早期犹太教的一种文学文献，所包含的前波斯帝国时期的文献仅仅以"片段"形式存在。但是，论述的简要以及综合性的导向，使这样一篇简短的文章无法清晰地阐明旧约中不同立场之间的文学史关系。最近，克拉茨（Reinhard Gregor Kratz）的一部概论性著作出版，[66]其中包含了他更早期的一个概述作品，[67]将旧约简要地放在以色列历史与古代以色列的历史书写背景中展示。

通过这个研究史的回顾，我们可以看到，一方面，旧约文学史的研究还没有被经常性地开展——在新约方面较新的尝试，代表有凯斯特（Helmut Köster）、维尔豪尔（Philipp Vielhauer）、斯特雷克（Georg Strecker）以及泰森（Gerd Theißen）等；[68]另一方面，大部分所做的旧约文学史研究，仅仅是以历史顺序而不是正典顺序去做的旧约导论。但是如此一来，这种研究就错过了文学史批评性研究的本质重点：同时期的文本和作品材料间在历史背景中有着怎样的本质关系？它们是否有着互相引用的关系？何种立场源自何种文学史规制？一部旧约文学史只有带来超越导论研究讨论之外的更多价值，才具有意义——当然，这些导论研究自身是从一个不同的角度，完全有其合法性。

三、神学方面的定位

在圣经意义上的"一部文学史"这个概念，也广泛适用于其他

---

[65] Levin 2000.

[66] Kratz 2013.

[67] Kratz 2006c.

[68] 参见 Koester 1971；1980（但令人惊奇的是以"导论"作为标题）；Vielhauer 1975，Strecker 1992，以及 Theißen 2007。

古代近东文学。⑥ 根据源于现代早期历史批评性圣经学术研究开始时的一种基本神学信念：圣经是像每个其他古代文学一样的文学，因此可以用同样的方法去解释——不需要应用任何特别的神圣诠释学。⑦ 这就意味着，圣经作为神圣作品是在其接受史的意义上的，这无法使其自身被"保护"、免于理性的看待。相反，同样也出于一个神学意义的考量，圣经可以而且必须使用这些方法去探究，尤其是当诠释者把一个对真理的普遍宣告与这些作品联系起来，而且不认为其意义仅限于某一特定的群体。因而，关于"圣经是文学"的宣称，无关于某种反神学的冲动，相反，这无关乎将圣经由神圣作品"降格"到文学的问题，而是从圣经文本里并不能确立其作为神圣作品的地位，虽然两者又确实互相联系。⑦

此外，我们已经提及的是旧约将自身陈述为文学史，这在释经与神学方面具有特别的意义。冯拉德可能最严肃和深入地探讨了旧约的这种独特性质。他代表了这种信念，即旧约神学的一种最充分的形式是旧约本身所表现出来的一个叙事，这一叙事对圣经故事进行重述。⑦ 旧约文学史可以增进对旧约的神学重述，特别是可以通过阐明圣经自身的内在讨论来实现这一点。在学术史中——在很多方面受到冯拉德的影响，但也超越他——对旧约进行救赎历史性质的塑造这一问题也的确变得越来越突出。因此，一方面，需要问的是，旧约文本本身是如何进行概念表达的；另一方面，需要问的是，旧约本身的概念的多样性是如何被架构起来的。

⑥ 参见 Weber 1907；Hallo 1975；Röllig 1978；Edzard，Röllig，von Schuler 1987 -
　 1990；Knauf 1994,221 - 225；Loprieno 1996；Burkard/Thissen 2003；Veldhuis
　 2003,10；Quack 2005；Haas 2006,16 - 17；Utzschneider 2006；Ehrlich 2009。

⑩ Rogerson 2001.

⑦ Schmid 1999a.

⑦ Von Rad 1957,126.

四、作为古代以色列文学组成部分的旧约

一部使用旧约文本材料的文学史，不是在方法上而是在目标上根本区别于应用在非圣经文学——例如，德国文学史——的其他相应研究方法。原因在于，旧约没有包含古代以色列所有的文学遗产，而是只包含其中的一部分，这个部分基于特别的选择或重新阐释后成为"希伯来圣经"或者说"旧约"。[73] 准确衡量这个后来的正典实体与古代以色列过去文学之间的数量关系，几乎是不可能的，但是范围更广的大量文学作品毫无疑问是存在的。相对而言，我们可以相信，以色列之外存在大量的古代作品，而人们只能通过不同古代作者对它们的提及或引用来知晓它们曾存在。

尽管现存的碑铭文本材料支离破碎，但如果我们囊括以色列和犹大的跨约旦河邻国，在我们应该想象什么上会催生很好的想法。[74] 或许，最让人印象深刻的是"巴兰之书"（Buch Bileams），[75]尽管它仍很难懂，但这一保存在约旦河以东的底雅亚拉（Tell Deir Alla）的墙壁铭文以"spr"开始，表明这个文本最初是以卷轴为载体。米沙碑文（Mescha-Inschrift）是对编年记录的摘抄，因而证明存在一个诠释性的书写文化。[76] 从缺少题献词以及对建筑赞助者名录的省略来看，西罗亚水道铭文（Siloah-Inschrift）或许也是一个摘抄。[77] 在一个青铜瓶器上，有一段出自亚扪人的抒情诗：[78]

27

> 这一切出自亚米拿达斯（Amminadabs），亚扪人的王，
> 哈西利尔（Hassil'il）的儿子，亚扪人的王，
> 亚米拿达斯的儿子，亚扪人的王：

---

[73]　参见 Stolz 1997,586。
[74]　Renz/Röllig 1995 – 2003；Smelik 1987.
[75]　TUAT II：138 – 148.
[76]　TUAT I：646 – 650；Knauf 1994,129；参见 Dearman 1989。
[77]　TUAT II/IV：555 – 556；Knauf 2001c.
[78]　Thompson/Zayadine 1974；Coote 1980；Knauf 1994,127.

　　葡萄园、果园、护土墙，和蓄水池。
　　愿他以后的许多年日欢喜、快乐。

　　当然，在这些例子中，我们或许会犹豫地言及"文学"，因为"文学"的概念暗示讨论中的文本有一定长度并且在质上达到一定水平。但是，以这些受限于书写材料性质的发现为基础，有人基于正当的理由认为：在古代以色列曾存在其他更多以蒲草纸和羊皮卷为载体的作品。这些作品几乎毫无例外地没有留存下来，但是其他文本曾经存在的可能性相对于不存在的可能性更大些。[79] 因此，旧约自身提到了一些来源——这些来源至少不是完全虚构的。所以，例如，我们可以找到对一些作品的引用：（1）《耶和华战记》（《民数记》21：14）；（2）《雅煞珥书》（yšr）（《约书亚记》10：13；《撒母耳记下》1：18）；[80]（3）《歌之书》（šyr）（《列王纪上》8：53a[LXX]）；（4）《所罗门记》（《列王纪上》11：41）；（5）《以色列诸王记》（《列王纪上》14：19）；（6）《犹大列王记》（《列王纪上》14：29）。[81] 其中，《正直之书》和《歌之书》很可能是同一本书：特定的标题"歌"自身难以理解，或许是由于对 yšr 的一次转写，将"正直"（yšr）转写成了 šyr，即"歌"。[82] 根据当时的文化历史限制，我们会在一定程度上怀疑是否存在一部《所罗门记》。但是，不管怎样，对这部著作的引用清楚表明，在《以色列诸王记》和《犹大列王记》中很可能没有提及所罗门。

　　另外，应当还存在着其他前被掳时期的传统作品，但它们被搁置起来，特别是在公元前 587 年耶路撒冷遭受灾难之后。我们还应提到关于拯救的先知传统；也不能排除它们也曾以书写形式存在（如果人们不想倾向于采纳一个严格的论点，即书写预

[79]　Schmid 1996a，36 注 164。

[80]　Keel 2007，139 - 140.

[81]　参见 Christensen 1998；Haran 1999；Vriezen/van der Woude 2005，3 - 8；Na'aman 2006。

[82]　Keel 2007，139.

言与审判预言重合的话）。⑧ 但无论如何，来自新亚述的证据表明，纯粹的拯救预言也可以被书写下来，虽然由此并不能得出亚述像以色列一样有文士书写预言的长期传统。⑭ 我们甚至可能认为，第二以赛亚的拯救预言和早了近 100 年的新亚述先知预言之间在形式上有显著的相似性（在新亚述帝国灭亡之后，这很难有可能发生），⑮这也许可以推断出王国时期的犹大存在新亚述类型的拯救预言，而且它也影响了第二以赛亚的预言。在《以赛亚书》40—55 章写成之后，这个文本在那时可能代替了教学活动中的旧有文本。

28

　　因而，旧约文学史只属于古代希伯来文学史的一部分，而且这个部分只能事后（*ex post*）进行描述：旧约文学史处理这些幸存的文本，它们在耶路撒冷圣殿的学校里曾被作为通用文本使用，后来又被定为神圣作品。与一部德语文学史不同，旧约是由一个在很多方面不同的文集所构成，但是就其内容、特别是它的接受史而言，又是一个整体。我们甚至可以有些夸张地说，旧约文学史同时记录了在之后成为正统、或者至少是在正统意义上所接受的神学史。旧约文学史不直接描绘以色列宗教史（它更需要基于非文本的考古证据），⑯而是提供关于在神学史上的不同解释，这种解释又受到当时特定筛选标准的影响。

　　比较而言，在埃及的伊里芬丁（Elephantine）所保存的波斯时代中期的犹太文本，表现了一定程度的多神崇拜，并提及了一个属于他们自己的圣殿，这即是一个表明王国时期宗教的历史延伸发展的例子：殖民地的早期历史可能要追溯到公元前 6 世纪，或许甚至是公元前 7 世纪。早期的情形在这里显然要比在故国的犹太教里保存得"更好"。⑰

　　因此，对旧约进行文学史研究，打开了一扇通向古代以色列宗教现实的最精华部分的窗户，这是擅长写作的祭司、智慧师者等的世界。

---

⑧　Kratz 1997b；2003b.

⑭　Jeremias 1994；Steck 1996.

⑮　TUAT II：56 - 82.

⑯　参见 Stolz 1997,586。

⑰　Keel 2007,783 - 784.

相应地,这本书里,国家敬拜礼仪的宗教社会层面具有最重要的意义,而家族的、地方的、区域的敬拜礼仪(特别是在波斯时期之前)具有的是非文字性的功能,只有在被官方敬拜礼仪接受之后才起作用。

五、希伯来圣经和旧约

旧约和希伯来圣经并非不同的事物,但在圣经书卷的编排上,犹太传统和基督教传统各自认可的有所不同。此外,在基督教传统中,不同认信和不同教会有着不同的书卷选择。

希伯来圣经——犹太教意义上的圣卷——按通常标准的顺序,由三部分构成:妥拉(Torah)、先知书(Neviim)和圣文集(Ketuvim),也因此可以简称为塔纳赫(TNK)。妥拉又包括——采用圣经研究中的一般说法——《创世记》《出埃及记》《利未记》《民数记》《申命记》。先知书包括《约书亚记》《士师记》《撒母耳记》《列王纪》《以赛亚书》《耶利米书》《以西结书》,还有十二小先知书。最后,圣文集由《诗篇》《约伯记》《箴言》《路得记》《雅歌》《传道书》《耶利米哀歌》《以斯帖记》《但以理书》《以斯拉—尼希米记》和《历代志》组成。在先知书和圣文集中,通常又被作以下细分:《约书亚记》至《列王纪》放在一起被统称为所谓"前先知书",《以赛亚书》至《玛拉基书》被统称为"后先知书"。在圣文集中,《路得记》《雅歌》《传道书》《耶利米哀歌》《以斯帖记》构成了所谓"五经卷"(Megillot);这五卷分配给特定的节日——不过,这只是从公元 6 世纪起才得到证实。《路得记》对应于五旬节,《雅歌》对应于逾越节,《传道书》对应于住棚节,《耶利米哀歌》对应于阿布月的第九天,《以斯帖记》对应于普珥节。

但是,在希伯来圣经的各种手抄本传统中,存在偏离这个书卷次序的现象,不变的是妥拉、先知书和圣文集这三个正典部分,以及它们所囊括的书卷数量。在这两个前提条件下,如果我们计算理论上可能会存在的异文数量,在妥拉的五卷书中可以有 120 个异文,在先知书的八卷书中(如果根据古代的习惯,把十二小先知书作为单独一卷书来计算的话)可以有 40320 个异文,而在圣文集中可约有 4000 万个异文。

然而,传统远没有穷尽这些可能性,妥拉一直有同样的顺序。先知书中至少被证实有 9 个异文,但是这些异文都出现在后先知书中。由于从《创世记》到《列王纪》呈现出的叙事性的编年背景,所以它在内容上是固定的。对圣文集而言,排列次序是相对具有流动性的,至少有 70 种不同的排列方式已被证实。

"先知书"中最重要的异文可以在巴比伦塔木德(bBB. 14b—15a)中找到,其中四卷先知书(《以赛亚书》《耶利米书》《以西结书》和十二小先知)以《耶利米书》《以西结书》《以赛亚书》和十二小先知书为顺序排列。这是基于神学上的考虑:《耶利米书》"满是审判",《以西结书》"半是审判,半是安慰",《以赛亚书》"满是安慰"。但是,即使是很快速地浏览这些书卷,也会发现这种看法并不准确:所有三卷大先知书中都包含有审判和安慰的叙述,因此它们都同样"半是审判,半是安慰"。但是为什么巴比伦塔木德达成了这个顺序? 如果人们注意到四卷先知书的长度,答案就变得明显:《耶利米书》有 21835 个词,《以西结书》有 18730 个词,《以赛亚书》有 16392 个词,而十二小先知书共有 14355 个词。因此,巴比伦塔木德的编排,清楚是受书卷长度所驱动,而所给出的神学解释是后来对这种以长度为标准的编排所进行的解释进行合理化。

在圣文集中,排序有时存在很大差别。下面的例子清楚地表明了这一问题:两部分别来自公元 950 年和公元 1008 年的希伯来圣经最重要的古代抄本,阿勒坡抄本(Codex Aleppo)和帕测巴力坦拿抄本(Codex Petropolitanus, B19A),把《历代志》放在了圣文集的开篇。《历代志》显然广泛叙述了大卫和所罗门统治时期建立圣殿礼仪,因而被理解为《诗篇》的"历史性"导论。另一方面,当前的一般标准排序是把《历代志》放在圣文集的结尾，由此《历代志下》36：23b（"你们中间凡作他子民的，可以上去，愿耶和华他的神与他同在"）以关于一个新"出埃及"的重要陈述作为塔纳赫的结尾。

另外一个经常出现在手稿中的差异，是把《路得记》放在《诗篇》之前。如此，《路得记》中关于大卫谱系的结尾就引向《诗篇》，为《诗篇》提供了另外一种"历史"化背景。

30 　　就基督教的旧约圣经而言，我们应当根据不同的认信作出区别。当前新教的圣经版本的一般结构如下："历史书"作为一个单独的标题被放在最前面，包括《创世记》《出埃及记》《利未记》《民数记》《申命记》《约书亚记》《士师记》《路得记》《撒母耳记》《列王纪》《历代志》《以斯拉记》《尼希米记》和《以斯帖记》。然后是"诗体书卷"，包括《约伯记》《诗篇》《箴言》《传道书》和《雅歌》。最后是"先知书"，包括《以赛亚书》《耶利米书》《耶利米哀歌》《以西结书》《但以理书》《何西阿书》《约珥书》《阿摩司书》《俄巴底亚书》《约拿书》《弥迦书》《那鸿书》《哈巴谷书》《西番雅书》《哈该书》《撒迦利亚书》和《玛拉基书》。

这种形式的旧约，也因而分为与希伯来圣经性质不同的三个部分。第一个标题是把妥拉和前先知书统称为"历史书"，而且也包括叙事性的《路得记》《历代志》《以斯拉记》《尼希米记》和《以斯帖记》。第二部分（"诗体书卷"）包括从圣文集而来的一个重要选集：《约伯记》《诗篇》《箴言》和《雅歌》。第三部分（"先知书"）包括希伯来圣经的后先知书，即《以赛亚书》《耶利米书》《以西结书》和十二小先知书，也包括在希腊传统中被视为耶利米作品的《耶利米哀歌》以及《但以理书》。由于《但以理书》源于马加比时期，因此在已经封闭的先知书的希伯来正典部分并没有将之包括进去，而是作为一部先知书卷被置于希伯来圣经的圣文集部分。

罗马天主教的圣经版本也同样有大体一致的结构，但是它又添加了另外七卷书。《多比书》和《犹滴传》被放在了《尼希米记》后面，在《以斯帖记》后面紧接着的是《马加比书》，而《所罗门智训》和《便西拉智训》放在《雅歌》之后，《耶利米哀歌》之后是《巴录书》。

另外,《以斯帖记》和《但以理书》在篇幅上增加了几章(即所谓的"《以斯帖记补篇》"和"《但以理书补篇》")。

罗马天主教圣经中有较多的旧约内容,是由于在 1545 年的特伦多大公会议上罗马天主教会将相对于希伯来圣经含有更多书卷的武加大译本(Vulgata)作为神圣作品正典化。这个决定是在反对宗教改革的意义上做出的。这次的会议决定是犹太教和基督教中唯一的正典化命令;换句话说,只有罗马天主教通过权威决定的方式来设定其圣经的特定书卷体式。武加大本旧约中更多的内容可追溯到所谓的"七十士译本"(Septuaginta),也就是旧约的早期希腊文译本。[88] 由此也带来了基督教圣经和犹太圣经在编排上的差异:[89]

希伯来圣经	七十士译本
Torah("律法书"):	"历史书":
创世记	创世记
出埃及记	出埃及记
利未记	利未记
民数记	民数记
申命记	申命记
Neviim("先知书"):	约书亚记
约书亚记	士师记
士师记	路得记
撒母耳记	列王纪一书、列王纪二书、列王纪三书、列王纪四书
列王纪	历代志一书、历代志二书
以赛亚书	以斯拉—尼希米记
耶利米书	以斯帖记
以西结书	犹滴传
十二小先知书(何西阿书、约珥书、阿摩司书、俄巴底亚书、约拿书、弥迦书、那鸿书、哈巴谷书、西番雅书、哈该书、撒迦利亚书、玛拉基书)	多比传
	马加比一书、马加比二书、马加比三书、马加比四书
Ketuvim("圣文集"):	"诗体书卷":
诗篇	诗篇
约伯记	箴言
箴言	传道书

31

---

[88]　Tilly 2005.

[89]　关于各种手稿,参见 Swete [2]1914,201 - 214;Beckwith 1985;Brandt 2001;McDonald/Sanders 2002,588;McDonald [3]2007,422,451。

路得记 雅歌 传道书 耶利米哀歌 以斯帖记 但以理书 以斯拉—尼希米记 历代志	雅歌 约伯记 所罗门智训 便西拉智训 所罗门诗篇
	"先知书"： 十二小先知书（何西阿书、阿摩司书、弥迦书、约珥书、俄巴底亚书、约拿书、那鸿书、哈巴谷书、西番雅书、哈该书、撒迦利亚书、玛拉基书） 以赛亚书 耶利米书 巴录书 耶利米哀歌 耶利米书信 以西结书 但以理书

　　如同在希伯来传统中一样，希腊传统中的手稿也应作出相应区分。关于规制较大的七十士译本手稿中的书卷排序，可以确证以下细节：规制较大的西奈抄本（Sinaiticus）、亚历山大抄本（Alexandrinus）和梵蒂冈抄本（Vaticanus）都把《路得记》安排在《士师记》和《撒母耳记上》之间这一较为合适的位置；另外，紧跟着《创世记》—《列王纪》的不是先知文集（*corpus propheticum*），而是《历代志》。此外，三个抄本各具特色：在西奈抄本和梵蒂冈抄本中，《历代志》后面接着的是《以斯拉—尼希米记》；在西奈抄本中，接着的是《以斯帖记》《多比传》《犹滴传》和《马加比一书》—《马加比四书》，因而建构了一个宏大的从创世叙事一直到马加比时期的历史文集。西奈抄本再接着的，是先知书和其他的作品。梵蒂冈抄本在《历代志》—《以斯拉—尼希米记》之后，接着的是《诗篇》《箴言》《传道书》《雅歌》《约伯记》《所罗门智训》《便西拉智训》《以斯帖记》《犹滴传》和

《多比传》，而将先知书放在最后位置。在亚历山大抄本中，《历代志》与《以斯拉—尼希米记》分开；在《创世记》—《列王纪》以及《历代志》之后的是先知书，然后是其余的作品。七十士译本因而展现了把历史传统放在一起，并按编年排列的努力。这在西奈抄本中特别明显，但梵蒂冈抄本看起来也像是在这个意义上进行编排的，因为在《创世记》—《列王纪》以及《历代志》—《以斯拉—尼希米记》中的历史叙述之后，接着的首先是"大卫"（《诗篇》）和"所罗门"（《箴言》《传道书》《雅歌》，以及被《约伯记》打断之后的《所罗门智训》）的书卷，接着是《便西拉智训》《以斯帖记》《犹滴传》《多比传》，最后是先知书。编年视角也似乎决定了先知书的内在顺序：《何西阿书》《阿摩司书》《弥迦书》《约珥书》《俄巴底亚书》《约拿书》以及紧接着它们的其他"小先知书"，被放在《以赛亚书》《耶利米书》《以西结书》和《但以理书》（《但以理书》在七十士译本中也被置于先知书中）之前。把小先知书放在大先知书之前也产生了其他效果：把有弥赛亚预言的《以赛亚书》《耶利米书》《以西结书》以及尤其在第七章中有人子异象的《但以理书》，放置得更贴近接下来的新约。 32

受人文主义驱动的研究进路的影响，新教教会要求只有在旧约正典中的书卷才应该被保留，并把旧约的七十士译本和武加大译本中多出的书卷置于所谓伪经或次经的位置。虽然它们仍值得阅读，但在神学地位和价值上都居于其他经卷之下。[90]

除了罗马天主教会有规制更大的旧约正典书卷，东正教会也有更广泛的正典，比如埃塞俄比亚教会的旧约中还包括《以诺书》和《禧年书》。

本书后面的论述将集中于标准顺序的希伯来旧约圣经，而那些更广泛的正典合集里的其他作品——主要与希腊化时期有关——

---

[90] 关于术语，参见 Gertz 2010，34-35。

只作概要性的处理。

六、旧约"原文"的问题

从库姆兰（Qumran）古卷的发现开始，越来越清楚的是，建立在每一书卷的固定正典形式基础上的希伯来圣经的传统"原文"概念，必须要从根本上进行重新讨论。[91] 库姆兰所发现的圣经手稿，连同古代的圣经版本，展现了一个广阔的多样化传统，在其中同样的圣经书卷具有不同文本形式，所以我们必须首先接受布卢姆（Erhard Blum）的观点："有多少最终形式，就有多少文本见证者"[92]——圣经文本并非无处不在，但也绝不是由某一个特定的文本见证者所确立。关于在时代转换之交文本传统的多样性，可能类似于今天彼此共存的大量圣经译本：它们是同样书卷的被认同的版本，但是它们在措辞和书卷编排上并非总是一致。

在任何时候，我们都应避免追求单一的版本、字字精确，像拉比时期对其先前时期的旧约文本传统所做的那样。出自中世纪早期的马索拉手稿表明，公元 70 年后库姆兰古卷表现出的文本多样性让位于一个标准辅音的文本，并不是由于任何特别的权威决定，而是（如果不是唯一的）主要基于这种情况，即（法利赛）拉比一派——犹太战争后犹太教的权威传统——使用和保持了如今广为人知的马索拉文本传统。

然而，我们也不应被在库姆兰所发现的多样化传统所误导。沃德（Adam Simon van der Woude）相当正确地指出，在库姆兰的情形
33　并不是公元 70 年以前犹太教的一般概况。[93] 在马萨达（Masada）和穆拉巴阿特河谷（Wadi Murabba'at）所发现的文本，并没有表现出

---

[91]　Dahmen 等 2000；Flint 2001；Fabry 2006；Tov 2006。

[92]　Blum 1991,46.

[93]　Van der Woude 1992.

与库姆兰所发现文本相同的多样性；㉞相反，它们明显是属于原始马索拉文本传统的辅音文本。而可能追溯到公元前1世纪后半期的、来自纳哈尔·赫维尔（Nahal Hever）的十二先知书的希腊文卷轴，显示出其在原始马索拉文本层面上对七十士译本进行了修订。㉟这意味着，除了在库姆兰所发现的文本多样性，公元70年之前的犹太教也存在这样一个趋势，即一种将圣经文本标准化的趋向。沃德认为，尤其是在耶路撒冷的第二圣殿，曾保存着这样一个相对统一的文本传统——也就是后来被称为马索拉文本。㊱因而，可以在另一种意义上坚持这样一种希伯来圣经"原文"的观念：从来就不存在圣经文本的一个纯粹正典形式，因为正典的确立明显并非意味着在所有方面都维护字字句句的固定；但存在着原始马索拉文本形式，第二圣殿有关团体在此基础上塑造和传承了一个标准化文本，在希伯来圣经的产生上扮演了重要的角色。

根据整体上的圣经书卷如《约书亚记》《撒母耳记》—《列王纪》《耶利米书》和《以西结书》的序列，文本批评研究清楚表明，从七十士译本所推知的希伯来语参照版本，比之后经过进一步发展的这些书卷的希伯来语版本更接近原始标准文本。㊲与此相应，在先前阶段的文学批评与文本批评研究之间的界限，已经变得相当不确定。

七、旧约文学史在旧约研究领域的定位

旧约文学史研究在旧约研究领域应当定位在哪里？旧约研究传统上有三个分支：以色列史、旧约导论和旧约神学。在上个世纪，这些领域各自都有多种教科书。㊳在这些之外，也有众多关于

㉞　Tov 1997.

㉟　Van der Woude 1992,161.

㊱　Van der Woude 1992,63 注 33。

㊲　Stipp 1994；Tov 1997；de Troyer 2005；Schenker 2006.

㊳　关于以色列史，参见 Donner [3]2000；Kinet 2001。导论研究方面，参见 Zenger [5]2004；Gertz 2010。神学研究方面，参见 Kaiser 1993/1998/2003；Schreiner 1995；Rendtorff 1999/2001。

以色列宗教史的论著，传统上被视为对旧约神学的历史补充，[99]近来也有时被理解为是对旧约神学的替代，[100]但是这种替代的理解迄今既没有以这种形式实现，也不应如此实现。[101] 但无论怎样，传统问题向度上的以色列宗教史，已经在旧约研究分支学科之间的交互作用中获得了显著的地位提升。因为一方面，在过去 30 年里，在叙利亚—巴勒斯坦地区有大量新的或新披露的考古发现；[102]另一方面，旧约作品的历史评估在旧约研究的导论领域发生了深刻变化，某种程度也与这些考古学上的发现有关。[103] 因此，清楚的是，我们描绘出的古代以色列宗教（或众宗教）的历史画卷，迥异于圣经本身所描绘的，也迥异于遵循圣经本身导引的传统圣经研究进行合理化释义所描绘的。[104]

34

与宗教史问题的重要性攀升形成对比的，是上面提到的三个传统分支学科在分工明晰性上的缺失：传统上常遵循的模式是把以色列史和导论研究作为辅助科目，而旧约神学被定位为一个系统性主科目。但是，自从冯拉德对"旧约神学"进行综合的可能性的划时代作品《旧约神学》（*Theologie des Alten Testaments*）[105]出现后，这种模式即陷入困境之中。此种情况主要是由于冯拉德在介绍旧约神学时除了进行"重述"外，放弃了进行任何系统化的尝试。冯拉德的这种方式要么已被接受，要么还没有其他有说服力的替代解决方案。对一种系统化论述的放弃——这表现在冯拉德的重要著作，特别是其学术历史背景中，导致了极具感染力的结果——在某种意义上引起了分支学科"旧约神学"自产生以来的最大一次危

⑨⑨ Eissfeldt 1926/1962,112 - 113.

⑩⑩ Albertz 1992.

⑩① 参见 JBTh 10[1995]以及 Hermisson 2000；Schmid 2013 中的讨论。

⑩② 参见 Weippert 1988；Mazar 1992；Keel/Uehlinger ⁵2001；Zevit 2001；Stern 2001；Hartenstein 2003a；Vieweger 2003；Keel 2007。

⑩③ Gertz 2010.

⑩④ Weippert 1990/1997,1 - 24.

⑩⑤ Von Rad 1957/1960.

机。因为如此一来，旧约神学从根本上就不再能够与导论研究区别开来。[106]另外的一个问题是，对旧约之内的神学（如此，就同时有多种神学）的发现，[107]导致在历史层面上建构统一的旧约神学有着根本上的困难，它们在某种意义上还无法克服。

在分支学科的组织上如何解决这种内在于旧约的难题，仍需拭目以待。由于旧约研究总体上仍处在一种悬而未决的状态，所以旧约文学史研究虽然并非全新，但却可以引起新的研究兴趣：一方面，它受益于此种情形，因为综合性建构不是（也不应该是）其他分支学科可以独自承担的；另一方面，其他分支学科也可从旧约文学史研究中获益，因为在对旧约文本和书卷之间的文学和神学关系进行历史概览时，它能从一个新视角提供建议。

八、历史重建的基础、条件、可能性与边界

旧约不是一部书，而是一个图书馆，而放置在这个图书馆中的书不是现代意义上、每一本可归于一个单独作者的"书"。[108]就古代近东的习惯而言，旧约的"书卷"代表的是与传统相关的文学，而不是作者意义上的文学。[109]这种情形可以从圣经自身获知，并且已被明确地主题化。一个特别清楚的例子出现在《耶利米书》36 章的叙事中，当约雅敬王烧了第一个书卷以后，这一章提及产生了包含耶利米话语的第二个书卷："于是耶利米又取一书卷，交给尼利亚的儿子文士巴录，他就从耶利米的口中写了犹大王约雅敬所烧前卷上的一切话，**另外又添了许多相仿的话。**"（耶 36：32）[110]虽然被动式

35

---

[106]　参见 Keller 1958，308。

[107]　参见 Smend 1982/1986；Gerstenberger 2001；Kratz 2002。相关学术史，参见 Schmid 2000b；关于以色列范围之外的神学，参见 Oeming 等 2004。

[108]　关于女性作者的问题，参见 Schroer 2003。

[109]　Tigay 1985；Blenkinsopp 2006，1 - 4；van der Toorn 2007；Schmid 2011a。

[110]　经文引自和合本修订版圣经，版权属香港圣经公会所有，蒙允准使用。——译注

的表达并不排除这些"相仿的话"是出自耶利米的可能性，但是它也清楚地开启了关于耶利米之后可能被接续写作（Fortschreibung）的视野。因而，我们可以在《耶利米书》中发现，它并不是源于耶利米一个人的作品，而是在之后又被进一步进行了相当广泛的扩展。

圣经中关于接续写作进程的一个相似例子，清楚地出现在《以赛亚书》16：13—14。在为邻居摩押人受苦有一段哀痛之后，接着是如下表达："这是耶和华曾论到摩押的话。"（16：13）然后接着又是一个解释："但现在，耶和华说：'三年之内，按照雇工年数的算法，摩押的荣华必变为羞辱，人口虽曾众多，剩余的又少又弱。'"（16：14）因此，《以赛亚书》16：13—14试着从一个变化了的文化历史背景来批判摩押，不再是同情地看待它。从这段话结合了结尾的署名（16：13）以及重新解释（16：14）也可以看出，它是一种接续写作。

对应于这些发现，能够知晓名字的第一位圣经书卷作者一直到公元前180年左右才出现，是以便西拉（Jesus Sirach）的名字为人所知（《便西拉智训》50：27—29）。但作为作者的那种自我意识起源于更早期，表现在《传道书》对于"我"的使用。[11] 当然，一系列旧约书卷在各自的引言（incipit）、导论性句子中被归给特定的人物，但它们并不是给出这些作者的历史性信息，而是表明这些书卷中的传统可以追溯到的权威。[12]《耶利米书》36章的写作场景——无论其是否是传奇性的——所表明的情况向我们显示，耶利米并没有写下他自己书卷的一个字。写下《耶利米书》中"耶利米的话"的，不是"作者"耶利米，而是他的文士巴录。因而，耶利米不是书卷作者，而只是他的书卷的权威来源。[13]

总体而言，旧约文本——暂时不考虑特定传统所可能经历的口

---

[11] 另参见《传道书》12：9 - 11；参见 Kaiser 2000b，13 - 14；Höffken 1985。

[12] 参见 Schniedewind 2004，7 - 11；Wyrick 2004；Schmid 2007a；van der Toorn 2007，27 - 49。

[13] 参见 Knauf 1998。

传阶段⑭——被创作出来大约经过了 800 年时间。

芬克尔斯坦（Israel Finkelstein）、西尔贝曼（Neil Asher Silberman）以及施尼得温德（Schniedewind）从文学史层面单方面突出强调旧约文本产生的前被掳时期。⑮ 当然，公元前 7 世纪在旧约文学形成中扮演了特别重要的角色，但并不能因此就说在这一时期旧约就已基本完成。对圣经的历史批评性研究已经积累了足够证据，表明旧约书卷的现有形态清楚地受到了波斯和希腊化时期犹太教神学的影响，⑯当然这并不排除对早期材料的吸纳。同时，这又清楚地表明，旧约文学决定性的形成过程属于比公元前 7 世纪更晚的时期。

最早具有固定文学形式的旧约文本，可能来自王国时期的早期——尽管它们的口传前史可能非常久远。⑰ 最晚出现（可确定年代）的文本包括：马加比时期的《但以理书》，历史书中的世界性的时间编排记录，一些可能是哈斯蒙尼王朝时期创作的诗篇，以及马索拉版本的《耶利米书》（参见《耶利米书》33：14—26）中所多出的内容。库姆兰古卷给我们的印象是，旧约在公元前 100 年左右就内容而言已经基本"完成"，虽然在字符形式上尚未如此。⑱无论如何都清楚的是，旧约的大多数书卷是编写形式的文学，它们经历了一个长期发展才成为当前文本形态。旧约并没有一卷书以它的前被掳时期、王国时期的形态留存下来。现在所具有的旧约是波斯时期和希腊化犹太教的产物。

如何在旧约书卷的基础信息中重建它们的前期文学阶段的主要特征？旧约学术研究为此已经发展了一套工具，这里虽无法作

---

⑭ 参见 Kirkpatrick 1988；Niditch 1996。

⑮ Finkelstein/Silberman 2002 以及 Schniedewind 2004。

⑯ 参见 Levin 2001；Gertz 2010；Kratz 2013。

⑰ Jamieson-Drake 1991；Niemann 1998。

⑱ 参见 Flint 2001。

细节上的描述,但是可以对相关问题进行一些评注。[19] 首先应提到的是,没有任何来自旧约时代的文本留存下来。即使是出自库姆兰古卷的最早手稿,也是产生在旧约时代之后(最早的《但以理书》手稿 4QDan[c.e] 只比最初书卷的完成晚了半个世纪,所以与最初的手稿书卷在时间上是比较接近的)。[20] 此外,库姆兰的大部分旧约作品都是以非常片段化的形态存在。旧约最早的完整文本见证,仍然是出自公元 1008 年的帕测巴力拿抄本。

这种传统情形清楚地表明,与这种材料证据状态相应,对文本前期阶段的深入重建在很大程度上必须要建立在内在证据的基础上。从传统方式来看,旧约文学批评对文本发展不同阶段的讨论主要是基于对文本内部的重复、中断、张力和矛盾的观察。[21] 然而,单单形式的、文本内在的探讨方式已经被证明是不充分的。这样做的危险是过于以历史批评性圣经研究建立时期的文学—美学理想为优先(例如,不应机械地从增添的文学内容角度来评判文本的起源,而应当从一种历史视角去讨论)。[22]

除此以外,还有一种对各种可能性估计的考量:即使人们推测文本前期阶段的重建有 80% 的可能性,这个概率在第二阶段则下降到 64%,第三阶段则降到了 51.2%,而第四阶段的估值则降到了 50% 以下,也就是说,重建在这时就变成武断的了。[23]

因此,在对文学前期阶段的重建上,除了语言学上的观察,神学概念也应当同时被考量,文学批评由此应与神学史的思考相结合。在教科书中,对于这一点的讨论涉及到解释方法的独立性,而

---

[19] 参见 Steck [14] 1999；Becker 2005b。

[20] 参见 Ulrich 2000,171。

[21] 参见 Carr 1996b；Van Seters 1999,20 - 57。

[22] Tigay 1985；Metso 1997.

[23] Knauf 2005a.

解释方法本身也显然是解释活动的一个方面,在实践上却常被忽视。

特别是就旧约文学史的论述而言,具有相当重要意义的是要在本质上强调文学发展的不同阶段,但这绝不意味着要以今天的视角来评估旧约的神学立场。相反,对本质性的强调意味着辨识旧约中的各样神学立场,而它们自身在历史层面被证明是讨论中的重要因素。

最后,还应指出的是巴勒斯坦地区考古的重要的检验功能:特别是在过去约 30 年的时间里,大量关于以色列宗教的碑文,尤其是图像材料的重要证据可供使用,可以帮助我们认识在以色列宗教的历史序列中对旧约文学史的某个特定历史时期进行想象时有哪些可能性与限制。[124] 对于文学史的书写虽然不能以考古学为基础——图像材料是无声的,碑文材料又太匮乏[125]——但一部文学史也不应缺失考古学所设定的文化历史框架。

九、旧约研究的趋势及其对旧约文学史讨论的影响

现今,我们在旧约研究中能够观察到某种剧变,这对文学史研究的方法问题有着深远意义。这主要由三个因素所导致。首先,由于新的考古发现,对旧约作品形成的历史环境、特别是在文化—宗教历史背景方面的看法,发生了巨大的变化(参见本书第一章第一节"六")。另外,由于受到新的宗教历史框架方面认知——特别是在历史书和先知书、同时也包括圣文集(特别是《诗篇》)的研究中——的激发,关于这些书卷的历史形成问题出现了新的观点,这 38

---

[124] Weippert 1988;Mazar 1992;Keel/Uehlinger [5]2001;Zevit 2001;Stern 2001;Hartenstein 2003a;Vieweger 2003;Köckert 2005;相关讨论参见 Uehlinger 1995,59 - 60;Schaper 2000,18 - 22;Uehlinger 2001;Keel 2007,152 - 153。

[125] Renz/Röllig 1995 - 2003.

些观点与 20 世纪旧约研究的传统看法有着相当大的不同。[126] 最后，神学在总体上变得更为多元化。特别要提到的是辩证神学的强烈影响已衰落。辩证神学在上世纪中期在很多地方导致旧约学术研究陷入错误的宗教历史推断，即认为以色列与其邻邦之间具有启示神学和自然神学的根本区别。它的影响的衰落，使得对古代以色列文学和考古发现形成更多不带偏见的观点成为可能，虽然形成的新观点的偏见也可能会在将来被后来的学者指出来。

现在所描绘的旧约的文学史和神学史整体图景的框架，并不是新发现。旧约在本质上作为一个波斯和希腊化时期古代犹太教文献的问题，自 19 世纪以来已众所周知，当时是以一神论、契约和律法等核心宗教概念来对以色列历史进行主题化解释，因为这些概念在以色列历史开始的时候就被圣经作者突出强调。然而，在以色列历史被以极为笼统化的形式与极端的晚期定位之后（这种讨论没有推动却阻碍了早期的讨论），只是在最近的研究中才对其有了充分的掌握。[127] 而最新的旧约研究似乎不断地陷入这样的危险，即在对前被掳时期与后被掳时期、多神论与一神论、古代以色列与犹太教、[128] 自然宗教和启示宗教等诸如此类的因素简单地二分，使自身远离了历史的可能性。不过，这样的危险并不能改变一个事实：旧约研究已从根本上发生了变化。

在这个剧变中，五经研究方法的转变起了特殊的作用。[129] 一直到 20 世纪，新源本学说都有着惊人的成功。这个学说认为，J、E 和 P 是逐渐综合起来的三个源本，叙述大致相同的内容，但在文学层面又彼此独立发展。源本学说的成功的基本解释，是这些推断完全基于圣经历史批评早期的初步观察——即同时使用了 YHWH/Elohim 以及文本重复——在圣经学术史上获得了长期青睐。然

---

[126]　Gertz 2010.

[127]　参见 Lemche 2001；Diebner 1992/1993，及其更早的作品。

[128]　参见 Brettler 1999。

[129]　参见 Dozeman/Schmid/Schwartz 2011。Baden 2009 捍卫传统的源本学说的方法。

而,事实上,在细究之下,我们会看到源本学说的一些基本推断是相当有问题的。首先,它的论点建立在这样的确信之上,即在传统建构之初就有一个全面的综合(威尔豪森认为该综合处于王国时期,而之后冯拉德甚至认为有一个属于"所罗门"统治时期的"耶典作者"进行了从创世到占领应许之地的历史叙述)。这个论点假定了旧约传统中的一种独特情况:无论是前先知书(《约书亚记》到《列王纪》)还是后先知书(《以赛亚书》到《玛拉基书》),又或是圣文集部分,都毫无疑问地认为,它们的每个书卷都可追溯到一个范围有限的源本部分,其后才是接续性的整体化编修与扩展——这种认知从对它们文本本身的观察会不可避免地得出。但是,根据源本学说,在五经中的情况是根本不同的。直到布卢姆关于先祖历史和五经编写具有影响力的研究之后,[130]这种观点才开始不被学者认同,也才逐渐地形成这一共识,即五经文学起源的原初材料也应当放在一个有限的文学视域内处理。这些原初资料仅在(被掳时期或者)后被掳时期的早期才被植于广泛综合的背景中(布卢姆的观点是"申命学派"与"祭司文本"的综合,另参见 Albertz 1992)。[131]

　　因而,在今天,"告别耶典作者"[132]的五经研究已不再是处于边缘,它努力去解释五经在祭司文本还未成为一个整体之前的编写,阐明先祖叙事和出埃及之间的关系。当然,这种方法是否可以经得起时间的考验尚未确定。但是,同样清楚的是,即使对目前许多新的替代模式而言,五经中所表现出的宏大救赎历史书写并非出现在传统建构之始,而是在临近结束时才出现。这一点同样适用于旧约中对救赎历史的信条式概括。[133]因而,也不能再普遍地根据以色列宗教与其他宗教非连续性的范式来解释王国时期以色列的

---

[130]　Blum 1984;1990.

[131]　在布卢姆看来,是在写作的"申命学派"和祭司文本层面,这个观点得到例如 Albertz 1992 的支持。

[132]　参见 Gertz 等 2002;Dozeman, Schmid 2006。

[133]　Gertz 2000a.

（众）宗教，即认为以色列信仰一位无法描绘的神，[⑭]这位神在历史中启示他自己，而以色列的邻邦宗教则通过多神论的架构去神化自然生命周期。[⑮] 最近的五经研究不但使得改变这种程式可能，而且也更积极地促使我们将被掳时期之前的以色列宗教史放在近东宗教史中去描绘，[⑯]虽然这里也要警惕一种把它与其近东背景简单重叠起来的危险。

在先知预言领域，同样有着一个相似的变化，尽管似乎相对不太明显。[⑰] 先知的传统形象是被描绘成有天资灵性的个体天才，他们无条件且不妥协地（不时也强迫性地）直接向他们的对象传达上帝的旨意。这种先知形象的出现源于在 19 世纪和 20 世纪的释经中对原初先知话语和后来所增添的材料的区分。对先知书的释经基本上在于区分"真正的"文本材料与"非真正的"文本材料，这导致了将先知表现为宗教天才的倾向。

从思想史方面来说，这种传统的先知形象主要由唯心主义和浪漫主义所激发。这种先知形象统治了整个 19 世纪。威尔豪森提出律法在先知之后（*lex post prophetas*）的较迟时期定位，把先知从作为律法解释者的重担中释放出来，进一步加强了这种形象。这种整体上的传奇特征即先知的信息并不是来自于这个世界，对于辩证神学来说非常切合。辩证神学把先知作为宗教天才这个观念扩展到了 20 世纪。另外，清楚的是，把先知预言的"孤立地位"作为其中心特征，在冯拉德的划时代作品《旧约神学》中仍然清晰地表现出来。[⑱] 在冯拉德看来，先知预言不能与以色列的其他信仰观念联系在一起，因而在第二卷中，他将其与所有其他传统分开处理。

---

⑭ Niehr 1997；Uehlinger 1998b，c；参见 Keel 2007，305 – 306，300，478 – 482，他认为在第一圣殿虽然没有图像化的耶和华，但是有亚舍拉［Aschera］)。

⑮ 参见 Schmid 2000a。

⑯ 参见 Kratz 2000a，318。

⑰ 参见 Schmid 1996b；Steck 1996；Kratz 2003b；2011；Becker 2004。

⑱ Von Rad 1957/1960.

不过,在这个具有影响的传统研究趋向之外也存在着其他早期声音,它们不但有意探究先知和他们的"真正"话语,也探究这些内容被添加的材料,并试着使它们作为有说服力的经内诠释活动。⑬这种研究方向——即所谓的"编修批评"方法⑭——在旧约学术研究、特别是在齐默利(Walter Zimmerli)1969 年关于《以西结书》的注释书中取得了突破。⑪ 它在今天仍然属于先知研究中的主导方法。它有意不再只探究先知的宣言,也探索先知书卷的不同强调和不同陈述线——它们都属于记录下来的先知警语之后的文学史。

19 世纪末和 20 世纪的先知研究,趋向于将书卷标题所归于的先知的文本缩减到一个内容可以得到批评性确证(常常依据有问题的标准)的文学实体,在其中关于自我证词的内容被保留下来——《以赛亚书》源自"以赛亚",《耶利米书》源自"耶利米",诸如此类。对比而言,在今天的研究中,重心从先知们转移到他们的书卷,从他们的警语转移到书卷中的文本。先知书的书卷不再仅仅被看作是所谓"更小单元"的偶然性合集,而是更多地被作为能够传达意义的整体来看待,并认为在这些"更小单元"中单独就包含着重要的神学价值。我们由此几乎可以说,在先知研究中发生了一种范式转换,尽管对最初先知话语的探寻仍需保持一定的权重。

针对那些习惯上被视为"非真实的"先知书章节的释经活动,越来越清楚地表明,这些章节并非只能解释为评注和文本错误,而是经常乃至绝大部分情况下都应被解释为是后来对已有文本材料进行的有意义的诠释。因此,我们不应该将这些文本"扩展者"视为简单的评注者,而是应当把他们视作文士编修者,所以他们本身也可以被看作"先知"。一方面,这是由于他们的书写活动也同时展现出了惊人的实质性的创新能力;另一方面,在他们所创作的书卷中,他们匿名附属于那些给予书卷名字的先知人物,他们的自我

---

⑬ 参见 Hertzberg 1936;Gelin 1959。

⑭ Marxsen 1956.

⑪ Zimmerli 1969.

理解是，他们所做的是先知性的工作。

先知预言因而日益被视作是一种集体性与长期性现象的累积，不再是在历史中的某个时间点与天才式的个体人物相联系而已，并且再次被有意识地作为书写化预言严肃对待。并非所有预言最初都是以口传形式存在。相反，先知书的大部分预言从未以书写形式以外的形式存在过。[⑫] 对一些个别的先知书卷，如《约珥书》《约拿书》或者《玛拉基书》，它们可能是完全属于文士创作活动的产物。在它们背后，很可能并不存在个体先知人物，书面化的宣告才是构成后来这些书卷编修史的基础。确切地说，这些书卷看起来完全是作为先知传统传承者们的文士所创作的作品。

最后，在这里也应当提及在最近的《诗篇》研究中所发生的剧变。从文学史的角度看，《诗篇》的时期确定问题仍存在争议。但最近的《诗篇》研究已经能够表明《诗篇》是如何被深刻塑造为一部神学书卷。[⑬] 这并不排除而是相反包括了这个观念，即较早期最初被用在第一圣殿和（或）第二圣殿的敬拜礼仪中的个体诗篇被接纳进来。但《诗篇》的现存形式是一个精心组织起来的文学整体，它的生活处境（*Sitz im Leben*）更多是在那时对文章的研习过程中，而非在敬拜礼仪中。与此相似的情形，也表现在狭义的智慧文学例如《箴言》中。[⑭]

如果我们总结一下——尽管我们应当对这些关键词式的特征持完全的保留态度——我们可以辨识到如下最新的旧约研究趋势：

（1）传统上假定以色列宗教在起始就由救赎历史所塑造是站不住脚的。特别是，这一假定以"耶典作者"作为其重要

---

⑫ 例如，《以赛亚书》56 – 66 章（Steck 1991）；《耶利米书》30 – 33 章（Schmid 1996a；不同于 Jeremiah 30 – 31，Stipp 2011a）。

⑬ 参见 Wilson 1985；Hossfeld/Zenger 1993；2000；Millard 1994；Zenger 1998；Hartenstein/Janowski 2003b；Hartenstein 2010；Leuenberger 2004。

⑭ 参见 Krüger 1995；1997；Scoralick 1995。

基础,实难担此重任。⑭

(2)以圣经中以色列的时代顺序和历史上的以色列的时代发展在根本上一致为基础来对旧约进行"次申命学派"的诠释,这种做法应当进行批评性质疑。⑮

(3)从宗教史的视角看,我们能够观察到的是,对以色列王国时期的(众)宗教与它的那些邻邦宗教关系的认知中有某种(再次)趋同性。

(4)与传统认知相比,被掳时期及后被掳时期作为旧约文学形成的决定性时期被更多地清楚强调。

(5)在19世纪和20世纪常被设想的"宗教天才",不再被认为是相关旧约文学创作的垄断者,相反,旧约文学从长期看明显是文士创作的阐释性文学。⑯

第二节 古代以色列的语言、写作、书籍和文学创作

一、语言和书写

圣经的希伯来语(包含《以斯拉—尼希米记》和《但以理书》中的亚兰文章节;同时参阅《耶利米书》10∶11)本质上可分为两个部分,人们可称它们为"古典圣经希伯来语"和"晚期圣经希伯来语"。⑱ 这里所称的"古典圣经希伯来语"基本上是妥拉的语言,也 42
是《创世记》—《列王纪》中祭司文本和(或)申命学派的编修活动所使用的语言形式。而"晚期圣经希伯来语"主要出现在历代志史家

---

⑭ Gertz 等 2002;Dozeman/Schmid 2006。

⑮ Weippert 1990/1997.

⑯ Schmid 2011a.

⑱ 参见 Knauf 1990;2006;Young 1993;2003;Saénz Badillos 1993;Emerton 2000; Hurvitz 2000;Schwartz 2005;Young/Rezetko 2008。

文学、《以斯帖记》和《但以理书》中,并在这些作品中又有着各具特色的表现。"古典圣经希伯来语"和"晚期圣经希伯来语"的区分,主要是建立在对圣经文本与两种经外文集(即王国时期的铭文和库姆兰古卷)进行比较的基础之上。⑭

"古典圣经希伯来语"是一种文士的语言,与王国时期的犹大希伯来语直接相关,并在一个越来越多说亚兰文的语言环境中生存。⑮ 相应于文士语言的特征,"古典圣经希伯来语"具有相对同质的语言形式。而"晚期圣经希伯来语"可以被描述为是"古典圣经希伯来语"的进一步发展。与经常表达的古典希伯来语是在被掳时期向晚期希伯来语转变的观点形成对比,⑯从关于《创世记》—《列王纪》最新的导论学术研究的结果看,我们很难将那些最重要的"晚期圣经希伯来语"的圣经文本定位在公元前 400 年之前的时期。⑰ 无论如何,圣经文本的希伯来语也并不能单单按照年代顺序来决定,因为语言的选择也可以被用来表示与妥拉中具有重要意义的核心传统在概念上接近或远离:由于《约伯记》或《传道书》与妥拉在神学上存在差异,所以《约伯记》或《传道书》所使用的是一种与妥拉并不相适的希伯来语,而《约书亚记》或《士师记》中的晚期文本,与妥拉以及它们书卷的早期文本所使用的古典圣经希伯来语完全相适。⑱

对于字母书写系统来说,希伯来语由 22 个字母书写,相关的碑铭文表明,书写方向(从右向左)从公元前 9 世纪开始确立下来,这也同时表明,以此书写惯例形成的较长文本也仅从这时起才开始出现。直到公元前 3 世纪,古希伯来语的书写系统——自身存在大量的差异——一直在使用;在之后的时期,它偶尔也会被使用,例如,被撒玛利亚人所使用。一些库姆兰古卷手稿也是用古希伯来

---

⑭　Young 2003,277.

⑮　Kottsieper 2007.

⑯　Hurvitz 2000.

⑰　Knauf 2006,338 - 339.

⑱　Joosten 1999.

语写成，尽管它们只包括妥拉以及被认为来自先祖时代的《约伯记》的圣经手稿。可能是由于波斯时期通用的管理语言是亚兰文，方形字体书写开始逐渐传播。最早的证据出现在约旦东边伊拉克埃米尔（Iraq el-Emir）发现的铭文（公元前 3 世纪）中。这个过程的更前阶段则可以在埃及伊里芬丁的文本中发现。[154] 在库姆兰，只有一些书卷（妥拉和《约伯记》）明显是以仿古的风格写作，而且由四个辅音所组成的耶和华的名称有时也以古希伯来文的书写形式写下；在其他方面，方形字体占据主导地位。

　　在古代，希伯来语的文本是去元音化的。在希伯来语中只有一些特定用作铺音的元音字母（matres lectionis）偶尔会出现在古希伯来文铭文中，并且主要是在词的最后一个字母。相比较而言，在库姆兰古卷中它们是很普遍的，并且也能代表词语中的短元音。而类似今天标点符号的标志，则是公元 5 世纪至 10 世纪马索拉文士学者们的工作结果。通常的标记用在字行之间，而在 19 世纪为人所知的巴比伦式的标记是在字行上方的。

二、文学生产的材质因素

43

　　从历史角度探究旧约作品的起源，我们有必要提及古代世界书籍和文学产生的可能性和条件。探究其书写所使用的材料来源包括旧约中所涉及到的相关信息（参见例如《以西结书》1—3 章，《耶利米书》36 章），以及出自旧约时代的铭文，还特别要包括在库姆兰发现的书卷。[155] 尽管由于欠缺当时的旧约文本证据，我们应当保持谨慎，但我们仍能够辨识出以下情况：书卷一般以卷轴的形式存在（参见《以赛亚书》34：4）。[156] 以书脊形式装订的抄本，仅仅在基督教时代才出现。书写活动在蒲草纸或皮革上进行；蒲草纸更为便

---

[154]　参见 Porten 1996。

[155]　参见 Stegemann [9]1999；Tov 2004；Ulrich 2010。

[156]　Welten 1981；Schmid 1996a, 35 - 43；Schmid 2006a。

宜,更常被使用。但对于较长的文本——库姆兰的《以赛亚书》书卷有 8 米长——只有皮革才合宜。蒲草纸由于其硬脆易碎的特性而很难卷起来。单纯从技术角度看,更大规模的书卷也是可能的,在个别情况下可以长达 25 米。[157] 书卷由单个卷片缝制而成,这些单个薄片被分成若干栏(参见《耶利米书》36：23)。当阅读卷轴时,只有正在被阅读的竖栏是可见的,而之前的内容以及接下来的内容仍能保持卷起来的状态。

库姆兰所发现的文本不是连写字句的形式(*scriptio continua*),而是在词与词之间留有空间。另外,文本中也有不同的分割标记,诸如行与行之间留较大空间、段落符(新的一行开始处的缩进)、行结尾处的空间以及空白行,都是为了把文本架构成为有意义的单元。[158]

三、文学创作和接受的社会条件

要理解旧约的文学史进程,就有必要考虑旧约所处的社会环境：旧约文本的创作和接受是在一个相对狭窄的圈子里,这个圈子在一个大部分人不识字的社会中能够熟练于阅读和写作。[159] 来自希腊和埃及的可供比较的材料,也清楚地指向同样的方向。[160] 尽管读写能力只限于人口的一小部分,但一个专业文士阶层的存在也反向证明了其余人并不是完全没有读写能力。更确切地说,应当这样做出区别：能读写与不能读写之间并没有明确边界；就如同今天一样,掌握读写是一个渐进的过程。例如,就像在撒玛利亚陶片

---

[157] Tov 2004,74 - 79；Schmid 2006a.

[158] Steck 1998；Korpel/Oesch 2000.

[159] Niditch 1996；Ben Zvi 1997；Young 1998；2005；Niemann 1998；van der Toorn 2007,10 - 11；关于稍晚时期的情况,参见 Alexander 2003；Hezser 2001；关于媒介的问题,参见 Frevel 2005。

[160] Baines 1983；Haran 1988；Harris 1989；不同于 Lemaire 2001；Millard 1985；1995；Hess 2002；2006。

上的一个关于货物运输的短小记录,无疑能够被一个比西罗亚铭文或甚至一卷先知书更广的圈子所接受。

旧约自身把五经的一小部分归于作为文士的摩西(参见《出埃 44 及记》17：14,24：4,34：28;《民数记》33：2),与此相反,只有在公元前 9 世纪以色列(以及公元前 8 世纪的犹大)的创作和书写文化才可以发展到如此程度,得以产生更多的文学作品:"然而,希伯来文学只有在此时期(亦即公元前 850—前 750 年)才第一次开花结果,兴盛起来。"[⑯]一些体现巴勒斯坦地区文化—历史发展的一般发现可能与书写文化相关,除此之外,古代希伯来文铭文的历史分布也表明这一点。[⑰]虽然没有发现统计学的基础来支持这一观点,但铭文的分布显然与大众读写能力的增强有关联。

以色列铭文的数量[⑱]

公元前 10 世纪	4 个
公元前 9 世纪	18 个
公元前 8 世纪,前半叶	16 个
公元前 8 世纪,后半叶	129 个
公元前 7 世纪,前半叶	50 个
公元前 7 世纪,后半叶	52 个
公元前 6 世纪,初期	65 个

在泰尔扎伊特(Tel Zayit)新发现的简易书写稿本可以追溯到公元前 10 世纪晚期,并且发掘者们以之证明当时在犹大官僚体系发展中的学校教育的兴起。[⑲]但从目前来看,该发现是否能够从根本上改变对一般历史图景的认知仍然存在争议。

[⑯]　Wellhausen 1880/1965,40.

[⑰]　Jamieson-Drake 1991.

[⑱]　Niemann 1998;参见 Lemaire 2004。

[⑲]　参见 www. zeitah. net。

但是,一种相反的结论——即基于缺乏波斯时期的希伯来文铭文而推断旧约基本是在被掳时期之前创作的[165]——在历史层面上无论如何都几乎没有可能性。波斯时期的铭文当然是由当时的通用语,即亚兰文写成,它们的数量在实际上也多于希伯来文铭文。[166]从根本上看,波斯时期铭文的大量发现,强调而非反驳了波斯时代旧约文学发展的重要性。

无论如何,在解释统计结果时一定要保持谨慎,因为这一时期大部分文本是写在无法保存超过数世纪的材料(尤其是纸莎草)上,所存留下来的铭文特别是陶片,只能够碎片式地反映书写文化。同时,总体性的印象仍然是重要的,特别是由于它与以下两个进一步的观察相吻合。

一方面,我们应提到的是这样一个发现,即以色列和犹大的书写预言是当达到一定水平的书面文化兴起时——也就是公元前 8世纪——才出现。威尔豪森已观察到,没有出自以利亚自己的书卷流传下来,但是对于以赛亚来说却是相反情况。[167]在他们之间所兴起的书写文化,形成了一个广泛的圈子,这个圈子不仅包括这里所说的以赛亚,也包括阿摩司或者何西阿,还(或)包括他们的传承者。

此外,与该背景的时间节点上一同发生的是,只有从这时起,以色列以及稍后的犹大在古代近东相关资料中才以国家形象被认知。[168]这一点反之也意味着这个阶段的发展在一定程度上包括书写文化的发展。

然而,也有一些与之相反的相关发现:源于巴勒斯坦地区的规

45

---

[165] Schniedewind 2004,167 - 172。

[166] 参见 Lemaire 2002;2007。

[167] Wellhausen 1880/1965,40.

[168] 参见 TUAT I:367 - 409。

模最大的铭文米沙石碑⑯和底雅亚拉的巴兰铭文⑰，可能都产生自较早时期（公元前 9 世纪和公元前 8/7 世纪），并且从地理的角度看也都来自边缘地带。一方面，这些发现虽然告诉人们应警惕过于狭隘和机械地把国家形态的较高发展与书写形式的发展直接对等，但另一方面它们也不应被视为唯一充分的参照因素。

在文学生产方面，更为重要的是，旧约书卷最初的形式可能主要是单独的片段。它们作为黏结性质的解释性文学的特点也意味着：单从技术的角度看，很难想像一种多层次的圣经书卷接续写作的进程发生在这些书卷的大量抄本已经在流传的环境中。⑪旧约自身所给出的信息进一步支持这个推论。例如，《申命记》17∶18具有相应的重要含义："他（王）登了国度的王位之后，要在利未家的祭司面前，将这律法书为自己抄写一份在书卷上。"这段文字不是要求国王随便制作《申命记》律法的一个抄本，而是认为国王所制作的抄本应是原稿之外的唯一抄本。《历代志下》17∶7—9、《尼希米记》8∶1—2 和《马加比二书》2∶13—15 都指向类似的方向，表明在旧约时代旧约书卷是在一个非常有限的范围内流传的。与此相关，《马加比二书》2∶15 表明，公元前 2 世纪在亚历山大（Alexandria）的犹太团体甚至也还没有一部完整的圣经。⑫圣经作品在有限范围内传播并不令人惊奇，因为在当时书卷的生产是一个复杂的过程，而且卷轴也相对昂贵。即使是在拉比时期，一部《以赛亚书》的新卷轴约需要耗费一个文士全年收入的一半。⑬

在文学生产方面，耶路撒冷圣殿应是扮演着一个特别的角色。我们可以推测，手稿的模本可能保存在那里，成为之后每一次接续

---

⑯　TUAT I∶646 - 650.
⑰　TUAT II∶138 - 148.
⑪　参见 Lohfink 1995；van der Toorn 2007,146 - 147。
⑫　Van der Toorn 2007,237 - 242；Lange 2007；另参见 Stemberger 1996。
⑬　Van der Toorn 2007,16 - 20.

写作的抄本基础。⑭

　　《马加比二书》2：13—15 提及了一个由尼希米在耶路撒冷建立的图书馆。然而，它所收藏的书卷（"关于国王和先知们的书卷，大卫的著作，和国王们关于还愿祭的书信"）——正如令人惊奇地缺失"妥拉"书卷所表明的——显然是被有选择地描述，又或者是在包括"四经"（Enneateuch，妥拉被作为摩西的先知预言看待）、后先知书以及《诗篇》的意义上被描述。⑮ 这里所提到的图书馆，可能正是耶路撒冷圣殿的图书馆。相似地，叙述祭司希勒家在圣殿发现了书卷的《列王纪下》22 章以及《撒母耳记上》10：25，均表明在圣殿里存有书卷。但它们的范围却难以断定。古代近东的大多数图书馆是选集式的图书馆，包含的文本较为有限。⑯ 例如，埃德富（Edfu）神庙的图书馆就仅有大约 35 种书目。⑰ 这些图书馆并不是开放式的，而仅是供圣殿及文教机构使用，所以在古代近东图书馆和档案馆之间并没有严格的区分。此外，虽然较为罕见，但显然存在着综合性的图书馆，其目的是将能得到的各种文本都保存到一起。亚述巴尼帕（Assurbanipal）的图书馆、亚历山大的图书馆，可能还有库姆兰的图书馆，都是这方面的例证。但是，从馆藏内容难以判断耶路撒冷图书馆属于何种类型：《马加比二书》2：13—15 表明，它所包含的书卷可能要多于后来成为旧约文学的书卷。库姆兰的著作进一步支持这一点：很难想象，藏书远多于旧约的库姆兰图书馆能够比耶路撒冷圣殿图书馆规模更大。⑱

　　但并不能就此认为，存在一个同质的耶路撒冷文士书写环境：虽然与旧约书卷起源有关的圈子可能相当有限，并且从地理上说，

---

⑭　Klijn 1977；Beckwith 1988,40 - 45；Sarna 1989；Schmid 1996a，40 - 41 以及注 204；Ben Zvi 1997；van der Kooij 1998。

⑮　Van der Toorn 2007,237 - 240；Lange 2007.

⑯　Pedersén 1998；Michalowski 2003；Lange 2006；van der Toorn 2007,240；Kratz 2013.

⑰　Wessetzky 1984.

⑱　Van der Toorn 2007,241 - 242.

至少自波斯时期开始主要居住在耶路撒冷,但是他们代表着范围相对广阔的神学观念。无论如何这一点都表现在现有形式的书卷中:彼此并陈的材料中有时有几乎相反的主题描绘。

我们有关古代以色列文士和文士教育的历史知识非常有限。[79]圣经自身以及现存的自王国时期以来的印章标识都充分证明存在着专业文士[80](例如,《撒母耳记下》8:17;《列王纪上》4:3;《耶利米书》32章、36章、43章、45章"文士巴录";《以斯拉记》7:6、12—26章"以斯拉……他是敏捷的文士,通达耶和华以色列神所赐摩西的律法书";《尼西米记》13:2—3;《便西拉智训》38—39章;《马可福音》11:27—33;《马太福音》23章)。在历史进程中,文士的功能越来越多地转向成为不单负责誊记(因为经文所依附的材料自身存在周期有限,而不断有此需要),而且也对他们所负责传承的文本进行接续写作式的诠释(参见《耶利米书》36:32)。[81]

自克劳斯特曼(August Klostermann)以来,人们通常认为文士是在属于圣殿或王宫的学校里接受教育。[82]然而,这一点圣经中几乎没有提及(除了《便西拉智训》51:23;《使徒行传》19:9),而需要通过文化历史类比推断出来。这种方法与上面所提的观点本身在根本上并不矛盾。[83]然而,在圣殿的学校和王宫的学校之间划分出一个清楚界限似乎并不恰切:圣殿并非一个独立机构,而是附属于宫廷。[84]塔木德传统提及在耶路撒冷有480所学校,很可能是一种夸张。[85]但是,至少自希腊化时期以来,特别是在耶路撒冷已有相当数量的学校。我们不必一定要认为,这些学校都有自己彼此

47

---

⑲ Schmid 2004a.

⑳ Avigad 1976;Keel 1995;然而,阿维加德(Avigad)收集的许多印章标记并非真品,参见 van der Toorn 2007,84;关于整个问题,参见 Uehlinger 2007a。

㉑ Van der Toorn 2007,78 - 82.

㉒ Klostermann 1908;参见 Lemaire 1981;Delkurt 1991,43 - 48;Jamieson-Drake 1991;Heaton 1994;Davies 1995;Schams 1998;Knauf 2004。

㉓ Knauf,1994,225 - 237;Volk 2000;Gesche 2001;Vegge 2006.

㉔ Van der Toorn 2007,82 - 89.

㉕ J. Meg. 73b;参见 van der Toorn 2007,24。

独立的建筑。这些学校的核心是师徒关系(《历代志上》25：8;《箴言》5：12—14;《诗篇》119：99)。对学生的教导活动可以是在圣殿内,也可以是在教师的私人处所。⑱

　　由于缺乏关于古代以色列学校的相关证据,一些学者因而将文士教育更多归功于文士"家族"里的知识传承。也许,我们应当把这两种并不互相排斥的看法结合起来。例如,与王宫和圣殿关系密切的耶路撒冷的沙番文士家族的存在(参见《列王纪下》22：3;《耶利米书》36 章),就佐证了这一点。

四、作者和编修者

　　传统学术研究中,相当重要的是,在辨析旧约形成的历史时对作者和编修者做出区分。旧约文学的基础材料,曾被认为是来自比如耶典作者或以赛亚这些作者们,而这些文本的主体在后来又被"扩充者"或"神学家们"所接续,同时这些扩充在传统上被给予消极的评判。例如,杜姆(Bernhard Duhm)直接提到,他们"甚少具有作者的技巧",而且均"在先知水平以下"。⑱ 他们尽管也"偶然地"提供"相当重要的思想",但"这些思想不是由将它们提供给我们的人所创造的;它们是宏大的思想史发展中的产物",在此过程中他们只是"被动的参与者"。唐纳(Herbert Donner)的重要论著甚至仍将编修者简单地定义为对存在文本进行调和的汇编者。⑱ 直到最近的编修历史研究才表明,这种认知是有缺陷的。当然,我们在旧约中可以看到,大量的编修过程是属于一种纯粹的汇编。不过,如果把旧约文本的编修仅限定为这样的过程,将会导向错误的判断。因为在它们之外还可以经常辨识出大量发展了自己的概念和神学的编修性文本。因此,在作者和编修者之间做一种类别

---

⑱　Van der Toorn 2007,89.

⑱　Duhm 1901,XVIII‑XIX.

⑱　Donner 1980/1994.

上的划分常常是无效的。[188]

　　范塞特斯(John Van Seters)曾提出过一个关于作者和编修者关系的讨论,这个讨论整体上有些奇特,但同时也不乏启发性。他的结论"即在古代,从来没有任何事物像文学作品的'版本'(editions)那样,是一个'编修'(editorial)过程的结果,是编辑者们或修订者们的作品"。[189] 虽然这个结论夸大其词,并忽视了当前研究中关于旧约文学"编修"现象的整体特点的讨论,[189]但是范塞特斯仍然正确地指出,关于旧约的"修订"现象形式批评和其他历史性研究存在不足和问题。细观之下,范塞特斯并未距离他所反对的观点很远,但其关于圣经文本及其产生采用了一个很不寻常的视角。他攻击编修历史研究区分出一个基础层面以及后来的修订,他则如同看待古代历史学家一样去看待他所设想的圣经中一些作品的作者("耶典作者""申命历史"等),在他看来,在此基础上所容纳进的传统,无法再从文本中提取出来,而是被"作者化地"(autoriell)编修过了。另外需要注意的是,范塞特斯面对的仅仅是《创世记》—《列王纪》,以及他所认为归于"耶典作者"和申命学派的叙事传统,而几乎没有将任何在先知书和《诗篇》中所表现出的文本关系纳入到他的思考当中。

　　对于旧约中的(作者式,或者)编修活动现象,一定要区别性地进行讨论。首先需要问的是,更早的材料是以什么方式进入某个特定的文本:它是否保留了一种早期的传统,比如口传传统或者已文本化的传统的记忆,但是无法再重建它们在文本化之前的历

48

---

[188]　Kratz 1997a.
[189]　Van Seters 2006,398.
[189]　Ska 2005.

史？[192] 或者它所编修的材料仍能通过文学批评方法从它的当下语境中提取出来？对于后一种情况，根据文本材料的不同文学视野来区分出修订插入和改写内容，可以有效地帮助回答这个问题：该编修行为是仅仅与它所在的上下文背景有关，还是与某卷书的一部分、一整卷书或者甚至一系列书卷有关？不管怎样，这些不同的可能性必须都要加以考虑。宣称一种或另一种活动模式可以构成一个普遍化理论，这是无效的，因为在这方面不难证明的是旧约书写过程使用了不同的编修方法。在《撒母耳记上》9：9 中，有一个关于扩展文本仅仅与其所处的上下文相关的例子，那里将"r'h"（"Seher"）解释为是 nby'（"Prophet"）的一个更古式的用词。而《阿摩司书》3：1 和 5：1 的标题具有更大范围的视野：它们的目的是将《阿摩司书》3—6 章架构成为一个整体。[193] 另外，《以赛亚书》35 章作为书卷层面的编修部分，成为第一以赛亚和第二以赛亚之间的衔接文本，由此《以赛亚书》才成型出现。[194] 最后，关于贯穿几个书卷的编修现象，相当清楚地表现在《创世记》50：25、《出埃及记》13：19 和《约书亚记》24：32 中关于约瑟的骸骨从埃及转移到迦南的一系列叙述；基于它们的前后参照，这些相关表达只能是属于同一个文学层面。[195]

五、旧约文学的同时代受众

旧约文本和作品是为谁而创作？这个问题很难回答，并且必须在很大程度上仍保持开放性。那些后来被整合进叙事书卷、先知书、《诗篇》或者《箴言》的各种叙事、谚语或者歌词，在被以文本形式写下之前或正写下之际，可能是在不同听众之间口头传播的。

---

[192] 参见 Schmid 2006f。

[193] Jeremias 1988.

[194] Steck 1985.

[195] Schmid 1999c, 111.

例如,《哈巴谷书》2:2记载内容以讲读的形式传播:[⑯]

> 耶和华回答我,说:将这默示清楚地写在看板上,使人容易朗读。

但是,整部旧约并非从一开始意在仅仅作为口传文学,或者意在要被朗读,这一点要特别强调——尤其是相对于衮克尔之后的传统形式批评来说。那些我们认为可能曾以口传形式存在的文本,都几乎很难再加以确证。接下来的讨论将只限制在一个方面,即谁是阅读旧约书写形式文本的读者——不管这些文本是否能追溯到口传阶段。虽然对这一问题也几乎没有确定的结论,但基本上可以说,在很长时期里旧约文学都是由文士为文士群体所写——无论他们是在圣殿里,还是在王宫里任职。换言之,读者与作者在本质上是相同的。鉴于旧约文学中文本间存在高度的互文性(Intertextualität),这表明它面向的是一个接受过专门教育的受众群体。[⑰]

我们应该如何想象古以色列文士阶层的阅读活动?《诗篇》1:2或许提供了一个线索:文士这里描述的是昼夜"思想"(sinnt)或者(我们应该更准确地翻译成希伯来文动词"hgh")"哝哝"(murmelt)经书。当然,这是一个夸张的图景,但是这里所描绘的一个沉思性"哝哝"(Murmeln)的阅读情形极具启发性,因为在这个文化历史背景中"阅读"显然不是简单地从头到尾阅读一个文本,而是在低声诵读的时候研习它。在古代,默读并不是一个普遍现象。[⑱]

这种对经文的研习是文士活动不可或缺的前提:通过与其他文化历史的发展进行类比可以判断,文士们如此深植于传统之中,以至于当他们书写他们文本的时候,他们并不总是有(或可能根本没有)成文作品在手边供他们引用或参照。相反,他们成为文士的

---

⑯ Van der Toorn 2007,14.179.
⑰ Schmid 2011a.
⑱ Knox 1968.

训练应当就是浸泡在经典的文献中,去记忆最重要的文本。[19] 旧约文本因而对古以色列文士是非常当下的,但不必是材料形式意义上的,更根本的是在他们头脑中。《耶利米书》49：7—22 中有一个特别清楚的文士的"拼缀式"预言作品,它很容易被解释为几个其他先知性预言的综合(《俄巴底亚书》8—9;《耶利米书》49：30,32;《耶利米书》25：8—11,15—29;《俄巴底亚书》1—4;《耶利米书》50：13,40,44—46;48：40—41),是《耶利米书》49：7—22 的作者根据记忆进行重新综合的。[20]

最后,从拉吉(Lachisch)的陶片(Ostrakon III)中也可以看出,在古以色列书写文化中阅读和记忆交互关联的程度。这个陶片上如此描述一个军官,他宣称,只要他读过一封信,他就能根据记忆复述它(III. 10—13)：

"任何书信交给我,我一旦读过,就能完整地背诵它。"[21]

50　六、形式批评发展的要素

虽然在今天不能继续像衮克尔的时代曾经做的那样对旧约进行文学史描述,但是衮克尔提出的关于文学体裁起源和历史的问题仍然有持续的价值[22]——只要我们不试图以之作为工具,来获取古以色列思想生活的间接洞见。对于旧约文本最初的文本材料,当下的研究有着更多的评判,就像是 50 年前那样。在 20 世纪上半叶受衮克尔以及斯堪的纳维亚圣经研究的影响,认为旧约本质上是对口传传统进行书写的看法仍然影响着旧约研究,因为旧约自身在很大程度上就是以这种形式展现自身。在先知书和《诗篇》

[19]　参见 Carr 2005;2006; B. U. Schipper 2005。
[20]　Van der Toorn 2007,194.
[21]　TUAT I：621;参见 van der Toorn 2007,12。
[22]　Wagner 1996; Blum 2006; Theißen 2007.

中,这一点特别明显。也许除了《哈该书》《约拿书》,先知书卷看起来就像是由本来独立的、出自先知预言话语的小单元集合而成——即使从文学史的角度看,只有部分的情况是如此。我们其实也可以推测这些"小单元"是否也是书写的产物,因为——除了新亚述的拯救预言——在圣经之外并没有找到与之类似的材料。因此,更为可能的情况是,它们更多的是代表人们怎样想象先知,而不是先知实际上所说的。此外,我们阅读《诗篇》的表面印象是这些文本是诗歌和祷词。虽然这种印象并非错误,但是作为一个文学史层面的一般评价是不准确的。可以说,相关的情况也出现在希伯来圣经正典第三部分的《箴言》《耶利米哀歌》以及《雅歌》中。如果我们浏览一下历史书,就可以清楚地看到,尽管从《创世记》到《列王纪》在整体上有一个编年性的叙事进程,但其中大部分的传统似乎至少是基于短小的叙事:单个的章节被互相组合到一起,这些章节自身又常常显示出惊人的叙事自足性或半自足性。

正是基于许多这样的互文性交织的片段,以及它们所依附的上下文语境,这使得"它们最初是口传材料"的结论成为不可能。一种有意的文学表现方式,导致了这种在历史层面建构的困难。旧约有意把自身更多地展示为是起源于口传,而不是作为文士作品。鉴于古代世界对更古期的尊重,作出这种选择的原因显而易见:[203]旧约意在成为传统的文学,而不是革新的文学。即使是革新,它也是以传统的形式去革新。

如果我们更近地审视传统,就能比这些一般观察更进一步。显而易见,圣经书卷不仅仅是小单元——部分也是建构而成的——的集合。更确切地说,它们经历了大量不断的形塑过程,虽然集合特征仍然可辨,但是已在整体意义上得到了根本发展。因而,有些细节也表明,哪些从一开始就是一种对文学体裁的革新。

因此,例如,在各卷先知书——或其中的部分——比如《以赛亚书》1—39章、七十士译本的《耶利米书》《以西结书》或者《西番雅[51]

---

[203] Pilhofer 1990.

书》中,根据所谓的"三部分终末论主题",[204]可以发现一种可资比较的书卷结构;这种方式是把小的文本单元植入更大的语境中,以期建立"先知书"这一体裁。《诗篇》在整体上是根据历代志史家的历史观架构的。[205]在先祖历史叙事中,单个叙事和叙事环是根据"应许"主题进行塑造,成为扩展的作品。[206]促使建构新的较大文学体裁(至少在旧约中)的动因,也会来自外部:《申命记》就其"效忠宣誓"的形式而言,是对新亚述的此类形式进行批判性的接受。[207]祭司文本可能已经受到波斯时期王室书写的影响。《约伯记》基本上是对《我要颂赞智慧之主》(*Ludlul bēl nēmeqi*)[208]和巴比伦神义论(Babylonischen Theodizee)进行一种形式上的综合。[209]

虽然约瑟故事的体裁在多大程度上受埃及"两兄弟叙事"的影响仍难以确定,[210]但足够清楚的是,作为一个整体,它明显区别于《创世记》12—36章。它的短篇小说形式似乎影响了《以斯帖记》《路得记》《犹滴传》《多比传》。

因此,旧约的正式文学语言虽然大部分是传统的,但也很大程度受跨文化的影响。在圣经书卷形成的总体过程中,多重的"书卷形式"有时是一个叠放在另一个之上,这一过程并非基于文本表面的激烈冲突。[211]不过,可以观察到的是,它们同时也表现出了旧约作者和编修者的一种意识,即无论是作为整体的书卷,还是作为书卷总的组成部分,都可以成为神学表达的工具。

最后,应当提到的是,正典的建构可以视作是旧约文学的形式历史发展的终点,尽管——除了后来的新约——它在古代世界没有

---

[204] Gertz 2010，347.

[205] Kratz 1996.

[206] Blum 1984.

[207] Otto 1996d；1999a.

[208] TUAT III/1：110 - 135.

[209] TUAT III/1：143 - 157.

[210] Wettengel 2003.

[211] 参见 Schmid 1996a。

真正的相似物。就如之后的讨论中将会表明的（在第八章第一节和第二节），旧约的正典史和文学史无疑不是相互独立的，也并非连续性的。相反，它们是互相影响的。

旧约正典是一个具有意义的整体，而它的总体神学视角有时也通过文本中的正典意识表现出来（如《申命记》34：10—12；《约书亚记》1：7—8；《玛拉基书》3：22—24；《诗篇》1篇）

第三节　方法和步骤

一、帝国的文化影响和旧约文学的历史分期

在文学和历史理论领域，时代化（Epochalisierung）或者分期化（Periodisierung）的问题是一个广泛讨论的主题。[212] 但是，无论怎样，时期都不能类型化为类实体的存在；同时，如果我们要充分了解历史或者文学史的进程，也不能完全没有总体上的时期概念。因而，对于旧约文学史来说，对于时期概念既不能过分推崇，也不能完全抛弃，而应当使之服务于基本架构。[213]

一般来说，对旧约文学史图景的重建是可以从整体分期上进行明晰辨识的：以衮克尔所选择的分期为例，他把旧约文学分成早期的大众文学时期、伟大的创作者时期以及模仿者时期。这种划分表明，衮克尔对从以赛亚到第二以赛亚的文学水平有较高的评价，将其作为他所提出的文学史三联画的中心。

就像今天很容易发现衮克尔研究方法的局限一样，也同样难以以任何有效的路径超越这些局限，除了削足适履地简单建立一个古以色列思想史和宗教史的新标准。然而，下面的考虑，似乎是具有可行性的：与旧约学界对新的宗教史因素的关注相关，这里将以

---

[212] Von Bormann 1983；Gumbrecht/Link-Heer 1985.

[213] Japhet 2003.

与近东当时大国的文化—历史比较为基础来划分和解释旧约文学。^㉔旧约将不被作为一个孤立的实体来理解，而是首先作为古代近东的一部分。基于此，对旧约文学的历史分期将首先从古代近东强权帝国对古以色列的文化影响开始；特别是从亚述时期以来，这些帝国对以色列的历史产生最重要的影响。^㉕从亚述到波斯帝国的政治史角度看，明显的是，在维护亚述帝国统治上处于核心地位的军事压迫手段，日趋为保障大帝国存在的文化影响力所取代。^㉖与此相关的是，旧约在整体上将波斯人的异族统治描绘的比亚述人的统治更为积极，一个主要原因是由于波斯统治的文化政策要比亚述的统治政策更加多元。

53　　　鉴于大量的考古发现，古代近东文化间地理上的广泛联系的可能性也是不容置疑的。^㉗在埃及阿玛纳（Amarna）发现了巴比伦的阿达帕神话（Adapa-Mythos）；在位于叙利亚北部的乌加里特（Ugarit），人们熟知《阿特拉哈西斯史诗》（Atramḥasis-Epos）；在以色列北部的米吉多（Megiddo），可以读到《吉尔伽美什史诗》（Gilgamesch-Epos）；而且零散的证据表明，在伊朗的亚兰文版本的贝希斯敦铭文（Behistun-Inschrift）也存在于尼罗河伊里芬丁（Elephantine）。在古代近东，文化联系非常紧密。从公元前8世纪起，由于以色列处于中心位置并几乎一直依附于幼发拉底河和尼罗河边（在所谓的"肥沃新月"地带）各种各样的大国势力，这使得以下情景不仅是可能的，而且可能就是当时的历史现象：以色列熟知普遍的基本文化与宗教概念，并且与之互动，无论这种互动是通过拒绝还是接受的方式。

　　然而，应当明确强调的是，旧约文学并不是以历时性的模式围绕古代近东帝国意识形态所作出（正向或负向）的反应。无论何种

㉔　Younger 2002；Weisberg 2002；另参见 Goldstein 2002 以及 Smith 1952。

㉕　Donner ³ 2000/2001；另参见 Kuhrt 1994。

㉖　Münkler 2005,87 - 88.

㉗　Rothenbusch 2000,481 - 486；van der Toorn 2000；Horowitz 等 2002；关于古代交通和信息传播，参见 Kolb 2000。

形式的"类比狂热"(parallelomanie)都应该避免。[18] 不过,旧约中有一些关键的文学、神学的概念只能通过与古代近东的对应概念进行比较,才能够从历史层面进行充分描述。

这里举几个在之后的行文中会出现的例子:例如,《申命记》的基本思想以及之后承继《申命记》的传统,无疑是借自新亚述帝国要求封臣无条件忠诚于亚述君王的契约神学,旧约将之重塑为对耶和华的忠诚。[19] 有一个可比照的例子是,《出埃及记》2章对来自新亚述传统的萨尔贡出生传奇(Sargon-Geburtslegende)进行一种反君主化接受(antikönigliche-Rezeption)。[20]

五经的律法传统从流放视角出发的解释,可能是为了反对巴比伦的君主制传统;在五经中,律法是耶和华启示,通过摩西颁布。[21]《列王纪上》6—8章中对所罗门建圣殿的扩展描述,可以放在亚述[22]或巴比伦背景中解释[23]——在新巴比伦王室书写中,"君王们是圣殿的首要建造者"是一个突出的意象。[24]

关于文化背景联系的类似例子,还有祭司文本及与之相关的材料。这些文本接受了波斯帝国关于世界秩序的思想,同时从古代以色列的观点进行了重塑。[25] 另外,波斯帝国的影响也可以从《但以理书》中关于世界帝国连续的思想中看到。[26]

最后,《箴言》1—9章[27]或者《传道书》中的智慧文本,只有

---

[18] 参见 Sandmel 1962;Machinist 1991;Gordon 2005。

[19] Steymans 1995a, b;Otto 1996d, 1999a;Koch 2008. 另比较 Levin 2013。

[20] Otto 2000b;Gerhards 2006.

[21] 参见 Van Seters 2003,其中缺少必要的历时性区分;Levinson 2004。

[22] Finkelstein/Silberman 2006.

[23] Hurowitz 1992.

[24] Blanco Wißmann 2008.

[25] 关于西方与伊朗宗教的联系,参见 Colpe 2003。

[26] Koch 1991;Kratz 1991b.

[27] Baumann 1996,26 - 27.

放在希腊化背景中，[28]才能充分理解它们与希腊大众哲学所进行的对话。

因此，当前的研究状况提出了如下的可能性和必要性：在古代近东背景下解释古以色列文学，摆脱"巴别—圣经争论"（Babel-Bibel-Streits）时期伪神学的限制。[29] 圣经的原创性不在于避免直接采用类似的材料，而在于对材料的解释和变革。如果不超出圣经自身，就无法对这一点有充分理解。

二、历史处境化

就所要讨论问题本身的特性而言，一部旧约文学史必须在以色列历史背景中考虑它的文本和作品。相应地，关于旧约文学不同时代的每个章节将简要概览每一时期的历史背景。这些概览只是意在提供那个时期发生的一些基本框架性的背景。这些概览会特别强调政治史方面，同时也涉及社会史和经济史方面。这是基于这样一个事实：旧约文学本身的核心神学立场被明确表达为"政治神学"（例如，雅各叙事，《申命记》，祭司文本，或先知文学）。[30] 从亚述时期以来，它们的写作就密切地与当时的世界性事件联系在一起，这些事件常常对以色列和犹大有根本性的影响。

有一个方法论的问题，需要我们留意：以色列自身历史的重建至少部分依赖于对相关旧约作品进行批评性分析，因而需要注意这里有一个关于历史和文学交互作用的循环论证。但这一点也不应被过分夸大。在近来的学术研究中，以色列历史的重建已经较好地得到经外文献以及考古学的支持，尤其体现在以色列历史发

---

[28] Schwienhorst-Schönberger 1994 (^{2}1996)；2004；参见 Uehlinger 1997；Krüger 1999.

[29] 参见 Johanning 1988；Lehmann 1994。

[30] 参见 Oswald 2009。

展与旧约文学史(公元前 8 世纪之前大体上尚未开始)发展的重叠部分,以至于从许多角度看它是可自足论证的。

三、神学历史特征

鉴于本书导论的特性,接下来关于旧约不同文学史时期的陈述并不是一贯地进行分析或推论性建构。相反,在对同一时期的不同个别文学史特点进行描绘之前,会首先历史地概述那一时期文学作品所具有的不同神学特征。应该说明的是,这不是关于宗教史方面的发现,而是关于根据旧约文献所重建的各种神学观念,以及这些观念所具有的可能的联系与区别。

由于这种最先的神学历史的特征描述,当描述个别旧约作品的基本神学特征时,可能也会有一些这样的综合性因素。然而,这并不意味着它们就已经在概述中事先决定了。这种方法的优点是一个时期的不同文本可以通过一个整体的概述来引入,使得它们能够在文学史背景中得到清晰辨识。

四、"传统"领域中形式批评、传统批评和社会批评的区分

对文本起源的区分,自然属于旧约文学史讨论的重心。但是应当注意的是,从众多可能的、重要的或必要的区别中,将一个文本分为不同的文学层面,仅仅是理解旧约文学发展的众多途径之一。

旧约的文本和书卷不只在不同时期被写下、扩充、修订、编辑,它们的不同作者也生活在不同的思想和社会环境中,即使这些思想与社会环境至少从波斯时期起可能在地理上已经非常接近——旧约文学产生的最重要地点,在那时可能已经是耶路撒冷。虽然巴比伦、尤其是埃及亚历山大城的流放群体已发展成为文士教育的重要中心,但它们在旧约自身的起源上只是第二位的。

接下来的叙述试着对不同文学史时期的旧约文本——再一次为

了方便进行整体把握——根据它们所属的不同"传统"进行分类，理想化地（Idealtypisch）将这些传统分为：礼仪传统（kultische überlieferungen）、智慧传统（weisheitliche überlieferungen）、叙事传统（erzählende überlieferungen）、先知传统（prophetische überlieferungen）、律法传统（rechtliche überlieferungen）。分类首先是通过各自的文本"家族"（Familien），因而是基于广义上的形式批评方面的考虑。但是，在传统研究所致力于的文本类型的"生活处境"问题上，需要保持最大程度的审慎。因为许多旧约文本并不能被视为是对原始口传单元材料的书写。从一个特定种类的文本（或体裁）到一个文本背后所归属的"生活处境"，这样所得出的结论是非常不确定的。更确切而言，我们只能保守地说，作为作者产品的许多文本仅仅展示了文学创作的"生活处境"，而关于某种文学类型生活的最早"处境"只能予以推测。

然而，根据不同传统的领域，可以对不同传统的历史进行最初的分类。[20] 虽然礼仪、智慧、编年史、预言和律法不能被完全清晰地区别开，但是仍然可以不时探究到它们不同的基本思想预设与背景。但应该注意的是，在公元前 7 世纪到公元前 5 世纪的宗教史发展中，随着一神论的出现和兴起，这些不同传统范围中的材料日益被综合到一起，其结果就是我们常提及的"神学化"过程。在以色列王国时期，敬拜礼仪还没有被视为人类生活世界和指导生活的首要与绝对准则，而是由智慧和律法的不同体系来发挥相关的作用。只是随着一神论的发展，礼仪传统才被在一个灵性化与普遍化的方向上扩展并进入到智慧传统和律法传统所在的领域。

最后，我们要一直注意社会历史要素中所具有的区别。这里所考察的文本反映的是官方宗教，它们是否能够反映地区性的宗教状况，抑或它们仅能够从家族宗教的背景去理解？[22] 当然，做一些适当的调适后（Mutatis mutandis），这也可以成为一个形式批评的

---

[20] 参见 Steck 1978/1982。

[22] 参见 Albertz 1992；Kessler 2006。

问题：在不同的社会环境下，古以色列宗教显然以不同的方式表达自身。但即使能够在旧约文本中找到可以辨识的不同社会处境的痕迹，这些文本仍然只是以片段的形式见证这些处境。并且，那些源自地方和家族宗教领域的宗教表达，在旧约中仅以官方接受的形式存在，很难再获取它们最直接的原初情形。

五、旧约文本和作品里"水平的"和"垂直的"关系

与旧约导论研究相比，旧约文学史研究方法的一个特别优势是，能够让旧约文本作品之间"水平的"和"垂直的"关系变得清晰。[23] 这涉及可能会存在的属于同时代的文学文本之间的对话（"水平"关系）问题，也包括历时性的、但处理同样概念和观点的不同文本（"垂直"关系）之间关系的问题。

另外，我们不仅要注意旧约书卷和文本中的各单元要素，而且要注意它们之间的内部关系，同时也应当重视旧约与其古代近东的对话伙伴在文学和主题上的关联。

虽然经常可以发现旧约文本之间联系的多种方式，如肯定、调整或者拒绝，但是这种相互联系并没有被全面而彻底地考察，在可见的未来，学者们会继续在这方面进行学术研究。文本之间关系首先是圣经之内的文学典故以及或多或少的"字面引用"，虽然这些在文本中表现得并不是那么明显：一个罕见的例子是《但以理书》9章。[24] 引用的通常方法不是直接介绍，而是通过选择文士们所熟悉的词语和主题。[25] 这也再次证明，文本的生产和接受可能是在一个由受过教育的文士组成的较小圈子里。

另外，与古代近东文学的基本材料与语言上的关联表明，研究 57

㉓　另参见 Japp 1980。

㉔　参见 Applegate 1997；Rigger 1997；Redditt 2000。

㉕　关于这一点，参见 Fishbane 1985；Veijola 2000；Kratz 等 2000b；Menn 2003；Schmid 2011a。

不能仅限于旧约：旧约文本中"水平的"和"垂直的"引用，自然不能停止于正典的边界上。

六、作为圣经内在接受的编修

对旧约文本和作品之间多元互动的论证，可以被进一步加强：一方面，旧约解经已经学会把先前所轻视的圣经书卷中的"扩展"理解为是圣经内在经文诠释（innerbiblischer Schriftauslegung）的表现，另一方面，也已经认识到这些"扩展"可以是相当广泛的文本，在许多情况下构成了一卷书的主要部分。因此，越来越明显地可以看到的是，圣经书卷的文学增长并不是边缘性的，而是构成了其本质。[236]

圣经书卷的编修并非不受控制的文本数量上的增加，而通常是对圣经之内的已有材料进行**接受与解释**（Rezeption und Auslegung）的文本写作过程。在旧约书写中，文本和评论通常是结合在一起的；仅在正典形成之后，"解释"性内容才被置于旧约文本自身以外。因此，可以将编修批评描述为对圣经文本内部接受历史的研究。对圣经内部接受的重建，有助于阐明圣经内部神学论述的所有历史差异。因而，文学史研究并非引入一种与经卷自身不相干的研究方法；相反，它能够阐明经卷在核心处连接的深层结构。

七、传统与记忆

无论如何，旧约文本作为传统文献的独特性，导致很难甚至是不可能把特定的文本和文本内容与某一特定时期清晰和唯一地对应起来。许多文本包含着重新加工过的传统与记忆——这些传统和记忆更古老，但不曾以固定的书写形式存在。[237] 将传统和记忆以

---

[236] 参见 Fishbane 1985；O'Day 1999；Schmid 2000b；2011a；Tull 2000。

[237] Krüger 2006；另参见 Schmid 2006f。

书写形式固定下来，并不是简单地对这些传统和记忆进行汇编。相反，写作行为本身已然是一个开始进行解释的过程。接下来，许多文本又被随后的解释所设定，在年代上对这些文本的定位比它们原初出现的时间晚很多。因此，旧约文本可以在不同时代的记忆、传统、接受模式中，与"当下"和文学史相关联。

　　"最高限主义者"（Maximalisten）和"最低限主义者"（Minimalisten）之间、"早的时期"和"晚的时期"的界定之间的争议，经常没有顾及这些区分。[28] 在之后的讨论中，应该注意的是，学术史上一些"晚的时期"定位所处理的材料通常是传统的，比今天存在的文本版本更古老。对特定文本和文本综合体在各自的文学史进行定位，最为关键的是找出它们从文学和概念上可以辨识的最早内容。

58

---

[28]　Dever 2001；关于这个问题，另参见 Keel 2007,153－154。

第二章 古代以色列文学的萌芽阶段
（公元前 10—前 8 世纪）

第一节 历史背景

在青铜器时代晚期,不但巴勒斯坦南部①在埃及的政治影响之下,而且其北部也是如此。② 与此相关,埃及式的各种图像无处不在;虽然法老拉美西斯统治下的埃及在扩张势力上已经衰退,③但这种影响仍然持续到公元前 10 世纪和前 9 世纪。④ 而在此以后,可以看到当地本土的西北闪米特宗教观念得到复兴。因为圣经把大卫描述为一个与非利士人结盟的雇佣兵,⑤所以仅仅可以推断的是当时可能与定居在沿海平原的非利士人有接触,⑥但是鉴于资料的模糊不清,对这些接触的性质进行更清晰的描述在很大程度上是不可能的。

以色列和犹大的政治早期阶段非常难以进行重建,它们最初可能是一个"世袭王国"(Patrimonialkönigtum)⑦,在公元前 9/8 世纪

---

① Keel 1993,449 – 451,457 – 460.

② Weinstein 1981;Keel/Uehlinger, ⁵2001,92 – 109.

③ Helck ²1971,224 – 246;Görg 1997,70 – 71;Schipper 2003.

④ Münger 2003.

⑤ Fritz 1996a;Ehrlich 1996.

⑥ McKenzie 2003;Finkelstein/Silberman 2006;Dietrich 2006.

⑦ Keel 2007,155.

之后,才成为国家。[8] 当前的学术研究已经清楚表明,以色列和犹大的宗教象征系统一开始就与黎凡特地区紧密相连。这并不意味着以色列和犹大完全依靠它们的思想史。这也不意味着,就如 20 世纪旧约研究或隐或现所认为的,以色列和犹大在宗教上和思想上作为特殊(*sui generis*)的独立实体在发展。虽然由于地理位置的原因,犹大的历史起初一定程度上比以色列更孤立,但它们都没有一个曾是"绝对地孤立"(*splendid isolation*)。

传统学术研究认为,在铁器时代早期,古代近东强国的政治影响逐渐减弱[9]——在一些地方被认为出现了权力真空——提供了发展关于大卫—所罗门帝国的观念的时机和基础。大部分旧约文学,特别是耶典作者的历史作品、大卫传统的大部分内容以及智慧文本和受相关影响的约瑟故事,由此也被定位在那个时期。

然而,无论是旧约所表达为"黄金时代"的大卫—所罗门帝国的政治观念,还是所认为的在那个时期文学活动的繁荣,如今从历史的角度看都要与这些认知保持距离。[10] 虽然但丘铭文(Tel Dan-Inschrift)提到"大卫之家"[11]建立了一个王朝,大卫无疑是一个历史人物,但考古学并没有发现与这个帝国相应的基础管理体系设施。接下来的一些年,这种情形应当不会改变:很难能够证明在都城有相应的基础设施,并且也很难有关于存在一个广阔帝国的相关证据。[12] 因而,传统圣经考古——基于《列王纪上》9：15——认为米吉多、夏琐(Hazor)和基色(Gezer)所遗留的历史建筑与所罗门有关,但这些建筑很可能是至少早了一个世纪才出现的,尽管关于所谓

60

---

[8] 参见 Knauf 1994,121 - 125；Niemann 1998；Gertz 2004；Finkelstein/Silberman 2006；Kessler 2006,80 - 81；Finkelstein 2013。

[9] Holloway 1997.

[10] Gertz 2004；Fischer 2005；Finkelstein/Silberman 2006。

[11] TUAT 增补卷,176 - 178；Athas 2003；Keel 2007,165 - 167。

[12] 参见 Niemann 1993；Steiner 1998a, b；Knauf 2000b；Finkelstein/Silberman 2002,140 - 163；同上 2006；不同的观点,例如,Avishur/Heltzer 2000；另外广泛的讨论,参见 Vaughn/Killebrew 2003；Keel 2007；Huber 2010。

"下限编年史"（low chronology）[13]的讨论还没有结果。

因此，将大卫和所罗门时期的早期以色列在相应政治和文化上的兴盛理想化，并没有反映当时的历史环境；它是一种向后的历史性投射，之后特别影响到了《历代志》和《诗篇》中的历史图景——即视大卫和所罗门时代为以色列的真正创立时期。与这种向后投射相关，旧约自身在文学史解释上也把多部作品归于大卫和所罗门：《诗篇》《箴言》《雅歌》《传道书》。[14]但是，这些文献出自大卫、所罗门和他们之后以色列及犹大的早期诸王之手，应当仅被看作可能性的存在。[15] 虽然阿玛拿书信（Amarnabriefe）[16]已经证明，早于几个世纪在耶路撒冷已经有书写的信函，但仍有理由怀疑，这个情况与圣经以及最近相关学术主张的看法有任何紧密联系。[17]

因此，作为古代以色列文学萌芽阶段之背景的文化处境，比圣经本身以及至少 20 世纪前半叶的圣经研究所呈现的更模糊。以色列和犹大最初是小的"世袭王国"，有一些在政治和社会上可资比较的邻国，比如亚兰、摩押和亚扪；亚兰在公元前 9 世纪具有一定实力，摩押和亚扪大约在公元前 8 世纪与以色列同时成为独立国家，南方的以东在犹大之后仅一个世纪也成为独立国家。[18] 以色列和犹大在他们的早期传统中将自身视为与这些国家有远近差别。在将犹大命名为"大卫之家"的但丘铭文中，也记录了这些小"国家"的政治独特性：政治联邦不被视为一个领土国家，而是作为一个依附于特定统治王朝的共同体。近期研究中普遍使用的"酋邦"（chiefdom）分类，[19]是具有误导性的，因为无论以色列还是犹大

---

[13] Finkelstein 1996；Knauf 2000e.

[14] 参见 Kleer 1996；关于《传道书》，参见 Reinert 2010。

[15] Keel 2007，236.

[16] TUAT I：512 - 520.

[17] 参见 Jamieson-Drake 1991；Niemann 1998；Finkelstein/Silberman 2006。

[18] Veenhof 2001，212 - 215；Stern 2001，236 - 294.

[19] Since Jamieson-Drake 1991.

都吸收了青铜时代的传统城市文化。[⑳] 同时，在公元前 10 世纪，以色 　61
列距离获得一定程度独立的国家地位至少还有一个世纪，犹大还足有
两个世纪；只有获得一定程度独立时，以色列和犹大以其相应的文化
历史条件为基础的**丰富的**（*ausgedehnt*）文学产出才会成为可能。

第二节　神学特征

对于公元前 10 世纪至公元前 8 世纪这一时间段，我们除了可
以说它是旧约文学的"开端"外，很难再有别的讨论。此外，对这一
时期的历史重建也是非常不确定的，以至于即使这些"开端"反过
来也常常不过是它们自身的"残余"而已。尽管这里的判断仅在基
本原则上是准确的，但仍应当承认：这些文本很大程度上可以被视
为宗教的原始文学范围。因此，这些文本不能直接地被解读为是
神学性的。"神学"，在这里应理解为是对宗教行为和概念的一种
文学反映形式，它一方面假定在那时存在一种仅仅是粗略形式的
学术文化，另一方面假定在丰富的经验中那些先前理所当然之事
现在需要解释、发展和反思，使之后神学性的文学的发展成为
可能。

克拉茨曾以一种完全二元论的方式把前被掳时期的以色
列传统与后被掳时期的犹太教分开，对于这一提议我们应持保
留态度。[㉑] 这种二分方式虽然有一定的诠释学上的价值，但是
应用这种分类的困难也是显而易见的，比如两次使用"世俗性

---

⑳　Keel 2007,155,157；基尔声称，对所罗门政治蓝图的描绘是复制了"埃及国家的
　　省级规模"（336）。
㉑　Kratz 2006c, 468："From Prophets of Salvation to Prophets of Disaster"；471：
　　"From Secular Nation to the People of God"；477："From Divine Kingship to the
　　Kingdom of God"；474："From Secular Law to Divine Law"；479："From Wise to
　　Pious"，另参见 Kratz 2013。

的"一词就代表了一种时代错位。旧约中"神学性的"之对立面不是"世俗性的"，也绝不是**后来**成为"神学性的"概念的早期阶段，而是一种"隐性神学的"（implizit theologisch）。[22] 针对一些对旧约文学史发展太过莽撞的重建，我们无论如何要考虑到，许多编修和重新解释的过程并非全部在作全新的解释；在很多情况下，他们是对先前隐性内容作进一步阐明。[23] 在波斯和希腊化时期旧约文学创作经常表现在接受及改编王国时期的材料，这应当以连续性**和**非连续性的角度去描述。[24]

如果我们仔细观察这个时期成文作品的具体内容，可以看到这些作品里代表"秩序"的各种观念中存在共同要素，但这一点绝不仅仅是古代以色列和犹大所特有的，而是整个古代近东的特征。[25] 这个时期的礼仪文本和智慧文本——大部分可能仍是口传的——可以通过他们的象征系统中关于"分离"的基本模式来辨识出：[26]将秩序与混乱（Kosmos und Chaos）分开，[27]或者更准确地说，认为维持生命和削弱生命的力量两者存在持续的冲突。崇拜和仪式活动以及政治与经济活动的存在是防止混乱，支持和发展秩序。在一些古代以色列铭文中，亚舍拉被作为耶和华的伴侣提及。[28] 但是，这并不能因此直接判定这表明王国时期以色列信仰一种多神论：耶和华和亚舍拉不是许多神，只是两个神。他们的二元性更多地是由于关于神的活动之观念上的区分而不在于数量增多。[29] 然而，应当注意的是，以色列周边民族如摩押人、亚扪人、以东人的诸神

62

---

[22] 参见 Schimid 2013。

[23] Hartenstein 1997；Schmid 2006c.

[24] 参见 Brettler 1999。

[25] Schmid 1968；Keel 41984；Assmann 1990a；Maul 1998.

[26] Stola 1983b；1988，234－236.

[27] Keel⁴1984；Bauks 2001.

[28] TUAT II：556－557；561－564.

[29] Schmid 2003.

的特性是确定无疑的：谁的领土，即谁的宗教（*cuius regio eius religio*）。

与礼仪传统类似，智慧传统也力图把日常生活组织进秩序与混乱之争的定向机制。同样地，《创世记》叙事的政治意图是以家族事件为外衣，最终表现的仍是一个类似的关于秩序的观念：把不同的政治群体组织为家谱关系，这种关系架构起了小国家之间的秩序。

第三节　传统领域

一、礼仪传统和智慧传统

1. 北国圣殿文献

尽管从圣经本身的观点看不寻常，但下面所提及的应该放在从王国时期一直到北国以色列陷落的起始进行讨论：北国以色列占据更重要的地缘政治位置，它的气候条件使得它比半干旱地区可能有更好的农业产出，[30]这使得北国最初发展更快，成为更繁荣的王国。北国以色列似乎已经比犹大和约旦河以东地区人口更密集。[31] 进而我们应该从一开始就假定，如果不是在一个更重要的程度上，文学创作在北国如在南国一样发展。在两国，文学创作都发生在圣殿和王宫里，或者从暗利王朝开始发生在都城撒玛利亚。[32]

从长时期看，我们都必须要满足于这样一个一般假定，因为首先在北国以色列陷落后很多东西都消失了，仍存在的东西仅仅是

---

[30]　Stolz 1997, 587.

[31]　Broshi/Finkelstein 1992.

[32]　关于撒玛利亚作为都城或居住地的问题，参见 Niemann 2005；关于考古学的发现，参见 Tappy 1992/2001；Mazar 1992, 406 - 409；Finkelstein 2013。

从北国而来的流亡者所保留的,[33]并且必须是在犹大和耶路撒冷的社会环境可接受范围内的。后者又是决定性的因素。古代犹太教的圣经所囊括的圣殿文献,并没有真正承认耶路撒冷之外的崇拜地的圣殿文献的合法地位。

63 　　同时,通过审慎的研究,我们可以获得一些关于北国以色列文学的信息。这些创作信息表明,以色列文学在那个地区的圣殿崇拜中已经有所发展。当然,对于圣经把"伯特利"和"但"的两个圣殿追溯到耶罗波安一世的观点,我们应该持怀疑态度。首先,从罗波安到亚撒时期,便雅悯和伯特利是以色列和犹大之间有争议的边界区域(参见《列王纪上》14：30;15：7,16,32),因而很难想象以其作为皇室圣殿的所在地。此外,也没有考古证据能够证明伯特利在公元前10世纪和前9世纪是一个经济中心,同时也缺少那个时期存在任何公牛偶像的证据,表明这个圣殿可能是在耶罗波安二世时才得以建立的。[34] 圣经将之追溯到耶罗波安一世可以看作是通过把伯特利和但的公牛偶像作为北国的"原罪"去解释的结果,是在公元前7世纪到公元前5世纪耶路撒冷和伯特利之间竞争的结果。[35]

　　对于前亚述时期的伯特利,还应当注意的是雅各叙事的文学萌芽阶段的形成和发展。就"但"而言,有讨论曾认为一些后来被耶路撒冷采用的诗篇根源于但。例如,有关"可拉"的诗篇或者《诗篇》29篇和《诗篇》68篇。[36] 但是他们更可能属于伯特利,鉴于在但所发现的碑刻文本差不多都是腓尼基文和亚兰文,内生性的以色列文本几乎不可能是源于但。最后,在圣经里被描绘为进行巴力崇拜的撒玛利亚圣殿,或许有可供敬拜的雕像,[37]但正如碑文提到"撒玛利亚的耶和华"所清楚表明的,它们可能属于关于耶和华的

---

③　参见 Knauf 2006,293 - 294。

③　参见 Finkelstein 2013,相联于 Berlejung 2009。

③　Knauf 2004b;2006;不同的解释,参见 Pakkala 2008。

③　Goulder 1982;Jeremias 1987.

③　参见 TUAT Ⅰ：382;Uehlinger 1998;Becking 2001;Timm 2002。

礼仪文学。

关于王室的《诗篇》45 篇可能属于这里，因为它赞美的是本国国王与外国国王的女儿们之间的婚姻，这与暗利王朝同腓尼基人可以通婚的婚姻政策是相适应的。暗利王朝国王自己也与腓尼基人通婚。

如果不是基于这些不确定文本，而是基于地理学上的考虑，我们或许也能够设想：在"伯特利"和"但"的礼仪文学之背后的神学，与耶路撒冷有一个不同的发展过程。在耶路撒冷，王室居所与圣殿是一体的。统治整个世界（通过当地的意识形态）的耶和华神，为王国的存在及其对犹大地的实际统治提供合法性。在北部，耶和华是地方性的神（参见《列王纪下》1 章），[38]并且通过在但和伯特利边界上的圣殿与犹大、亚兰以及亚述分开，耶和华为北国以色列作为其领土提供合法性。[39]

2. 耶路撒冷圣殿礼仪文学

与北国以色列圣殿的情况不同，耶路撒冷圣殿有很长的历史。尽管两次被毁（公元前 587 年被巴比伦人摧毁，公元 70 年被罗马人摧毁），但耶路撒冷圣殿相当数量的崇拜诗歌以及其他传统文献还是得以存留下来。《诗篇》中包含一批可以看作是关于第一或第二圣殿崇拜的有力证据的文本，尽管需要强调《诗篇》并不能通过这个路径来研究。[40] 也有一些诗篇，它们几乎没有任何崇拜功能（例如《诗篇》1 篇；49 篇；73 篇；78 篇；104 篇；119 篇；136 篇）。[41] 就现有的形态而言，《诗篇》整体上可以当作一部妥拉信仰者的研读之书（参见《诗篇》开篇的第一篇），[42]而不是一部作为敬拜之用的书（"后流放群体的赞美诗集"），就如杜姆很久以前所评述的：

64

---

[38] Köckert 2006a.

[39] Niemann 1993,206 - 208；另参见 Finkelstein 2013。

[40] Seybold 1986.

[41] 参见 Stolz 1983a。

[42] Zenger 1998；1999；2010.

许多诗篇从未在任何地方歌唱过。是否有一个犹太人曾从头至尾歌唱《诗篇》119 篇(无论他如何去尝试)？同样地，其他按字母顺序排列的诗篇或者那些类似于《诗篇》78 篇的诗篇，它们被阅读和记忆，但并没有被歌唱。它们服务于私下的启蒙和教导的目的，其中的一些非常像所罗门的《箴言》。《诗篇》102 篇的标题让人感觉这首诗篇本身似乎是从一本祈祷书里借用过来的。⑬

有一点是通常没有争议的：《诗篇》包括了来自完全不同时期的诗歌文本。但是，如果论及具体文本的历史序列，即使是一个尝试性的历史序列都是很不确定的。这并非偶然，而是与《诗篇》自身的主题相关：哀伤和感恩的诗歌，以及一些赞美诗，一般很少涉及具体时期的历史环境。事实上，这些文本以敬拜诗形式存在的性质要求它们保持一定的开放性，这样，不同祈祷者都能从中找到他们所要面对的不同处境。

原则上来说，仅有一首诗篇包含着对历史性评估开放的要素，那就是《诗篇》137 篇("我们曾在巴比伦的河边坐下，一追想锡安就哭了")，该文本开始形成的时间因而最早应是在被掳时期。但是，关于这首诗整体形成时间范围的定位问题存在很大争议，对恩格奈尔(Ivan Engnell)而言，它可能是最年轻的诗篇，而在杜姆看来它可能是最古老的诗篇。⑭

因此，以文本自身的形式为依据来进行时期定位很大程度上是无根据的。值得讨论的历史排序只能以认真思考单个诗篇材料的特征为基础。

如果从这个角度讨论，我们可以把构成王室诗篇的早期文学(《诗篇》2：* 1—9；18：* 33—46；21：2—7, 9—13；72：* 1—7, 12—

---

⑬　Duhm ² 1922，XXVII.

⑭　Engnell 1943/² 1967，176 注 2；Duhm ² 1922，XX - XXI.

14,＊16—17?;110:＊1—3?)⑮归为前被掳时期。⑯ 同时,把《诗篇》
2 篇和 72 篇作为亚述帝国时期的文本,而不应将其定位在公元前
9 或 10 世纪。至于其他的所谓王室诗篇,它们不太可能是在当犹
大不再是一个拥有主权的王国之时创作的,尽管作为一种理想化
的表达,它们仍保持被接受和流传。在近东背景下,可以预见的
是,圣殿敬拜为王国提供合法性并为之辩护,所以相应的文本很可
能是在那种环境下产生的。

　　另外,也可能存在一些所谓的个人性的哀伤诗歌(参见《诗篇》
6 篇和 13 篇等),它们最初是王室文本。因为在王国时期,可能除 ⁶⁵
了祭司以外只有国王可以随时进入圣殿进行崇拜。⑰ 毕竟,耶路撒
冷圣殿某种程度上类似于伯特利圣殿,是完全在王宫宫殿建筑之
中,是一个"王室祭坛和王国的圣殿"(《阿摩司书》7:12;另参见
《列王纪上》12:26—27)。⑱ 无论如何,《诗篇》56:8('mmym)和
59:6,9(gwym)都视外邦人为祈祷者的敌人,所以将这些文本解
读为王室文本并非不可能。⑲ 从根本上来说,当涉及第一圣殿的传
统时,我们必须要注意:圣殿——至少从考古学的意义上来说——
仅仅是宫廷的一个分支。⑳

　　此外,从宗教史层面来说,《列王纪上》8:12—13[七十士译本
《列王纪上》8:53]中所罗门在圣殿建成时发表的演说——在《诗
篇》之外流传下来——可以得到重建。它应该最初产生于亚述帝国
之前的时期。㉑

---

⑮　这里"＊"的星号标识,指该章节在文学发展过程中的基础版本。书中其他地方
　　不再另作说明。——译注
⑯　细节上不同的定界和安排,参见 Spieckermann 1989,211 - 212;Adam 2001;
　　Janowski 2002a;2003a;Saur 2004;Day 2004。
⑰　Day 2004,228.
⑱　Keel 2007,247 - 248.
⑲　参见 Janowski 2003b,103 注 14。
⑳　Zwickel 1999;Keel 2007,247 - 248,286 - 330.
㉑　参见 Keel 2002;2007,267 - 272;以及 Rösel 2009 的讨论。

那时所罗门说："耶和华把日头立在天上；耶和华曾经说过他要居于密云之中。所以我坚决为你建造了巍峨之殿，一个圣所让你永远居住。所以这要写在诗歌之书中。"（《列王纪上》8：12—13）

这段文字证明耶和华拥有耶路撒冷圣殿，而这个圣殿在耶和华之前的时期是献给太阳神的。之后，耶和华逐步被赋予了太阳的属性。[52]

关于前被掳时期不同的圣殿礼仪文本是否都应被视作指向一个统一的耶路撒冷礼仪传统，是存在争议的：

耶路撒冷的礼仪传统指向一个包罗万象、意图封闭的概念，这一概念隐含在大多数《诗篇》中，它最基本的要素特别是在锡安之诗篇、创世之诗篇以及耶和华为王的诗篇和王室诗篇中以敬拜式的形式表现出来，并且相互增强、彼此引用。[53]

就耶路撒冷礼仪传统的发展而言，学术研究通常把《诗篇》的大部分文本解释为衍生自被掳时期之前的敬拜礼仪。在今天，这种推断仍然并非不可能，[54]因为就传统而言敬拜文本通常是保守的。即使它们的文学起源更晚，它们也可能反映了更早时期的传统。这种情况最好的例子可能是第二以赛亚的预言，这些预言无疑是在一个已经存在的礼仪传统之中形成的。以下的表达或许是准确的：王国时期诗篇的宗教观念表现出一定的趋同性，可以用秩序—混乱的母题来诠释。但是，与斯特克（Odil Hannes Steck）的传统诠释相反，我们更应该强调历时性的特点：耶路撒冷礼仪传统经历了一定程度的历史发展。同时，耶路撒冷礼仪传统中主题的相

[52] Janowski 1995/1999；Keel 2007,189 - 198,267 - 272；Leuenberger 2011.
[53] Steck 1972,9；相反的观点，参见 Niehr 1990,167 - 197.
[54] Keel 2007,111 - 113.

互独立仍然是一个显著的事实；它可以被描述为不同观念的复合体，这些观念自身有差别，就内容来说与其他迦南城市的神学存在一定的相近性。[55]

3.　智慧传统

旧约学术使用"智慧"这一概念来指称某种类型的思想性，[56]以及受这种思想性所塑造的一组特定的书卷和文本（经常没有定义它们的差别）。这种合并的危险在于，有人可能把"智慧"作为一个比其实际更清晰的实体。许多"智慧"格言也反映了并非仅仅属于以色列的一种"常识"，并不能在以色列的思想历史上将其简单地定义为一个独立的部分。[57] 在古代以色列，智慧文学可能本质上是一种具有教育性的文学，用以教导和训练文士。[58] 毫无疑问，所谓的"流行格言"有时也进入到智慧文学中，就像它们在智慧文学以外（例如《创世记》10：9，《士师记》8：21，《撒母耳记上》10：12；24：14；《以西结书》16：44）流传那样。[59] 但是应当注意的是，那些格言不是简单地随便放在一起就构成了智慧文学；相反，它们被结合进一个拥有自身意义的更大作品中，这些格言的措辞也很可能被重新调整。[60]

《箴言》10：1—5 可能就是这样一种例子，尽管它并不一定属于《箴言》书卷最早的文学史层面，但由于对谚语进行某些新的安排，进而产生了一种富有意义的关系：

（1）聪明的孩子带给父亲喜乐，愚蠢的孩子送给母亲悲伤。

---

[55]　Keel 1993.
[56]　Kaiser 1993,264 注 3；1994,49 - 50；Hermisson [5] 1996.
[57]　Preuß 1987；Lang 1990,179；Dell 2004.
[58]　关于智慧与王室宫廷的关联，参见 Keel 2007,258 - 259。
[59]　参见 Köhlmoos 2003,487；Keel 2007,261。
[60]　Scoralick 1995；Krüger 1995/1997.

（2）不义之财无法盈利，正义之财可以脱离死亡。

（3）主不让义人饥饿，挫败恶者的渴望。

（4）懒怠之手引来穷困，勤快之手带来富足。

（5）夏天收割的孩子是明智的，收获时睡觉的孩子带来羞辱。

这五节文字出自《箴言》10 章，是一组谚语，它们最初或许看起来彼此独立，但实际上是一个经由第 1 节和第 5 节精心安排的作品。在第 1 节中"智慧的"和"愚昧的"之间的主题对立，在第 5 节中表达得更为明晰：在夏季及时收获的人是明智的，而在当做之时不做的人是可耻的。第 2 节与这种解释建立了材料上的联系，警告说，只注重经济收益是危险的；它强调的是行为端正的必要性，因为只有通过诚实获得的财富才是有价值的。第 3 节接着处理采取第 2 节的观点所要面对的问题：当可嘉的道德行为导致经济困难时，会发生什么？在这时，第 3 节在辩论中引入上帝：上帝会眷顾义者。第 4 节则解释了第 5 节上帝所要求的个人努力不会是多余的：不劳动的人仍然会没有收获。所以，我们看到，在涉及智慧如何起作用的时候，《箴言》10：1—5 采取一种区分式的方法，通过反对可能带来的其他问题来为之辩护。[61] 可能并且极有可能的是，《箴言》10：1—5 是把已存在的各自独立的谚语放到一起，但对它们进行文学综合已经带来本质上新的意义表达。

67　　从文学史的角度，我们也许会问，敬拜礼仪中与"秩序"相关的神学如何与智慧文学里表现出的秩序相关联。[62] 礼仪和智慧都是在致力于建构一个结构性的生活世界，除此之外，两者同时也有着根本上的差别。[63] 敬拜礼仪是服务于世界秩序的"纵向的"维持，智慧更多地关注世界秩序的"横向结构"。不过，后者也绝非像人们

61　Krüger 1995/1997.

62　Perdue 1977；Ernst 1994,1-8.

63　Assmann 2000,64-66.

基于所谓"行为—结果关系"的传统认知所认为那样：这些关系是作为一种自然法的机制在起作用，用以分别好的行为和恶的行为。[64] 相反，这种"行为—结果关系"的概念所保护的社会秩序是一个易于破碎和受攻击的结构，这个结构只有通过特别的文化参与才能维持下去。社会秩序不是被创造出来的，而是人们通过遵循或者不遵循它，促进或阻碍它成为社会现实。

二、纪年和叙事传统

到 20 世纪中叶，旧约文学史研究中关于这个主题的研究已经非常丰富。大卫和所罗门时期被作为古代以色列文学创作的开端，并被视为第一个高潮阶段。根据传统的观点，正是在这个时期，作为以色列民族史诗的耶典文本被创作出来。另外，约瑟的故事以及《撒母耳记》书卷中的大部分传统，也被归于这个时期。然而，由于考古学上对大卫—所罗门王国的解构，以及对五经的文学史进行的新的评估，这个观点已不再成立。[65] 更为可能的是，在文学建构的起始阶段，并没有发生所认为的耶典作者在其历史作品中进行规模宏大的叙事综合，而更应只是一个个单独的叙事或叙事环。与传统的评估相反，这些创作可能距离大卫和所罗门时期至少有一个世纪。作出这种评估是基于：当时的文化历史背景以及对旧约自身进行文学研究的成果，让我们看到不同的传统单元不是一开始就交织在一起的，而是在之后才有了交集。

相应地，在下面的讨论中，在五经与前先知书里，传统上被认为属于大体量的文学作品（《约书亚记》到《列王纪下》）——将以它们最重要的叙事单元为基础来进行区分。这种区分不单取决于它们的内容，还取决于它们的文学特征（除了编修性关联外，大部分

64　Janowski 1994/1999.

65　相关讨论，参见 Huber 2010 以及 Dozeman/Schmid/Schwartz 2011。

是如此）：先祖故事、摩西—出埃及叙事、士师传统等。[66] 此外，依照它们在更大背景下的文学融合程度，也会以历时性的方式讨论这个"传统"建构的开端以及最终成形。

1. 北国传统

正如《诗篇》所展现的那样，关于北国的纪年传统之状况，我们拥有的资料特别贫乏。除了反复提及的《以色列诸王记》（参见《列王纪上》14：19—《列王纪下》15：26）以外，就再没有什么特别的证据。一些陈述如"亚哈的日子，伯特利人希伊勒重修耶利哥"（《列王纪上》16：34），[67]或者如清单"摩押王米沙牧养许多羊，曾向以色列王进贡十万羔羊和十万公绵羊的毛"（《列王纪下》3：4），可能来自《以色列诸王记》。无论如何，我们只能说相应的文本可能在北国被创作和传承下来，仅此而已。它们可能已经偶然消失了，或者是被故意忽略；无论怎样，现在几乎无法获得任何关于它们的情况。例如，我们或许认为，《约书亚记》18—19 章关于拿弗他利、西布伦、以萨迦（也许还有亚设）的清单是来自于耶罗波安二世时期。[68] 在《申命记》将耶路撒冷神学化地建构为唯一的合法崇拜地之后，来自北国的传统一般只有符合犹大国观点时才能在那里保存和传承。

然而，《创世记》中的先祖故事仍然保留了一个明显是起源于北国的叙事：《创世记》25—35 章中的雅各叙事。[69] 关于该叙事的起源，这个叙事中所命名的地理地点给我们提供了充足的信息：伯特利、示剑、毗努伊勒、玛哈念、疏割、基列都位于北国。美索不达米亚的哈兰（27：43；28：10；29：4）被提及过三次，其存在可能是由于一个特别的编修，即意在把拉班与在公元前 7 世纪正在兴起

---

[66] Schmid 1999c；Kratz 2000a；Gertz 2000a, b；2002b；2006a；Witte 等 2006。

[67] 关于文本自身的情况，参见 Tov 1997, 288。

[68] Knauf 2000c.

[69] 不同的定界，参见 Blum 1984；de Pury 1991；2001；Macchi/Römer 2001。

的作为亚兰人中心的哈兰联系起来。[70] 不过，就起源地而言，一个特别重要的特征是，雅各叙事在整体上与伯特利有紧密关联。伯特利是雅各四处漫游（28：*10—22；35：6—7）的起点和终点，雅各在那里的圣殿建立了献祭制度（28：20—22）。因此，雅各叙事显然在那里被流传了下来。然而，北国以色列的雅各叙事在文学形式上能够留存，首先是由于后来犹大在编修层面上将其与源于犹大的亚伯拉罕—以撒传统进行了关联。

在《创世记》*25—35 章展开的雅各叙事，经历了一个书写形式体量上不断增长的过程。通常，雅各—拉班叙事（《创世记》*29—31 章）被视为其核心，该叙事又被整合进雅各—以扫叙事中（《创世记》*25 章；*27 章；*32—33 章）。对伯特利的圣所进行的推源叙事也被插入到这个结构中，并且《创世记》*32：23—33 也包含一个对毗努伊勒的圣所（区别于圣殿）进行的推源叙事，即使后者不能再进行文学上的重建。[71] 特别需要注意的一点是，似乎不再可能通过文学批评的方式，去获得雅各叙事的民族历史背后的情形，因为现有形式的雅各叙事已意在把雅各等同于以色列，以扫等同于以东，以拉班代表亚兰。[72] 这一点主要表现在《创世记》27：29 和 27：39—40 中的政治祝福与其所处的叙事背景紧密相连：

> **愿万民事奉你，万族向你下拜。** 愿你作你弟兄的主，你 [69] 母亲的儿子向你下拜。诅咒你的，愿他受诅咒；祝福你的，愿他蒙祝福。（《创世记》27：29）
>
> 他父亲以撒回答说："看哪，你所住的地方必缺乏肥沃的土地，缺乏天上的甘露。你必倚靠刀剑度日，**又必服侍你的兄弟；到你强盛的时候，必从你颈项上挣开他的轭。**"（《创世记》27：39—40）

---

[70]　Blum 1984,164 - 167;343 - 344 注 11。

[71]　批评性的讨论，参见 Köckert 2003b。

[72]　Blum 1984；2012.

此外，对于这个故事的发展而言，一个重要的特征是，以扫的毛发（s'r,《创世记》27：11）也暗指地理意义的以东（s'r）。当然，不能排除的情况是，雅各叙事的材料可能存在一个尚未政治化的历史阶段，[73]但是我们缺乏足够充分的支撑去重建其之前的任何文学阶段。

因此，这个民族历史视角将以色列、亚兰和以东彼此相联，但是却没有提及任何国王形象。从历史的角度看，存在两种可能的解释：首先是雅各叙事应该处于公元前 720 年北国陷落之前。如果是这样的话，一方面，国王形象的缺失可以通过雅各叙事与并不是王室所在地伯特利的圣所有关来解释；另一方面，在北国从未存在一个持久的王朝，保证北方的君主国享有像犹大一样的地位，这可能也是一个因素。或者，另外一种可能的解释就是，雅各叙事从一开始就对以色列进行后国家性的推源叙事，从而在公元前 720 年之后将王国时期之后的以色列与其邻邦关联起来。

无论怎样，雅各叙事中关于以扫和雅各是孪生兄弟的概念都指向了一个公元前 587 年之前的时期。这显然是在与以东发生冲突之前的时段，这次冲突大量反映在先知传统的许多对以东进行负面描写的文本中。对以东看法的转向，可能是由于公元前 597 或 587 年以东吞并直至希伯仑的犹大南部领土的一系列事件。[74]

传统上，在《列王纪上》17—19、21 章和《列王纪下》1—9、13 章中围绕先知以利亚和以利沙的叙事，被归于公元前 9 世纪或前 8 世纪。但近年来对这些文本的评判有了巨大的变化。[75] 比如，可以观察到，《列王纪上》17—19 章背景式嵌入在"申命学派"王国架构中，这些文本通过比如主要人物以利亚（"耶[和华]"是我的神）的名字表现出的对"一神论"的选择的宗教历史特点；这些观察都增加了作为文学文本的这些传统更

---

[73]　Kratz 2000a，263 - 279；Otto 2001b。

[74]　Donner [3]2001，405 以及注 23 - 24；407 注 35。

[75]　参见 Köckert 1998；2003a；2006a；以及 Beck 1999。

可能是晚于、而不是早于申命学派时期的可能性。

2. 耶路撒冷宫廷文学

如同在以色列一样，犹大可能也存在王室纪年。宫廷文学最初比圣殿文学更重要，这也与圣殿的功能隶属于宫廷这一情况相一致。《列王纪》提及一个名叫《犹大列王记》的书卷。[76]《列王纪》关于从耶罗波安统治时期到约雅敬统治时期的描述中，有多处对这卷书的引用（参见《列王纪上》14：29 以及《列王纪下》24：5）。[77] 另外，《列王纪》还提及了一卷关于所罗门历史的名为《所罗门记》的书。然而，这些"书卷"是否曾经确实存在过，仍是有疑问的。因为在公元前 8 世纪以前，犹大作为"大卫之家"，是一个在意识形态上以口传传统为共同基础的部落国家，皇室家族通过口传传统和其他家族达成共同协议。只有伴随着真正的官僚体制和统治机构的发展，书写才会被刺激并获得发展。

我们也应该提到一系列的清单（《撒母耳记上》7：16；14：47，49—51；30：27—31；《撒母耳记下》2：9；3：2—5；5：13—16；8：16—18；20：23—26；23：24—39；《列王纪上》4：1—6；《列王纪上》9：17—18），它们很大程度上只是以名称的形式把可能业已存在的文学单元插入到各自的上下文中。[78]

关于我们是否能够在《列王纪》的"申命学派"框架下——其中包含列王的在位时期，对以色列和犹大的互相综合性叙述，以及一个神学上的判断（"做在耶和华眼中看为善/恶的事"）——重建编年叙事文本，仍然是存在争议的。[79]《列王纪》中对历史事件的重新

70

---

[76] Grabbe 2007.

[77] 关于《列王纪下》*11 章，参见 Levin 1982。

[78] Keel 2007,156 - 157.

[79] 参见 Hardmeier 1990；Kratz 2000a, 164；Parker 2000；Dijkstra 2005；Grabbe 2007；Adam 2007；Köhlmoos 2007；Blanco Wißmann 2008；Levin 2011 关于"共时历史"的同步性，参见 TUAT N. F. 2：42 - 44。

加工处理,表明它与这些历史事件有一定距离。因此,相对于北国作者而言,作者好像更为熟悉影响犹大历史的一系列国外政治事件。令人诧异的是,在碑铭上重要的词汇 *byt dwd*("大卫之家"),在《列王纪》的历史书写中并没有任何反映。[30] 不过,无论如何,在《列王纪》现有的叙事架构中,关于所罗门王权时代之后以色列和犹大的时期定位,从较广的时间范围来看还是可靠的,因而可以推测它们可能是根据当时的纪年资源写作而成的,无论这些纪年资源从现有形式的文本资料中是否仍能追寻到。从圣经资源与亚述纪年之间的交互引用所提供的可能性上,特别能够看出这一点。时期可以通过亚述纪年中提到公元前763年的日食以及以色列和犹大诸王来确定。除去一些细节,以色列和犹大诸王与亚述统治者之间的编年性关系是相当准确的。[31]

偶尔也有人提出,《约书亚记》15章中对犹大领地的描述以及《列王纪上》4章里所罗门臣仆的清单,都可能保留着更古老的记录,但是在这个问题上尚没有确切的结论。[32]

另外,旧约学界通常推测从《撒母耳记上》16章到《列王纪上》2章的文本中具有叙事上的关联,并且把它们定位于大卫或所罗门时期:一方面去尝试重建在《撒母耳记上》16章到《撒母耳记下》5章(7—8节)中大卫兴起的历史;另一方面,自罗斯特(Leonhard Rost)以来,关于王位接续历史(《撒母耳记下》6章[7或9章]到《列王纪上》2章,在《列王纪上》1:20,27中的主题性问题:"在我主我王之后谁坐你的位?")的论断也已成为旧约学术传统研究主题存库的一部分。[33] 同时,学界普遍认为,《撒母耳记上》4—6章和

---

[30] Na'aman 1999b，12-13.

[31] Galil 1996；2004.

[32] De Vos 2003.

[33] Rost 1926/1965；参见 Seiler 1998；相反的观点,参见 de Pury/Römer 2000；Kratz 2000a；Rudnig 2006；Adam 2007.

《撒母耳记下》6 章中关于约柜被传递的历史的看法也是广被接受的。[84]

　　然而，这些推断在近期均受到强烈质疑。[85] 首先，从文化史的角度看，如此宏大规模的书卷在王国时期的早期就被完成是不太可能的。另外，在文学层面上，存在的问题也已经被意识到：这些叙事最初被推测为处于各自独立的地方，这些叙事的起源和/或结束都不能令人满意地进行确定。重建的叙事均表明存在一系列整体的相互交织，并不支持那种关于这三大来源书卷之间存在明确界限的认识。

　　　　范塞特斯是王位接续历史（他以"宫廷历史"来称呼）最激烈的批评者：以《列王纪上》2 章的文本之间的关联为基础，2：5—9 中"宫廷历史"的段落已假定了 2：1—4 和 2：10—12 中的申命学派历史背景。他认为，我们能够断定"宫廷历史"是申命学派之后的，应当将其放在被掳时期之后的背景中去理解，将其理解为是在努力抵制光复大卫王朝的弥赛亚式盼望。[86]

　　　　迪特里希与克拉茨对王朝兴起和接续问题的处理不同。[87] 迪特里希没有把两个叙事结构分开，相反认为存在一个从《撒母耳记上》16 章至《列王纪上》2 章（或者可能达至《列王纪上》12 章）的"宫廷叙事"，并认为该叙事产生于以色列亡国和犹大亡国之间的时期，虽然这个叙事可能也包含有更早期的材料。[88] 对克拉茨而言，这个问题仍能由通过文学批评方式重建的单个传统来解决，如涉及扫罗王位起源（《撒母耳记上》1：

---

[84]　关于整个问题的讨论，参见 Dietrich/Naumann 1995；Keel 2007，152 - 153，158 - 159。

[85]　参见 Adam 2007。

[86]　Van Seters 1981；1983；2000；相关批评性的讨论，参见 2007，160 - 161。

[87]　Dietrich 1997；2006；Kratz 2000a。

[88]　Dietrich 1997，259 - 273；2006，27 - 28。

1—20；9：1—10,16；11：1—15；13—14)的个人传统,还有犹大的宫廷叙事(《撒母耳记下》11：1—27；12：24b＋13：13＋15：1—6,13；18：1—19,9a；20：1—22 以及《列王纪上》1—2)。⑧ 理论上,扫罗和大卫在起初彼此并没有比与其他邻国统治者有更多的关系,只是在公元前720年以后,大卫和所罗门通过对"他们的"传统文学进行综合,宣称是扫罗的继任者,由此犹大才进一步升为以色列的唯一合法继承者。

受五经源本学说影响而推测当时存在文学创作,比如登位的叙事、王位接续的叙事和约柜叙事,可能都仅仅是一种理论假定,并不能令人满意地充分解释《撒母耳记》中存在的文学史问题。我们只能够处理更小范围的传统叙事片段,对它们进行重建时,特定方法论倾向将决定它们是否可以通过文学批评来重建,⑨或它们只能作为反复加工过的记忆来理解。⑩

在对《撒母耳记》里的材料、尤其是涉及到它们的开端进行评判时,我们会清楚遇到其中涉及的历史起源问题的复杂性。我们可以以大卫和歌利亚的故事(《撒母耳记上》17 章)为例。该故事的希腊文版本和希伯来文版本之间有相当数量的文本差异。⑪ 但令人惊异的是,《撒母耳记下》21：19 中有一个简要的记叙提到了歌伯的歌利亚之死,它对歌利亚枪杆的描述与《撒母耳记上》17：7 的描述一字不差("如织布的机轴")：

> 他们又在歌伯与非利士人打仗,伯利恒人雅雷俄珥金的儿子伊勒哈难杀了迦特人歌利亚;这人的枪杆粗如织布的机轴。(《撒母耳记下》21：19)

---

⑧ Kratz 2000a，190 - 191；另参见 Fischer 2004,316；Rudnig 2006,330 - 331。

⑨ Kratz 2000a；Rudnig 2006.

⑩ Finkelstein/Silberman 2006.

⑪ Pisano 2005.

所以，是谁杀了歌利亚？大卫还是伊勒哈难？又或者"伯利恒 72
人"伊勒哈难是大卫的另一个名字，就如同塔古姆（Targum）译本中
《撒母耳记下》21：19 和《路得记拉巴》（RuthR）2：2 所认为的？无
论如何，这个不同的传统以及《撒母耳记下》21：15—22 和 23：8—
39 中那些短小的总结性叙事，都表明《撒母耳记》书卷的作者们明
显有很多可供使用的记忆，他们无论是在对一些相关事件进行简
要描述的总结性话语中，还是如《撒母耳记上》17 章那样的长篇戏
剧性叙事中，都能够把这些记忆塑造成不同的形式。[93]

但是几乎毫无疑问的是，尽管从文学角度看大卫叙事的形成时
间要比它描写的事件时间更晚，但大卫叙事保存了当时的历史记
忆。一个特别明显的例子是关于大卫为非利士人迦特国王亚吉服
务（《撒母耳记上》27 章）。考古学的证据表明迦特（Tell eṣ - Ṣafi）
是在公元前 9 世纪左右被毁。如果没有相应的历史记忆——可以
清楚地确定其具体年代——这个主题很难进入到传统当中。[94]众
多大卫传统中的当时背景指向"背景准确"的标准；[95]然而，社会—
文化的考量表明它们经过再加工后融合进更广阔的文学背景，所
以，我们应当在材料本身所产生的年代和它们作为书写材料固定
下来的时期之间做出区别。

---

[93]　Finkelstein/Silberman 2006,50 - 54.

[94]　Finkelstein/Silberman 2006,38 - 39.

[95]　Keel 2007,159.

第三章　亚述时期文学(公元前 8/7 世纪)

第一节　历史背景

　　随着亚述人开始统治黎凡特地区,与亚述王提革拉特帕拉沙尔三世(Tiglat-Pileser III)在公元前 745 年掌权相关联,[1]以色列和犹大的政治和思想环境发生了根本改变。[2] 它们尚未成熟的国家结构开始在社会发展方面产生分化,贫富差距急剧扩大。同时也由于生产力的提高,一些原来的贫困者也进入到了富裕者的行列。以色列和犹大开始落入一个帝国强权的影响范围内,这个强权势力实施非常严酷的政治、军事政策以及与日俱增的宗教和文化压力。鉴于"阶级社会"是一个具有现代意义的词汇,我们如果用这个术语来指称这种新的社会秩序,是有问题的。[3]如果这样做的话,我们必须还能够证明以色列和犹大曾有大规模的贸易、工厂和矿业,但这些并不属于这个时期的情况。

　　如果想要理解公元前 8 世纪和 7 世纪时的以色列和犹大的政治史,就要了解亚述的贡税政策。这个政策的特征可以概括为"对剩余产品的军事掠夺"。[4] 为了维持耗资巨大的军事组织和扩建帝

---

[1]　Tadmor 1994.

[2]　参见 Spieckermann 1982；Knauf 1994,132 - 141；Berlejung 2012。

[3]　Kessler 2006,114 - 126.

[4]　Münkler 2005,88.

国中心，需要让军队每年规律性地进驻到帝国的周边。那些上缴贡税的人们有两个基本选择：要么他们在军队来到的时候主动缴纳贡税以示宣誓对帝王效忠，要么以被军队强力掠夺的形式缴纳。亚述以发动战争的形式让自愿缴纳贡税看起来比被军队掠夺更具吸引力；即使以古代近东的标准看，亚述发动战争的方式也是可怕的。

　　由于地理位置的原因，与犹大相比，亚兰和以色列更易受古代近东新的历史态势的影响，它们很快沦为亚述帝国的进贡国。贡税一定是异常繁重：根据《列王纪下》15：20，在以色列开始施行一种人口税政策。这种繁重的贡税是这些小国迅速联合起来反对亚述帝国这一事实的唯一解释，在急难中他们也试图用武力强迫犹大（在公元前 734/733 年）加入他们的联盟。在亚述的帮助下，犹大承受住了这种压力，拒绝了这个要求，直接导致了亚兰被吞并、以色列沦为附属国（公元前 732 年）；紧接着是以色列王国被完全吞并，政治体制瓦解（公元前 720 年）。亚述对撒玛利亚很可能有过两次征服行动，因为萨尔玛那萨尔五世（Salmanassar V）和他的后继者萨尔贡二世（Sargon II）都宣扬过这项成就。[5] 不过，很可能是事件发展的复杂性给人造成了这个印象：在公元前 724 年，何细亚王被因，没有后继者继位；因此，撒玛利亚可能被认为"已被攻占"，尽管真正的军事征服是发生在公元前 720 年。[6] 从文学史的视角看，特别重要的是以色列的传统并没有伴随着国家的灭亡而全部消失，相反，一些传统应当由那些逃往犹大的流亡者保存下来，例如雅各传统、士师传统、何西阿传统。但是，所有这些传统在之后都被从犹大的角度重新解释了，无论这种重新解释是通过在文本中添入内容（如在《何西阿书》中），又或者是将其合并进一个更大的文本背景（如在《创世记》和《士师记》中）。从考古学的角度看，这批流向犹大的移民还可能与公元前 7 世纪在耶路撒冷西南

74

---

⑤　Fuchs 1994,457；Becking 1992.

⑥　Na'aman 1990.

的最早定居者有关(《列王纪》22 章中的"新城")。⑦

但是,在这一系列事件过程中,犹大并非未受到影响。在公元前 705 年,随着在亚实基伦(Askalo)和以革伦(Ekron)发生叛乱,犹大与埃及开始发生冲突。在公元前 701 年,西拿基立(Sanherib)进军犹大,并最终封锁了耶路撒冷。⑧ 从西拿基立的纪年⑨以及《列王纪》的记载(《列王纪下》18：13—16)中,我们都可以知晓这次事件。西拿基立发动了一次对拉基(Lachisch)决定性的军事打击。⑩ 在尼尼微的西拿基立皇宫中有展现这次代表性胜利的浮雕,从中可以看出这次战斗的意义。只有在交纳巨额的贡税,并且交出(与拉基的灭亡有关)示非拉(Schefela)之后,犹大王希西家(公元前 725—前 697 年)才能够解除亚述人对耶路撒冷的包围。⑪ 然而,这没有妨碍旧约把公元前 701 年亚述人从耶路撒冷的撤退看作是耶和华伟大的拯救作为。⑫ 这一点清楚地表现在以赛亚传统中。在《以赛亚书》36：1 与《列王纪下》18：13—16 相对应的经文中,《以赛亚书》省略了《列王纪下》18 章 14—16 节,掩藏了希西家支付贡税这一事件。

玛拿西接替希西家的犹大王位(公元前 696—前 642 年),成为亚述君主们的忠实臣属。⑬ 他统治了长达 55 年的时间。在《列王纪》的描述中,这被看作是以色列历史上最羞辱的时期之一。在这个编修者所憎恶的时期,有着来自亚述强势文化压力所造成的同化,⑭这一点即使从很小的工艺品中也可以看到。⑮ 然而,从历史角

---

⑦ Otto 1980,64 - 76；Fischer 2005,281 注 23；Steiner 2007；参见,Knauf 2006,293 - 294；Na'aman 2009。

⑧ Knauf 2003；参见 Keel 2007,463。

⑨ TUAT I：388 - 91；TUAT N. F. 2：71 - 72.

⑩ Mazar 1992,427 - 434.

⑪ Grabbe 2003.

⑫ 参见 Steiner 2007。

⑬ Knauf 2005b；Steymans 2006,344 - 349；Keel 2007,471 - 474.

⑭ Schmid 1997.

⑮ 参见 Keel/Uehlinger ⁵2001；Morrow 2005,209 - 210。

度看,玛拿西统治时期也正是旧约文学的早期繁荣时期。在同时期,亚述王"亚述巴尼拔"(公元前 669—前 631/627 年)取得了一个里程碑式的成就,即在尼尼微建立了一个巨大的楔形文字图书馆,馆藏超过 25000 个石碑。[16] 受同时代亚述思想的影响,玛拿西王朝的统治也推动了文学创作以及对文学作品的收集。

《历代志》的相应段落中也记述了玛拿西被囚在巴比伦时所作的悔改,但是这个主题只是为了给玛拿西的长久统治建立一个合适的神学根据:只有敬虔的王才能统治得像玛拿西一样长久。

从地缘政治的角度来说,在公元前 7 世纪后半叶亚述强权开始 75 衰落。公元前 612 年尼尼微沦陷,公元前 610 年位于哈兰的堡垒最终被毁灭,宣告了亚述王朝帝国统治的结束。从大约公元前 640 年起,伴随着亚述帝国的衰落,虽然埃及自身也不稳定,但埃及却把势力范围向亚述和巴勒斯坦方向上做了相应扩张。[17] 公元前 605 年,新巴比伦在迦基米施(Karkemisch)战役中取得胜利,迫使埃及人退出了其强掠的势力范围。

也正是在这段正当亚述帝国衰微之时的约西亚统治(公元前 639—前 609 年)时期,犹大取得了一定程度的兴盛。那时的耶路撒冷应该已是一个可以进行国际贸易的繁荣都会。[18] 我们甚至可以推测,犹大可能已经扩张到了之前属于北国的领土——兼并了伯特利,连同那里传承的传统(雅各叙事及士师叙事)——就文学史而言,这一点是相当重要的。[19] 旧约归功于约西亚的广泛敬拜改革,致力于敬拜的统一化和纯净化,是《申命记》中所表现的中心思想。然而,在《列王纪下》23 章中提到的所谓"改革叙事",只是调和、综合了不同历史发展阶段的主张而成,这表明它最初的基础核心只是在于描写洁净圣殿的措施,而关于崇拜的中心化是后来添

[16] Van der Toorn 2007,240 - 241,356.
[17] Schipper 1999,236 - 239;Vanderhooft 1999,69 - 81.
[18] Sass 1990;Steiner 2007.
[19] Na'aman 1991;参见 de Vos 2003。

加的内容。但我们是否应对该叙事的历史性做一个完全怀疑的判断，仍然是一个开放性的问题。[20]

第二节　神学特征

如果说前一章称亚述之前的时期为旧约文学的"萌芽"时期的话，那么，言下之意就是圣经文学史的真正起始点是在亚述时期。这一点可以从相应的文化史发现中体会到，这些发现表明，亚述时期之前的以色列，尤其是犹大，还没有取得足以使最初的文学发展成为可能的国家地位。亚述的文化史影响可能促进了以色列和犹大国家地位的发展，它们可以被视为"次级国家"（sekundäre Staaten）。[21] 但是，对以色列来说，仅仅几十年后，来自亚述的军事压力导致这个新生国家走向了灭亡。然而，从文学史的视角看，这个灾难有着极为深远的意义：对这个事件的反思带来许多地区的思想发展。公元前 7 世纪末，正是首先通过与曾经非常强大、但如今已衰落的亚述影响力之对照，犹大自身的文化与宗教身份得以建构与成型。这一点在当时的文学创作中留下了印记。

76　　　　我们所说的这种推动整体文学发展的力量，也同样可以推及到关于神学的评判上去。亚述的宣传充满民族宗教性，并且通过纳贡条约的形式在整个帝国内"发行"并施加影响。通过与这些宣传所使用文学样式的相联系和区别，以及在思想上对北国亡国经历进行再加工，古以色列和犹大首次开始建构一种"神学"——如果我们认为在旧约中存在有"神学"（或多种神学）的话。[22] 另外，人们

---

[20] Uehlinger 1995；Keel 2007, 545 - 555；Pietsch 2013，参见 Gieselmann 1994 的讨论；Schmid 2006b, 42 注 90；Noll 2007, 330 - 331；参见 Knauf 2005b, 184 - 188 关于《申命记》12 章的另一个诠释，它并非视《申命记》12 章为一个礼仪中心化的文本，而是将之视为礼仪合法化的文本。

[21] Knauf 1994, 80.

[22] 参见 Smend 1982；Gerstenberger 2001；Kratz 2002。

也可以把亚述方面相对应的部分描述为"神学"。[23] 它们对以色列和犹大的思想发展进程有着重要的作用，因为这是作为国家的以色列和犹大在历史上首次与帝国的概念存在文化上的联系，同时这种联系也意味着一种神学上的巨大挑战。

如果我们考察亚述时期旧约文学发展的具体概念，那么，我们能够区分出四种基本的神学潮流。

第一种神学潮流是，面对亚述的威胁与北国亡国时，通过不是指责上帝而是指责国王与百姓（先知书卷、《列王纪》）来回应。但是这些反思似乎没有仅限制于关注北国，相反，文学生产中的"再解读"过程同时扩大了谴责范围——对敬拜同一位上帝的犹大发出警告（如果这些警告不是一开始就针对犹大的话）。但是，由于这种观点带有批判性质，所以在亚述时期这些传统应该只是处于边缘地位。只是随着在巴比伦时期犹大亡国，它们才被"证实"以及"正统化"。就这一点而言，阿摩司传统具有特殊的重要性，因为它最早表达了一个先知性的观念：上帝会强烈和果断地惩罚他的百姓。早期的以赛亚传统就已经隐晦、但也足够清晰地引用了阿摩司传统（例如，《以赛亚书》9：7），并把其书卷中审判预言的范围扩展到了犹大。对于亚述时期的以赛亚传统，需要注意的一点是，其针对犹大的审判信息由于公元前 701 年犹大国的经历而被证明是错误的，因此直到巴比伦时期以赛亚传统——至少就审判的方面而言——与《弥迦书》的核心部分一样，都在某种程度上被视为"错误的预言"。

第二种神学潮流存在于关于以色列起源的"无国王"式传奇的文学创作中，就如摩西—出埃及叙事或者士师传统所表现的那样。这些也并不是无中生有，它们均是提炼了过去的诸传统和历史记忆，进而形成了一个新的、没有国王存在的以色列的文学概念。就士师传统而言，这种表现更具有亲亚述的倾向，但就摩西—出埃及叙事而言，更具有反亚述的倾向。

---

[23]　Oeming 等 2004。

第三种神学潮流朝向另外一个不同的方向,智慧传统和诗篇传统的材料似乎继续坚持王国的理想。从历史角度看,这种选择并不易解释:它或者代表了一个纯粹的犹大视角,为王国在犹大继续存在而欢欣鼓舞,或者是违反北国已亡国的事实的看法,对王国机制念念不忘。这两种解释也并不是互相排斥的。

第四种神学潮流,也是最后一种,很可能在接近公元前 7 世纪末新亚述帝国灭亡的历史背景下,我们可以确定地认知到一个反亚述的观念:把亚述所要求的对其效忠的关系,转换到了以色列自身与其上帝的关系要求上。《申命记》在这一点上表现得尤为明显,可以将之理解为对新亚述盟约神学的一种反式化接受。

第三节　传统领域

一、礼仪传统和智慧传统

1. 《诗篇》

关于《诗篇》的创作时期,由于其内容所描述的个人或者集体的情形在时间上具有一定的恒定性而难以明确定位,但有一些诗篇很可能出现在新亚述时期。那个时代的诗篇传统可能一直属于传统上的耶路撒冷礼仪传统(如果我们仍愿意保留这一集体概念的话)之内。耶路撒冷礼仪传统是王国时期的国家宗教正统。公元前 701 年耶路撒冷从亚述围困中获救,这使得表达由于耶和华的临在从而保障锡安安全的神学获得了强劲的推动力。

因此,关于锡安之歌的《诗篇》*46 篇和*48 篇的基础形态可能属于亚述时期。[24] 首先,分别从传统历史和编修批评的角度看,它

---

[24]　参见 Spieckermann 1992;关于《诗篇》48 篇,参见 Körting 2006b,177。

们似乎已在《以赛亚书》和《耶利米书》的文本中被先行认定存在。此外，它们关于锡安固若金汤的重要神学宣告——至少，作为一个新兴起的神学表达——很难放在公元前 587 年后进行解释。它们的文学创作形态看起来至少已知晓公元前 701 年的事件。[25] 如果把它们作为后被掳时期具终末论性质的文本去解释，[26]至少就《诗篇》48 篇而言，会无法说明其所表现的过去时的形式。相反，《诗篇》46 篇和 48 篇放在玛拿西时代的背景中会更能够被理解。[27]

此外，像《诗篇》* 24 篇或者 * 93 篇这样的赞美诗经常被认为是属于《诗篇》中较早的材料。[28] 它们很可能反映了相应的仪式活动。斯堪的纳维亚学派从文化历史的角度进行研究，几乎从每首诗篇背后都发现了一个相应的节庆。但是，这种解读的根本问题是这些节庆的存在并不能被另外的证据所证明。另一方面，很可能有一些关于节日仪式的文本在《诗篇》中确被保留了下来。《诗篇》24 篇是一个特别清楚的例子。这首诗篇中所指示的动作（"举起……"）是现在时的。提问和解答的对话表现了一些人在敬拜活动中进行朗诵。

> 众城门哪，你们要抬起头来！ 78
> 永久的门户，你们要被举起！
> 那荣耀的王将要进来。
> 荣耀的王是谁呢？
> 就是有力有能的耶和华，
> 在战场上有能的耶和华。
> 众城门哪，你们要抬起头来！
> 永久的门户，你们要把头抬起！

---

[25] Keel 2007，447.

[26] Wankee 1966；关于《诗篇》46 篇，参见 Uehlinger，Grandy 2005；Körting 2006b，186。

[27] Knauf 2005b；参见 Keel 2007，733 – 739。

[28] Jeremias 1987；Kratz 2003a.

那荣耀的王将要进来。

荣耀的王是谁呢？

万军之耶和华，

他是荣耀的王。

（《诗篇》24：7—10）

这个文本背后的"行进神学"（Prozessionstheologie）可能与新亚述版本的阿基图庆典（akitu-Festes）有着文化关联，所以该文本的创作应当定位在公元前 8 世纪或 7 世纪。㉙

北国诗篇如 29 篇和 68 篇也应是在公元前 720 年之后，在耶路撒冷被接受。㉚ 如果这些文本源于北国，它们也许是通过伯特利在公元前 587 年的灾难中幸存的图书馆得以留存，并且在巴比伦或波斯时期才被接受。

最后，一般所以为的王室诗篇第 72 篇的基本形式清楚地具有新亚述的背景。有观点认为《诗篇》72 篇在文学形式上直接依赖于亚述巴尼拔（公元前 669 年）的加冕颂歌，并且最初就是为约西亚（公元前 639 年）创作的加冕颂歌。㉛ 这个观点可能还不够深入。㉜ 不过，这个观点很准确地观察到，从传统历史角度看该诗篇与新亚述宫廷意识形态接近。㉝ 在这首诗篇中，国王被刻画为一个理想的统治者，是一个智慧的审判官，一个决定他百姓命运的施政者。他的王国差不多是按照亚述帝国的图景被描述的："他要执掌权柄，从这海直到那海，从大河直到地极。"（《诗篇》72：8）尽管存在这些相似之处，但在《诗篇》72 篇中所表现出的神学上的反转具有决定性的意义，律法和公义在这里都被归属于上帝自己（"你的公

㉙ Pongratz-Leisten 1994.

㉚ Jeremias 1987.

㉛ Arneth 2000.

㉜ Hossfeld/Zenger 2000,308；Janowski 2002a；2003a；Morrow 2005.

㉝ 关于《诗篇》2 篇，参见 Otto 2003；具体的不同观点，参见 Hartenstein 2004。

平……你的公义"，第 1 节），[34]而不像在古代近东传统中，它们被归于作为立法者的国王。[35] 因此，公义的范围被"神学化"了，它们被直接归到了上帝的意志之下。[36] 所以，《诗篇》72 篇在神学意义上非常接近于《申命记》的基本思想倾向——把新亚述对国王忠诚的概念转变成了对耶和华的忠诚。

　　根据《诗篇》* 60 篇对"以东"的描述，它在某种程度上也可以确定为产生于这一时期。[37] 该文本可能源自公元前 600 年至公元前 598 年之间，属于新亚述时期之后。[38]

　　就内容而言，《诗篇》72 篇在第 1 节将自身描述为"所罗门的诗"，与它相对应的内容可以在《列王纪上》3—10 章关于所罗门王权的统治系统的长篇描述中找到。所罗门在该描述中被刻画为是整个世界最伟大、最智慧、最富有的君王（《列王纪上》5：14；10：23—24），并且他统治的疆域被描写为从幼发拉底河一直到加沙。这个描述源于以亚述模式为基础对所罗门王权进行展示，[39]尽管《列王纪上》6—7 章对圣殿的描述中也含有处在第二圣殿时期向后投射的成分。

　　鉴于既定形式的《诗篇》中一直存在非常复杂的结构，所以很难确定新亚述时期的《诗篇》是否已构成了现有《诗篇》的"早期阶段"，是否已经以书卷的形式存在。尽管在亚述时期存在单个诗篇的主题式合集也并非不可能，但是从库姆兰的发现可以看到，《诗篇》的中心结构在公元前 2 世纪尚未最终完成。对单个诗篇被集合在一起的过程与方法进行重建，仍然是困难的。

79

㉞　参见 Hossfeld/Zenger 2000,319 - 320。

㉟　Otto 1998c, 123："在巴比伦和整个古代近东,所有法律都是国王的法律。"

㊱　Assmann 1992,65.

㊲　Knauf 200d.

㊳　不同的观点,参见 Emmendörffer 1998,162 - 173。

㊴　Finkelstein/Silberman 2006,157 - 158.

2. 早期智慧文学

旧约的智慧文学在很大程度上是传统文学。在许多情况下，其材料很可能都是源于口传传统。由于它们的谚语性质，所以它们即使没有被塑造成书写形式时，也是相对稳定的。根据旧约智慧文学的神学历史特征，我们可以推断，《箴言》文本的较早期部分位于第 10—29 章中。⑩ 所以，至少在犹大王国时期，或者说在亚述时期，这一部分里的内容就已被组合起来。从其中一系列关于国王的陈述的编修连贯性中可以看出，这些陈述似乎至少已预设了犹大王权的存在（参见《箴言》14：28，35；16：10—15；20：24—28；21：1—2，30—31；25：6—7；等等）。⑪ 如果是这样的话，这些谚语的搜集和书写很可能发生在宫廷之内。这也与《箴言》25：1 的自证相契合，虽然从非批评性角度看，其本身也并无历史可靠性："以下也是所罗门的箴言，是犹大王希西家的人所誊录的。"⑫

然而，需要注意的是，在许多文本中，"君王"这个词只是简单地作为统治或领导的代号，以至于以制度史角度进行评估并不能让人绝对信服。另外一种可能是，那些将王权理想化的文本被写下或者流传是作为对相反经历的回应。

就《箴言》的神学特质而言，与学界之前的尝试相反，⑬我们不应该把所有的"耶和华的箴言"都归于是第二位的创作。⑭ 因为在古代智慧绝不是"世俗的"。相反，其至少是隐含着"神学性的"，同时也并不在概念上一开始就排除"神学化"。另外，还应当注意到《箴言》中所具体表现的概念。耶和华可被视为所谓行为—结果关系的起源和担保者，但这一点并没有以一个系统的固定方式表现出来。⑮

---

⑩　Meinhold 1991.

⑪　参见 Scherer 1999；Fox 1996。

⑫　Clifford 1999,3,7.

⑬　Whybray 1965；McKane 1970.

⑭　Wilson 1987；Ernst 1994,68 - 79.

⑮　Hausmann 1995,237 - 243.

《箴言》22：17—24：22 是一个特别有意思的文本，能够表明《箴言》里部分箴言的集合性创作。[46] 因为这里所包含的文本明显是源自埃及传统，很可能是通过腓尼基人获得的。它们表现出与拉美西斯时期的"阿曼尼摩比教诲"（Lehre des Amenemope）有很近的关系。[47] 后者反过来又是古老谚语的合集。值得注意的是，《箴言》22：17—24：22 中对阿曼尼摩比教诲的接受特征，即对动机、主题或者概念的列举、引述和采用，已经是阿曼尼摩比教诲自身创作的一部分。因此，《箴言》22：17—24：22 的起源反映了埃及的学校实践模式，埃及的学校实践模式很可能通过腓尼基人传播到了叙利亚—巴勒斯坦地区。

80

从文学史的角度看，还应当注意的一个问题是，以色列自身智慧文学的起源是否与把伦理从律法中区分出来的过程同步。[48] 在公元前 7 世纪，古代以色列不仅仅产生了智慧文学，而且也是律法文学（约书）的开始。一旦律法作为一种书写实体被固定化，伦理也进入书写形式，就像我们从智慧文学早期所看到的那样。

二、叙事传统

1. 申命学派的《列王纪》的开端

如果我们如同《撒母耳记》和《列王纪》自身内容所呈现的（同时这也是七十士译本所采取的方式），[49] 把它们看作一个整体，我们就可以清楚地发现它们代表一个独特的文学实体。《撒母耳记上》的一开始就表现出与之前的叙事内容有着鲜明对比，一些新的东西从这里开始，并且不必与现有的正典形式中在它之前的书卷有

46　Römheld 1999；B. U. Schipper 2004；2005.

47　TUAT III：222 - 250.

48　Otto 1987/1996c.

49　参见 Hutzli 2007，238 - 245。

什么联系：

> 以法莲山区有一个拉玛的琐非人，名叫以利加拿，他是苏弗的玄孙，托户的曾孙，以利户的孙子，耶罗罕的儿子，是以法莲人。（《撒母耳记上》1：1）

《撒母耳记上》一开篇就从主题和神学两个方面改变了历史图景的色调：从此时起，兴趣的焦点首先在于个体角色，不再是作为整体的民众。上帝对历史的介入以一个规范的神学样式发生；它与诸王的"为义的行动"紧密相关，尽管同时也影响民众。在《撒母耳记》一开始，通过撒母耳与百姓之间在以色列建立王制的争论（《撒母耳记上》8—12章），具体关注君王的独特视角就已建立起来了。

贯穿《撒母耳记》—《列王纪》的文学形式，在《列王纪》的审判文本中尤其清晰可见，但本质上又与《撒母耳记》的叙事文本相关；学界常将这一文学形式与可能兴起于接近公元前7世纪末约西亚时期的一种神学思想趋向联系起来。这种神学思想一方面反映在《申命记》核心文本创作中，另一方面也影响了对王国时期及其之前历史材料的整体解读——这些历史材料现在都被整合进前先知书（《约书亚记》—《列王纪下》）中。根据内容与语言上与《申命记》的联系，学者们提出了"申命记式的—申命学派传统"的概念：用形容词"申命记式的"（deuteronomisch）来表示在《申命记》的文学核心中所表现出的神学，以"申命学派的"（deuteronomistisch）描述在《申命记》以及《约书亚记》到《列王纪下》中这种神学的进一步发展。在《申命记》以及《约书亚记》到《列王纪下》之外，我们也可以在旧约的其他书卷中找到这种"申命学派神学"，特别是《耶利米书》和《出埃及记》/《民数记》。

由于这种神学思想基本的表达结构是亚述式的，所以基本上可以将其最初产生的时间定位在约西亚时期。虽然与亚述关于忠诚的思想相一致，《申命记》的思想要求无限忠诚，但这里的忠诚对象

81

不再是亚述国王,而是对自己的神——耶和华——无限忠诚。⑩ 虽然这种要求在《申命记》中是以一种正向的姿态来表达的,但在《约书亚记》—《列王纪下》(以及《耶利米书》)中宣称,由于以色列及其领袖没能够服从这种要求,神学上的必然结果是导致北国和南国先后灭亡。

在关于秩序的思想框架中将罪与罚相联系,《申命记》与申命学派的文本都明显受智慧传统影响。⑪ 另外,它们也与先知书中关于审判的文本的主题相重合,将不幸经历的起因归结为罪责。

虽然之前学界试图把申命学派文本的产生时段限定在《申命记》产生与《列王纪下》最后的叙事——公元前 562 年约雅斤被释——之间的时期里,但是在今天已经清楚的是,在旧约文学史发展的更长时段内还在使用这种神学视角。⑫ 甚至晚期如《但以理书》9 章、《巴录书》以及《马太福音》和《路加福音》中的一些篇章都无疑受到了申命学派思想的影响。因此,申命学派思想是一个长时期存在的现象,具有一些基本神学特征并使用一些特点鲜明的语言。然而,这两个构成要素都存在一定程度的发展变化,特别是在下面所要讨论的申命学派思想所表现出的发展特征。有观点认为在被掳时期早期存在着一个影响非常有限的学派,我们必须要与这样一种观点保持距离。同样,所谓语言的证据也具有误导性:认为申命学派文本可以通过文本的语言性质来明确辨识。⑬ 但是,应当注意的是,也存在一些只是听起来像申命学派性质内容的“申命学派的”文本,但却完全是“非申命学派的”(例如《耶利米书》31:31—34 或 24 章)。语言用法并不是一个定义申命学派文本的充足特征,更重要的是要在概念层面上对申命学派文本进行论证。

---

⑩　Steymans 1995a, b; Otto 1997b; 1999a.

⑪　Weinfeld 1972,244 - 319.

⑫　Steck 1967; Römer 2005; Person 2007.

⑬　Thiel 1973;1981.

那么，《列王纪》书卷中申命学派的起源是怎样的呢？[54]威尔豪森早就有这样的表达："《列王纪》书卷的真正写作时间在被掳时期之前，只有在之后的被掳时期或者（如果不是，和）被掳时期之后才被进一步修订。"[55]关于审判列王的内容高潮发生在《列王纪下》22—23章："构建《列王纪》书卷框架的作者是完全忠于约西亚改革的。"[56]与威尔豪森以及追随克罗斯（Frank Moore Cross）[57]的广泛学术潮流持不同立场的是，20世纪传统的德语"申命学派历史"研究受到诺特（Martin Noth）[58]的强烈影响。但是无论如何，我们都需要探究关于王室审判的框架是否是在（*《撒母耳记》—）*《列王纪》的被掳时期之前的版本基础上创作的。如果我们想继续以不同形式坚持这个立场的话，其起源就不是基于解释公元前587年灾难的需要，而是通过对北方所有国王（也有南方的一些）以及北国的灭亡所做的消极评价，来为约西亚改革提供必要的基础支持。另外，还应当考虑，我们是否应当对所作判断的文本就文学形式和历史内容做出区分，如此，约西亚和他的——历史性还存在争议——改革才不会被视为作品写作开始的时间节点（*terminus ante quem*），而是作为对波斯时代的耶路撒冷重建的一种理想化表达。

无论怎样，根据叙事的基本结构可以得知其基本内容（主题）指向约西亚——或者，如果我们对《列王纪下》22—23章采取一个怀疑论的观点，则指向"约西亚"。北方的诸王都受到了负面的谴责，因为他们行了"耶罗波安所犯的罪"：

> 拿答……行耶和华眼中看为恶的事，行他父亲所行的道，

---

[54] 与Noth 1943的传统立场相反，特别参见如下更多不同的研究方法：Weippert 1972；Lemaire 1986；Halpern/Vanderhooft 1991。

[55] Wellhausen [3]1899,298；参见Schmid 2006b；Stipp 2011b。

[56] Wellhausen [3]1899,295.

[57] Cross 1973；参见，例如，Nelson 1981；2005；Halpern/Vanderhooft 1991；Knoppers 1994；Eynikel 1996；Sweeney 2001；Römer 2005；Stipp 2011b。

[58] Noth 1943；概览参见Preuß 1993；Dietrich 1999。

犯他父亲使以色列陷入罪里的那罪。（《列王纪上》15：25—
26）

　　……得撒……行耶和华眼中看为恶的事，行耶罗波安所行
的道，犯他使以色列陷入罪里的那罪。（《列王纪上》15：33—
34）

　　……心利……自焚而死。这是因为他犯罪，行耶和华眼中
看为恶的事，行耶罗波安所行的道，犯他使以色列陷入罪里
的那罪。（《列王纪上》16：18—19）

　　暗利行耶和华眼中看为恶的事，比他以前所有的王作恶更
严重。因为他行了尼八的儿子耶罗波安所行的道，犯他使以色
列陷入罪里的那罪，以虚无的神明惹耶和华——以色列的神发
怒。（《列王纪上》16：25—26）

　　……亚哈……行耶和华眼中看为恶的事，比他以前所有的
王更严重。他犯了尼八的儿子耶罗波安所犯的罪，还当作是小
事，又娶了西顿王谒巴力的女儿耶洗别为妻，去事奉巴力，敬
拜它。（《列王纪上》16：29—31）

　　……亚哈谢……行耶和华眼中看为恶的事，行他父母的
道，又行尼八的儿子耶罗波安的道，使以色列陷入罪里。（《列
王纪上》22：51—52）

　　……约兰……行耶和华眼中看为恶的事，但不致像他父母
所行的，因为他除掉他父所造巴力的柱像。（《列王纪下》3：
1—3）

　　这样，耶户在以色列中消灭了巴力。只是耶户不离开尼八

83　的儿子耶罗波安使以色列人陷入罪里的那罪，就是拜伯特利和但的金牛犊……只是耶户不尽心遵守耶和华——以色列神的律法，不离开耶罗波安使以色列人陷入罪里的那罪。(《列王纪下》10：28—31)

……约哈斯……行耶和华眼中看为恶的事，效法尼八的儿子耶罗波安使以色列陷入罪里的那罪，总不离开。(《列王纪下》13：1—2)

……耶罗波安……行耶和华眼中看为恶的事，不离开尼八的儿子耶罗波安使以色列陷入罪里的一切罪。(《列王纪下》14：23—24)

……撒迦利雅……行耶和华眼中看为恶的事，效法他祖先所行的，不离开尼八的儿子耶罗波安使以色列陷入罪里的那罪。(《列王纪下》15：8—9)

……米拿现……行耶和华眼中看为恶的事，终生不离开尼八的儿子耶罗波安使以色列陷入罪里的那罪。(《列王纪下》15：17—18)

……比加辖……行耶和华眼中看为恶的事，不离开尼八的儿子耶罗波安使以色列陷入罪里的那罪。(《列王纪下》15：23—24)

……比加……行耶和华眼中看为恶的事，不离开尼八的儿子耶罗波安使以色列陷入罪里的那罪。(《列王纪下》15：27—28)

……何细亚……行耶和华眼中看为恶的事，只是不像在他

以前的以色列诸王。(《列王纪下》17：1—2)

　　最后一个王何细亚(《列王纪下》17：1—2)是个例外。很可能这个差异是由于从第 7 节开始以色列才被作为罪的主体，因而何细亚才得以豁免。

　　另一方面，南国从耶罗波安(另参见七十士译本《列王纪上》14：22)一直到约西亚的 13 个王，几乎都在整体上获得了积极评价，虽然他们——除了亚撒、希西家、约西亚——都被提到“但高地没有被夺去，百姓仍在高岗上献祭和上香”。在这一系列中——下面以加粗体标示——有六个反例：亚比央(《列王纪上》15：1—3)，约兰和亚哈谢(《列王纪下》18：16—19；18：22—25)，亚哈斯(《列王纪下》16：1—4)，玛拿西和亚扪(《列王纪下》21：1—2；21：19—22)。这 6 个王都是被谴责的。就数目而言，积极评价和消极评价的数量是差不多的。同时，从主题上说，这些消极评价也是一种“例外”，因为它们都是基于清晰可辨的具体事件：约兰和亚哈谢与北国的亚哈家有关；而亚哈由于娶了西顿的耶洗别，受到了特别严厉的谴责。由于约兰和亚哈谢的亲属关系，两者都处在对北国的一般评判之下。(耶罗波安与)亚比央、亚哈斯、玛拿西和亚扪在敬拜礼仪上犯了特别的罪，因此也不能获得正面的评价。

　　……亚比央……行他父亲从前所犯一切的罪，他的心不 84 **像他曾祖父大卫以纯正的心顺服耶和华—他的神。** (《列王纪上》15：1—3)

　　亚撒效法他的高祖父大卫行耶和华眼中看为正的事……只是丘坛还没有废去。亚撒一生向耶和华存纯正的心。(《列王纪上》15：11—14)

　　约沙法……效法他父亲亚撒所行的道，不偏离左右，行耶和华眼中看为正的事。只是丘坛还没有废去，百姓仍在那里献

祭烧香。(《列王纪上》22：41—43)

……约兰……行耶和华眼中看为恶的事。 耶和华却因他仆人大卫的缘故，不肯灭绝犹大，要照他所应许的，永远赐灯光给大卫和他的子孙。 (《列王纪下》8：16—19)

……亚哈谢……行亚哈家的道，行耶和华眼中看为恶的事，与亚哈家一样，因为他是亚哈家的女婿。 (《列王纪下》8：25—27)

约阿施在耶何耶大祭司教导他的一切日子，行耶和华眼中看为正的事。只是丘坛还没有废去，百姓仍在丘坛献祭烧香。(《列王纪下》12：2—3)

……亚玛谢……行耶和华眼中看为正的事，但不如他祖先大卫。他效法他父亲约阿施一切所行的。只是丘坛还没有废去，百姓仍在丘坛献祭烧香。(《列王纪下》14：1—4)

……亚撒利雅……行耶和华眼中看为正的事，效法他父亲亚玛谢一切所行的。只是丘坛还没有废去，百姓仍在丘坛献祭烧香。(《列王纪下》15：1—4)

……约坦……行耶和华眼中看为正的事，效法他父亲乌西雅一切所行的。只是丘坛还没有废去，百姓仍在丘坛献祭烧香。(《列王纪下》15：32—35)

……亚哈斯……行以色列诸王的道，又照着耶和华从以色列人面前赶出的外邦人所行可憎的事，使他的儿子经火，并在丘坛上、山冈上、各青翠树下献祭烧香。(《列王纪下》16：1—4)

……希西家……行耶和华眼中看为正的事，效法他祖先大卫一切所行的。他废去丘坛，毁坏柱像，砍下亚舍拉，打碎摩西所造的铜蛇，因为到那时以色列人仍向铜蛇烧香。人叫铜蛇为尼忽士但。希西家倚靠耶和华——以色列的神，在他之前和在他之后的犹大列王中没有一个像他一样的。因为他紧紧跟随耶和华，谨守耶和华所吩咐摩西的诫命，总不离开。（《列王纪下》18：1—6）

……玛拿西……行耶和华眼中看为恶的事，效法耶和华在以色列人面前赶出的列国那些可憎的事。他重新建筑他父亲希西家所毁坏的丘坛，又为巴力筑坛，造亚舍拉，效法以色列王亚哈所行的，敬拜天上的万象，事奉它们。（《列王纪下》21：1—3）

……亚们……行耶和华眼中看为恶的事，效法他父亲玛拿西所行的。他行他父亲一切所行的道，事奉他父亲所事奉的偶像，敬拜它们，离弃耶和华——他列祖的神，不遵行耶和华的道。（《列王纪下》21：19—22）

……约西亚……行耶和华眼中看为正的事，行他祖先大卫一切所行的道，不偏左右。（《列王纪下》22：1—2）

这个对《列王纪上》12 章至《列王纪下》23 章中审判诸王的整体概览勾勒出一个主题线，这条主题线贯穿了从希西家（《列王纪下》18：4）时期破坏"高地崇拜"，一直到玛拿西（《列王纪下》21：2）重新引入高地崇拜或者邱坛，再到约西亚（《列王纪下》23：8）时他们一直持续进行渎神的崇拜。如何确定这个叙事框架产生的日期？将其定位在被掳时期之前，除了根据在一些地方（《列王纪上》8：8；9：21；10：12；19：19；《列王纪下》8：22）特别表达"直到今

日"可能或明显地仍预设王国时期的背景外,[59]还有其他一些主要论据:

    (1) 一个值得注意的发现是,《列王纪》书卷缺少像以《列王纪下》17 章的方式对犹大亡国进行思考的文本(奇怪的是,《列王纪下》17 章的 19—20 节又是被添入的)。

    (2) 关于玛拿西的段落《列王纪下》23:26,24:3[60]以及宣布对约西亚之后诸王的审判文本《列王纪下》23:32,37(对比《列王纪下》24:9,19),显然是后来所添入的,明显是后期在神学上试图要否认约西亚改革。[61]犹大亡国之后,与根据国王对国家的兴衰负责的古代近东皇室意识形态一样,对列王的审判被与所发生的灾难事件联系起来接受。与此相应,《列王纪下》最后两章是《撒母耳记》至《列王纪下》23 章的延伸书写,意在事后对所有的犹大诸王也进行整体上的谴责。[62]

但是,也存的可能是,对列王的审判来源于后被掳时期,是在努力把约西亚描述为以色列和犹大国王历史上较高水准的理想统治君主的代表。[63]如此,《列王纪下》21 章和 23—24 章在后来进行的再诠释是文士派别间关于历史事件的神学争议,不应视为当时历史事件有直接的关系。

另外,无论何种情况,对于《撒母耳记》到《列王纪》的申命学派版本,在《撒母耳记》中可能运用了公元前 7 世纪的集合性的大卫形象,[64]而在《列王纪》书卷中的大卫传统更具有自足性。

---

[59] Wellhausen [3]1899,298；Moenikes 1992,335 - 336；Geoghegan 2003；2006；参见 Becking 2007,12 - 18。

[60] Schmid 1997.

[61] Vanoni 1985；Schmid 2004b；2006b；不同的观点,参见 Aurelius 2003b, 45 - 47。

[62] 参见下文,第四章第三节"二""2"。

[63] Blanco Wißmann 2008.

[64] Kratz 2000a；Fischer 2004；Dietrich 2006.

2. 士师传统（《士师记》3—9 章）

关于王国时代的以色列是如何在它的土地上兴起的，现有形式的旧约有两个叙事传统：《创世记》中的先祖叙事和《士师记》中的士师叙事。从圣经本身的观点来看，这是两个时代，两个时代中间发生了进埃及、出埃及、旷野漂泊和占领应许之地等事件。然而，从历史角度看，这些叙事更像是从不同的视角来反映未立国之前土地上的生活，所以，在原则上，它们既可能起源于立国之前的时代，也可能起源于立国之后的时期。

《士师记》3—9 章中士师故事的文学形式可能属于亚述时期，这一点稍后会更清楚地看到。⑥⑤ 除了俄陀聂（《士师记》3：7—11）⑥⑥以外，所有的士师——以笏、珊迦、底波拉、⑥⑦巴拉、基甸和亚比米勒——都出自北方王国的领地，这个情况让我们可以得出结论：《士师记》3—9 章保存了北方以色列的传统。在亚述政权的统治下，《士师记》3—9 章提出和宣传以色列没有自己国王的可能性，加入以荆棘的象征形象来进行讽刺的人物（《士师记》9 章）。作为对以色列立自己王的警告，亚比米勒尝试进行了并不成功的制度化（《士师记》9 章），从历史角度看似乎是预设了公元前 722 年示剑被毁这一事件。《士师记》9 章围绕士剑王国建立的叙事可以直接解读为总结北国统治者最糟糕的行为。可以说，示剑的亚比米勒的故事，将以色列王室统治的两个世纪浓缩进了一个单独的文学篇章里。⑥⑧ 甚至《士师记》3—9 章中出现的以色列的敌人也表明其属于亚述时期：米沙国王统治下的摩押，在公元前 845 年首次作为威胁以色列的王国力量出现。⑥⑨ 对与米甸人冲突的描绘也可以与此类似地解读，似乎反映了公元前 7 世纪开始时以色列人与阿拉伯

---

⑥⑤ Guillaume 2004,5 - 74；另参见 Richter 2009，82 - 85。
⑥⑥ 参见 Guillaume 2004,75 - 78。
⑥⑦ 参见 Waltisberg 1999；Neef 2002。
⑥⑧ Guillaume 2004,69 - 70.
⑥⑨ Knauf 1992,49 - 50；Na'aman 1997.

人的过往冲突。⑦

《士师记》3—9 章反对以色列制度化的王权，而支持通过一种由神做主导、同时依靠有魄力的引领者的国体，因而应当属于王国时期之后的系统性写作。我们由此得到的印象是，这种以色列内在的统治权不一定与一种更宏大的政治—组织结构相冲突。由此完全可以想象，《士师记》3—9 章所表现的政治形态可以放在一个有秩序的帝国框架内来理解，就此而言——当放在文化背景中看时——其倾向是亲亚述的。事实上，面对它的敌人——摩押人和米甸人——的时候，即使没有国王，以色列人也可以有和平生活的样态，这也契合当时亚述对以色列的政治宣传。⑦ 在《士师记》3—9 章中，这种观念以以色列国家时期之前的样式进行描述，也由此保护了此概念的神秘性质。从神学与政治的角度看，《士师记》3—9 章与当时的雅各叙事相去不远。在哈兰服侍的雅各，从未在以色列称王，也不是与亚述的统治相冲突的人物。

3．"摩西—出埃及"的历史

在现有的五经叙事顺序中，摩西—出埃及的历史所起的作用是作为《创世记》的递进衔接，并有一个自然而然的结尾，即在《约书亚记》中所描绘的得到应许之地——这甚至已超出了五经范围之外。无论是作为口传，还是作为书写的形式，摩西—出埃及的历史一开始就有一个独立的传统架构。⑦ 首先，摩西—出埃及叙事在主题和神学上自成一体；其次，先祖历史自身——以文字形式固定下来的文本——并没有自然有机地引向摩西—出埃及叙事。因此，可以推论的是：先祖叙事和出埃及叙事代表了两个先前互相独立的传统架构，只是在后来的文学创作中才被彼此联系在一起。从这个角度看，《出埃及记》1：6—8 显得极为突出：

87

---

⑦　Knauf 1988b.

⑦　Reade 1979,329 - 344；Guillaume 2004,71,74.

⑦　Schmid 1999c；Gertz 2000b；2002a；Otto 2000b.

约瑟和他所有的兄弟，以及那一代的人都死了。然而，以色列人生养众多，繁衍昌盛，极其强盛，遍满了那地。有一位不认识约瑟的新王兴起，统治埃及。

这三节位于先前所讲述的约瑟故事和现在所要开始的出埃及故事之间，即刻创造了一个明显的桥梁：所有关于约瑟在埃及兴起以及他对埃及善行的记忆都被消除，从而能够合理地引入"压迫"的主题。《出埃及记》1：8 更进一步使接下来的事件顺理成章：新法老被描述为已经忘记了约瑟——这位曾经是他的前任法老统治埃及时的副手。这种文本上的不合理性，可以通过把对"先祖叙事"和"出埃及叙事"尽可能紧密连接到一起的过程来解释。

从《出埃及记》1：6—8 中可以进一步看出，这个联系在很晚才被通过祭司文本创造出来，⑬也被《出埃及记》1 章的非祭司文本设定为前提：以色列作为一个民族仅仅在《出埃及记》1：7 中被提及，这一节无疑属于祭司文本（比较与《创世记》1：28；9：6；17：2 的文本间关系），这反过来为接下来文本的语言和内容两者所预设（《出埃及记》1：9："看哪，以色列人的百姓比我们还多，又比我们强盛"；比较《出埃及记》1：20）。因为以色列变得人口兴旺和强盛的主题贯穿《出埃及记》1 章，这也意味着《出埃及记》1 章的非祭司文本作为一个整体依赖祭司文本，因而创作时间上一定晚于祭司文本。

因此，摩西—出埃及叙事最初是独立流传，与先祖历史传统分离，两者只是通过祭司文本联系在一起。文学形式上的摩西—出埃及叙事最初始于《出埃及记》2 章即关于摩西出生的故事，《出埃及记》2 章表现出它在创作时并不知晓《出埃及记》1 章的屠杀主题。通过对比《出埃及记》2：1（"有一个利未家的人，娶了一个利未女子为妻"）和与它最相近的圣经平行经文《何西阿书》1：2（"你

---

⑬　参见下文，第五章第三节"一""1"。

去娶淫妇为妻，也收那从淫乱所生的儿女"）的表述方式，可以看出这里未提到父母的名氏（暗兰和约基别的名字由之后《出埃及记》6：20的祭司文本的解释提出来）可能并非偶然，因为是不合法的私通：《出埃及记》2：1提及"收带了"（nehmen），而不是"带了为妻"（zur Frau nehmen）。这似乎是婴孩被遗弃的真正原因，而并不是来自大屠杀的威胁，特别鉴于法老的女儿相当自然地认出他是"希伯来孩子中的一个"（《出埃及记》2：6），好像并不知道任何关于他父亲下达屠杀命令的事情。

88　　这种解释也吻合同《出埃及记》2章最接近的古代近东文献的平行内容，[74]也就是属于新亚述的所谓"萨拉贡传奇"（Sargon-Legende）。萨拉贡传奇叙述的是关于强大的篡位者萨尔贡一世（Sargon I，公元前2350—前2294年）的故事。[75]

> 我萨尔贡，是阿卡德的强壮国王。我的母亲是一个崇高的女祭司，我不知道我的父亲是谁。我得自父亲的皮肤，承继了山的颜色。我出生的城市是阿苏皮拉努（Azupiranu），位于幼发拉底河岸边。我母亲，一位崇高的女祭司，怀了我，秘密地生下我。她把我放到一个芦苇篮子里，用沥青堵住漏洞。她把我丢弃到河里，我不能从中逃离。河流载着我，把我带向阿奇（Akki），一个挑水的人。挑水人阿奇，用他的桶将我救出。挑水人阿奇派我到他的花园工作。我在花园工作时，伊师塔（Ischtar）爱我，以至于[5]4年中我执政为王。[76]

萨尔贡表述道，他的母亲是一位女祭司，被禁止结婚。他不知道他的父亲是谁。但是尽管他的出身充满疑问，他仍被众神所拣

74　参见Otto 2000b；Gerhards 2006，以及Redford 1967关于被抛弃孩童主题的材料。

75　Galter 2006.

76　TUAT增补卷，56。

选。《出埃及记》2 章的大部分叙述内容特点与此基本相同：神的护佑补偿了摩西私生子的出身。

但是，这个传统的新亚述背景首先表明摩西—出埃及叙事具有一种批评性的反亚述倾向，这也与《士师记》3—9 章形成了鲜明对比。在摩西—出埃及叙事中，非帝王式人物摩西代替了亚述的伟大国王，作为被神拣选的人物把以色列人从帝国的奴役下解放出来。这支持一个值得注意的观点，即摩西—出埃及的内容十分接近《士师记》中可能稍早但更亲亚述的传统。同士师们一样，摩西也是一位以色列的拯救者。但是，摩西传统清楚地表现出在与亚述意识形态相竞争。从这个观点来看，摩西—出埃及叙事可以解读为对《士师记》中的亲亚述传统进行反亚述式的浓缩。这个阶段的旧约文学创作具有重要的意义：由于摩西—出埃及叙事的存在，以色列由此第一次有了一个反帝国文学的文本，这个文本认为神才是绝对的"帝国"力量。这种将神刻画为拥有其民众所依靠的绝对统治力量的基本主题，成为了一种神学上的经典模式，尤其对于一神论的构建具有重要的意义。这种模式是基于对亚述模式的借鉴，但却在反亚述的方向上进行了转变。

摩西—出埃及叙事这时开始叙述以色列人从埃及出发。该叙事在当时可能还未包含一个已成熟发展的灾异叙事，但很可能已包括劫掠埃及人的主题（《出埃及记》11：1—3；12：35—36）。出埃及叙事的第一次高潮出现在对海边神迹的描绘。在传统源本学说中，灾异叙事被从较古老的 J 源本排除出去，因为其作为一个整体没有推动叙事的连贯发展（只有头生子被杀是具有影响的）。另外，由于灾异叙事中所具有的奇迹性质从根本上预设了芦苇海边作为奇迹的拯救，因此某种意义上在文学批评层面与后者构成了一个相关的对应。

《出埃及记》3—4 章的较长篇幅叙述了摩西在上帝的山上被呼召，并且这个叙事作为一个整体被添加到《出埃及记》3：1—4：18 的叙事背景中；现有的出埃及叙事形式的叙事线从

89

《出埃及记》2：23aα 延伸至《出埃及记》4：19（在七十士译本中，《出埃及记》2：23aα 又重复出现在《出埃及记》4：19）。《出埃及记》3—4 章作为整体或者部分已经预设了祭司文本的存在，这一点从以下一些观察可以得知：

（1）在《出埃及记》3：7,9 中，以色列的"哀声"主题即向后指向《出埃及记》1—2 章。它的语言清楚地与属于祭司文本的《出埃及记》2：23aα 具有关联。

（2）另外，《出埃及记》3—4 章预设了在《出埃及记》6 章中属于祭司文本的摩西呼召，明显把《出埃及记》6 章中所描写的问题（以色列人"拒绝听从"）整合进了呼召场景自身：在《出埃及记》6：2—8 上帝对摩西说话之后，"摩西又将这话告诉以色列人"（6：9a），但他们"不肯听从他的话"（6：9b）。但是，在《出埃及记》3：1—4：17 中，上帝提前告诉摩西以色列人会"听从"他的话（3：18），但是摩西并没有认同上帝所言，而是马上通过表达他对以色列人不会相信他的担心来作为回应（4：1）。

（3）《出埃及记》6 章表现了在埃及对未来的期待以及相关传统（参见《以西结书》20 章），而《出埃及记》3—4 章在之后被定位在"神的山，就是何烈山"（3：1b）。《出埃及记》3—4 章显然参照了《出埃及记》6 章，但又同时与之保持距离，并认为合法的启示仅仅发生在"神的山"，启示的本质内容是作为一个整体的六经所试图呈现的救赎历史（3：7—10,16—17）。

（4）《出埃及记》4：1—9 预设了"祭司文本"中的灾异叙事（4：1—5/7：8—13），并扩展了"祭司文本"中的相关内容（4：9；7：14—24，尼罗河水变成血["J"，鱼死亡]）。

在现有的叙事背景中，摩西出埃及叙事最初是在《出埃及记》15 章以一个歌咏诗的结构结束。然而，在这首诗篇（是在《诗篇》之外以诵读形式存在的第一首）中似乎没有包含较早期的传统材料。与之相反，这个文本带有第二以赛亚色彩；此外，《出埃及记》15：8

和 15：13 对海边神迹的描绘和诠释，可能也已经预设了祭司文本。⑦《出埃及记》15 章是在《诗篇》之外，用《诗篇》的范式把《诗篇》与以色列第一个重要的救赎历史经验联系起来。但是，《出埃及记》15：21b 中的"米利安的颂歌"可能代表更古代的传统材料，《出埃及记》15 章可能是在此基础上扩展而成，虽然就其祈使语态的咏诵诗的形式而言，也不能说是反映了当时在芦苇海边获得拯救的经历，无论是处在何种历史处境下。

因此，摩西出埃及叙事的行迹结构可能是：海边的神迹，旷野行进，占领应许之地（可能是《约书亚记》6 章；9—10 章）。叙事自然而然以最后占领之地作为结束。⑧ 对占领应许之地的描绘，也受新亚述主题的影响。⑨ 但是，还没有任何方法能够有说服力地在整体上精确重建摩西—出埃及叙事的具体文学发展历程。

我们应当怎样从文学史的角度来描述摩西—出埃及叙事的特征？首先，一个最基本的特征是，它勾画了以色列存在的外部起源的基础：它是从埃及而来的以色列，而不是自开始就扎根在巴勒斯坦。然后，一个重要的特征是，在叙事中任一以色列王或摩西都不具有任何明显的王室特征。最后，在《出埃及记》2 章，反亚述的倾向开始表现得尤为明显。这一点表明，摩西—出埃及叙事最早形成的可辨识的文学形式不早于公元前 7 世纪。关于叙事中所加工过的政治和地理背景的考古发现，也证明了这一点。⑩

从文学史的视角看，摩西—出埃及叙事的形成，应当首先受到了公元前 8 世纪的审判预言的影响。因为摩西—出埃及叙事预设了关于北国陷落的先知宣告，并叙述了以色列基于非国家基础的起源传奇。

然而，这并不意味着摩西—出埃及叙事就是起源于那个时期。

90

---

⑦　Schmid 1999c, 238 - 241.

⑧　不同观点，参见 Oswald 2009。

⑨　Van Seters 1990；参见 Younger 1990；Arnold 2002,346 - 347；Römer 2005,105。

⑩　Redford 1987；1992,408 - 469；Finkelstein/Silberman 2002,78 - 82.

从不同的（叙事）传统中散落的关于出埃及的只言片语可以看出，它很可能是基于一个更早期的口传传统。[31] 我们也可以看到，"摩西叙事"在某种意义上是作为关于北国之建立的叙事在起作用，就如同摩西和耶罗波安的一些明显共同的平行特点所表现出来的（奴隶劳工，故意杀人，逃走主题）。[32]

此外，圣经中的出埃及也毫无疑问含有一些历史性的背景。然而，这个问题长期以来经常被以某种独断性的天真进行讨论，好像圣经文本背后所重述的事件可以通过"历史—合理化"的方法进行准线性模式的重构。

但摩西—出埃及叙事并不是一个历史报道，而是一个关于起源的集体叙事。[33] 只有在这个基础上，才可能将关注若干不同事件的传统构建成为一个整体。有人曾经认为，驱逐所谓希克索斯人（Hyksos）这一在埃及的闪米特外族统治群体（约公元前1730—前1580年），构成了圣经中出埃及叙事的背景。[34] 另外，还有观点认为，塞特纳赫特伊里芬丁石碑（Elephantine-Stele des Sethnacht）和哈里斯蒲草纸所记录与反映的叙利亚大臣贝亚（Beya）的事件可能表现了摩西出埃及叙事的历史背景。贝亚在埃及第19至第20个王朝更替时在埃及掌权，之后被法老塞特纳赫特（公元前1186—前1184年）驱逐。[35] 此外，我们很早就知道，埃及的文献反映出亚洲人在尼罗河三角洲存在各种"迁入"和"迁出"。尤其值得一提的是一份蒲草纸文献（Papyrus Anastasi VI, 53—60），其内容是一封埃及边疆官员写给他的上级的信。[36]

---

[31] Zenger 1994；Becker 2005a.

[32] 参见 Knauf 1988b；Albertz 1992, 218 - 219；Särkiö 1998；2000；Schmid 1999c, 140 - 141；Blanco Wißmann 2001。

[33] 参见 Finkelstein/Silberman 2002, 61 - 85；Becker 2005a。

[34] Redford 1992, 412；Assmann 1996, 314 - 315.

[35] Knauf 1988b, 124 - 141；de Moor 1996；Donner [3] 2000；参见 Drenkhahn 1980, 64 - 65。

[36] TGI, 40 - 41.

　　给我的主的另一个信息是：在 8 年赛特（Seth）出生日，以
法老——光照每个土地的旭日，赐给我们生命、繁荣、健康——
的恩慈，我们设法让以东的沙苏部落（Schasu-Stäm-men）穿过
特库（Tkw）的梅尔内塔（Merneptah）要塞到达特库的梅尔内塔
的皮特姆（Pitom），使他们和他们的牲畜存活……我已经将部
落的名称以及其他名字写在一份报告文件上了，待第 60 日通　　91
过特库的梅尔内塔要塞时会呈送给您。

　　这个文献含有的一些名字对圣经学界讨论出埃及的历史性有
重要意义（*Tkw*，Pitom，Schasu），但是这个文本完全清楚地表明，
那些游牧民族（Schasu-Stämmen）显然相当频繁地四处游走。最
后，由于埃及在迦南的势力在公元前 12 世纪至公元前 11 世纪逐
渐式微，而且在后期有各种努力摆脱埃及统治的解放运动，这些运
动也都可以解释为是"出埃及"。[87]
　　根据古代起源传统形成的背景条件，我们应当避免将这些线索
解释为是互相排斥的，以至于必须二选一："《出埃及记》的历史背
景是哪一个？"相反，它背后的经验似乎都一起进入了出埃及事件
的当前文学形式，如此它就没有一个特定的历史背景，而是具有多
个历史背景。我们可以概括说，出埃及叙事同时是历史性与非历
史性的。摩西自身是个历史人物，这通过他的埃及名字（参见
Thutmose，Ramose 等）以及关于他与外族女子通婚的多个传统都
可以看出：如果摩西仅仅是传说的产物，这两种情况都很难解
释。[88] 但是，这里必须要强调的是，鉴于已有相当多的后来因素融
入到圣经的摩西形象中，以至于坚持他是一个历史人物也没有太
大的意义。

---

[87]　Gertz 2010，96 - 97；参见 Na'aman 2011。
[88]　Zenger 1994；Smend 1995；Otto 2006.

4. 亚伯拉罕——罗得的故事

在现有形式的《创世记》先祖故事中,从故事场景中的各种地理位置可以清楚地看到,三个先祖中,雅各起源于巴勒斯坦中部(伯特利、士剑等),而亚伯拉罕(希伯伦、幔利等)和以撒(别是巴、基拉耳)属于犹大南部。虽然先祖历史把亚伯拉罕描述为以撒的父亲,使得 19 世纪的旧约学术研究把亚伯拉罕也作为传统历史上更古老的人物,但是,正如威尔豪森已经指出的那样,相反的情况更有可能。[89] 以撒在他"父亲"身边不甚明晰的存在,以及亚伯拉罕与以撒之间的平行传统,都更倾向于说明并不那么重要的以撒传统被借用来充实重要的亚伯拉罕传统,而不是相反:在"口传历史"中,主题通常会从次要人物转变到主要人物身上。此外,在先祖历史之外还应考虑到关于亚伯拉罕和以撒的文本:在《阿摩司书》中有两处关于以撒的文本,表明"以撒家"在王国时期可以用来作为南国的代谓:

> 以撒的丘坛必荒凉,以色列的圣所必荒废;我要起来用刀攻击耶罗波安的家。(《阿摩司书》7:9)
> 现在你要听耶和华的话。你说:"不要向以色列说预言,也不要向以撒家传讲。"(《阿摩司书》7:16)

92 　　对于亚伯拉罕,在《创世记》之外,并没有对他来自于王国时期的指证。在涉及到亚伯拉罕的文本,如《以赛亚书》29:22;41:8;51:2;63:16;《以西结书》33:24;《耶利米书》33:26;《弥迦书》7:20;《诗篇》47:10;105:6,9,42;《历代志下》20:7;《但以理书》3:35 中,没有一个文本可以定位在被掳时期之前。但当然也不应该从这一点下就立下结论说,亚伯拉罕叙事纯然是由公元前 7 世纪

---

[89]　Wellhausen 1883/⁶1927,332-333 注 1。

或公元前 6 世纪的编修活动构建的，⑨或者说它的内容完全依赖于祭司文本。⑨ 但是，能够推断的是，亚伯拉罕在一个相对较迟的时候才在旧约传统中成为一个重要人物。⑨ 在现有的家族谱系顺序里——分别作为祖父、父亲、儿子的亚伯拉罕、以撒、雅各——可能基本反映了这些人物政治重要性的变化：随着北国的覆亡以及伯特利的圣所被破坏，与亚伯拉罕和以撒这两位犹大地的人物相比，原本出自巴勒斯坦中部的重要人物雅各的意义逐步降低，以至于最终雅各被排到了关系序列的最后。

特别是从《创世记》18 章可以看到，亚伯拉罕叙事不是简单地对以撒和罗得叙事进行编修性扩展。该叙事明显取自与幔利橡树圣坛有关的《神圣故事》（hieros logos），含有英雄传奇体裁的一个经典主题：诸神到访，被盛情接待，于是给予主人一件礼物。在亚伯拉罕故事中，这礼物是生育儿子的应许。但是，相对于生育儿子的应许这第一个叙事高潮，解释以撒名字（"他笑"）来源的叙事作为第二个故事高潮，第 10b—15 节（撒拉"笑"）是之后才加入的。这一点也进一步表现在第 11 节（在上帝答允撒拉要生儿子之后）又提到了亚伯拉罕和撒拉年迈的主题，以及把神圣使者的身份与耶和华联系起来。这些在叙事层面都被整合为一个自足的叙事。

撒拉在那人后面的帐棚门口也听见了。亚伯拉罕和撒拉都年纪老迈，撒拉的月经已停了。撒拉心里窃笑，说："我已衰老，我的主也老了，怎能有这喜事呢？"耶和华对亚伯拉罕说："撒拉为什么窃笑，说：'我已年老，果真能生育吗？'耶和华岂有难成的事吗？到了所定的时候，我必回到你这里。明年这时候，撒拉会生一个儿子。"撒拉因为害怕，就不承认，说："我没

---

⑨　Carr 1996b，203 - 204；Kratz 2000a，279.

⑨　De Pury 2000，178 - 181；2007.

⑨　Blum 1998.

有笑。"那人说："不,你的确笑了。"(《创世记》18：10b—15)

但这也意味着,《创世记》18 章的亚伯拉罕叙事原本没有任何涉及以撒的内容。因而,以撒和亚伯拉罕的传统可能在起源上并不是作为一个基本叙事层和扩展,而是彼此平行的两个来源。亚伯拉罕叙事只是在后来才逐渐采用来自以撒传统的主题,并对其进行了进一步建构。

但是,亚伯拉罕叙事和以撒叙事的结合,仍然可能是在王国时期完成的。清楚的是,在《创世记》*13 章、*18—19 章、21 章中,它们在形式上是融洽的,是由两个平行的故事线组成、以国家为指向的故事：第一条故事线是,从亚伯拉罕这个人物(《创世记》13：2,18)开始,到由于应许(18 节),其儿子以撒(《创世记》21：2)出生。[33]另一条线连接起了从罗得(《创世记》13：5,10—13)到他的儿子摩押和亚扪的出生——他们的出生与罗得的女儿们的乱伦关系(《创世记》19：30—38)相关。因此,在这个亚伯拉罕—罗得叙事中,对犹大(参照《阿摩司书》7：9,16 中的以撒)与其邻国摩押和亚扪的关系从神学上进行了建构和解释。[34]《创世记》*13 章、*18—19 章、*21 章的民族历史视角清楚地表明,亚伯拉罕—罗得叙事也不能作为一个家族叙事来被解释,而是表达了一种政治神学。即使这个叙事之前的内容,就如《创世记》*18 章所显示的,已然由政治所驱动：一个与幔利的圣所有关的儿子应许主题,最初可能是为相邻的希伯伦王国提供王朝合法化的依据,之后该应许才被归予亚伯拉罕。

与雅各叙事的情况类似,亚伯拉罕—罗得叙事中也缺少一个王国人物。如果我们将它定位在王国时期的犹大,这个情况可能与该传统并非在王室宫廷圈子中而是在犹大地的地主士绅中流传有

---

[33] 但参见 Jericke 1997。
[34] Stern 2001,236 - 267.

关,后者在犹大是一个独立的权力要素。[95]

　　但作为一个文学实体,它们可能反映了约雅斤时期的第一次流放,表现了在公元前 597 年犹大王室被带到巴比伦之后,拥有土地的、崛起中的犹大精英们的权利诉求。关于仍留在这片故土上的人们的态度,可以从《以西结书》33：24 看出,他们显然把亚伯拉罕作为他们的守护者。于是,就此可能引起了一个相应的起源叙事：“人子啊,住在以色列荒废之地的人说：‘亚伯拉罕一人能得这地为业,我们人数众多,这地更是给我们为业的。’”无论如何,《以西结书》33：24 似乎并没有预设亚伯拉罕传统和出埃及传统之间有任何文学联系；相反,它们两者持有相反的观念。

三、先知传统

　　“预言”并不是古代以色列独有的一个现象。[96] 类似的现象也可以从比如玛里(公元前 18 世纪)和新亚述帝国(公元前 7 世纪)得知。[97] 同样地,在审判预言中的主导观念——即一位神祇由于敬拜者的罪行和犯罪历史,转而反对他或她的敬拜者——也不是独一的,[98]虽然关于神祇通过先知的宣告来提前表达和发布这样的惩罚,在一定程度上是古代以色列的独特传统。从文化史的角度看,书写形式的预言预设了王国机制的存在,因为先知将自己描述为神谕的信使,而这些神的话语就其形式而言,有着王室所宣告王谕的特色。他们把这种王室的王谕系统转换到了上帝与先知之间的关系中。

　　但是,对于预言书写的不断接续写作这种现象,在古代以色列

---

[95]　Knauf 1994,236.

[96]　Nissinen 2004.

[97]　TUAT II：83 - 93；TUAT II：56 - 82.

[98]　参见,例如,Nissinen 1998。

94 是独特的。㉙ 这种现象明确地表现并发生在旧约本身(《耶利米书》36：32)。⑩ 虽然在新亚述地区也有一种石版——其上刻有来自不同时期的先知的语录选集,⑩但是这些选集石刻的编修过程仅限于汇集活动,所以它们自身并没有形成文学上的生产。⑩ 鉴于在公元前 7 世纪末时,新亚述帝国以及与之相关的学术传统的消失,它们是否还具有那种文学发展的潜力已不再是从经验上可证实或证伪的。然而,虽然仅限于一个相对短暂的时期,但它们在一定时间段内还是具有重要意义:亚述巴尼拔(Assurbanipal,公元前 668—前 631/627? 年)收集和汇编关于他父亲以撒哈顿(Asarhaddon,公元前 680—前 669 年)口谕的正向预言,来使自己的统治合法化。就像他父亲的情况一样,亚述巴尼拔并不是最年长的儿子,因而在王朝的王位继承权上存在问题。

但是,在古代以色列,预言并不被理解为仅仅在某个特别的历史节点有效;它通过不同时期传递,并在不同的新时期通过对圣经中先知文本的不断接续写作获得新解释。与此相关,先知书的文学史贯穿整个旧约文学史,不能简单地将之归到书卷所命名的宣告者所处的特定时期。

然而,也没有理由从根本上质疑圣经先知人物——先知书以他们的名字得以留存——的历史真实性。基于文学上的观察,只有对比如《约珥书》《约拿书》或《玛拉基书》这些书卷才可能会判断它们完全是文学上的创作。然而,充满争议的问题是,应该怎样具体理解这些先知和他们最早的宣告? 该讨论只能以分解型的编修批评和综合型的文学史批评的角度进行:对一卷先知书中的文本做相应地详细区分划别,可以反过来判断它们可能拥有的最早形式。至于在何种程度上它们是那些以其名字作为书卷名称的先知们的

㉙ Jeremias 1994；Steck 1996.

⑩ 参见 Becker 2006。

⑩ Nissinen 等 2003。

⑩ Parpola 1997，LXVII - LXXI.

创作，又在何种程度上是编修者对先知书卷的编修创作，原则上这种判断几乎是不可能的。因为先知的话语可能一开始就被匿名的作者或编者收集起来，整合成这些书卷。[113]

如果我们概览一下旧约的先知书，很快可以清楚地观察到，如果对先知传统的开端进行重建，就必须先从宣告者——无论是从圣经还是历史看——属于亚述时期的先知书卷开始：《何西阿书》《阿摩司书》《弥迦书》和《以赛亚书》。以下的思考讨论将限定在《何西阿书》《阿摩司书》和《以赛亚书》中。

1. 《何西阿书》和《阿摩司书》中先知传统的起源

书写形式的预言起始于《何西阿书》和《阿摩司书》，[114]这种"书写的"预言本身可能源起于北国亡国的经验：[115]尽管其口传阶段可以追溯到亡国之前，但它们开始被创作的决定性驱动因素可以视为对过去之事的意义进行事后追溯（*ex post*）。质疑书写形式预言的起源属于被掳时期之前的时期，这几乎没有什么意义。如《以赛亚书》8：1，16—18、《耶利米书》29：1 或者拉吉书信 III，20—21（Lachisch-Ostrakon）都证明存在公元前 587 年之前的作为先知的写作者。[116]此外，在《列王纪上》22：28 中对《弥迦书》1：2 的引用，以及《耶利米书》26：17—19 对《弥迦书》3：12 的引用——或许都不是偶然地引用据认为是弥迦传统的文学核心起始和结尾的地方——均必须从历史角度进行评估。

尽管阿摩司看起来可能像是在何西阿之前的先知，但何西阿传统似乎是首先被赋予了确定的书写形式，阿摩司的预言则是在《何西阿书》的影响下以文学形式编集起来。但是，《阿摩司书》对《何西阿书》又有一个反向性的影响，就像在《何西阿书》4：15、7：10、

95

---

[113]　Van der Toorn 2004.

[114]　Jeremias 1983；1995；1996；Wöhrle 2006；Rudnig-Zelt 2006；Vielhauer 2007.

[115]　Kratz 1997b；2003b.

[116]　Van der Toorn 2007，179.

8：14 和 11：10 中所表现的，这些表达使用了来自《阿摩司书》的语言和主题，从而把两卷书都解释为是对上帝意志的同一宣告。[107] 从文学角度看，何西阿传统表现出了一定的优先性，可能与这个情况有关，即何西阿的谴责性文本的编修者更强调宗教仪式性，从而意图把它们放在具有更强社会批判性导向的《阿摩司书》之前。

在《何西阿书》中，由于其援引的风格，留给后来的读者大量模糊的地方。我们可以看到，在书卷中有不少单个文本仍属于书写传统的起始阶段：它们预设其读者已知晓很多的相关情况。[108] 同时，《何西阿书》的核心部分（4—9 章），似乎从一开始就是以一个连续的文本来创作的。[109] 它没有起始标题或者结尾话语，就像《何西阿书》整卷书都没有使用先知宣告表达的模式；神圣宣告的模式仅能在 2：15、18、23 和 11：1 中找到。因此，《何西阿书》现有形式的表达并没有重视原初的更小叙事单元。相反，在 4：1，5：1、8，8：1 和 9：1 中的祈使句提供了一个谴责、施行和后果的戏剧化顺序。很难想象这种创作会出现在公元前 720 年之前。

> 与《何西阿书》4—9 章（及其下）不同，《何西阿书》1—3 章看起来在最初创作时是彼此独立产生的，甚至最初很可能也是分别流传下来的，虽然不能排除它们互相引用或者影响的可能性。这首先是因为一个特别的现象，即这三章的每一章都各自含有处于第二位的正向结论（2：1—3；2：16—25；3：5），表明它们在起源上的独立性。除此以外，它们也存在明显的形式历史的差异：《何西阿书》1：2—9 是以第三人称进行叙事，它的叙事集中在何西阿与妓女歌篾所生的孩子的命名："耶斯列"（神载种），"罗·路哈玛"（不蒙怜悯），"罗·阿米"（非我民）；《何西阿书》2：4—15 是一段连续的上帝的话语；而 3：1—4 是

---

[107] Jeremias 1996.

[108] Crüsemann 2002.

[109] Jeremias 1983；参见 Vielhauer 2007，不同意见参见 Rudnig-Zelt 2006。

何西阿描述他与一个淫妇的（另一段?）婚姻，以此象征上帝与以色列的关系。⑩

尽管最近对于这一点有争议,⑪但何西阿传统很可能一开始是关于北国以色列,在公元前 7 世纪和公元前 6 世纪才定向于犹大读者。关于这一点,一方面通过犹大诸王的命名以及书卷的标题可以表明,另一方面也可以通过明显是被插入的关于犹大的一系列陈述得知。首先,犹大被警告的方式指向公元前 7 世纪的处境:"以色列啊,你虽然行淫,犹大却不可犯罪;不要往吉甲去,不要上到伯亚文,也不要指着永生的耶和华起誓。"（《何西阿书》4：15）但是,其他的《何西阿书》经文似乎已意识到犹大的亡国将与北国的亡国并行:"以色列的骄傲使自己脸面无光;以色列和以法莲必因自己的罪孽跌倒;犹大也必与他们一同跌倒。"（《何西阿书》5：5）显然,从文学层面上更新了的何西阿的信息在最后已经针对犹大,为的是使其当时面对的读者无法对文本进行历史性的理解,从而使得他们可以将何西阿传统也作为自己的参照。

《阿摩司书》包含以色列最古老的预言,它成为书写形式的先知传统的基石。由于阿摩司尖刻的社会批评及其独立于任何宫廷先知或宗教礼仪先知(对阿摩司而言,他们是"先知本身",参见《阿摩司书》7：14)的非体制性,可以推测,他的先知预言最初对神学历史几乎没有产生影响力。在阿摩司传统中,可能有两个重要的其传统与历史的共鸣时刻,对其接受产生影响。首先,经历过不同文学创作时期而形成的书卷的标题(以国王的名字——来自以色列和犹大!——以及一场地震来进行时期的定位),所提到的发生于乌西雅统治时的地震——该地震在《撒迦利亚书》14：5 也有所表现,约瑟夫(Flavius Josephus)也可能知晓——可能被理解为早期对

---

⑩　Vielhauer 2007,127 - 158 认为《何西阿书》1—3 章是作为整部书的书写起源,而《何西阿书》2：4—15 是其中的核心。

⑪　Rudnig-Zelt 2006.

阿摩司预言的真实性的一个肯定。⑫

> 这是**犹大王乌西雅在位与约阿施的儿子以色列王耶罗波**
> **安在位的时候**，大地震前二年，从提哥亚来的牧人阿摩司所见
> 的—他的话论到以色列。（《阿摩司书》1：1）。

在《阿摩司书》的宣告中，地震主题也是非常重要的：

> "看哪，我要把你们压下去，如同装满禾捆的车压过一样。"
> （《阿摩司书》2：13）

> 我看见主站在祭坛旁，说："你要击打柱顶，使门槛震动，要
> 剪除众人当中为首的，他们中最后的，我必用刀杀戮；无一人
> 能逃避，无一人能逃脱。"（《阿摩司书》9：1）

其次，公元前720年北国的亡国使得阿摩司传统在接受上取得
突破，将该传统扩展到犹大。⑬ 在《阿摩司书》7—9章中描写的异
象似乎反映了这些问题。⑭ 在结构上趋向高潮的部分中，耶和华和
阿摩司之间的交流某种意义上在私下展开，没有伴随任何义务式
的宣告，显然是为了表明阿摩司的审判预言是由上帝所推动，而不
是出于他自己的意志。阿摩司首先作为一个调解者起作用，但是
通过第三个异象表现出他认识到审判的无可避免，其指向"我子民
以色列的结局"（《阿摩司书》8：2—3）。我们可以考虑将以色列称
为"上帝的子民"这一具体用词，是否已经预设了北国作为一个国
家的亡国，反映了其国家形态之后的存在。⑮

---

⑫　Ambraseys 2005,330 - 334.

⑬　Blum 1994.

⑭　Jeremias 1995；Gertz 2003；不同意见，参见 Becker 2001。

⑮　Kratz 2003c.

然而,在可能属于更早期创作的《阿摩司书》的中间部分(3—6章)里,出现了不同的语言习惯:

以色列人哪,当听耶和华责备你们的话。(《阿摩司书》3:1)

以色列家啊,听我为你们所作的哀歌。(《阿摩司书》5:1)

但是,这两节经文也有别样的意义。这两个祈使句显然是为了把《阿摩司书》3—6 章的整个结构分开:《阿摩司书》3:1 是向"以色列人"宣告上帝对过去的以色列说的话语;根据《阿摩司书》5:1,先知话语现在指向了作为政治实体的"以色列家"(北国以色列),并被宣告为一曲"埋葬哀歌"。因此,《阿摩司书》3—6 章在整体上表达了《阿摩司书》5:1 中所提出的观念:哀悼北国作为一个国家的沦亡,因为上帝的子民在遵行上帝的意旨上没有例外地全都失败了。

《阿摩司书》5:1 也表现出了旧约先知预言的一个典型特征。审判宣告的表达在语言上取自传统的埋葬哀歌,但在特征上发生了转变:首先,哀歌现在是面向一个集合体——以色列家——而不是面向个人;另外,至少如书卷所表现出的,这个集合体仍然存在。这首歌视以色列如同已亡。《阿摩司书》5:1 因而使一个传统的言语类型陌生化,并由此产生了先知语言风格。

从文学史的视角看,何西阿传统和阿摩司传统的开端有着特别重要的意义。它们没有从传统的耶路撒冷敬拜礼仪思想的角度对亚述的威胁进行解释,视其为一个需要改变的混乱状态。相反,它们把这个威胁联系于他们自己上帝创造宇宙的行为:带给以色列沦亡的亚述军事强力,成为上帝对以色列不当的仪式状况和社会状况的一种反应方式。该问题状况根源于当时国内社会历史中的一种分化进程。这个进程又反之起源于正在逐渐发展中的国家资本主义。《何西阿书》和《阿摩司书》把国内和国外的政治视角作为因果关系联系起来。但是无论如何,它们所宣称的以色列亡国的神学合法性并不关乎亲亚述的立场。如所使用的意象所表明的，亚述帝国仍然是一个导致灾难的力量；但又含蓄地表达出亚述帝国只是暂时作为上帝审判的工具。

显然《阿摩司书》在之后的修订曾受申命学派思想影响。虽然修订处不是很多，也都比较容易发现（例如，1：1，9—12；2：4—5，10—12；3：1，7；5：25—26）。[⑯] 这卷书由此提供了一个"申命学派"思想意义上的修订，因为阿摩司——就像南国灾难中的耶利米——是当北国亡国时在活动的先知。

2. 最早的以赛亚传统及其约西亚式接受

现代圣经学术研究的早期发现之一是，《以赛亚书》包含的66章并非全部来自公元前8世纪。虽然用以赛亚的名字命名《以赛亚书》，但出自以赛亚的话语只能在第1—39章中找到。[⑰]

在《以赛亚书》1—39章中，通过排除法的方式，较早的文学核心可以在《以赛亚书》1—11、28—32章[⑱]中找到：《以赛亚书》12章是一个具有终末论性质的感恩歌；《以赛亚书》13—23章含有关于外邦之民的话语，其中17章的一部分可以追溯至公元前8世纪。《以赛亚书》24—27章包含一个关于审判世界的原型式天启异象，可以定位在波斯时代之后。《以赛亚书》33—35章包含与其后的第二以赛亚传统相衔接的要素；《以赛亚书》36—39章包含取自《列王纪下》18—20章里的以赛亚故事。

对于这卷书中哪个文本是最早出现的，存在着争议。[⑲] 要解答此问题，首先就要解释在《以赛亚书》6—8章中所谓的以赛亚的"回

⑯　参见 Schmidt 1965。
⑰　参见本书第四章第三节"三""3"。
⑱　关于《以赛亚书》28—32章的解释性质，参见 Kratz 2010b。
⑲　参见 Köckert, Becker, Barthel 2003。

忆录"。[120] 根据《以赛亚书》8：1—4,5—8 中阶段性出现的特点,以
赛亚起初宣告的审判仅仅是针对亚述—以法莲联盟(参见《以赛亚
书》17：1—6),而在 8：5—8 中审判犹大的神学化宣告,则是属于
第二位的创作。[121]

> 耶和华对我说:"你取一块大板子,拿人的笔,写上'玛黑
> 珥·沙拉勒·哈施·罢斯'。我要用可靠的证人,乌利亚祭司
> 和耶比利家的儿子撒迦利亚为我作证。"我亲近女先知;她就
> 怀孕生子,耶和华对我说:"给他起名叫玛黑珥·沙拉勒·哈
> 施·罢斯;因为在这孩子还不晓得叫爸爸妈妈以前,大马士革
> 的财宝和撒玛利亚的掳物必被亚述王掠夺一空。"(《以赛亚
> 书》8：1—4)
>
> 耶和华又吩咐我:"这百姓既厌弃西罗亚缓流的水,喜欢利
> 汛以及利玛利的儿子,因此,看哪,主必使亚述王和他的威势
> 如大河翻腾汹涌的水上涨,盖过他们,必上涨超过一切水道,
> 涨过两岸,必冲入犹大,涨溢泛滥,直到颈项。他展开翅膀,遮
> 蔽你的全地。以马内利啊!"(《以赛亚书》8：5—8)

如果在《以赛亚书》8：5—8 审判宣告的背景是公元前 701 年
的事件,以赛亚本人就已成为审判犹大的先知。如果这反映了公
元前 587 年犹大和耶路撒冷的沦亡,那么这里的"以赛亚"应当从
后来针对犹大进行的文本编修视角来理解。另一方面,《以赛亚
书》6 章中具有隐喻特性的呼召异象很有可能来自王国时期,从一
开始就以审判神学为导向[122]——即使《以赛亚书》6：9—10 中关于
"固执发昏"的指控可能是第二位的创作。[123] 由于《以赛亚书》6 章

---

[120]　参见 Becker 1997;另参见 Stipp 2003。更具体的讨论,参见 Hartenstein 2011;
　　　Schmid 2011d。

[121]　参见 Becker 1997。

[122]　Hartenstein 1997.

[123]　Becker 1997.

描写上帝临在于圣殿（而不是高天），也能够判断《以赛亚书》6 章并
99 非一个来自被掳时期或被掳时期之后的文本。[124] 另外，《以赛亚书》
1：21—26 有一个"同中心"结构，因此其文学形式上是统一的部
分。通过与 1：27—28 中被掳时期化的解释相对比，可以看出，《以
赛亚书》1：21—26 很可能是属于被掳时期之前，但是，它已经把以
赛亚塑造为一位审判的先知，尽管它也发展了一个超出审判之外
的观点。[125]

　　忠信的城竟然变为妓女！从前充满了**公平**，公义居在其
中，现今却有凶手居住。
　　你的银子变为**渣滓**，你的酒用水冲淡。
　　你的官长悖逆，与盗贼为伍，全都喜爱贿赂，追求赃物；他
们不为孤儿伸冤，寡妇的案件也呈不到他们面前。
　　因此，主—万军之耶和华、以色列的大能者说：
　　"唉！我要向我的对头雪恨，向我的敌人报仇。
　　我必反手对付你，如碱炼净你的**渣滓**，除尽你的杂质。
　　我必回复你的审判官，像起初一样，回复你的谋士，如起先
一般。然后，你必称为公义之城，**忠信之邑**。"（《以赛亚书》1：
21—26）

　　锡安必因公平得蒙救赎，其中**归正的人**必因公义得蒙救
赎。但悖逆的和犯罪的必一同败亡，离弃耶和华的必致消灭。
（《以赛亚书》1：27—28）

　　因此，就如传统观点所认为的，《以赛亚书》1—11 章中的审判
宣告包含着以赛亚传统传承下来的早期材料。[126] 即使这章的同中

---

[124]　Schmid 2006c.
[125]　Steck 2003.
[126]　Blum 1996；1997；Hardmeier 2007；Williamson 2004.

心化结构编排可能属于以赛亚时期之后，但其材料在被掳时期之前就已有存在：

1：21—26	审判的异象
5：8—24	哀叹犹大
5：25—30	重复诗
6—8	回忆
9：7—20（10：4）	重复诗
10：1—4	哀叹犹大
11：1—5	审判的异象

　　将其定位于王国时期，一方面由于涉及到约西亚时期的 9：1—6 和 8：23 似乎在整体结构上还没有起作用；[127]另一方面，11：1—5 关于弥赛亚式应许的描述所表现的对国内政治的关注，明显不同于《耶利米书》和《以西结书》中的相应叙述。

　　由于《以赛亚书》5：25，9：11、16、20 和 10：4 中不断出现的重复句式，所以可以把一些章节称为"重复诗歌"："耶和华的怒气还未转消，他的手仍伸不缩。"把《以赛亚书》1—11 章的写作定位于公元前 7 世纪，一方面是由于在《以赛亚书》6：9—10 中关于"要使之固执发昏"的主题。它显然把以赛亚宣告的内容及其影响作为一体（"听是要听见，却不明白；看是要看见，却不晓得！"），因而与以赛亚的先知活动具有一定的距离。这里的表达可能与亚述在公元前 701 年撤去对耶路撒冷的封锁，但却并未造成什么后果有关。[128] 这个事件导致以赛亚的审判预言在一个世纪及更长的时间里都看起来像错误的预言，直到公元前 587 年当耶路撒冷被巴比伦人毁坏之后，才被视为是可信的。

　　我们应当怎样从文学史的角度来理解以赛亚传统的起源呢？如果我们认同《以赛亚书》1—11 章的整体性，那么布卢姆的观察就

100

---

[127]　Barth 1977；另参见本书 101 页。

[128]　参见 Keel 2007，463。

显得非常重要：以赛亚传统并不是从一个全新的预言开始的，而是通过引用的方式与更早出现的阿摩司传统相联系。⑫《以赛亚书》9：7—9⑬被称为"重复诗歌"中有着具有关键意义上的陈述：

> 主向雅各家发出言语，主的话临到以色列家。众百姓，就是以法莲和撒玛利亚的居民，都将知道；他们凭骄傲自大的心说："砖块掉落了，我们要凿石头重建；桑树砍了，我们要改种香柏树。"

与许多圣经译文相反，这节清楚地是以过去时的时态来表达的：上帝针对北国的话语已经应验了。这不是一个关于未来的预言，而是对过去的解释。这个话语是关于阿摩司的预言，虽然它并没有明显表现出与阿摩司预言的关系；但是从语境中可以清楚地认识到。首先，对北国的审判被明显地描述为一场地震（"砖块掉落了"），就像通过属于"重复诗歌"前一部分的《以赛亚书》5：25暗示的：

> 因此，耶和华的怒气向他的百姓发作。他伸手攻击他们，山岭就震动；他们的尸首在街市上好像粪土。虽然如此，他的怒气并未转消，他的手依然伸出。

以地震作为审判，这是阿摩司预言的一个基本要素（参见《阿摩司书》1：1；2：13；9：1）。此外，重复诗歌——就其特征而言，可与《阿摩司书》4：6—12相比照——也表现出与《阿摩司书》的进一步联系。特别需要强调的是，在《以赛亚书》9：12中"不回转"（参见《阿摩司书》4：6，8，9，10，11）、"攻击"（《阿摩司书》4：9）和"不寻求"（《阿摩司书》5：4，5，6，14）的主题："这百姓还没有归向击打他们的主，也没有寻求万军之耶和华。"鉴于与阿摩司传统的相似

---

⑫ Blum 1992/1993；1997；另参见 Keel 2007，374-375。耶路撒冷由此被扩展包含进去，参见 Blum 1994。
⑬ 即和合本修订版《以赛亚书》9：8—10。——译注

之处，可以判断《以赛亚书》5 章和 9—10 章引用了《阿摩司书》。就内容而言，这就意味着在《以赛亚书》的早期阶段，针对犹大的审判威胁不是一个新的上帝的审判口谕，而是扩展了起初针对北国的审判。因此，以赛亚宣告的只是阿摩司所已经预告的；仅有的区别是他现在把阿摩司的宣言扩展到了犹大。

如果这些对于"重复诗歌"的观察是正确的，那么《以赛亚书》6 章中以赛亚的呼召异象与《阿摩司书》7—9 章中阿摩司的异象也很有可能存在联系。在异象的叙事过程中，阿摩司必须首先接受审判是不可避免的。[131]《以赛亚书》6 章中以赛亚意识到上帝对他的指派亦是如此；由于指派的内容，无论谁自愿地接受使命，都会被以最强烈的方式拒绝。

可能在被掳时期之前的约西亚统治时期，以赛亚传统业已经过一次极为关键的重新解释。这一点在巴特（Hermann Barth）那里得到了充分研究，他称之为"亚述式的"修订。[132] 这一重新解释首先根据《阿摩司书》和《以赛亚书》9：7，扩展了已经落在北国身上的审判；根据以赛亚传统，这一审判已经影响了犹大，同时还将上帝的工具——亚述自身——囊括在内：

101

> 万军之耶和华起誓说："我怎样思想，必照样成就；我怎样定意，必照样坚立，要在我的地上击破亚述，在我的山上将它践踏。它的轭必离开受压制的人，它的重担必离开他们的肩头。"这是向全地所定的旨意，向万国所伸出的手。万军之耶和华既然定意，谁能阻挠呢？他的手已经伸出，谁能使它缩回呢？（《以赛亚书》14：24—27）

对亚述的审判是针对以色列和犹大审判的扩展，这一点可以从《以赛亚书》14：26—27（"他的手伸出"）重复引用《以赛亚书》

---

[131]　Jeremias 1995.

[132]　Barth 1977；不同批评观点，参见 Becker 1997。

5：25,9：11、16、20,10：4 明显看出。同时,亚述灭亡也意味着犹大获得救赎之时的开始,如同在约书亚统治的繁荣时期所经历的：

> ……从前神使西布伦地和拿弗他利地被藐视,末后却使这沿海的路,约旦河东,外邦人居住的加利利地得荣耀。在黑暗中行走的百姓看见了大光;住在死荫之地的人有光照耀他们。你使这国民众多,使他们喜乐大增;他们在你面前欢喜,好像收割时的欢喜,又像人分战利品那样的快乐。因为他们所负的重轭和肩头上的杖,并欺压者的棍,你都已经折断,如同在米甸的日子一般。因有一婴孩为我们而生;有一子赐给我们。政权必担在他的肩头上;他名称为"奇妙策士、全能的神、永在的父、和平的君"。他的政权与平安必加增无穷。他必在大卫的宝座上治理他的国,以公平公义使国坚定稳固,从今直到永远。(《以赛亚书》8：23;9：1—6a)[13]

《以赛亚书》9：1—6 怀着感恩向后回顾一个王室后裔的出生——与后来教会的接受方式相反,由于其所使用的过去式的形式,这显然并非一个关于弥赛亚的应许——应当是指约西亚的出生,他在 8 岁时登上犹大的王位(《列王纪下》22：1—2)。因此,《以赛亚书》9：5 被表达为实现了《以赛亚书》7：14 所陈述的内容,从反向对应《以赛亚书》7：14 中最初的弥赛亚式理解。

《以赛亚书》9：5[14]	《以赛亚书》7：14
因有一婴孩为我们而生;有一子赐给我们。	看哪,必有童女怀孕生子,给他起名叫以马内利(意思是"神与我们同在")。

---

[13] 即和合本修订版《以赛亚书》9：1—7a。——译注
[14] 即和合本修订版《以赛亚书》9：6a。——译注

因此，亚述强权的终结意味着犹大获得拯救的希望以及对亚述所做的审判。

《以赛亚书》是一卷突出的"非申命学派的"先知书卷。[135] 这可能首先是由于它具有很强的传统锡安神学导向，使得它能够在之后抵挡住申命学派思想解释的冲击，就像在《阿摩司书》和《耶利米书》中所表现出的那样。

102

四、律法传统

五经包含三大律法合集："约书"（《出埃及记》20—23 章）；圣洁法典（《利未记》17—26 章）；《申命记》。可以确定，约书是最早产生的。三个合集均经历过文学扩充阶段，它们之间的关系可以通过圣经内在相互间解释的关系来清楚界定：《申命记》可以理解为是很长时期内对约书的再解释，[136] 而圣洁法典则相反，将《申命记》的材料融进了祭司文本里。[137]

1. 约书

由于《出埃及记》24：7（"然后，他拿起约书来，念给百姓听。他们说：'耶和华所吩咐的一切，我们都必遵行，也必听从。'"）包含"约书"一词，所以《出埃及记》20：22—23：33 包含的律法合集在整体上被称为"约书"。一个广泛的一致意见是，这个合集是一个经历过不断文学扩充的文学实体。然而，在最近十年，对"约书"的基本神学历史特征的学术评估发生了很大的转变。哈尔伯（Jörn Halbe）认定约书的核心是《出埃及记》34 章中的宗教律法。[138] 但是，与之相反，奥托（Eckart Otto）、施文豪斯特—肖堡（Ludger

---

[135]　相关问题参见 Perlitt 1989/1994。

[136]　Morrow 1995；Levinson 1997；Otto 1999a, c.

[137]　参见 Otto 2000a。

[138]　Halbe 1975, 319 - 505.

Schwienhorst-Schönberger)、大隅（Yuichi Osumi）、罗森布施（Ralf Rothenbusch）、克拉茨以及阿尔伯茨（Rainer Albertz）的近期著作一致认为，来源于古代近东律法传统的"世俗律法"（Mischpatim）材料才是更早的，其后才是对这些材料的神学化。[139] 这个结论一部分基于对《出埃及记》20—23 章的文学发展历史的重新评估，同时也基于旧约研究的宗教历史视角上的改变。这种改变使得阿尔特（Albrecht Alt）关于律法历史发展的传统观点不再可能。[140] 阿尔特和他的追随者通常会做出必然律法和决疑律法的区分。在必然律法中，以断言命令表达，不区分不同案件中的判决方案（"你不能……"），被认为是以色列本土游牧性质的遗产。而决疑判断则是把特定违法行为与特定惩罚联系起来（"如果……那么"），被认为是源自于迦南。但是，在今天已经清楚的是，无论是对以色列的必然律法与迦南的决疑律法之间的区分，还是关于以色列纯粹是游牧性质起源的观点，都不再成立。

律法的神学化伴随着律法概念本身的完全转变。我们需要清楚的是，传统的古代近东法律合集——与它们通常被称呼的相反——不是"法典"，而是"法律合集"。[141] 也就是说，它们不是标准性的文本，而是描述性的，提供在运用法律时的帮助。[142] 古代近东的立法权威不是书写的律令条文，而是国王。[143] 在希腊化时期之前，埃及不存在以书写形式固定的法律典章——除了在第 18 个王朝时期哈伦海布（Haremhab）国王的一个法令[144]——并不是一个例外，而仅仅是这个情况的一致性表现。这一点也表现在希腊和罗

---

[139] Otto 1988；1998b，1991；Schwienhorst-Schönberger 1990；Osumi 1991；Rothenbusch 2000；Kratz 2000a，145-150；Albertz 2003；关于律法"神学化"的历史，参见 Albertz 2003b，187 注 1。

[140] Alt 1934.

[141] 参见 Assmann 2000，178-189；Lohfink 1995，366；Houtman 1997，18；Rothenbusch 2000，408-473。

[142] Assmann 2000，179.

[143] Rothenbusch 2000，410 以及注 61。

[144] Otto 2004，105.

马视君王为 *nomos empsychos*（活着的法律）或 *lex animata*（有生命的法律）的观念里。⑮ 相应地，我们应当把约书里较早期的“世俗法律”视为案例范式，给予当时的律法人员提供帮助，而不是以此来作为制约标准。以第三人称表达的《出埃及记》22：4—5，⑯就是这类律法陈述的一个例子：

104

人若在田间或葡萄园里牧放牲畜，任凭牲畜上别人田里去吃，他就要拿自己田间和葡萄园里上好的赔偿。若火冒出，延烧到荆棘，以致将堆积的禾捆，直立的庄稼，或田地，都烧尽了，那点火的必要赔偿。

这类陈述并不关乎“世俗的”律法，这一点从《出埃及记》22：6—8⑰中可以看出：

人若将银钱或物件托邻舍保管，东西从这人的家中被偷去，若找到了贼，贼要加倍赔偿；若找不到贼，这家的主人就要到审判官那里，声明自己没有伸手拿邻舍的物件。关于任何侵害的案件，无论是为牛、驴、羊、衣服，或任何失物，有一人说：“这是我的”，双方就要将案件带到审判官面前，审判官定谁有罪，谁就要加倍赔偿给他的邻舍。

在面对无法做出决断的案例时，一种判定会被引出，以做出判决。但是同时需要看到的是，这些文本中上帝显然不是作为立法者存在，而最多是作为法官存在。

“约书”成为了“神圣律法”，特别是通过作为约书前言的《出埃及记》20：22—21：1，以及在判定与劝告里所使用的第二人称。由

---

⑮　Assmann 2006,321.
⑯　即和合本修订版《出埃及记》22:5—6。——译注
⑰　即和合本修订本《出埃及记》22:7—9。——译注

此,"约书"也同时成为了旧约律法的历史标准,在之后成为早期神圣法律的解释标准。法律由此从传统的王室权威中分离出来,如同一种文本意义上的"肉身"解放。[148] 因此,近乎一半的旧约律法陈述都含有:一个对律法起源的解释说明,一个对于遵守律法之人的应许,一个遵循它的理由,一个具有威胁性的表达或者对其意义的阐明。之所以如此的原因可以解释为:这些法律不(再)拥有能保证其被执行的具体权威。相反,这些律法现在只能依靠它们本身。[149]《出埃及记》22:20—23[150]中明显表现出了这一点:

> 不可亏待寄居的,也不可欺压他,因为你们在埃及地也作过寄居的。不可苛待寡妇和孤儿;若你确实苛待他,他向我苦苦哀求,我一定会听他的呼求,并要发烈怒,用刀杀你们,使你们的妻子成为寡妇,儿女成为孤儿。

就这部已经作为"神圣律法"的约书的内容而言,一个典型的特征是,它显然不再是作为塑造传统复杂法律状况的范式,而是法律、正义和仁慈神学中心化。[151]这些内容在何西阿、阿摩司、弥迦和以赛亚的先知宣告中作为愿景存在[152]:"在公元前 8 世纪晚期和公元前 7 世纪早期,先知们所哀悼的所有显在确定之事的破碎,在后来被宣告为是对不忠诚子民的神圣审判;约书以实在法性质的神圣律法是源自先知们的哀悼和谴责这一观念为开始。"[153]事实上,《阿摩司书》2:6—8 与《出埃及记》22:24—26 中神圣法律(以第二人称)的陈述之间的关系,就表现出了先知传统和约书之间的显著关系。[154]

---

[148]　参见 Otto 1999d。

[149]　Frymer-Kensky 2003,979.

[150]　即和合本修订版《出埃及记》22:21—24。——译注

[151]　Assmann 等 1998。

[152]　相关社会史研究,参见 Kessler 1992;2006。

[153]　Kratz 2000a, 147 - 148;另参见 Albertz 2003b, 193。

[154]　参见 Dearman 1988,58 - 59。

《阿摩司书》2：6—8

耶和华如此说："以色列三番四次犯罪，**为银子卖了义人，为一双鞋卖了穷人**，我必不撤销对它的惩罚。他们把贫寒人的头践踏在地的尘土上，又阻碍困苦人的道路。父子与同一个女子行淫，以致亵渎我的圣名。他们在各祭坛旁边，躺卧在人所典当的衣服上，又在他们神的殿里喝受罚之人的酒。

《出埃及记》22：24—26⑱

我的子民中有困苦人在你那里，你若借钱给他，不可如放债的向他取利息。你果真拿了邻舍的外衣作抵押，也要在日落前还给他；因为他只有这一件用来作被子，是他蔽体的衣服。他还可以拿什么睡觉呢？当他哀求我，我就应允，因为我是有恩惠的。

无论是在主题上还是在字面上，除了对先知传统的接受之外，⑲约书中以第二人称对神圣律法的解释还有第二个基本特点：它们突出表现了出埃及传统的影响。在约书中，《出埃及记》20：23 在编修层面表达禁止偶像崇拜，《出埃及记》21：2 奴隶解放的主题，都已经表明其与出埃及传统的紧密联系：

你们不可为我制造偶像，不可为自己造任何金银的神像。（《出埃及记》20：23；参见《出埃及记》23：13b）

你若买希伯来人作奴仆，他服事你六年，第七年他可以自由，白白地离去。（《出埃及记》21：2）

类似的情况还出现在《出埃及记》21—23 章的历史化章节，以及约书的结尾中：

---

⑱　即和合本修订版《出埃及记》22：25—27。——译注

⑲　参见 Levinson 2004，297 注 41。

我要把那地的居民交在你手中，你要把他们从你面前赶出去。不可跟他们和他们的神明立约。他们不可住在你的地上，免得他们使你得罪我。你若事奉他们的神明，必成为你的圈套。(《出埃及记》23：31b—33)

105　　这里有关出埃及的主题表明，它们是在约书已被解释为上帝律法的基础上进入到当前的叙事中的。这些主题被添入到它们现在所在的叙事背景里，尽管并非以第二人称表达的神圣法律文本都属于同样的文学层面。

2. 《申命记》

《摩西五经》最后一部书卷的名字"《申命记》"，来自希腊文译者对《申命记》17：18具有成效性的误读(译作"第二律法"，而不是"抄写律法")。就历史起源和叙事背景而言，《申命记》这个名字是合适的：《申命记》的很多部分都是为了支持敬拜中心化而作为约书的新版本创作的。[157] 就其在五经中现在的位置，《申命记》意在表现摩西在约旦东边的土地上宣告西奈律法。[158] 作为敬拜中心化的律法文学核心的《申命记》12：13—14，文学层面上以约书中关于祭坛的律法《出埃及记》20：24为基础，并对其有直接援引：[159]

《申命记》12：13—14	《出埃及记》20：24
你要谨慎，不可在自己所看中的各处献燔祭。惟独耶和华从你的一个支派中所选择的地方，你要在那里献燔祭，在那里遵行我一切所吩咐你的。	你要为我筑一座土坛，在上面献牛羊为燔祭和平安祭。凡在我叫你记念我名的地方，我必到那里赐福给你。

---

[157] Morrow 1995；Levinson 1997；Otto 1999a, c；Kratz 2000a；不同观点参见 Van Seters 1996；2003 (相关评论参见 Levinson 2004)。

[158] 参见 Schmid 2004b。

[159] Levinson 1997.

但是个别的律法也以敬拜中心化为导向被重新表达：

《申命记》15：12—18

你弟兄中，若有一个希伯来男人或希伯来女人卖给你，已服事你六年，到了第七年就要让他自由离开你。**你让他自由离开的时候，不可让他**空手而去……他若对你说："我不愿意离开你"，因为他爱你和你的家，并且他在你那里很好，你要拿锥子在门上穿透他的耳朵，他就永远成为你的奴仆了。你待婢女也要这样。

你让他从你那里自由离开的时候，不要看作困难，因为他已服事你六年，相当于雇工双倍的工钱。这样，耶和华—你的神必在你所做的一切事上赐福给你。

《出埃及记》21：2—7

你若买希伯来人作奴仆，他服事你六年，第七年他可以自由，白白地离去……

倘若奴仆声明："我爱我的主人和我的妻子儿女，不愿意自由离去。"他的主人就要带他**到审判官前（或作"神面前"）**，再带他到门或门框那里，用锥子穿他的耳朵，他就要永远服事主人。

《申命记》15：12—18 对《出埃及记》21：2—7 的奴隶律法进行重新表述，典范地表现出了一个完整的系统化再解释现象：在《出埃及记》21 章被视为理所当然的奴隶占有现象（"当你买了一个奴隶"）；在《申命记》中，虽然也被接受，但是又加以批判性地考虑（"卖他或她自己给你"，即"必须卖他或她自己给你"；"兄弟"）。当奴隶被释放时，根据《申命记》15 章，以前的奴隶可以获得独立的生存方式，并不会立即再沦为奴隶身份。但是，如果奴隶希望终身在主人的家里服侍，就可以通过一个仪式来确定下来。这个仪式在

106

《出埃及记》21 章里明显表现出一种神圣的性质（"神面前"）。但是，该仪式在《申命记》15 章中看起来却是世俗的形式。最后，特别引人注意的是，在《申命记》15 章关于奴隶条例的结尾部分，一方面说明了释放奴隶的动机，另一方面提出遵守这个律令可以获得上帝的祝福：《申命记》的律法显然试图去通过情理使自身获得认可，而不是通过一个执法权力。

无论如何，从德韦特（Wilhelm M. L. de Wette）的著作（*Disserta-tio critica*，1805）⑯开始，就有观点把《申命记》的基础版本定位在约西亚时期，主要是基于《列王纪下》22—23 章所描写的约西亚改革与《申命记》的主要目的之间的联系：约西亚改革中的"敬拜统一化"和"敬拜的洁净化"，符合《申命记》的根本要求。学者们由此便把它描述为一个支持改革的文献。

但是，关于约西亚改革的历史性是存在争议的。⑯ 此外，在对《申命记》和《列王纪下》22—23 章充满争议的文学批评中，几乎找不到《申命记》和改革之间联系的坚实历史基础。如果它们之间存在联系，就必须先要被预设它们关系的文学批评证明出来，这里有着一种循环论证的危险。⑯

然而，将《申命记》的基础内容在历史层面定位在亚述时期的晚期可能是正确的，尽管在学术讨论中这一点也已变得越来越不确定。⑯ 这种定位的主要论点基于这一观察，即《申命记》完全是根据亚述忠诚（*ade*）誓言的样式塑造而成的。虽然《申命记》所要求无条件忠诚的对象是耶和华，而不是亚述帝王，但是，我们也不应过分夸大这个论点，即《申命记》的原初文本（包含《申命记》* 13 章

---

⑯ De Wette 1805.

⑯ 参见本书第三章第一节。

⑯ Otto 1997b；1999a.

⑯ 参见有关 20 世纪 20 年代"关于《申命记》的论争"（Hölscher 1922；Baumgartner 1929）；更近期参见 Kaiser 1992，90‑99；Clements 1996；Sacchi 1999，114；Kratz 2000a，118‑138；Kratz 2010a；Aurelius 2003a；Noll 2007，331‑332；Pakkala 2009，将《申命记》定位在被掳及后被掳时期。不同观点参见 MacDonald 2010。

和＊28 章）仅仅只是对 VTE §10.56 及其他要素的一个转换。⑯
反对这一点的理由有：（1）对《申命记》的内在文学批评表明，《申
命记》＊13 章很可能并不是一个文学核心；（2）也并没有它们对
VTE 在字面上的转换。⑯《申命记》的新亚述背景从"传统历史"视
角就可以充分明晰地理解：《申命记》是对新亚述的封臣契约神学
的反向式接受。⑯另外，仪式中心化的独特策略也与新亚述的领土
上亚述的神与亚述首都紧密相连的现象相一致，至少可能受到过
这种一致性的激发。⑰

　　如果我们仍然坚持《申命记》的原初文本产生于约西亚时期的 107
观念，那么就必须探讨它们之间在文学史层面的联系。刚才所提
及的对新亚述封臣契约神学的跨文化接受，似乎在这里对《申命
记》产生了最强烈的影响。因而，《申命记》中"爱神"的神学宣告并
不是来自何西阿——如追随阿尔特观点的人所认为的——而是古
代近东的国际合约法规中关于政治忠诚的言语形式："如果你不爱
亚述巴尼拔，承继皇位的王子，你的主、亚述国王以撒哈顿
（Asarhaddon）之子，如同爱自己……"（VTE 24，266—268）然后，
在接下来的诅咒部分罗列带来的制裁。⑱

　　然而，《申命记》也显示出与以色列传统材料的紧密联系。比
如，已提到过的《申命记》具有对约书进行"中心化"修订的特征。
在《申命记》对约书的重新表达中，它努力去关联日常生活与仪式
中心化。例如，在《申命记》12 章，解除当地对动物世俗性屠杀的管
制，奴隶在家中或当地圣所的永久委身（《出埃及记》21：6）也被世
俗化了（《申命记》15：17）。最后，"逃城"的建立代替了先前当地
圣所的庇护功能（《出埃及记》21：12—14）。

---

⑯ Otto 1999a，57‑90.
⑯ 参见 Rüterswörden 2002；Pakkala 2006a；另参见 Morrow 2005；Steymans 2006，
332 注 5。
⑯ Otto 1997b；1999a；另参见 Keel 2007，578；但同时参见 Levin 2013。
⑰ Maul 1997，122；Otto 1999a，350‑351；另参见 Keel 2007，555‑556。
⑱ Moran 1963；Olyan 1996；另参见 Rüterswörden 2006。

在《申命记》中,也明显在建构亲属之间休戚与共的关系,[169]这一点也可以在神学上通过《申命记》的立约神学所建立的上帝与人的对立关系去解释,在历史角度可以通过公元前 7 世纪逃难者从北国涌入犹大去解释。我们或可以认为,只是在北国沦亡后,关于北国以色列和犹大是统一体的民族意识的表达才明显出现。[170] 无论怎样,从那个时期的文本开始,虽然仍清楚地以"以色列家"和"犹大家"来区分两个王国,但是"上帝的百姓"这种神学化话语出现的基础显然是在北国失去了独立国家地位的时候。

如果这些考量都是准确的,那么就出现了对"以色列,你要听"(《申命记》6∶4)的具体宗教政治方面进行解释的可能性:该命令的内容是"以色列啊,你要听! 耶和华—我们的神是独一的主"。对这个命令最接近原义的翻译和解释应当是强调耶和华的同一性,为耶和华在耶路撒冷临在这一限制提供合法性基础,就如在《申命记》12 章里有关敬拜中心化的要求需要相应的仪式实践。[171]有时在第一诫命意义上对《申命记》6∶4 的解释,视其是"以色列,你要听"接受史上的早期形式,与第一诫命同一时期,而并不是其最初之义。[172]

另外,《申命记》明显受到智慧传统的影响。[173] 除了特定的个别点上的联系,还要提及《申命记》将行为—结果模式转化到上帝律法的领域:如果以色列遵行给它的诫命,它就会得到祝福;否则,咒诅将会临到它。

先知叙事对现有形式《申命记》的影响,[174]应当是在后来文学史

---

[169] 《出埃及记》21∶2,7 以及《申命记》15∶12;参见 Köckert 2004。

[170] Kratz 2000b;2006;Na'aman 2009;2010;Fleming 2012.

[171] Höffken 1984;Jeremias/Hartenstein 1999,113 注 135;Kratz 2000a,130 - 133;Pakkala 1999,73 - 84;Keel 2007,583 - 584;另参见 Bade 1910 早期的讨论。

[172] Veijola 1992a;1992b;van Oorschot 2002,125;Aurelius 2003a.

[173] Weinfeld 1972,244 - 319;Brekelmans 1979;Braulik 1996/1997;2003.

[174] Zobel 1992.

发展过程中才产生的。⑮

　　从文学史的角度看，《申命记》有着特别的重要性。它的本土性以及跨文化的诠释方法，精妙地采用和重新解释了"约书"以及亚述的契约神学，通过承继传统以及革新传统获得自身独特的特点。⑯ 从形式上看，这种在阐释层面上对传统的综合与革新，在旧约文学史上、甚至是在其他的文本创作中，成为了一个持续的基础推动力。从内容上看，《申命记》的影响同时是形成性的和激发性的：《申命记》与申命学派的传统伴随着旧约文学史，直到其结束甚至之后。在这一时期，这个传统又不断激发出相反的观点，其中最突出的莫过于祭司文本。⑰

---

⑮　Otto 1998a.
⑯　Levinson 1997.
⑰　Knauf 2000a.

第四章　巴比伦时期的文学
（公元前 6 世纪）

第一节　历史背景

可能早在公元前 612 年的尼尼微以及公元前 610 年亚述国最后拥有之地哈兰的陷落之前，但一定是在公元前 609 年约西亚或在米吉多去世后（这场战役是《历代志下》35：20—24 的一个文学建构），①犹大落入埃及的统治之下。② 亚述将巴勒斯坦地区的统治权拱手让给其之前的附庸和新盟友。埃及法老尼哥二世（Necho II）废黜了约西亚的儿子约哈斯（他曾在约西亚死后马上被犹大拥有土地的贵族加冕为王），并把约哈斯的哥哥以利雅敬/约雅斤（公元前 608—前 598 年）推上王位。然而，这个埃及统治的时期并不长久：随着当时尚是巴比伦的王子的尼布甲尼撒二世对埃及的迦基米施战役（公元前 605 年）取得胜利，开始了他在古代近东的（从圣经本身提供的观点来说）"七十年统治"（参见《耶利米书》25：12；29：10）。虽然这一历史时期范围不大，但是由于王权、国家和圣殿灭亡，以及宗教和文化又同时得以存留，尤其对于耶路撒冷与犹大在政治和神学上都具有至关重要的意义——至少对精英圈子中的文学生产者和接受者而言。

---

① 参见 Na'aman 1991。
② 关于相关"权力真空"传统的讨论，参见 Keel 2007，512 - 517。

第四章 巴比伦时期的文学（公元前 6 世纪）

在公元前 605 年之后,作为巴比伦藩属国的犹大在约雅斤统治下存在了三年时间。在公元前 601 年,尼布甲尼撒进一步攻击埃及,导致了灾难性的后果。对约雅敬而言,国家脱离藩属地位的时机似乎到来了。但是来自巴比伦惩罚性的举动在一些年后发生。[3] 约雅敬的后继者、他的儿子约雅斤在位的公元前 597 年,巴比伦军队占领了耶路撒冷,掳走了上等阶层和工匠(他们是能制造武器的人)——根据《列王纪下》24：14 的表达,是"上层一万"——并设置了一个傀儡王玛探雅/西底家,他是约西亚的另一个儿子。"一万人"的数字很可能是夸张的说法。《耶利米书》52：28—30 提及在公元前 597 年被放逐的人数是 3023 人。可能是由于政治动机并不明晰的西底家脱离巴比伦的事件,以及埃及的权力发生了从萨姆提克二世(Psammetich II)到阿普里伊(Apries)的转换,[4]无论如何,巴比伦的军队重新出现在犹大。这一次显然是在大君王的亲自领导之下,在公元前 587 年攻占了耶路撒冷。巴比伦的政治动机很可能是渴望消灭作为埃及在黎凡特地区施行影响力通道的犹大。[5] 城市和圣殿在这次攻占中被毁坏;国王被放逐,其子被杀,流放再一次发生。[6]《列王纪》也给人这样一种印象,即这次流放涉及到了绝大多数人口。

> 巴比伦王尼布甲尼撒十九年五月初七,巴比伦王的臣仆尼 110
> 布撒拉旦护卫长进入耶路撒冷,他焚烧了耶和华的殿、王宫和
> 耶路撒冷一切的房屋;用火焚烧所有大户人家的房屋。跟从护
> 卫长的迦勒底全军拆毁了耶路撒冷四围的城墙。那时尼布撒
> 拉旦护卫长将城里剩下的百姓和那些投降巴比伦王的人,以及
> 其余的众人,都掳去了。但护卫长留下一些当地最穷的人,叫

---

③ 参见 Noth 1971。

④ Keel 2007,613.

⑤ Keel 2007,775.

⑥ 但参见 Pakkala 2006b。

他们修整葡萄园，耕种田地。(《列王纪下》25：8—12)

《历代志》的描述，走得更远，提及土地完全荒芜：

> 所以，耶和华使迦勒底人的王来攻击他们，在他们圣殿里用刀杀了他们的壮丁，不怜悯他们的少男少女、老人长者。耶和华把所有的人都交在他手里……凡脱离刀剑的幸存者，迦勒底王都掳到巴比伦去，作他和他子孙的仆婢，直到波斯国兴起。这就应验耶和华藉耶利米的口所说的话：地得享安息；在荒凉的日子，地就守安息，直到满了七十年。(《历代志下》36：17—21)

然而，从历史角度看，这两个平行叙述都不是很可信。因为无论是关于犹大定居地规制的考古发现，还是《耶利米书》52：28—30 所提及的放逐的三个阶段(公元前 597 年，3023 个犹大人；公元前 587 年，832 个犹大人；公元前 582 年，745 个犹大人)，都展示了一个相当不同的图景：即使由于流放造成了人口一定程度下降，大部分人口在当时仍旧居住在这片土地上。[7]"土地荒芜"的理论，尤其以《历代志》为代表，其次是在《列王纪》，还有耶利米传统和以西结传统中，[8]是出自被掳群体特别是其中精英圈子的视角。他们视自己为以色列王国的合法继承者，把被掳期间的那片土地描绘成一个"真空"状态，只是等待着他们而非他人。

在犹大王被放逐、耶路撒冷被毁之后，尼布甲尼撒似乎建立起了在米斯巴(Mizpa)的基大利(Gedalja)之下的管理(或者，可能性比较小的王位继任)。[9] 然而，基大利不久之后即被谋杀。这一血腥

---

[7] Knauf 2000f；Barstad 2003；稍不同观点，参见 Lipschits 2003b；Stern 2004；综合性的讨论，参见 Keel 2007，614 - 619，773 - 775。

[8] Schmid 1997.

[9] 参见 Oswald 1998，132 - 133；相反观点，参见 Keel 2007，778 - 779。

事件的缘由可能是由于基大利是非大卫支派，却又宣称具有王室地位。不过，对于这一点是存在争议的。[⑩] 在那之后，犹大停止了作为一个独立的政治实体存在，而且可能被并入了撒玛利亚省。[⑪]

在这片土地上，以及在巴比伦的流放地上，文学和宗教的生活还在继续。[⑫] 不同于亚述人所实施的流放措施，巴比伦把流放的犹大人安置在几个形式独立的殖民地中。结果，这不但使他们得以保持了他们的独特性，而且这种独特性还得到了相当好的发展。[⑬]

111

然而，巴比伦的世界统治是短暂的。在尼布甲尼撒二世死后（公元前 562 年），它并没有存续长久。在以未米罗达（Amel-Marduk，公元前 562—前 560 年在位）和内瑞格利沙尔（Neriglissar，公元前 560—前 556 年在位）之后，紧接着的是那波尼德斯（Nabonid，公元前 556—前 539 年在位）的统治。[⑭] 然而，他那特殊的宗教和仪制偏好让他受到有影响力的巴比伦马尔杜克（Marduk）祭司们的敌视，以至于后者更欢迎波斯王居鲁士（Kyros）的崛起（自从吕底亚在公元前 546 年沦亡后，他的崛起迹象就显现了），更是把他作为巴比伦的解放者来欢迎，使他在公元前 539 年没有经过战争就占领了这座城。[⑮]

第二节 神学特征

旧约神学的历史在巴比伦时期被认为发生了一些根本上的动

---

⑩ Stipp 2000；Albertz 2001，82 注 153；参见 Keel 2007，776 - 783。

⑪ 关于波斯时期作为独立行省的耶胡大（Yehud）的重建，参见 Keel 2007，967 - 992。

⑫ Barkay 1993.

⑬ Pohlmann 1996，13 - 18；Becking 1998；Joannès/Lemaire 1999；Pearce 2006；参见 Zadok 1979。

⑭ 参见 Beaulieu 1989；Kratz 2004a；Keel 2007，848 - 849。

⑮ Keel 2007，849 - 850。

荡,但我们同时需要注意的是：旧约的视角不能简单地去解释为是对历史经验的回应,更要在一个长期的思想和文化发展的框架内解释,应该以它们自身对历史形成的影响的方式来审视。具有重要的意义的是,犹大宗教的思想历史继续发展,并没有随着犹大和耶路撒冷的灾难而消失——这在古代近东是可资比较的类似情形。这个时期出现的文本和作品开始大规模地处理北国灭亡的经验,开始发展出一种不再受国家和政治统治观念影响的"以色列"观念,强调应许(先祖故事的早期阶段)、拣选(摩西—出埃及叙事,士师的故事,《列王纪》)或者立约神学(《申命记》)。将以色列作为上帝子民的思想建构,不再强调民众与土地的联系,这一点可能在至少一个世纪前就已经初步存在。[16]

　　有学者正确地指出,古代近东关于一个神明转向反对他或她自己的敬拜者的观念,不仅限于以色列。[17] 在米沙石碑上即有例子(第4—5行,"暗利是以色列的王,他压迫摩押多日,因为基抹[Kamosch]对他的土地发怒气")[18];在由兰伯特(Wilfred G. Lambert)编辑的一个巴比伦文本中,把巴比伦被伊拉姆人(Elamite)毁灭追溯到马尔杜克对巴比伦的震怒。[19] 我们还可以举出其他的例子,比如"阿卡德的诅咒"(Fluchüber Akkade)[20]或者"韦德纳编年史"(Weidnersche Chronik)。[21] 最后,还应提到的是那些把庙宇的毁坏归于所敬拜的神明抛弃了其庙宇的阐释性文本。[22] 但是,就古代以色列关于上帝对自己子民进行神圣审判的严厉表达而言,仍在古代近东找不到平行存在的真正类似物。

112　　但在经历了自身的灾难后,像《耶利米书》50—51章和《以赛亚

---

[16]　Kratz 2000b.

[17]　White 1980,183,192 注 22 - 23。

[18]　RTAT 255 - 256.

[19]　Lambert 1967.

[20]　Falkenstein 1965,特别在 68 - 69。

[21]　Arnold 1994.

[22]　参见,Erra-Epos(TUAT III：781 - 801)或者 Adad-guppi-Inschrift(TUAT II：479 - 485);Rudnig 2007,276。

书》47 章的文本表现的那样，一种期待对巴比伦进行相应审判的观念得到了发展：这个强权曾经毁坏了耶路撒冷圣殿，由此抱有巴比伦城也将有一天被摧毁的盼望，虽然这希望在历史上没有实现。㉓因此，《耶利米书》50—51 章和《以赛亚书》47 章的时期定位很可能是在巴比伦时期。《耶利米书》50—51 章把所期待的对巴比伦的审判，作为对犹大已经发生、并由巴比伦自身施行的审判的延伸。相应地，《耶利米书》50—51 章的个别部分逐字逐句采用了《耶利米书》第一部分针对犹大的审判话语，但是现在使之指向了巴比伦（同时参见《耶利米书》10：12—16；51：15—19）：㉔

《耶利米书》6：22—24	《耶利米书》50：41—43
耶和华如此说：	
"看哪,有一民族从北方而来;	看哪,有一民族从北方而来,
有一大国被激起,从地极来到。	有一大国和许多君王被激起,从地极来到。
他们拿弓和枪,	他们拿弓和枪,
性情残忍,不施怜悯;	性情残忍,毫不留情;
他们的声音如海浪澎湃。	他们的声音像海浪澎湃。
锡安哪,	巴比伦啊,
他们都骑马,	他们骑着马,
如上战场的人摆阵攻击你。"	如上战场的人摆列队伍,要攻击你。
我们听见这样的风声,手就发软;痛苦将我们抓住,	巴比伦王听见他们的风声,手就发软,
疼痛仿佛临产的妇人。	痛苦将他抓住,仿佛临产的妇人疼痛一般。

㉓　Herodot III. 159；另参见 Schmid 1996a，253。
㉔　Van der Toorn 2007，193 - 194.

当然,在公元前 7 世纪以色列和犹大的思想史发展自身还没有做好充分准备,能够对这个灾难产生一个具有持久性的神学解释。相反,当时的条件只能提供发现这些解释的可能。就如巴比伦时期的文本所表明的,这些解释经历了一个复杂的过程:一方面,它们要向传统观念告别;另一方面,它们也必须去面对那些具有竞争性的概念。

哀悼文本可能是最先产生的文本。需要指出的是,这些文本并非只是直觉上的宗教性表达,而是具有特定的神学立场:例如,在《耶利米哀歌》以及《耶利米书》4—10 章中的哀悼,是对被掳时期之前的锡安神学进行反思性处理,通过对圣经文本间联系进行经内阐释的方式,对先前正统观念的崩塌进行反思。

可能在同一时期,或者可能更晚些,出现了将国家的崩溃与对国王的具体批评联系起来的观念。它们首先可以在那些批评王国的先知文本中找到,如《耶利米书》(参见《耶利米书》21—23 章);然后就是在《列王纪下》24—25 章中对先前关于以色列和犹大王国时期描述之外的添充部分,以及那些对所有君王总结性的谴责部分;最后是在《撒母耳记上》的开始部分,在某种意义上其作为前奏已预示了结尾:约柜被非利士人夺取(《撒母耳记上》4—6 章)。如此,王国尚未建立之前,就已受到了这种谴责(《撒母耳记上》8 章和 12 章)。

然而,这个把罪责归咎于国王的观点,很快就被转化和扩展到了作为整体的民众。这个进程预设了一个坚固的信念,即王国已无可挽回地失去了。这种从民众出发的视角突出表现在《列王纪下》17:9—20,以及对耶罗波安一世(《列王纪》12 章)铸造的两个金牛犊进行重新解释的金牛犊事件的叙事中(《出埃及记》32 章)。《撒母耳记》—《列王纪》中在神学和历史方面所作的努力,在新巴比伦关于解释过去的文本中也有某种特定的类比存在,例如,这些新巴比伦文本把巴比伦被西拿基立(Sanherib)破坏以及马尔杜克的雕塑被移到亚述,都归因于马尔杜克对自己人民的愤怒。[25]

113

㉕ Veenhof 2001,264 - 265;Blanco Wißmann 2007,220.

第四章　巴比伦时期的文学（公元前6世纪）

　　然而,在巴比伦时期,不仅是在历史神学的重释方面,而且对于上帝的理解也发生了非常重要的改变。在一些文本中可以观察到,⑳上帝从临在圣殿中到居住在天上的观念,这仅是我们可以认识到的一些决定性重塑的一种表现。在这个例子中,圣殿被毁的经历是重要的原因。然而,我们应当注意到:上帝并没有从地上移到天上,因为即使在王国时期的文本中,尽管上帝也在圣殿中有宝座,但仍可以从天上实施行动。然而,只有到了被掳时期,关于在天上存在有圣所同时被称作圣座的观念才第一次得到发展。

　　《列王纪上》8章是文学史发展中一个典范样式,表现了上帝的宝座如何撤回到天上的。《列王纪上》8：22 开始——明显是对第 14—21 节更早期的传统观念的发展——所表达的主要观点是,上帝的临在不只局限于圣殿;上帝自身在天上也设有宝座。在第 22 节,这一祷告文本的新的开始让所罗门向着"天上"伸展双臂,之后他所说的内容显然指涉的是关于上帝在天上的宝座:

　　你仆人和你百姓以色列向此处祈祷的时候,求你在你天上的居所垂听,垂听而赦免。(《列王纪上》8：30)

　　你的百姓以色列,或众人或一人,内心知道有祸,向这殿举手,无论祈求什么,祷告什么,求你在天上你的居所垂听、赦免、处理……(《列王纪上》8：38—39)

　　你的百姓若奉你的派遣出去,无论往何处与仇敌争战,他们若向耶和华所选择的城,以及我为你名所建造的这殿祷告,求你在天上垂听他们的祷告祈求,为他们伸张正义。(《列王纪上》8：44—45)

---

⑳　Schmid 2006c；Keel 2007,799 - 800.

第二以赛亚传统中关于一神论的系统化表达的开端,也是当时一个基本的观念发展。正是在巴比伦时期,旧约中第一次出现了明显的一神论陈述:"我是耶和华,再没有别的了;除了我以外再没有神。你虽不认识我,我必给你束腰。"(《以赛亚书》45:5)当然,圣经的一神论并非在被掳时期从无到有的;它是从亚述时期开始,在以色列逐渐发展起来的。[27] 在这个进程中,《以赛亚书》和《申命记》的政治神学是非常重要的:那些来自《以赛亚书》10 章的观念,如亚述是上帝怒气的棍子,而且是作为以色列的上帝的怒气的棍子,并不是在亚述时期之后才第一次得到表达。《申命记》中忠诚于上帝(而不是对亚述王国)的独有誓言的形式以及《申命记》6:4纲领性的导言,都表明了一个普世的政治意义明确的上帝观念;这些被掳时期的一神论文本——特别是在第二以赛亚传统中的文本——都被概念化了。但是,这里应当注意的是,在一个较迟的时期,建构"天使学"(《但以理书》)、发展撒但形象(《历代志》《撒迦利亚书》《约伯记》)或者对智慧作为先存角色的拟人化,在某种意义上对一神论的建构具有"反作用"。[28]

在旧约的思想发展历史中,巴比伦时期还包括一个重要特征:接受来自巴比伦思想文化中的科学和宇宙论材料。世界起源的概念——明显是通过被掳的犹大祭司与巴比伦学者之间的文化联系形成——自此以后通过采用和批评性地思考巴比伦的概念形成的:世界源于原初洪水的分开。这种原初洪水在巴比伦文化中被称为 *Tjamat*[29],在圣经中称为(没有冠词)*thwm*(《创世记》1:2)。虽然这个关于世界起源的观念被认为是在属于波斯时期早期的远古历史叙事中,具体是在祭司文本中有着全面成熟的表达,[30]但是从起源来说,采用这个材料的时间应该定位在巴比伦时期。

114

---

[27] Stolz 1996;Oeming/Schmid 2003;Zenger 2003;Lemaire 2007;Keel 2007.

[28] Mach 1992;Koch 1994;Stuckenbruck 2004.

[29] TUAT III:565-602.

[30] 参见本书第五章第三节"一""1"。

最后，失去王国的经历具有深远的影响。它唤起了对 *Conditio Humana*（人类生存条件）的文学反思。在王国时期，就像在整个古代近东传统上都被视为正确的那样，对于古代以色列也是如此：只有国王是一个"后来的"完全意义上的人类。只有国王拥有灵性、责任和自我决断力，并通过这些天赋引导他的臣民。就像我们讨论个体哀悼诗歌时所看到的，它们都起源于王国时期。随着失去犹大王位，以色列的思想同时得以存留，一种反思性的人类学开始崛起，并代替了王室的意识形态。就像对宇宙观的反思，这个进程起源于巴比伦时期，经过波斯和希腊化时期的发展，形成了广阔的传统。

第三节　传统领域

一、礼仪传统和智慧传统

1. 作为反诗篇的《耶利米哀歌》

耶路撒冷圣殿在公元前 587 年被摧毁了，这并不意味着所有宗教仪式行为的终止。从《耶利米书》41：5 可以看到，献祭仍可以在以前圣殿的遗址上进行。[31]此外——依一个人如何对约西亚统治时期敬拜集中化的历史性进行判断——敬拜可能在这片土地上其他地方的圣所进行，比如伯特利。但同时，由失去圣殿带来的破坏是巨大的，尤其是对作为传统之传播者的耶路撒冷精英阶层而言。

这一点特别清楚地表现在《耶利米哀歌》中，旧约中该文本的最早形式很明显可以定位在公元前 587 年的灾难之后，可能是这

---

[31] Japhet 1991；Willi-Plein 1999；Keel 2007,779,785.

155

一灾难之后出现的，但无论如何都应当是在第二以赛亚之前。[32] 七十士译本的《耶利米哀歌》被归于耶利米（可能基于对《历代志下》35：25 和《耶利米哀歌》3 章的米德拉什式解释［einer midraschartigen Auslegung］），但这个结论在希伯来文本中并不成立。从形式上讲，它们是离合诗。《耶利米哀歌》5 章虽然脱离了离合诗的结构，但正如希伯来字母表上有 22 个字母，它也有同样的行数。

就其内容的结构而言，《耶利米哀歌》采用了《诗篇》中哀悼诗的典型三部分结构，包含哀悼、请求和赞美（参见，例如《诗篇》6 章和 13 章），但同时又作出了显著的改变。

《耶利米哀歌》5 章

哀歌：

耶和华啊，求你顾念我们所遭遇的，留意看我们所受的凌辱。

我们的产业归陌生人，我们的房屋归外邦人。

我们是无父的孤儿，我们的母亲如同寡妇。

……

奴仆辖制我们，无人救我们脱离他们的手。

因旷野有刀剑，我们冒生命的危险才能得粮食。

因饥荒的干热，我们的皮肤热如火炉。

他们在锡安玷污妇人，在犹大城镇污辱少女。

他们吊起领袖的手，使长老脸上无光。

年轻人扛磨石，孩童背木柴而跌倒。

……

我们有祸了，因为犯了罪。

因这些事我们心里发昏，眼睛昏花。

锡安山荒凉，狐狸行在其上。

---

[32] Keel 2007,786 – 800.

（《耶利米哀歌》5：1—18）

祈求：

    耶和华啊，你治理直到永远，你的宝座万代长存。

    你为何全然忘记我们？为何长久离弃我们？

    耶和华啊，求你使我们回转归向你，

    我们就得以回转。求你更新我们的年日，

    像古时一样……

    （《耶利米哀歌》5：19—21）

赞美：

    难道你全然弃绝了我们，向我们大发烈怒？

    （《耶利米哀歌》5：22）

这里最明显的是，"个体哀悼诗歌"类型中作为结尾形式的赞美，被一个焦虑的问题所代替：上帝的拒绝是最终的吗？事情会有转机吗？结果，一种颂扬的成分出现在请求部分，意在呼求上帝的介入。最后，我们应该提到哀悼部分也包含着关于罪的表达。但是不同于先前《诗篇》的哀悼内容，这里坚持灾祸是对他们自己罪的严厉惩罚。请求部分则是关于停止已持续很长时间的审判。

《耶利米哀歌》的神学有一个重要特点：它把耶路撒冷的罪鲜明地放在前台。

116   唉！先前人口稠密的城市，现在为何独坐！

    先前在列国中为大的，现在竟如寡妇！

    先前在各省中为王后的，现在竟成为服苦役的人！

    她夜间痛哭，泪流满颊，

    在所有亲爱的人中，找不到一个安慰她的。

    她的朋友都以诡诈待她，成为她的仇敌。

······

她的敌人作主，她的仇敌亨通；

耶和华因她过犯多而使她受苦，

她的孩童在敌人面前去作俘虏。

······

耶路撒冷犯了大罪，因此成为不洁净；

素来尊敬她的，见她裸露就都藐视她，

她自己也叹息退后。

（《耶利米哀歌》1：1—8）

在最近的学术研究中变得明显的是，耶路撒冷城的罪不能简单地等于她的居民的罪；城自身在这里被看作是一个实体。[33] 正如在《耶利米书》4—10 章（参下文）所表现的那样，锡安—耶路撒冷的形象（参见《诗篇》48 篇）不再是一个不可动摇之山，就像是在耶路撒冷礼仪传统所表现的那样，而是成为了一个背叛其丈夫的妇人（"因为他们已经看到了她赤身露体"）。与古代近东的比喻性语言一致，这里涉及与外邦势力缔结条约的行为（因而也是跟外邦的神明缔约）。就耶路撒冷而言，这里涉及的很可能是在其沦亡前的一些年里不断转变的政策，先是与巴比伦然后是与埃及结盟，这被神学化地解释为"通奸"和"行淫"。

仅仅一些年后，第二以赛亚采用了它的形式与内容作为出发点，反对在《耶利米哀歌》中关于罪的陈述，陈述耶路撒冷的罪孽"已赦免；它为自己一切的罪，已从耶和华手中加倍受罚"（《以赛亚书》40：2）。

2. 人民的哀歌及个体诗篇的集体化

除了一些熟悉的个体哀悼诗歌——鉴于仪式的诸条件，它们最

---

[33] Fitzgerald 1972；1975；Schmitt 1985；1991；Steck 1989/1992c；Wischnowsky 2001；Maier 2003；Keel 2007，787 - 790.

初可能只是为君王而作——《诗篇》也包含所谓全体民众的哀悼，比如《诗篇》44 篇、90 篇或 137 篇。[34] 就形式批评的逻辑而言，这些哀歌的生活处境被认为出现在集体哀悼的仪式中。但是，随着对旧约文本的许多部分的文学特征的理解不断增加，我们应该可以认为这些大众哀歌并没有直接的仪式功用，而是一开始就是文学上的创作。如果被掳时期之前的个体哀悼诗歌是王室文本，那么大众的哀悼诗歌文体的形成就可以理解为是对王室意识形态的一种转化。在《诗篇》90 篇中可以看到，这个文本不单是一般意义上的哀怨人类生活的有限性和易变性，而是相反，这个问题被进行了神学化的考虑，即集体处境的受难要长于人类的个体生命，所以受难者可能并不能得到宽慰。[35] 因此，《诗篇》90 篇似乎不是一个单纯的仪式性文本，而是具有神学反思性的文学。[36]

117　　从历史角度同样值得考虑的是，大众哀悼诗歌与耶利米哀歌之间的主要差别："他们的哀悼得并不多于他们需求的。"[37] 很可能它们已经反映了对于灾难进行反思的成熟阶段，有意超越哀悼、指向对神的谴责，这一点也表现在《耶利米书》中。

　　在巴比伦时期——在王国沦亡的阴影之下——其他诗篇的集体化进程可能也开始了：或者是通过对旧有的个体诗歌进行编修，或者是通过写作上的综合。[38] 当然，这并不意味着《诗篇》中所有的集体化言辞都应被视为源自这个后来的时期。相反，在很多地方，随着王权的失去，那些涉及个体人物——国王？——的陈述被进行了第二位的扩展。

　　例如，在内容层面，《诗篇》3—14 篇的写作编排就表现出试图追求个体诗篇的集体化目标：[39]

---

[34]　参见 Emmendörffer 1998；Keel 2007,800‐832;时期定位问题,参见同上书,831。

[35]　Krüger 1994/1997.

[36]　关于《诗篇》137 篇,参见 Krüger 2001；Keel 2007,833‐835。

[37]　Keel 2007,946.

[38]　参见 Marttila 2006。

[39]　参见 Hartenstein 2010。

《诗篇》3—7篇	《诗篇》8篇	《诗篇》9—14篇
个体的哀歌/祈求	赞美诗	集体的哀歌/祈求
3：6 早上 4：9 晚上 5：4 早上 6：7 夜间 7：12 白天		9/10（离合体诗） 11 12 13 14

一方面,《诗篇》9—14篇关于"贫穷"和"贫困"(作为一个阶层)的表达,显然与《诗篇》3—7篇以及后者指向个体的请愿者相联系。由此清楚地表现出,个体和群体都有可能会是类似命运的受害者。另一方面,在以色列呼求帮助的主题上,《诗篇》3：9和《诗篇》14：7有一个明显的首尾呼应,表明集体视角是整个作品编排的基础。同时,这又给了我们一个相关的参照点,可以定位作品已预设的灾苦处境的时期:犹大和耶路撒冷的灾难构成了一个可能的写作出发点(*terminus a quo*):

> 救恩属于耶和华;
> 愿你赐福给你的**百姓**。
> (《诗篇》3：9)[40]

> 但愿以色列的救恩出自锡安。
> 当耶和华救回他被掳**子民**的时候,
> 雅各要快乐,以色列要欢喜。
> (《诗篇》14：7)

个体化与集体化之间的互动,也被安置在《诗篇》3—14篇的中心《诗篇》8篇中,涉及上帝对"人类"——可以同时解读为种属和个体——的关照。

---

[40] 即和合本修订版《诗篇》3:8。——译注

二、叙事传统

1. 希西家—以赛亚叙事

　　《列王纪下》18—20 章关于希西家—以赛亚叙事,以及《以赛亚书》36—39 章中与它平行的内容中（虽然存在一些显著的差异,例如《以赛亚书》36 章删除了《列王纪下》18：14—16）,讲述了在公元前 701 年亚述人对耶路撒冷的威胁。亚述人挑衅的言说与以赛亚关于耶路撒冷的正向神谕形成对比:神谕欢欣于导致亚述人撤退的犹大之神的大能。虽然《列王纪下》18—20 章和与之平行的《以赛亚书》36—39 章叙述的事情都发生于亚述时期,但是在这个叙述中,一些要素也明显表明它也是对公元前 597 年之后经历的再加工,把它们投射回了在希西家统治耶路撒冷之时被围困的处境中。首先,《列王纪下》18：13—19 事件的顺序与亚述王西拿基立的编年纪事中的叙述显然不相吻合:[41]后者的顺序是:（1）犹大诸城被包围;（2）耶路撒冷被包围;（3）贡物献送。但是在旧约中,贡物献送在耶路撒冷被围之前（《列王纪下》18：17—19）就已被提到（《列王纪下》18：14—16）。此外,在《列王纪下》19：9,特哈加（Tirhaka）——"古实王朝"的一个法老——在公元前 701 年的系列事件中被提及;他被认为来援助犹大。但事实上特哈加在那时只有 9 岁,直到公元前 690 年才登上王位。[42]最后,《列王纪下》19：36 把西拿基立被谋杀以及他儿子以撒哈顿（Asarhaddon）继任亚述王位定位在公元前 701 年之后。然而,从历史来看,这个事件应该发生在公元前 681 年。[43]

　　正如哈德迈尔（Christof Hardmeier）已经指出的,这些差异可以

---

[41]　TUAT I：388 - 391.

[42]　参见 Schipper 1999,215 - 216。

[43]　TUAT I：391 - 392.

通过公元前 6 世纪初新巴比伦包围耶路撒冷的事件去解释。[44] 在耶路撒冷被围之前即呈献了贡物,这与公元前 597 年耶路撒冷被包围之前从圣殿和王宫的财富中支取贡物的记录一致。那一时期对来自埃及人的援助的期待也可以从《耶利米书》37:3—10 得到佐证,也解释了《列王纪下》19:9 提及埃及法老特哈加的原因。最终,《列王纪下》19:36 所描述的对 20 年后西拿基立之死的期待,也可能受到对巴比伦帝王之死的期待所驱动。

相应地,哈德迈尔把在《列王纪下》18:9—19:9,32—37 中希西家—以赛亚叙事解释为公元前 588 年(参见《耶利米书》37:5)在两次被围之间停顿期的一个宣传化的表述。耶路撒冷的国家宗教团体试图通过回顾希西家时期的耶路撒冷被围,将他们抵制巴比伦人的意图合法化,并且由此反对耶利米和以西结传统中对审判的宣扬,把他们视为是失败主义者。[45]

希西家—以赛亚叙事有一个特别的特征,集中表现在先知传统中:就像先知书所表现的一样,审判话语在历史中可以不止一次地应验。相应地,《列王纪下》18—20 章的作者以及与其平行的《以赛亚书》36—39 章明显视犹大历史为一个重复的连续体,认为在历史中类似的事情可以在不同时间发生。

2. 延续《撒母耳记》—《列王纪下》23 章的《列王纪下》24—25 章

如果我们认为在约书亚时代,存在一种王国时期的"申命学派"叙述在《列王纪下》23 章结束,那么鉴于现有形式《列王纪》中包括了约西亚时代之后王国历史的扩展,包含了犹大最后的四位君王,由此,这里第一次延续了被掳时期的"申命学派"神学。正如瓦诺尼(Gottfried Vanoni)已经表明的,对约西亚之后诸王进行完全

119

---

[44] Hardmeier 1990;另参见 Keel 1994,91;2007,741 - 753。
[45] Hardmeier 1990,287 - 289;另参见 Albertz 2001,215。

负面的审判，表现出与对之前评判王权的方法不同的导向。[46] 这一点明显表现在，对最后四个君王评判的结论中都重复断定"正如他的列祖所行的"（《列王纪下》23：32,37；另参见 24：9,19，"正如他父亲约雅斤所行的"）。由此，就像完全被负面评价的北国统治者那样，犹大诸王的王朝从整体上被批判：所有王都犯了罪。因而，犹大诸王面临正如《列王纪》中降临在以色列诸王身上的同样命运：他们因为他们所隶属的王权制度而被责备。

　　《列王纪下》23：32,37 是否都应被视为完全的谴责，是存在争议的。[47] 但作为《列王纪下》23：32,37 仅有的平行表达，《列王纪下》15：9"正如他的列祖所行的"确证了《列王纪下》23：32,37 的整体性视野。在《列王纪下》15：9 中，撒迦利雅被视为耶户王朝的最后一位代表。相应地，《列王纪下》23：32,37 考虑的是整体意义上的大卫王朝。这也可能可以解释关于约雅斤（"他的父亲"，24：9）和西底家（"约雅斤"，24：19）的不同表达方式；在尼布甲尼撒的世界统治来临之后，他们不再能够被视为大卫王朝完全合法的代表。[48]

与古代近东的王室神学完全一致，谴责犹大最后四位王的文本把国家灾难的罪责归咎于首要负责的人物——君王们。这种表述的神学逻辑因而在思维上把过去所经验的事件与对应的诸王的过失联系起来：因为犹大陷落了，因此需要假设诸王的过失，而不能是相反。

　　如果我们从一开始更倾向于将《列王纪》的架构以及其中的审判性的文本定位在王国时期之后，那么，《列王纪下》24—25 章中的相应视角可能就是对被掳时期盼望王国复兴进行的反面化写作；根据这些文本，王权本身是一种应当沦落的机制。

---

[46]　Vanoni 1985.

[47]　Aurelius 2003b，45－47.

[48]　参见 Schmid 1996a，226；2006d.

那些对诸王都进行了负面评价的视角处在对王国时期进行叙述的起始之时，这也应当是经过编修的结果。这些内容表现在，拒绝制度化的王权的《撒母耳记上》8 章和 12 章整合处理了《撒母耳记上》9—11 章中早期的、积极的观点，[49]以及已讨论过的《列王纪下》24—25 章中的观点。此外，《撒母耳记上》4—6 章中关于约柜的遗失[50]——至少在某种主题强调的意义上——与《列王纪下》24—25 章相联系。圣物约柜的命运在某种意义上预表了圣殿的毁坏。因此，在以色列诸王历史刚开始时，《撒母耳记上》4：22 即表述"荣耀已经离开以色列"。另外，《撒母耳记上》5：3—4 叙述了非利士人的神大衮的雕像被折断。这一叙事内容显然可以与第二以赛亚中对偶像仪制的抨击对照相连。

值得注意的是，《撒母耳记下》7 章对大卫的强大王朝的应许——如果它不是完全地起源于被掳时期[51]——没有进行过根本性的修订（除了进行一些关于应许条件的表述）。该文本显示出这个应许会继续作为一个无条件的应许传承下去，表明在巴比伦时期"申命学派"运动对于大卫王权延续性的关注。[52] 哈该的立场（《哈该书》2：21—23）在概念层面上也遵循了这一点。

3. 较大历史作品《出埃及记》2 章—《列王纪下》25 章的起源

进一步来看（基于《列王纪下》25 章中是巴比伦而不是波斯时期的结论；参见与之相反的《历代志下》36 章），以《列王纪下》24—25 章为中心并扩展为包含从《撒母耳记》贯穿《列王纪下》25 章的"申命学派"历史，与《出埃及记》—《约书亚记》中对出埃及和攻占应许土地的描述紧密连接在一起，很可能也发生于巴比伦时期。

120

---

[49]　Römer 2005,143.

[50]　Römer 2005,144 - 145.

[51]　Veijola 1975；不同观点，参见 Pietsch 2003；Römer 2005,97。

[52]　Römer 2005,143.

结果是产生了从《出埃及记》2 章至《列王纪下》25 章——可能还不包括当时仍处于独立状态的《士师记》——这样一个宏大历史作品。[33] 这个宏大作品的最后四节（《列王纪下》25：27—30）很可能还没有成为这个叙述的一部分。因为《列王纪下》25：27—30 与约瑟故事（《创世记》37—50 章）中的叙事要素有显著的呼应关系，很可能已经预设了《创世记》的位置在先。[34]

　　有哪些迹象表明被掳时期存在一个由《出埃及记》2 章—《列王纪下》25 章构成的宏大历史作品？首先，《出埃及记》—《列王纪下》中存在主题和语言上的一致性。该一致性明显超越了《出埃及记》2 章—《列王纪下》25 章中的材料，语言上与《创世记》连接到了一起。虽然《出埃及记》—《列王纪下》这些历史书卷中所谓的"申命主义"在《创世记》中也不是完全没有体现，但它们在《创世记》中指向一个较后期的文学史层面，很可能在祭司文本之后的摩西五经的编修阶段才产生。[35] 此外，《出埃及记》—《列王纪下》清楚地把以色列建构为从埃及而来（而不是源于先祖）。其次，突出体现在《出埃及记》32 章中的金牛犊故事中。[36] 对关于耶罗波安一世建立两个王室圣殿（《列王纪上》12 章）的接受，表明《出埃及记》—《列王纪下》作为一个文学整体经过修订，并被理解为是一个宏大一体的历史作品。《出埃及记》32：4b 明显采用了《列王纪上》12：28b 的框架：《出埃及记》32 章复数形式的表达（"以色列啊，这是领你出埃及地的神明！"）只有通过《列王纪上》12 章才能理解。与《出埃及记》32 章不同，《列王纪上》12 章中出现的是铸造了**两个**金牛犊。可以清楚地看到，《出埃及记》32 章由此把导致以色列毁灭的传统原罪——即北国第一个国王耶罗波安及其后继者的罪——转移到了人民自身。并不是这些诸王有罪，人民自身才要为灾难

---

[33]　Guillaume 2004.

[34]　Schmid 2004b，209 - 210.

[35]　参见 Blum 2002。

[36]　参见 Gertz 2001。

受责难：

> 亚伦从他们手里接过来,用模子塑造它,把它铸成一头牛犊。他们就说:"**以色列啊,这是领你出埃及地的神明!**"(《出埃及记》32：4)

> 耶罗波安王就筹划,铸造了两个金牛犊,对众百姓说:"你们上耶路撒冷去实在够久了。**以色列啊,看哪,这是领你出埃及地的神明**。"(《列王纪上》12：28)

然而,《出埃及记》32 章似乎不仅被按照《列王纪上》12 章所塑 121 造,也被更早的反映北国沦亡的文本材料《列王纪下》17 章所塑造。这一点可以特别从"大罪"的主题看出,这一主题在旧约中几乎只有在《出埃及记》32：21,30—31 和《列王纪下》17：21(此外,仅还有《创世记》20：9)中出现。

> 第二天,摩西对百姓说:"你们犯了**大罪**。我如今要上耶和华那里去,或许可以为你们赎罪。"摩西回到耶和华那里,说:"唉!这百姓犯了**大罪**,为自己造了金的神明。"(《出埃及记》32：30—31)

> 当他使以色列从大卫家分离出来的时候,他们立尼八的儿子耶罗波安作王。耶罗波安引诱以色列不随从耶和华,陷入**大罪中**。(《列王纪下》17：21)

因此,正如在对《列王纪上》12 章的接受中已经做的,《出埃及记》32 章采用了来自《列王纪下》17 章属于耶罗波安的人物主题,应用到百姓身上。显然,关于诸王的整个神学上的负面历史,现在看起来仅仅是作为已经预表它的整个民族历史的附录。相应地,我们应该可以断定,《出埃及记》32 章的对应解释性章节是被添入到已包含诸王历史的文学综合体。

有意思的是，《出埃及记》32 章中关于百姓的视角也在《列王纪下》17 章自身的编修历史中留下了痕迹：[57]在《列王纪下》17：21—23 属于早期的陈述中，坚持认为以色列的过犯根源于耶罗波安之罪，而在第 7—20 节这个篇幅较长但同时显然是后期编修的导言中，清楚地表明百姓自身是责任的首要承担者。

> 这是因为以色列人得罪了那领他们出埃及地、脱离埃及王法老之手的耶和华—他们的神，去敬畏别神，随从耶和华在以色列人面前所赶出外邦人的风俗和以色列诸王所立的规条。（《列王纪下》17：7—8）

> 当他使以色列从大卫家分离出来的时候，他们立尼八的儿子耶罗波安作王。耶罗波安引诱以色列不随从耶和华，陷入大罪中。以色列人行耶罗波安所犯的一切罪，总不离开，以致耶和华把他们从自己面前赶出去，正如他藉他仆人众先知所说的。这样，以色列人从自己的土地被掳到亚述，直到今日。（《列王纪下》17：21—23）

因此《出埃及记》—《列王纪下》的宏大整体（可能还不包括《士师记》）见证了对过犯的深入反思，谴责百姓表明自身离王国时期已经有了一段明显的距离。

这个重要的历史叙述处在"申命学派"写作的思想环境中，将以色列被带出埃及作为其基础神学资源的权威，强调连接起耶和华和以色列的立约神学——耶和华是以色列的神，以色列是耶和华的百姓——使得上帝与上帝百姓之间的关系成为排他的。相反，埃及则成为异教世界里诸民族的一个典型：埃及法老犯罪引发了灾难。具体来说，是由于他不是耶和华的敬拜者，并且不愿成为耶和

---

[57]　参见 Brettler 1989；Becking 2007，88 - 122。

华的敬拜者(《出埃及记》5：2—3)。虽然埃及威胁以色列,但是它无力抗拒站在以色列这一边的耶和华的强大能力。在《出埃及记》7—12章基础上的灾异叙事,明确地在表达:当埃及的"神学家们"看到耶和华的征兆和奇迹时,他们别无选择而只能宣告"这是神的手指"(《出埃及记》8：15)并最终屈服。

在关于占领应许之地的指令和描述中,以色列和诸民族之间的敌意继续表现出严苛的特点。旧约的律法文集被定位在以色列旷野漂泊时期;在一些明显的地方,一些律法禁止以色列人与被视为"仇敌"(例如,《申命记》25：19)的应许之地上的居民结盟(《出埃及记》23：32;34：12;参见《申命记》12：29—31)。相反,他们的仪式要被毁坏(《出埃及记》34：13—15),他们要被消灭(《申命记》20：16—17;另参见《出埃及记》23：33)。

从神学上看,这个排他性的宗教—政治特征契合于支持对耶和华的独一敬拜。从文学的角度说,它被植根于宏大的出埃及传统中绝非偶然:从万族里拣选和拯救以色列的过程中,耶和华将自己展示为一个"嫉妒的"神,他禁止对其他神祇的任何敬拜,即使对于其他神的存在(还)没有争议(《出埃及记》20：5;《申命记》5：7),可以容忍。也正是这个以色列在万族中要承担特别位分的要求,导致了其毁灭和覆亡,因为以色列在王国时期选择了神明令禁止的其他民族的道路,敬拜他们的神而不是自己的神。

《出埃及记》—《列王纪下》中以色列和诸民族之间的强烈对比,是在当时失去国家、土地和王权的情况下,"以色列"的身份需要被迫切定义的历史处境中产生。对于诸民族的激烈言辞以及《约书亚记》中对占领的强力描绘都采取了反现实的态度,并非是基于其背后的历史经验。

4. 约瑟历史

约瑟叙事(《创世记》37—50 章)在根本上与先前的《创世记》12—36 章的先祖传统有着不同。它是一个横跨 14 个圣经章节的故事,其中每个单独场景被紧紧地连接在一起。因此,约瑟故事也被普遍称呼为一部"短篇小说"。它讲述了约瑟和其兄弟之间的冲突，约瑟在埃及的崛起，以及约瑟和兄弟们的和好。不像在《创世记》12—36 章（参见下文）中的先祖叙事，我们不能认定约瑟叙事是由不同材料单元慢慢发展成为目前的形式。相反，它似乎从一开始就被构思为一个戏剧化的叙事，然后编修性地被放在《创世记》12—36 章之后。[58]

在摩西五经中，以该叙事的当前形式来看，它所起的作用是解释后来的以色列祖先们是如何到了埃及，以及百姓在之后从那里离开。但是约瑟叙事并不是单纯为了这个目的而写作的，有一个情景清楚地表明了这一点：在《创世记》50 章，以色列前往迦南去埋葬雅各，仅仅通过一句话表示他们又返回了埃及（《创世记》50：14）。除此之外，约瑟叙事也与后来《出埃及记》叙事中的一些叙述——它们极大地影响了法老和以色列的形象——存在着张力。所以，《出埃及记》1 章的第一个任务就是要搁置约瑟故事（《出埃及记》1：6—8）。

在源本分析学说的框架下，人们确信约瑟叙事的最早层面是根植于由耶典和伊罗欣典构成的六经里："这个作品（《创世记》）在这里（《创世记》37—50 章）正如在其他地方是由耶典和伊罗欣典构成，这一点是假定的；我们之前的结果驱使我们认知到这一点，如果它们不能被证明的话，这个认知将会被严重地动摇。"[59]

在源本学说的有效性依据和对约瑟叙事的解读关系上，这个表述是正确的。[60] 但是如果不能证明在《创世记》37—50 章存在古老的六经源本耶典和伊罗欣典，那么在对它们的重建里就缺少与先祖传统和出埃及传统之间的任何连接，由此在文学层面上就要将先祖传统和出埃及传统分开。今天，威尔豪森表述的第二部分已经被证明是正确的：现在很多学者解读约瑟叙事时不再涉及耶典

---

[58]　参见 Donner 1976；Kratz 2000a，281 - 286，提出将约瑟故事定义为先祖叙事的延续；另参见 Schmid 2002。

[59]　Wellhausen, [3]1899,52.

[60]　Whybray 1968.

和伊罗欣典。另外,源本分析学说的"摇动"也在很大程度上由于从约瑟叙事中得到的文学发现。

但是,如果约瑟叙事作为与出埃及事件的桥梁连接作用是次要的,那么该叙事在本质上是要表达什么? 这里可以提供一些讨论视角。首先,约瑟叙事中有着引人注目的对埃及的正面形象刻画。作为一个非埃及人,约瑟能够很快在埃及宫廷升至高位,并娶了埃及女子为妻。另外,法老被描述为是一个智慧的统治者。因此,约瑟故事是一个"反申命学派"的历史作品,与《出埃及记》—《列王纪下》宏大的文本综合体所设定的目的相反,约瑟叙事并没有把在外邦流放的生活呈现为一场灾难,而是将其作为一个在神学上合法的可能性来表现。[61] 约瑟叙事关于罪的神学观念也与申命记主义保持了距离:兄弟的罪责并没有被惩罚,而是被宽恕了(《创世记》50:19—20)。

另外,应该提到的是,约瑟叙事不仅是关于约瑟本人,也是关于约瑟和他的兄弟们与他们父亲雅各的关系。尽管我们不应太急于对《创世记》37—50章作历史性的寓意解释,但是它仍然体现了这一系列的人物安排与以色列身份的关系问题潜质:显然,从流放视角创作的约瑟故事——这个视角的确凿性基于一个外邦宫廷中崛起的以色列人约瑟[62]——为以色列人在整体上提出了一种选择,需要在失去独立国家主权之后被重新定位。以色列的定义不再是在一个有独立领土的民族的意义上,而是作为一个由共同目标维系的民族,这个民族即使在"雅各""死后"仍是同一的。

最后,约瑟叙事的启蒙神学也应该列入考虑之中。自从冯拉德以来,约瑟故事的智慧特征就被普遍提起,[63]虽然(与冯拉德看法相反)这并不指向"所罗门式的启蒙"——冯拉德视所罗门启蒙时代为其起源的时间。一方面,我们可以在关于约瑟的历史中发现批

---

[61] Meinhold 1975; Römer 1992.

[62] Beyerle 2000.

[63] Von Rad 1953/1958;1954/1974.

124　评约瑟的特征(参见《创世记》37：10：他父亲向约瑟鞠躬的梦没有
　　应验)，因而约瑟并没有符合智者的完美形象。[64] 另一方面，就哥哥
　　们的行为和行为结果看(他们逃脱了向约瑟所犯之罪的惩罚)，体
　　现出与传统的智慧观念——原因导致结果——的基本要素的区别，
　　上帝对以色列福祉和生存的隐秘看护优先于对作恶者的惩罚。

　　　　　约瑟叙事和埃及两兄弟故事之间是否有联系[65]——无论如
　　何，几乎不可能有本质上的文学联系——约瑟短篇小说是否熟
　　知埃及传统材料，这仍然是不确定的。但鉴于整个场景的背
　　景，《创世记》37—50 章的作者处在埃及的流放中并非不可能。

5.　《创世记》的先祖历史

　　随着过去几十年五经研究上的转向，特别是自布卢姆划时代的
作品开始，[66]把先祖叙事写作的最重要文学层面定位在被掳时期不
再是特别的看法。这些文学层面包括把已有的较大的亚伯拉罕—
罗得叙事和雅各叙事这两个主要叙事单元连接到一起，也包括将
约瑟短篇小说编入进来。[67] 由此，这种看法与对先祖叙事的传统解
释的决裂也是剧烈的：在源本学说的理论框架内，相关解读完全是
按照六经的救赎历史，根据"简要历史信条"所提供的相关传统结
构(《申命记》26：5—9)。先祖叙事因而从一开始仅仅被视为上帝
与以色列之间宏大历史(之后从埃及出发，经过旷野漂泊，直到应
许之地)的序幕。

　　但是，《申命记》26：5—9 的信条文本(无论就其形式[就形式
而言，即使冯拉德自己也承认]，还是就其内容实质)[68]都并不是早

64　关于 47：31，参见 Levin 1993，307 - 308。
65　TUAT 增补卷，147 - 165；Wettengel 2008。
66　Blum 1984.
67　参见 Albertz 2001；Otto 2007，187 - 189。
68　Gertz 2000a。

期的，[69]它甚至还含有借用祭司文本的语言。通过伦托夫（Rolf Rendtorff）、布卢姆和科克特（Matthias Köckert）的著作，一种观点被建立起来，即六经的历史图景不是在一开始就存在的，而是在对圣经前六卷书的诸传统进行编辑修订后才形成的。因此，从文学史的角度看，《申命记》26：5—9 并不能构成先祖叙事的基本解释视域。[70]

这就意味着，先祖叙事最初并不是作为一个序言起作用，而是一个独立的关于以色列起源的传统。因此，它也并不是自然地发展出《出埃及记》中的描绘，也并不能在那里找到其延续性。虽然传统解释方法中也有过关于先祖叙事独立性的表达，不过是基于阿尔特的观点：把先祖时期以及诸神有关的宗教历史定位在模糊的以色列游牧阶段的史前史。[71] 然而，先祖叙事的特质与遥远的史前史[72]关联甚少，更多的关联是先祖传统独立的文学发展史，其作为一个独立的传统主体一直延续到了被掳时期。

现有形式的先祖历史的核心出现在雅各叙事中（《创世记》* 25—35 章）。然而，亚伯拉罕传统（《创世记》* 13 章以及 * 18—19 章）和以撒传统各自也有它们独立的基础。约瑟叙事（《创世记》* 37—50 章）是另一个具有自己独特特征的主要结构单元。《创世记》* 12—50 章所包含的整体先祖叙事，是在被掳时期第一次将已有的叙事传统与约瑟叙事放在一起进行编修性的创作。[73] 一方面，传统的诸单元通过亚伯拉罕、以撒、雅各和约瑟作为祖父、父亲、儿子和孙子，在谱系上把他们关联整合在一起。但在当时可能已经存在了将亚伯拉罕和以撒（南国的代指）编修性地关联在一起的《创世记》* 13 章以及 * 18—19 章，并很可能一方面自身进行了独立编修，另一方面也通过应许的主题进行了编修连接。冯拉德认为：

125

---

[69] Von Rad 1938/1958,12.

[70] Rendtorff 1977；Blum 1984；Köckert 1988.

[71] Alt 1929/1959.

[72] 不同观点，参见 Otto 2007,188。

[73] 参见 Blum 1990,214 注 35，是对 Blum 1984 的修正。

尽管囊括亚伯拉罕被召直到约瑟之死的宏大叙事综合体由多样的传统资料合并构成，但整体上有一个基本联结架构以支撑和连接它，这就是所谓的对先祖的应许。至少可以说，在整体上色彩斑驳似马赛克的故事，通过不断重复上帝的应许……被给予了一个连贯的主题。[74]

然而，无论就内容还是起源的历史而言，不同的应许在性质上是不同的。在传统历史中，它们有两个独立起源：一个是《创世记》18章的亚伯拉罕叙事——祭司文本之前唯一含有一个整体应许（一个儿子，14b）的先祖叙事；另外一个就是含有祝福主题的雅各叙事。

对于先祖叙事的编写统一性，特别重要的是《创世记》12：1—3、13：14—17、28：13—15 和 46：2—4 中叙述的应许。[75] 这些应许包含了对后裔增多和拥有土地的保证。对公元前 7 世纪至公元前 5 世纪的以色列和犹大而言，这两个主题是格外重要的——由于亚述和巴比伦的流放以及经济问题，导致不再处于自己王权统治下的地区人口大规模下降。[76] 这些应许应该放在反现实的背景中，去做处境化的理解。另外一个神学历史的重要特征突出表现在《创世记》12：1—3 中。

《创世记》12：1—3	《诗篇》72：17
耶和华对亚伯兰说："……我必使你成为大国，我必**赐福**给你，使你的**名**为大；**你要使别人得福。**……地上的万族都必因你得福。"	愿他的**名**存到永远，他的**名**如太阳之长久；**愿人因他蒙福，**万国称他为有福。

---

[74]　Von Rad 1957, 171.

[75]　Blum 1984, 300; Carr 1996b, 178.

[76]　Knoppers 2006, 268; Carter 1999, 235 – 236.

伴随"名为大"的主题及其作为祝福的功能，《创世记》12：1—3吸收了王室神学的重要成分（就像在《诗篇》72：17所表达的），并把它们转换成为百姓的先祖——亚伯拉罕。几乎很难想象这些"民主化"的趋势是出现在当国家仍然存在的时期。另外，《创世记》12：1—3与《以赛亚书》40—55章也有接近的相关观点。在《以赛亚书》40—55章中，被掳的以色列被以"亚伯拉罕"或者"雅各"来表达，同时在描绘中也带有王室特点。

还应注意的是，《创世记》12：1—3；13：14—17；28：13—15；46：2—4中系统化的应许与关于迁移的描述相连："离开你的本地"（12：1）；"不要害怕下到埃及去"（46：2），等等。这标志着上帝的百姓不再以地理层面来定义：以色列之所以是以色列，是由于其与上帝的关系，而不是因为以色列居住在自己的土地上。

最近，也有人将《创世记》12：1—3和46：2—4的写作时间定位在更迟的时期，并有着充分的理由。这种定位视这些文本在文学史上出现在祭司文本之后。[77]然而，也有一种解释路径，就是把这里与"祭司文本"的联系看作是由于"祭司文本"接受了一种业已存在的应许神学；这也解释了其在神学上对先祖历史有新的强调。在《创世记》12：1—3和《创世记》10：5，20，31—32中各族的列表中的重复出现（国家，宗族，土地），[78]似乎是一种历时性的编修。由此，《创世记》10章中祭司文本关于世界的观念受到业已存在的亚伯拉罕后裔蒙祝福主题的影响。[79]

出埃及传统所表现出的攻击性和排外性的导向，并没有在《创

---

[77] 关于《创世记》12：1－3；参见 Ska 1997；《创世记》46：2－4；参见 Gertz 2000b，273－277，382－383。

[78] 参见 Crüsemann 1981，29；Ska 1997，369－370；Schmid 1999c，168。

[79] Kratz 2000a，239.

世记》的先祖叙事中出现。相反，从政治层面上看，先祖叙事中鲜明地表现出了一种和平主义——先祖们与这片土地上的不同种族和群体和平相处，与他们订立盟约——这在出埃及传统中是被严格禁止的。从神学上讲，他们的包容主义也是显著的。先祖们漂泊在他们行走的路上，与一系列的神明有关系，这些神明以不同的名字展示自我，他们在不同地方为这些神明建立祭坛。当然，对于先祖叙事的读者，可以清楚地知道这些神明背后总是同一位独一的神，即耶和华。但是，对于叙事中的行为者而言，他们却并不清楚。他们的不确定性无疑有一个历史背景：在这些先祖叙事背后，是最初涉及更多其他神明及其祭坛的记忆或口传传统，不仅仅是关于耶和华。先祖们的旅程所要达到的是与传统发展过程所产生的同样结果，即将不同地方神明确认为是以色列的独一上帝。于是，在出埃及传统之外，先祖叙事提供了另外一个独立的关于以色列在自己土地上的同化性与原生性起源的概念。相对而言，出埃及传统则是将以色列的起源定位于埃及，并由此相应地竭尽全力捍卫以色列的身份，排他性地反对其他民族宗教身份。[80]

6. 非祭司文本的西奈传统

以五经目前的叙事顺序来看，一个显著特点是从《出埃及记》19 章到《民数记》10 章，故事的发展在很大程度上停滞不前：以色列仍然滞留在西奈，并且大多数文本材料由摩西从上帝领受的诫命构成。长久以来，所谓的西奈篇章（《出埃及记》19 章—《民数记》10 章）被认为在历史范围内或属于祭司文本，或属于其扩展内容。无论这里的祭司文本是指作为一个内容尚独立的源本，还是当它与非祭司的五经合并之后的文本，就建造会幕的指示及其执行（《出埃及记》25—31 章；35—40 章），《利未记》中的礼仪律法材料，以及在《民数记》1—10 章所谓的扎营安排而言，这一观点基本是正确的。但《出埃及记》19—24 章和 32—34 章的文本不应包括在其

127

---

[80] 参见 de Pury 1991；Schmid 1999c；Gertz 2000b；Kratz 2000a。

中。关于它们的文学史定位，还没有达成一致的研究意见。但足够清楚的是，这些文本或者已经预设了祭司文本，或者是对其回应，都不能直接或间接地与祭司文本联结起来。[31] 即使如果我们——基于一定的理由——将西奈篇章（构成现在《出埃及记》19—24 章和 32—34 章的文本篇章）定位祭司文本之前，[32]那么一些基本的观察也显然表明它们的基础不能再定位在被掳时期之前：在五经之外很少能找到关于"上帝之山传统"（Gottesbergtradition）。在五经之外同时提及出埃及传统和西奈传统的最早的文本曾出现在《尼希米记》9 章。此外，就像长久以来已观察到的，就叙事而言，西奈篇章打断了摩西—出埃及故事的行动进程，它的场景和地理均显示出了大量的兜转。因此，有人提议把西奈篇章解读为对属于犹大本土的"上帝之山传统"的锡安神学消失的一种文学反应。[33]随着上帝的居住地从耶路撒冷转移到神秘山区——即使《列王纪上》19：8 也不再知晓西奈山的位置，只提及从别是巴启程"四十日和四十夜"可以到达——它远离所有政治上的混乱和危险，从而获得了神学上的持久性。但是，就像出埃及传统那样，在这些后期西奈传统背后是否隐藏着一些更早期、甚至国家时期之前的记忆，仍是一个有待观察的问题。本质上来看，通过对《出埃及记》19—24章以经内阐释方式进行讨论，可以得出这样一个结论：如果这个文学作品可能是对已存在的文本和材料的一种解释，那么答案应当是否定的。

如果这个西奈篇章也包括立约叙事（《出埃及记》24 章），这个立约叙事的对应表现是所谓的"约书"[34]（《出埃及记》20—23 章）——"没有律法的西奈神显会一无所获，除了在一个空空舞台

[31]　Schmid 2001.

[32]　关于传统模式，参见 Schmidt 1983；关于新的研究方法，参见 Oswald 1998；Gertz 2001。

[33]　Pfeiffer 2005，260 - 268；关于耶和华的宗教史起源在北方而非南方的广泛结论，另参见 Köckert 2001；相反观点，参见 Keel 2007，200 - 202；Leuenberger 2011。

[34]　参见 Oswald 1998；不同观点，参见 Levin 1985b。

上戏剧性的雷声"⑤——那么，进一步的中心神学历史的变化在这里也是明显的。《申命记》的被掳时期之前的立约神学似乎被《出埃及记》24 章采用，但现在被进行了"去中心化"：上帝和以色列之间的立约不再依赖于耶路撒冷的中心圣殿，因为它已经失去了。这里也出现了后来形成的妥拉中心论的起源：以色列的身份不再依靠其土地，而是律法。第二，通过这个方式，约书将在其原初意义上抵制对它的申命记式解释。对于后来的申命学派把更早期的约书在神学上进行的普及化，仍能够在目前五经的叙事序列中观察到：约书被表现为在西奈的上帝的教导，而《申命记》是摩西在约旦东边土地上的教导。

128

三、先知传统

1. 耶利米传统的起源

从文学史的角度看，《耶利米书》的文学起源有着特别的意义。耶利米传统可能开始于《耶利米书》4—10 章的哀歌（可能追溯到历史上的先知耶利米），当时还没有与谴责关联起来，并且历史上这也几乎不可能发生，除非将其直接与公元前 587 年犹大和耶路撒冷的灾难相关联。⑥ 基尔（Othmar Keel）曾特别指出，耶利米传统存在不平常的观念世界，它与《以西结书》有着显著不同：耶利米传统完全处于乡村—农业隐喻的世界中，几乎没有受到来自古代近东世界广泛的图景象征的影响。⑦

就文本现在的形式而言，《耶利米书》4—10 章看起来似乎是一个广泛性的谴责。但是这种印象来自于一系列添加材料——无论从形式还是主题上都能轻易地将它们分离出来。这些后来添入的

---

⑤ Levin 1985b, 185；Oswald 1998, 104 - 105.

⑥ Levin 1985；Pohlmann 1989；Biddle 1990；Schmid 1996a；Kratz 2003b.

⑦ Keel 2007, 672 - 676.

材料以第二人称单数阴性所直接反对的实体,可以很容易辨识出来指的是耶路撒冷(参见"耶路撒冷",4：14)。

> 看哪,他必如云涌上;他的战车如旋风,他的马比鹰更快。我们有祸了！我们败落了！
>
> **耶路撒冷啊,你当洗去心中的恶,使你可以得救。 恶念在你里面要存到几时呢?**
>
> 有声音从但传出,有灾祸从以法莲山传来。(《耶利米书》4：13—15)

> 各城的人因骑兵和弓箭手的响声就都逃跑,进入密林,爬上磐石;城镇都被抛弃,无人住在其中。
>
> **你这被毁灭的啊,你要做什么呢? 你穿上朱红衣服,佩戴黄金饰物,用眼影修饰眼睛,徒然美化你自己。恋慕你的却藐视你,寻索你的性命。** (《耶利米书》4：29—30)

从主题上看,这些第二人称单数阴性的描述通常围绕对淫乱和通奸的指责(参见《耶利米书》2：19—25,32—33)。在古代近东,这些一般是忠诚于盟约的普通隐喻。[⑧] 由此,对耶路撒冷罪责的谴责在这里指向的是犹大错误的盟约政策。在犹大王权的最后年月里,犹大明显做出了努力(正如《列王纪下》24—25 章所表明的那样)——与巴比伦和埃及之间的强权进行协商。例如,《以西结书》17 章明确表现了犹大在巴比伦和埃及之间的摇摆政策:

> 耶和华的话临到我,说:"你要对那悖逆之家说:你们不知道这些事是什么意思吗? 你要这样说,看哪,巴比伦王曾到耶路撒冷,把其中的君王和官长带到巴比伦去,又从以色列王室后裔中选取一人,与他立约,令他发誓,又掳走国中有势力的

129

[⑧] Fitzgerald 1972；另参见 Wischnowsky 2001,42‐45。

人,使王国衰弱,不再强盛,只能靠守盟约方得生存。他却背叛
巴比伦王,差派使者前往埃及,要求埃及人给他马匹和许多人。
他岂能亨通呢? 这样做的人岂能逃脱呢? 他背了约岂能逃脱
呢? 主耶和华说:我指着我的永生起誓,他定要死在巴比伦,就
是巴比伦王所在之处;因为巴比伦王立他为王,他竟轻看向王
所起的誓,背弃王与他所立的约。(《以西结书》17:11—16)

　　对通奸的谴责也意味着,耶路撒冷没有信靠她的神——耶和
华,而是与国外强权特别是埃及缔结了条约。在那些第二人称单
数阴性的文本里,这些强权或他们的神明,作为"情人"出现,然而
现在他们虐待耶路撒冷,进而又强奸她。

　　反对在哀歌部分可以发现这卷书的最早文本的声音则认为,仅
仅对苦难的哀叹并不足以构成一个传统的基础。它们也没有表明
如何在后来形成书写文本的形式。哀悼的经验当然可以被视为历
史性的但同时又没有被文本记录下来。然而,反之也可以认为,
《耶利米书》最早时期的哀歌代表着一种确定的神学立场,以及可
能通过它建立起一个传统:这些哀歌显然直接指向在第一圣殿时
期作为国家宗教正统的耶路撒冷的锡安神学,而锡安神学是建立
在有耶和华临在的锡安是牢不可破的观念上。这一点尤其突出表
现在《耶利米书》6 章对《诗篇》48 篇的反转性采用中。

《诗篇》48:2—6,8,13—15	《耶利米书》6:22—26
锡安山—大君王的城,在北面居高华美,为全地所喜悦。神在城的宫殿中,自显为避难所。看哪,诸王会合,一同经过。他们见了这城就惊奇丧胆,急忙逃跑。战兢在那里**抓住**他们,他们**好像临产**	耶和华如此说:"看哪,有一民族从**北方**而来;有一大国被激起,从地极来到。他们拿弓和枪,性情残忍,不施怜悯;他们的声音如海浪澎湃。锡安哪,他们都骑马,如上战场的人摆阵攻击你。"我们听见

的妇人一样阵痛……

我们在万军之耶和华的城里，就是我们神的城里，所看见的正如我们所听见的。神必坚立这城，直到永远。……

你们当**周游锡安，四围环绕**，数点城楼，细看它的城郭，察看它的宫殿，为要传扬给后代。因为这神永永远远为我们的神，他必作我们引路的，直到死时。

这样的风声，手就发软；痛苦将我们**抓住**，疼痛**仿佛临产的妇人**。**你们不要出到田野去，也不要行走在路上**，因四围有仇敌的刀剑和惊吓。我的百姓啊，应当腰束麻布，滚在灰中。要悲伤，如丧独子般痛痛哭号，因为灭命的忽然临到我们。

对于《诗篇》48 篇来说，锡安可以抵挡住所有攻击。在《诗篇》48 篇，敌方的王只要一看见锡安，就会战栗逃走。但是，在《耶利米书》6 章中，原本属于敌人的惊恐现在转到了锡安自身的居民身上。所描绘的图景也随之完全改变：《诗篇》48 篇中的"锡安山"，在《耶利米书》6 章变成了在灰尘中翻滚的"锡安女儿"。《耶利米书》6 章对《诗篇》48 篇的接受似乎以努力在神学上和隐喻上处理锡安神学的消失为导向。

在《耶利米书》4—10 章最古老的哀歌文本很可能又增添了在《耶利米书》46—49 章中关于国外诸民族的描述，因为后者无论在语言还是主题上都与 4—10 章中的文本非常接近。巴比伦人带来的沮丧不仅影响了犹大和耶路撒冷，也包括邻邦的人们，这一点在《耶利米书》46—49 章中以文学形式表达出来。⑨

通过对使用与耶路撒冷有关的第二人称单数女性的文本进行编修性扩展，《耶利米书》4—10 章中的哀歌也可能很快通过所谓的

---

⑨　Huwyler 1997.

先知象征行动来进一步扩大。这些先知象征行动已经预设了罪责神学，并进一步把审判明确地解释为是神圣审判（《耶利米书》13章，16 章，18 章，27—28 章，32 章）。

这些象征行动作为一个整体表现了出来（除了《耶利米书》27章），它们都是以第一人称单数的形式出现。除此之外，《耶利米书》中都是以第三人称提及耶利米。这些象征行为可能也出现在这卷书的一个较早期的阶段，尚未包括外邦叙述的文本。

最后，这卷书更早期的文本包含了《耶利米书》21—23 章中关于诸王的陈述：[90]耶利米作为犹大王室的一位批评者出现。这些文本部分在当时的时期出现，比如可以在反对犹大倒数第三位国王约雅敬的言论中看到：

> 所以，耶和华论到约西亚的儿子犹大王约雅敬如此说：人必不为他举哀："哀哉，我的哥哥！哀哉，我的姊姊！"也不为他举哀："哀哉，我的主！哀哉，我主的荣华！"他被埋葬好像埋驴子一样，被拖出去，扔在耶路撒冷城门外。（《耶利米书》22：18—19）

关于约雅敬死后将不会被埋葬的预言并没有应验。《列王纪下》24：6 谈及约雅敬之死："与他列祖同睡。"这个表达描述的是一个常规的丧葬。没有理由推断《列王纪下》24：6 没有提供可信的信息。相反，由于《耶利米书》22：18—19 包含一个没有应验的预言，我们有充分的理由认为这是更早期的内容，因为在约雅敬实际被埋葬之后，几乎不可能会有人去表达一个与实际历史事件相左的审判预言。

最终，《耶利米书》也受到了申命学派的编修活动的影响，尽管对其干预《耶利米书》程度的评判，与在蒂尔（Winfried Thiel）相关

---

[90]　Job 2006.

研究中的发现并不相同。[91] 特别值得提及的是,《耶利米书》1—25章中的一些小地方放弃了背景主旨,在语言和内容上都清楚表现出了申命学派式的谴责：

> 忧愁时我寻找安慰,我心在我里面发昏。听啊,是我百姓呼救的声音从远地传来:"耶和华不是在锡安吗？锡安的王不是在其中吗？""**他们为什么以自己雕刻的偶像和外邦虚无的神明惹我发恕呢？**""秋收已过,夏季已完,我们还未得救!"因我百姓的损伤,我也受了损伤。我哀恸,惊惶将我抓住。在基列岂没有乳香呢？在那里岂没有医生呢？我百姓为何得不着医治呢？(《耶利米书》8：18—23)

131

就神学历史而言,特别重要的是,耶利米传统起源过程中发生了从哀悼向谴责的转变,因而存在一种关于罪责的神学的发展。这一点通过编修批评的方式可以得到充分认知。因此,《耶利米书》中最早的哀悼文本因而似乎是第二位的,但是很快增添了类似《耶利米哀歌》中那种关于罪责的宣告的内容。因此,在先知传统中,虽然来自亚述时期的更早期先知书在涉及北国沦亡时从罪责—受罚的角度表达,但是罪责—受罚范式在巴比伦时期不再是不可置疑的。这正是申命主义中的表达:《列王纪》中申命学派思想的最早层面很可能仅仅拒绝在敬拜礼制上不合法的北国,以及南国的此种趋向。犹大作为一个整体在上帝眼里也成为有罪过的观念要根据实际的灾难进行理解,而实际灾难的经验需要一个神学基础。此外,值得注意的是,《以赛亚书》和《弥迦书》中针对犹大的审判言论属于前被掳时期的晚期是较难以置信的。因为几乎一个世纪以来,他们的警告仍都没有应验,因此被怀疑是错误的预言。

---

[91]　Thiel 1973;1981.

2. 以西结传统的起源

以西结传统的起源要比耶利米传统更难以理解。首要问题在于是否有可能重建《以西结书》先于以流放为导向的文本阶段。后者属于波斯时期早期：《以西结书》清楚地表现出是第一批流放群体的利益代言者。他们在公元前 597 年与约雅斤一起被流放，包括以西结自己。《以西结书》的巴比伦印记——突出表现在其文本中的图景世界（Bildwelt）——清楚地受美索不达米亚国际标准的"主导性文化"的启迪。[92]

波尔曼（Karl-Friedrich Pohlmann）所辨识出的先于流放导向的文本，主要来自《以西结书》* 4—24 章、* 31 章和 * 36 章。这些内容根据审判和拯救的两部分顺序进行建构，虽然拯救的观点在这个作为《以西结书》第一版本的书卷中是微弱的，而且文本的内容也非常窄小。[93] 波尔曼视《以西结书》* 19/* 31 章中的诗歌是这卷书最早的单个文本：它仍然哀悼发生的灾难，并且没有提及耶和华。他把这些内容都追溯到接近王室的耶路撒冷圈子。就这些方面而言，最早的《以西结书》由此已经具有一个非常类似于早期耶利米传统的内容导向。但是《以西结书》的文学—历史重建缺少更清晰的标示，因此也有更多争议。

《以西结书》的起源无论如何应当是定位在巴比伦时期而不是亚述时期：虽然书卷自身的证据并不是这个认知的可靠历史论据。但是，当《以西结书》8—11 章的宏大异象言及"耶和华的荣耀"离开耶路撒冷圣殿之时，并不是向巴比伦移去（如《以西结书》1—3 章以流放为中心的观点所认为的），而只是仅仅移到数百米外的橄榄山，代表《以西结书》中流放导向之前的文本要素："耶和华的荣耀从城中上升，停在城东的那座山上。"（《以西结书》11：23）

然而，毫无疑问，《以西结书》是非常迅速和彻底地"巴比伦化"

132

---

[92]　Keel 2007,676 - 728.

[93]　Pohlmann 1996,33 - 36；另参见 Rudnig 2000,345。

了。它的时间定位基于公元前 597 年,以西结被描述为约雅斤—流放的先知,以色列被描绘为全部是荒凉之地,并且没有任何流放后未来回归独立的迹象。《以西结书》40—48 章中所谓的批判性——乌托邦式的描绘,其中心是一个文学上复杂的架构,它的基础很可能延展回至巴比伦时期。[94] 支持这个观点的证据可能包括对新圣殿建造的描绘缺少第三个维度,以及与《出埃及记》25—40 章祭司文本的圣所神学存在差异。这都指向《以西结书》40—48 章起源于祭司文本之前,这使得《以西结书》在相当长时期内都不能在波斯时期的犹太教的标准作品中找到一个位置。库姆兰发现的圣殿书卷(Tempelrolle)很可能比库姆兰时代更早,它试图将《出埃及记》25—40 章和《以西结书》40—48 章协调起来。[95]

3. 第二以赛亚

历史—批评性的圣经学术研究最确定的成果之一是,认识到《以赛亚书》第二部分(40—66 章)与公元前 8 世纪以其名字命名这卷书的先知以赛亚并没有历史关联。在其中,"以赛亚"没有被提及;先知宣告集中于拯救的应许;历史背景预设了最早是公元前 6 世纪,这一点通过提及的波斯王居鲁士名称可以明显看出。《以赛亚书》40—66 章的基本内容很可能可以追溯到公元前 6 世纪的一位先知,其名字无从得知,学术界一般称之为第二以赛亚。[96] 最近具有代表性的观点认为,《以赛亚书》40—66 章只是预言的延伸写作,不能追溯为某一位个体先知人物;[97]另外一种方法的研究则认为,《以赛亚书》40—55 章的材料可以通过"形式批评"的方式探究,但这些都仍然让关于存在一个第二以赛亚先知的观点同样可信。

---

[94]　Rudnig 2000；Keel 2007,890 - 900.

[95]　Maier 1997.

[96]　Hermisson 1999.

[97]　Albertz 1990.

第四章　巴比伦时期的文学（公元前 6 世纪）

我们可以用《以赛亚书》45：1—2 来对第二以赛亚信息的写作进行一个相对准确的时间定位。[98] 这个章节最初预见的是巴比伦被居鲁士暴力占领，但接下来就进行了修改，以适应巴比伦没有经过战斗就被占领的历史事件：

> 耶和华对所膏的居鲁士如此说，他的右手我曾搀扶，使列国降服在他面前，列王的腰带我曾松开，**使城门在他面前敞开，不得关闭**："我要在你前面行，修平崎岖之地。我必打破铜门，砍断铁闩。"（《以赛亚书》45：1—2）

133

与此相关的是，《以赛亚书》40—66 章坚持认为预言是基于其所声称的应验来证明。[99] 先知信息的真实性要从之前所宣告的情况来看。这个论点并不那么显著地植根于第二以赛亚传统，如果其历史起源不是在巴比伦沦亡之前的话：

> 我曾指示，我曾拯救，我曾说明，并没有外族的神明在你们中间。你们是我的见证，我是神。（《以赛亚书》43：12）

> 你们要近前来说明，让他们彼此商议。谁从古时指明这事？谁从上古述说它？不是我—耶和华吗？除了我以外，再没有神；我是公义的神，又是救主；除了我以外，再没有别的了。（《以赛亚书》45：21）

> 先前的事，我自古已说明，已从我口而出，是我所指示的；我瞬间行事，事便成就。（《以赛亚书》48：3）

> 所以，我自古就给你说明，在事未成以先指示你，免得你

---

[98] Kratz 1999a；不同的观点，参见 Albertz 2003c。
[99] Keel 2007, 862 - 864.

说："这些事是我的偶像所行的，是我雕刻的偶像和铸造的神像所命定的。"(《以赛亚书》48：5)

属于最早期的综合、但仍然是第二以赛亚预言的早期波斯版本，主要出现在《以赛亚书》40—48 章中。其中，《以赛亚书》40：1—5 和 52：7—10 可以分别视作开场白和结语。

《以赛亚书》40：1—5

你们的神说："要安慰，安慰我的百姓。要对耶路撒冷说安慰的话，向它宣告，它的战争已结束，它的罪孽已赦免；它为自己一切的罪，已从耶和华手中加倍受罚。"有声音呼喊着："**要在旷野为耶和华预备道路，在沙漠为我们的神修直大道。一切山洼都要填满，大小山冈都要削平；陡峭的要变为平坦，崎岖的必成为平原。** 耶和华的荣耀必然显现，凡有血肉之躯的都一同看见，因为这是耶和华亲口说的。"

《以赛亚书》52：7—10

在山上报佳音，传平安，报好信息，传扬救恩，那人的脚踪何等佳美啊！他对锡安说："你的神作王了！"

听啊，你守望之人的声音，他们扬声一同欢唱；因为他们必亲眼看见耶和华返回锡安。耶路撒冷的废墟啊，要出声一同欢唱；因为耶和华**安慰了他的百姓**，救赎了耶路撒冷。耶和华在万国眼前露出圣臂，地的四极都要看见我们神的救恩。

"第二以赛亚"的基础版本与旧约所有之前的以色列预言写作特点极为不同，其内容是无限制的拯救。它很可能是对于波斯权力明显巩固的反应，应不迟于大流士一世统治时。但它还没有预料到大规模的归回运动，因为它的开场和结尾仅仅庆祝上帝自身回归到锡安—耶路撒冷作为拯救事件。耶路撒冷的罪——这也是《耶利米书》4—10 章和《耶利米哀歌》的主题——仍没有赎清。对于第二以赛亚来说，虽然这个拯救还没有完全实现，但是上帝会坚定地去做，它在地上的实现是指日可待的。在第二以赛亚中，这种天上的决定和地上的实现之间的区别，在语言层面有所谓的"过去式拯救"：《以赛亚书》40—46 章以过去时的形式去表达一些待发生的拯救话语，因为它们已经被上帝保证了。

　　因此，上帝对他百姓的审判是在过去。对于接下来的时期，第二以赛亚描绘了以色列一个新的拯救历史的开端，与过去有着相当不同的特征。最显著的表现是未来的以色列应是没有国王的以色列，在波斯帝国内的融合被接受为是上帝拯救的一部分。

　　在古代近东以及古代以色列宗教史发展中，刻画波斯国王居鲁士为"耶和华所膏的"（《以赛亚书》45：1）都是新事物。传统中，古代近东宗教在民族宗教概念的框架内作用，视外国的所有事物为混乱领域的一部分。当第二以赛亚传统视居鲁士为一个受上帝喜悦的合法统治者，它有了质上的跨跃，完全突破了一个民族宗教的传统架构。[100] 耶和华——以色列的神——因而被奉为世界的统治者，他按立了波斯王朝，同样也可能会罢免它。

　　就《以赛亚书》40—66 章关于居鲁士的言论而言，经常引用所谓"居鲁士圆柱"（Kyroszylinder）铭文来讨论。居鲁士圆柱铭文是一个来自公元前 539 年巴比伦灭亡时的波斯文献。在这个文献中，居鲁士铭刻有下面的文字：

> 马尔杜克……命令他（居鲁士）应该前往巴比伦。他已经让他取得通往巴比伦之路，并且，像一个朋友和伙伴，他行在他身边。他的大军数目像河里的水，不可胜数，全副武装在他身边前进着。他已经使他无战斗就直接进入他的城市巴比伦；他拯救巴比伦脱离苦难。他把那波尼德斯交到他手里，这个王不崇敬他……至于巴比伦的人口……我抚慰了他们的疲倦；我把他们从捆

134

---

[100] Keel 2007,857-861.

绑中解放出来。马尔杜克,伟大的主,悦纳我的(好)行为……⑩

　　《以赛亚书》40—66 章和居鲁士圆柱铭文之间有一个相似的结构,在居鲁士圆柱铭文中波斯人居鲁士也被视为受一位外邦神的拣选,这里主要是巴比伦的神——马尔杜克。但不同于《以赛亚书》40—66 章,这里是居鲁士自己的陈述。他把自己表述为巴比伦的统治者,也被当地神明视为是合法的。对比之下,《以赛亚书》40—66 章走得更远:关于居鲁士作为耶和华所膏立君王的描述,是一个外邦陈述,把波斯人居鲁士放在了覆亡的大卫王朝的位置。相应地,《耶利米书》中的一些陈述(比如《耶利米书》25：9,27：6,43：8),很可能也来源于波斯时期,尼布甲尼撒被称为上帝的"仆人",这个称号在旧约中本来主要是用于大卫。⑩ 同样可资类比的是,《但以理书》1—6 章中外邦统治者对以色列神的承认,同样也接近于这个概念。

　　第二以赛亚传统代表着严格的一神论,只将耶和华视为神;其他民族崇拜的神祇不是神:"我是耶和华,再没有别的了;除了我以外再没有神。"(《以赛亚书》45：6)我们可以称这种排他性的一神论——神的类别严格地限于一个基础,耶和华——这与例如祭司文本中包容性的概念形成对比;祭司文本也承认一位神,但与此同时承认这个神可以有不同的名称,可以以不同的形式进行崇拜。这种包容性的一神论认为,神的类别只有一个基础,但可以被称为耶和华、阿胡拉马兹达(Ahuramazda)、宙斯(Zeus)等等。

　　在以色列宗教史上,第二以赛亚的一神论标志着一个基础性的改变。⑩ 对一位神排他性的信念首次在这里有了明确的表述。它通过采用和强化十诫的第一诫得到了表达。对第一诫来说,虽然它禁止崇拜别神,但是并没有排除他们的存在,反而继续像之前一

135

---

⑩　TUAT I：408-409.

⑩　Schmid 1996a,229-249.

⑩　参见 Albani 2000;2003；Lemaire 2007,105-108。

样认同这一点：

《以赛亚书》45：6—7	《申命记》5：6—7
从日出之地到日落之处使人都知道除我以外，没有别的。**我是耶和华**，再没有别的了。我造光，又造暗；施平安，又降灾祸；做成这一切的是我—耶和华。	我是耶和华—你的神，曾将你从埃及地为奴之家领出来。除了我以外，你不可有别的神。

　　两段经文都起始于古代近东多神论背景中的自我介绍语式："我是耶和华。"传统上，一个自我揭示的神通过这种方式来表明他或她自己的身份。第一诫以此定义"你的神"，也就是以色列的神，"曾将你从埃及地为奴之家领出来"。在第二以赛亚中，普遍化的概念放弃了这个限定性描述，直接走向补充性的否定性陈述："没有别的"。这种表达决定性地强化了十诫中的诫命"除了我以外，你不可有别的神"，又以反证的方式采用了神明自我介绍的惯例。之后，《以赛亚书》45：6—7 又提出"我造光，又造暗；施平安，又降灾祸"，由此为第一诫中关于上帝带领以色列出埃及的陈述提供了主题上的补充。然而，以赛亚没有表达纯粹关于拯救的表述，而是——仍然是其表达的一神论——明确地将拯救和毁灭都归因于上帝的行动。事实上，将词语"*br'*"（创造）连接"灾祸"的概念排他性地指涉神的行动，如此，上帝不仅明确地被视为灾祸的始因，而且还被具体地加以强调。

　　第二以赛亚的一神论描述直接地从根本上与统治者的概念相关：如果世界统治者居鲁士作为上帝任命的国王来统治以色列，那么显然，上帝——其在地上的代表是居鲁士——就统治整个世界。我们因而可以猜想，以色列一神论兴起于政治背景中。

　　如果神只有一位，又是世界的创造者和统治者，这意味着在这些文本中上帝在世界中的行动要与旧约中其他更早文学中的情形有不同表现。第二以赛亚视为一个新特点是，所有上帝的作为在根本上都被视为创世性的行为。这在对第二以赛亚起结构作用的赞美诗中有着突出的表现，对作为创世主的上帝的颂扬一般出现在这卷书显要的位置，以此表明在历史中上帝的作为是创世性的行动。

犹大和耶路撒冷沦亡之后，第二以赛亚的历史处境要求对以色列更早期的民族奠基性传统进行批判性反思。就以色列出埃及而言，对第二以赛亚来说，它不再与拯救有任何当前相关性。旧有的出埃及传统明显与失去土地后达到高潮的灾难性历史关联起来。以色列和它的神之间的关系不能再根据出埃及作为其存在的证明。反之，第二以赛亚由此认为：将出现一次新出埃及，这一次是走出巴比伦，将远超出过去的那次。首先，耶和华自己会离开巴比伦，百姓会跟随。在这个新出埃及的基础之上，上帝和他的百姓建立一种新的关系，过去的关系会毫不留恋地被忘记。

值得一提的是，新出埃及也包含"水的奇迹"，但这一次不是像描写敌人被毁灭的《出埃及记》14 章，而是耶和华会在沙漠中提供甘泉，消除他百姓的干渴。[104]

> 那在沧海中开道，在大水中开路，使战车、马匹、军兵、勇士一同出来，使他们仆倒，不再起来，使他们灭没，好像熄灭之灯火的耶和华如此说："你们不要追念从前的事，也不要思想古时的事。看哪，我要行一件新事，如今就要显明，你们岂不知道吗？我必在旷野开道路，在沙漠开江河。"（《以赛亚书》43：16—21）

第二以赛亚处理先祖传统的方式与处理《出埃及记》材料的方式有很大不同。由于应许土地的传统基于先祖叙事，所以先祖传统在拯救传统上与第二以赛亚具有神学上的相关性。它们因此被采用和扩展。

---

[104]　参见 Macchi 2009。

惟你以色列，我的仆人，雅各，我所拣选的，我朋友亚伯拉罕的后裔，你是我从地极领来，从地角召来的，我对你说："你是我的仆人；我拣选你，并不弃绝你。"你不要害怕，因为我与你同在；不要惊惶，因为我是你的神。我必坚固你，帮助你，用我公义的右手扶持你。（《以赛亚书》41：8—10）

以色列百姓被以古代祖先的名字来指称。至少就亚伯拉罕到雅各的谱系而言，这里的《创世记》以外的先祖们，是以谱系关系的形式出现的。第二以赛亚因此激发了《创世记》中来自先祖历史的应许神学，把以色列描述为上帝无条件地应许占有土地的民族。不像包含有律法的申命学派神学的出埃及传统，先祖叙事对以色列的被掳身份起重要的导向作用。

第二以赛亚中将先祖传统的命名应用在百姓身上，也与第二以赛亚中关于诸王的陈述转移到百姓自身有关：无论是称为"神的仆人"，还是"拣选"的表达，还是"不要害怕"的命令，都源于王室神学的范围。这些表达由此被普通化，百姓被提到了如国王般的特权地位。

第二以赛亚随着时间的推移而不断被扩展。[105] 发生于 40—55 章的接续写作层面，从根本上区别于以更广范围的 40—66 章为基础的接续写作。最后，一些编修上的写作延展到整个书卷，需要将它们放在整个《以赛亚书》的范围内进行探讨。

因此，40—55 章中一些抨击别神的文本可以基本确定（40：19—20；41：6—7；42：17；44：9—20；45：9—20；45：16—17，20b；46：5—8；48：22）是作为特定类别的附加。[106] 同

---

[105] Kratz 1991；Leene 1996 对此有所保留。

[106] 不同的观点，参见 Ehring 2007, 262-267。

样,42—45章中的锡安文本(特别是49:14—26;51:9—10,17,19—23;52:1—2;54:1)似乎是接连地进入这卷书。最后,还应该提及的是"仆人之歌"。传统上认为它在最初是被独立创作的,但是现在更常见的认识是,它是增加到主体文本中的接续性写作。

在40—66章的更广范围中,《以赛亚书》56—59章和63—64章中存在第三以赛亚对第二以赛亚的延展性写作。在《以赛亚书》65—66章中,则有对作为整体的《以赛亚书》的结论性编修,使整卷书定型,也由此构建出了与《以赛亚书》1章紧密的首尾呼应。

四、律法传统

1. 十诫

在《申命记》基础版本之后,律法历史发展的基本特征可以清楚地在《申命记》4—6章的前面部分观察到。这明显是以洋葱式从外部生长进去:在《申命记》6:4,我们可以准确地发现所谓的"示玛,以色列"(Scheʿma Israel)是申命记法典的最初序言,其目的在于敬拜中心化,因为"示玛,以色列"在起初表达的是独一耶和华主义的观点,形成了敬拜中心化的基本神学思想。耶和华是独一的耶和华,即是说,在耶路撒冷的耶和华之外,不存在其他任何耶和华合法化的显现(例如,就像王国时期铭文中的"撒玛利亚的耶和华"以及"提幔的耶和华"等所表现的那样[107])。

对比而言,十诫是一个后期的建构,尽管它可能重新加工了更早期的材料。[108]尽管根据阿尔特的观点,[109]一种流行的解释是认为

[107] TUAT II:561-564.
[108] Hossfeld 1982;Köckert 2007.
[109] Alt 1934.

法律条款的绝对表达指向一个伟大的古代，但现在已经清楚的是，十诫的特定形式不应当从其起源历史的角度看，而是要从其功能角度看。十诫首先是集中反映了律法主题的书写化，而不是律法起源的基石。[110]

"示玛，以色列"可能是第一条出现的诫命，被一些人认为是其原初的意图。[111] 因为一方面放在了它之前的《申命记》5 章的第一诫命，为之后的内容提供了结构，另一方面也可以从插入的《申命记》6：5 关于爱的诫命（"你要尽心、尽性、尽力爱耶和华—你的神"）看出。从传统的古代近东背景看，这里使用"爱"的隐喻，表达了对耶和华无条件的忠诚。[112]

十诫相对于"示玛，以色列"的次要性质，可以从关于安息日的诫命被提升至中心位置识别。安息日诫命强化了被掳以色列的身份认同，而关于只能在圣地故土上执行敬拜中心化的诫命，引人注目地竟没有在十诫中出现。[113]

十诫应当定位于巴比伦时期，并且先于第二以赛亚，这一点可以通过第一（以及第二，依据于诫命数量怎样计算）诫命表达的多神论架构表明：禁止崇拜别神，但不排除他们的存在，而是预设了他们的存在。从"示玛，以色列"（《申命记》6：4—9）到十诫，神学发展过程中的问题视域发生了清楚的转变。我们可以看到：示玛以色列仍然完全聚焦于国内政治和内在于以色列的讨论（"独一的耶和华"），而十诫对外邦神和偶像的禁止，显然预设了频繁的国际交流以及对以色列身份认同的威胁，因此可以认为它产生在巴比伦被掳时期。[114]

对于《出埃及记》中的十诫（《出埃及记》20 章）出现时期在前，还是《申命记》中的十诫在前的讨论，不需要、也不能够在这里进行

---

⑩　Otto 1999b, 626.

⑪　参见 Veijola 1992a, b；相反的观点，参见 Pakkala 1999, 73 - 84。

⑫　Moran 1963；Olyan 1996；RütersWörden 2006.

⑬　Otto 1999b, 627.

⑭　Uehlinger 1998b, c.

总结。⑮ 但是，值得注意的是，就这两个传统自身而言，它们分别在西奈和约旦东边土地上的宏大律法宣告，都是以十诫为导言，以至于两者在本质上的贯通性需要被强调。编修层面上西奈启示和《申命记》中通过摩西重新颁布的内容之间建立的联系，清楚地表明妥拉被"十诫化"地进行了概括和总结。⑯

2. 申命学派的《申命记》

将十诫放在《申命记》的开始，代表着巴比伦时期对其开始进行"申命学派"的程式化（programmatisch）解释。《申命记》现在以宪法性质的样式来重塑形态，又以"十诫化"的形式进行重新结构。⑰《申命记》12：1 的标题将它接下来所陈述的律法的有效性限制在以色列地的生活，而十诫则宣告了其普遍有效性。16—18 章中的"申命主义"包含官府法律和一条王室律法，同时把国君降到了仅是一个文士的地位。⑱ 申命学派的《申命记》仍然是一个乌托邦式的规划；关于安息年在历史上的实现，仅能够从记载中知晓它曾在公元前 162 年发生（《马加比一书》6：49,53）。

把十诫放在前面也对应了《申命记》5 章中启示的特定概念，即十诫是在西奈为全体百姓所知的，而《申命记》12—26 章中的律法是在约旦河东边通过摩西第一次向百姓宣告。如果我们倾向于认为，《申命记》12—26 章最初是以耶和华的话语出现，那么这个文本单元可能是在重新编修的过程中整合成了摩西的话语。

申命学派的《申命记》很可能起始于将《申命记》6—28 章编修性地插入到更大背景的叙事书卷中。《申命记》现在成为以色列占领应许之地后的预备宪法。首先，在第一诫命的层面上，前先知书的内容当时已包括《约书亚记》，可能还有《士师记》，与《申命记》的

⑮ 参见 Köckert 2002,22。
⑯ Schmid 2004b.
⑰ Otto 1994；1999b, 627.
⑱ Otto 1999c, 695.

内容达成一致。这也表明这种文学综合很可能已经超出《申命记》，向后扩展到至少《出埃及记》，因为《申命记》主要是在语句表达而非在内容上提供了令人满意的起源认知。然而，另一方面，《出埃及记》20 章和《申命记》5 章中的这一对传统显著地将作品"十诫化"地整合了《出埃及记》—《民数记》的已有叙事背景。[19]

---

[19]　参见 Schmid 2004b。

第五章 波斯时期文学(公元前 5/4 世纪)

第一节 历史背景

就像在本书中表现的,如果以色列的历史不是从一个内在视角分为王国时期、被掳时期以及所谓"后被掳时期",而是外在地根据古代近东各种政权力量所施加的影响来分期,那么通常所认为被掳结束于波斯掌权之后的观念显然并不成立。公元前 539 年巴比伦在没有进行反抗的情况下被占领时,流放没有结束,也未在接下来几十年的回归潮后终止,而是在其后仍然继续着。即使没有来自外部势力的强迫,很多被流放者,特别是那些流放者的第二代及后代们,似乎已经在美索不达米亚和埃及赢得了威望和财富。以下的证据可以体现出来这一点:玛瑞苏(Murašu)的银库文件(这些文件包含了一些犹大人的名字[①]),约瑟和但以理崛起的传奇,[②]以及身居高位者如所罗巴伯、尼希米,还有难以确定其历史性的以斯拉等犹太人。[③] 因此,归回的意愿和冲动可能并不总是很强烈。我们甚至可以将《出埃及记》和《民数记》中百姓抗拒进入应许之地(特别参见《出埃及记》16 章;《民数记》11 章,14 章,16 章)而"发怨言"的故事放在这一背景下进行解释。它们很可能针对的是早期

---

① 参见 Stolper 1985;另参见 Zadok 1979;Pearce 2006。

② Beyerle 2000.

③ 参见,例如,Grabbe 1991;Kratz 2004a, 111 - 118;Keel 2007,1077 - 1078。

波斯时期充满抵制情绪的拒绝回归问题,把该问题放在过去的历史中进行批评性的思考。④ 在被掳过程中,被流放之地渐渐变为了新的家乡。以色列流散形式的存在从根本上影响了旧约,在波斯时期形成的妥拉——除了先祖在他们的土地上作为客人和外邦人外——完全发生在以色列之外。

"重建"的概念像"后被掳时期"一样存在着误导性,因为并不存在王国时期那般条件的重建。相反,犹大找到了一种"在政治环境的压力下实现群体生活的新形式……它更倾向于王国时期之前的架构"⑤,或者,就像也许人们曾这样表达的:犹大在其投射到王国之前时代的架构中找到了其建构模式。

　　　　就这个关系而言,我们需要讨论"犹太教"的开端是否应该被置于波斯时期。在 19 世纪,这是个普遍的观念,然而当时常带有偏见的色彩,⑥但在 20 世纪它具有了一个价值中立或正面的意向。⑦ 有时,转折被认为发生在亚历山大时期。⑧

141　　　　关于对时期进行确定的问题当然是从外部施加在历史现象上的定义,并根据所采用视角的不同而结果不同。那些倾向于将犹太教的观念限制在公元 70 年之后的拉比犹太教的人,看到第二圣殿的失去和向一个圣书宗教的完全转变带来的决定性的差别。这种观点显然忽略了犹太教内部的多元性,那可以被视为是公元 70 年的事件所带来的最深远断裂。在英语学术界已经采用了这个有些刺眼、但本质上合理的表达——"众犹太教"(Judaisms)——来指称公元 70 年之前的时

---

④　Römer 1991;2004.

⑤　Albertz 1992,469;2000.

⑥　参见 Wellhausen [6]1927,28:"被掳归回的不是一个民族,而是一个宗教派别";
　　Smend 1882。

⑦　Blum 1995;Kratz 1998;Bringmann 2005,7 - 11.

⑧　Schäfer 1983,11 - 12;Donner [3]2000/2001,474 - 475.

期的犹太教形态。⑨

　　然而，无论如何，第二圣殿"犹太教"和拉比"犹太教"之间有重要的连续性，特别是考虑到后来它们都是作为国家沦亡之后的存在，以及它们都把一神论、立约和律法作为基础性的神学选择。如果人们能够充分考虑到其内在的差异，那么被广泛接受的概念"古代或古典犹太教"是充满意义并合理的。⑩

　　从地缘政治的层面看，构成波斯时期以色列的历史背景，是由波斯帝国所建立。波斯帝国几乎占据了古代近东所知的整个世界。第一个伟大的波斯国王居鲁士的兴起，开始于公元前550年成功征服他的米提亚对手阿斯提阿格斯（Astyages），特别是继而在公元前546年实现了对吕底亚国王克里萨斯（Kroisos）的彻底军事胜利后，他的地位得以确立。然而，他决定性地获得世界霸权是在之后的公元前539年。他没有遇到反抗即占领巴比伦，特别是由于巴比伦最后一个国王那波尼德斯反对马尔杜克的宗教政治情况让这一点变得可能。⑪居鲁士明显得到了巴比伦马尔杜克神⑫的祭司们的拥戴，正如他们之前尝试向那波尼德斯所表达的蔑视。⑬

　　然而，对于犹大而言，这个地缘政治的断裂并不重要。中央政权的改变最初给叙利亚—巴勒斯坦的日常环境带来很少可感觉到的改变。大流士一世在统治伊始设立了总督制，建立了一个铸造硬币的新财政系统，并在公元前522/521年严酷镇压巴比伦叛乱，这是更为重要的。这里也可以观察到在物质文化上的转变。⑭

　　另外，关于圣殿的建造，虽然在居鲁士时期已为这个目的派遣

---

⑨　参见 Neusner 等 1987；Edelman 1995；Deines 2001；Neusner/Avery-Peck 2001。

⑩　Brettler 1999；Becking 2007,10.

⑪　Beaulieu 1989；Albani 2003；Schaudig 2003.

⑫　参见"居鲁士圆柱"，TUAT I：408-409；另参见"那波尼德斯年代志"（Nabonid-Chronik），TUAT N. F. 2：40-41。

⑬　"Schmähgedicht，" TGI 66-69.

⑭　参见 Schmid 1996a，252-253。

过省长设巴萨（《以斯拉记》5：14—16），[15]但该工程仅仅在大流士时期才开始付诸实施。圣殿建造也不是在大流士一世时期（公元前 522—前 486 年），而是开始于大流士二世统治时期（公元前 423—前 404 年）。[16]《以斯拉记》1—6 章中的波斯诸王统治顺序有所表现，但却与《哈该书》和《撒迦利亚书》1—8 章并不一致。[17] 对于犹大关于政治变化的理解而言，特别重要的却是巴比伦的命运。虽然根据《耶利米书》50—51 章和《以赛亚书》47 章也存在对巴比伦灭亡的期盼，但在波斯人统治时这并未发生；事实上，巴比伦成为波斯王的居住地之一。也是在这里——可能是在大流士一世统治时——巴比伦的叛变被血腥镇压，这应当被视为历史的转折点。

不像他们之前的亚述人和巴比伦人，波斯人并没有致力于通过诸如主要影响精英阶层的流放手段来打破当地的结构。相反，他们强化了在中央管理监督之下的地方自治。甚至可能在起初，由一个像大卫派别（《历代志上》3：16—19）的所罗巴伯式的人物，行使犹大统治者的角色（《哈该书》2：2）。[18] 然而，正如两个来自波斯时期的印章——可能与《历代志上》3：16—19 提及的所罗巴伯的后裔相关联（"Hananja"，"Šelomit"）——所证明的，大卫派别似乎已经逐渐被排挤出地方官府体系。[19]

然而，从整体上看，在旧约中，波斯人被以相当积极的眼光来看待并不令人惊讶。应当注意的是，没有任何一个反对波斯的国家预言出现在旧约文本中。[20] 在波斯帝国的意识形态里，不同民族可以组成一个和平国家，每个民族都保持自身的文化和宗教独特性。这方面就像在大流士一世的贝希斯敦铭文（Behistun-Inschrift）

[15]　参见 Na'aman 2000；Kratz 2004a，105 - 106。

[16]　Dequeker 1993；1997.

[17]　关于这个问题，参见 Bedford 2001；Lux 2005，158 注 44，并且如今有一个新的时期定位提议，认为是在亚达薛西一世统治时期，参见 Edelman 2005。

[18]　关于犹大的省级地位，参见 Keel 2007，967 - 992。

[19]　Lemaire 1996；参见 Kratz 2004a，93 - 106。

[20]　参见 Kratz 1991b，140 注 254。

所表达的,[21]贝希斯敦铭文——在伊里芬丁发现了其亚兰文版本可以作为例证——也作为一个文士教育的文本流传。这种意识形态在波斯时期旧约文学中以不同的概念形式被积极地采用与调适,例如在祭司文本或者《历代志》中。

最终,第一波被掳归回浪潮发生在大流士一世的统治之下,这些归回者都是那些最初被掳者的第二和第三代后裔。《以斯拉记》2章和《尼希米记》7章包含带着财物的归回者,总名单有42360人。"但是《以斯拉记》中的名单似乎不是真实的归回者名单,而是一个人口普查式名单。历代志史家的历史著作的作者显然采用了公元前587年耶路撒冷被毁、留下一片荒凉之地的观念,因此在这里报告归回者与现存的人口一致。"[22]在犹大被完全流放的理论以及这个文学表现的背后是随着流放者归回而引发的冲突。[23] 由于新巴比伦的占领而被带往美索不达米亚的人口比重,对比于那些仍旧留在故土上的人口而言毫无疑问是一小部分,可是他们来自上等阶层。他们第二代和第三代后裔归回后,坚持恢复相应的特权地位,所以冲突几乎是无可避免的。

除了归回者与土地上留下来的人们之间的敌视外,也存在着与他们的邻居撒玛利亚人的冲突——这也影响到了整体上的经验。[24]撒玛利亚人虽然是在亚述时期覆亡的北国以色列的幸存者的后裔,但是一方面,亚述流放的方式导致他们在种族上与从外移入的外族人混合同化,[25]另一方面,自公元前6世纪以来,他们在宗教礼仪上很可能已经独立。当约瑟夫的陈述在根本上被作为可能的历史架构接受时,对基利心山上撒玛利亚圣所的历史起源的定位,现

143

---

[21]　TUAT Ⅰ：419-50.
[22]　Kinet 2001,195；Knauf 2006,301-302.
[23]　Keel 2007,835-838.
[24]　Hjelm 2004.
[25]　Oded 1979.

在相比十年前被置于更早的时间。㉖

　　两者冲突的主要焦点是耶路撒冷。从重建圣殿的政治和经济重要性角度看，重建耶路撒冷城无疑给更大、更重要的撒玛利亚带来了不愉快的竞争。㉗ 两种力量之间的斗争，推迟了耶路撒冷城市和城墙的建造，也一直到尼希米时都妨碍了城市发挥应有的功能。关于耶路撒冷荒凉处境的明显印象，可以在作为生动的文学建构的《尼希米记》2：11—15 中看到：

> 　　我到了耶路撒冷，在那里停留了三天。夜间我和跟随我的几个人起来；但神感动我心要为耶路撒冷做的事，我并没有告诉人。只有我自己骑的牲口，没有别的牲口在我那里。当夜，我出了谷门，往野狗泉去，到了粪厂门，察看耶路撒冷的城墙，城墙被拆毁，城门被火焚烧。我又往前，到了泉门，又到王池，但所骑的牲口没有地方可以过去。于是我夜间沿溪而上，察看城墙，又转身进入谷门，就回来了。

　　在波斯时期犹大的政治和宗教历史上，在重建之事上与撒玛利亚人的冲突一直是一个长期被低估的因素。

　　以斯拉和尼希米履行使命时处于波斯统治叙利亚—巴勒斯坦时期的中期。但是，根据圣经本身的叙述，文士以斯拉管理宗教礼仪事务，行政官尼希米负责组织工程建设以及耶路撒冷和犹大的社会重建。这两个人物中，只有尼希米可以清楚地进行历史定位。根据《尼希米记》1：1 和 2：1，他在亚达薛西王第 20 年（可能是亚达薛西一世，他于公元前 465—前 425 年在位，也就是说第 20 年是公元前 445 年）来到耶路撒冷。另一方面，根据《以斯拉记》7：7，以斯拉已在亚达薛西王第 7 年抵达耶路撒冷，因而比尼希米要早

㉖　Hjelm 2004，29 - 30；Knoppers 2006，279；Keel 2007，1123，以及特别参见 Magen 2007。
㉗　Knoppers 2006；2013

13 年。根据《以斯拉—尼希米记》书卷中的表达,这确定无疑是同一个亚达薛西,但是就历史而言这并不可能:根据《以斯拉记》9:9,以斯拉发现耶路撒冷已经被应是由尼希米重建的城墙围绕。另一方面,尼希米似乎在制定重新定居的政策上,对以斯拉归回者们没有给予关注,尽管以斯拉他们应当是先前已经到达了。在圣经传统中,以斯拉作为一个祭司和文士,在神学基础上优先于起政治作用的尼希米。但是,作为一个历史人物的以斯拉仍然只有一个大体的轮廓。[28]

另外,似乎在公元前 4 世纪,在对王国时期耶路撒冷进行理想恢复的意义上,耶路撒冷再次被城墙环绕,但是它仍然只拥有不太多的居民。[29]《尼希米记》5 章记载了严重的社会问题,[30]例如在《以赛亚书》56—59 章表现出的社会批判提供了一个生动的历史背景。犹大的经济和人口情况在波斯时期相对不高,导致在旧约文本中又继续产生了对拯救期盼的新表达。[31]

144

第二节　神学特征

从神学视角看,波斯时期的旧约传统,可以以两种方式将其特征化:首先应当强调的是,起源于王国时期的旧约书卷没有一部是以波斯时期之前的形式留存下来。这也相应意味着,旧约的传统材料在编修层面已经经受了一定程度的重新定义和完善,可能包含了各种选择过程,经过了某些对波斯时期及其后的犹太教相当

---

[28]　Keel 2007,1067 - 1080.

[29]　Ussishkin 2005,2006;Noll 2007,332 注 63;参见 Bodi 2002;Keel 2007,951 - 954;Zwickel 2008。

[30]　参见 Kessler 2006,144 - 145;Keel 2007,1074 - 1075。

[31]　Carter 1999;Schmid, Steck 2005.

重要的基本神学决定的塑造，诸如对一神论的选择，[32]对律法和立约的认同，或者宗教礼仪如安息日和割礼等标志。[33]

然而，相对于在特定的基本神学立场特别是关于神的看法趋向某种一致性的趋势而言，还有着另外一种趋势，可以将其描述为是在现在正统的可能性区间内立场的广泛多样化。[34] 这一趋势主要关乎政治神学。这种趋势的多样化立场大体可以分为三类：

首先，先知书中将当前的政治经验诠释为充满应许与拯救的开始。通过波斯人——他们的国王居鲁士在《以赛亚书》45：1 中甚至被称为"弥赛亚"——耶和华在一个基本和平的世界里正在实现他对以色列进行全面拯救的意愿。然而，这个拯救必须由耶和华自己实现。在这个意义上，那些倾向于这个立场的先知书的传承者们，显然必须不断观察和诠释当前的历史，为的是识别出所期待的拯救取得突破时的标志，以及那些阻碍其实现的历史因素。[35]

其次，一个虽不完全相异于这个观念但有不同强调的立场认为，随着波斯的统治，耶和华对以色列和世界的历史拯救目标——准确地说，在一个"实现了的终末论"意义上[36]——已经实现了。虽然这个目标仍然需要在各个方面完全实现，可是对拯救而言，可以说在原则上已经实现了。这个立场也存在内在差异，主要表现在：祭司文本，《诗篇》的第四和第五卷书（《诗篇》107—150 篇），《但以理书》1—6 章非终末论的但以理故事，以及《以斯拉记》和《历代志》。这在本质上是对官方的波斯帝国意识形态的犹太化接受：大卫和所罗门各自作为圣殿的奠基者和建造者的角色，是居鲁士和大流士的"原初历史的"（urgeschichtlich）模范。

145　　　最后，第三个选择迥异于以上描述的两个立场，它从根本上否

---

③2　Stolz 1996；Oeming/Schmid 2003；Zenger 2003；总体概览，参见 Keel 2007,1270 - 1282；Schmid 2011b。

③3　Grünwaldt 1992.

③4　Grabbe 2000.

③5　参见 Schmid/Steck 2005。

③6　Dodd 1935.

定了当时政治发展的拯救角色。首先，"申命学派"传统的文本，特别是在叙事书卷里，也包括得到相应编修的《耶利米书》，都表露了这个观念。对该立场来说，当时的时代依然被诠释为审判还在持续，因为以色列仍然在流散中分离各处，没有统一居住在自己的土地上，也没有自己的国王。对这个立场而言，居鲁士（《以赛亚书》45：1）甚或尼布甲尼撒（《耶利米书》27：6；《但以理书》1—4章）作为上帝垂顾的国王是无法想像的。波斯人的外族统治，虽然相对宽容，但仍是不可接受的。

在这个立场中，也可以观察到一些不同的多样性：整个处境的一些改善虽仍可以在审判时期发生，但是那与拯救的转向并没有关系；这仅仅是上帝的怜悯，尽管仍然可以作为审判的一部分。所期待的是上帝在历史中另外一次决定性地进行干预的审判；它将带来以色列敌人的毁灭和以色列的最终解放，将远超过波斯时期的拯救经验所给予的。但是，这种上帝的末世拯救行动要依据上帝百姓方面的悔悟、对罪的承认并回转（参见《以斯拉记》9章；《尼希米记》9章），或者甚至是——在神学上更激进的——对人类在终末论意义上的重塑：《申命记》30：6期待一个人类内心的"割礼"，《耶利米书》32：40中将"敬畏上帝"植入心里，《以西结书》36：26更是表达了植入一颗新心来代替旧心。[37]

在所概述的这三个立场中，波斯人的角色以不同的方式被强调。对于先知书的传承者而言，波斯人是在逐步实现拯救的过程中的上帝的工具。对祭司文本、《历代志》以及与它们相关的立场而言，波斯人是现在实现上帝世界统治的神圣合法代表。最后，对仍旧活跃的"申命学派"传统的拥护者，波斯人是以色列要承受审判的标记。

除了这些主要反映政治神学问题的著作，在所谓智慧传统的领域，也存在着其他具有深刻反思性的文本，延续了巴比伦时期智慧传统密切关注人类生存条件的努力。这些文本包含一种王国时期

---

[37]　Krüger 1997；Leene 2000；Köckert 2004,69－72.

之后的人类学，即在失去王国以后，使人类自身成为神学反思的客体。在很长时间里，我们已经知道这些人类学的思想形式在更古老的美索不达米亚和埃及文本中存在着可类比的平行材料。[38] 它们在以色列没有被更早地接受，并不是因为它们还未被以色列知晓，而是还没有出现相应的问题。当以色列自身经验的历史中出现类似问题时，这些材料就被接受了。

值得一提的还有，自波斯时期以来，我们能观察到耶和华对地下世界的权力明显扩展。[39] 如考古学和碑铭所显示的，阴间，即地下世界，在王国时期就自然地属于一个宗教性的空间，但是现在表现出——在对上帝的存在普遍化的影响之后——越来越明显地被归到耶和华的权力领域。

第三节　传统领域

一、礼仪传统和智慧传统

1. 祭司文本

就像在《以赛亚书》1—39 章和 40—46 章之间所做的区分，对五经中的祭司文本作为一个最初独立的源本文献的界定，也是圣经批评研究最被广泛接受的成果之一。[40] 它包含一些神学纲领性的文本，如《创世记》1 章、9 章、17 章，《出埃及记》6 章，以及描述会幕的《出埃及记》25—31＋35—40 章。祭司文本理论的成功，基于

㊳　例如，Spieckermann 1998/2001。

㊴　Eberhardt 2007.

㊵　参见 Koch 1987；Pola 1995；Otto 1997c；2007，179‐180，189‐193；Zenger 1997b；Berner 2010 持不同观点，但并没有充分分析祭司文本。关于当今讨论的简要概览，参见 Shectman/Baden 2009。

一些很早就已为人所熟知的观察，虽然这些观察就如它们在历史性的圣经批评开始时一样仍然需要解释：重复出现的材料——无论是如《创世记》1—3章按顺序排列，或者如《创世记》6—9章彼此交织，还是如《创世记》1章—《出埃及记》6章的叙述中对词语 *Elohim* 的特别使用。[41]另外，通过一种独特的文士—语言以及神学—概念上的样式，也可以清楚地把它辨识出来。曾在祭司文本所表现出的列举和重复的风格在19世纪解经活动中受到强烈批评，这种风格应当被视为与祭司的利益紧密相关：为了宗教礼仪能被正确地施行，必须详尽地规定下来。必须清楚表明的是：在任何安排中，各种实践都应准确地对应于这些规则。因此，这也解释了为什么祭司文本中会含有大量的"清单"和"重复"形式。它们更多与它们本身的神学相关，与"贫乏的风格"无关。

祭司文本——无论如何贯穿在《创世记》到《利未记》中——是五经严格意义上的基础作品。它的文本组织了五经的进程；非祭司文本的部分被插入其中，并由祭司文本编修性地决定。这个评判对于"传统源本学说"也同样适用：即使在JEDP的模式里，最后的源本P，被认为是将这些源本整合在一起的基础，因而是保存得最好的。对它的创作时期较晚的定位可以从其与《申命记》的比较中明显看出：就其期待以色列的圣所而言，《申命记》所要求的仪式中心化，被祭司文本毫无疑问地接受。因此，祭司文本并非是在远古创作的，当然也绝不是如同在19世纪仍在很大程度上认为的是在摩西时代创作的，它最早出现在被掳时期。

最近的五经研究认为，祭司文本作为五经的基础，不仅表现在编修的技巧上，而且也同时体现在概念上：如果先祖叙事和摩西—出埃及叙事是通过祭司文本才结合起来这一观点是正确的，[42]那么它就是旧约中最重要文学历史综合之一的源头。祭司文本的这种

147

---

[41]　De Pury 2002.

[42]　Schmid 1999c；Gertz 2000b；Gertz 等 2002b；Schmid/Dozeman 2006.

创造潜能,可能是为什么它不是已有文本材料的延续创作,而是从一开始就是一个源本的原因。[43]

就其范围而言,虽然具体的观点并不一致,但祭司文本最初的结束很可能是在西奈篇章。[44] 一方面,可以通过它们赋予西奈礼仪律法的主题重要性可以看出。另一方面,创世叙事和西奈叙事之间文学上明显的首尾呼应,为世界的创造和圣所的建造之间构建了一个平行,并由此指向了同一方向:

《创世记》1:31a:神**看**一切所造的,看哪,都非常好。

《创世记》2:1:天和地,以及万象都**完成**了。

《创世记》2:2a:到第七日,神已经**完成**了造物之工.

《创世记》2:3a:神**赐福**给第七日。

《出埃及记》39:43a:摩西**看见**这一切的工,耶和华怎样吩咐,他们就照样做了,摩西就为他们祝福。

《出埃及记》39:32a:会幕的帐幕一切的工程就这样**做完**了。

《出埃及记》40:33b:这样,摩西就**做完**了工。

《出埃及记》39:43b:摩西就为他们**祝福**。

特别是通过对《申命记》34 章进行内在分析,从五经的整体范围看,对于祭司文本范围的传统界定被打破了。[45] 在传统的源本学说里,这个理论首先基于这一信念,即五经一定是以其中一个源本为基础来进行建构,不可能只是编修性的。

---

[43]　参见 Levin 1993b, 437 注 6,他重视礼仪中心化的祭司文本层面的特殊价值,这就要求与现有传统进行一次"文学史决裂"。

[44]　Pola 1995；Otto 1997c；Zenger 1997b；Kratz 2000a.

[45]　Perlitt 1988；再一次,不同的观点,参见 Frevel 2000。

在圣经内,特别是在《以西结书》40—48 章中,[46]对圣殿仅有两个维度的描绘,这和《出埃及记》25—40 章里的祭司文本对圣所的描绘并不相同。[47] 因为这些不一致性,在很长一段时间里《以西结书》在早期犹太教中成为神学争论的对象。

虽然当前学术界的大多数人将祭司文本限定在创世和西奈之间的范围弧度中,但是《创世记》1:28、2:1 和《约书亚记》18:1、19:51 之间的联系也偶尔会带出这样的论点,即祭司文本结束于《约书亚记》。[48] 但是,相关有疑问的章节并非出自源本本身;它们主要作用在于让祭司文本进入历史书卷的序列。

祭司文本的神学首先从立约的内容开始,立约的内容也给出了整体的结构划分。威尔豪森将祭司文本作为 *liber quattuor foederum*(四约之书)分类,并将它标为单独的 Q。与此相反,祭司文本只明确提到了两个约:与诺亚的约(《创世记》9 章),与亚伯拉罕的约(《创世记》17 章)。这两个约表达了上帝与世界和亚伯拉罕后裔——以色列(以撒/雅各)、阿拉伯人(以实玛利)和以东人(以扫)——的基本协议。由此,祭司文本首先被分为两个主要部分,可以相应地称为"世界叙事"(Weltkreis)和"亚伯拉罕叙事"(Abrahamkreis)。在《创世记》9 章中,上帝将松弛的战弓放在云中,保证了创世的持久性。在第 9 章之前远古历史的大洪水故事中上帝只此一次地对"凡血肉之躯"(alles Fleisch)施行了暴力之后,在这里上帝放弃了任何暴力:[49]"上帝对挪亚说:'在我面前,凡血肉之躯的结局(*qṣ*)已经临到,因着他们,地上充满了暴力。看哪,我要把他们和这地一起毁灭。'"(《创世记》6:13)这种关于"终结"的"严苛"的表达,并非起源于祭司文本,而是出自相关审判

148

46　Rudnig 2000;Keel 2007,890 - 900.

47　Keel 2007,912 - 929;关于与第二圣殿的关系,参见 1030。

48　Blenkinsopp 1976;Lohfink 1978/1988;Knauf 2000a.

49　Rütersworden 1988;不同的观点,参见 Keel 1977。

预言：

> 他说："阿摩司，你看见什么？"我说："一筐夏天的果子（qys）。"耶和华对我说："我子民以色列的**结局**（qs）**到了**，我必不再宽恕他们。"（《阿摩司书》8：2）

> 你，人子啊，主耶和华对以色列地如此说：**结局**（qs）**到了**，**结局临到了**地的四境！现在你的**结局**（qs）**已经来临**；我要使我的怒气临到你，也要按你的行为审判你，照你所做一切可憎的事惩罚你。（《以西结书》7：2—3）

祭司文本显然采用了先知审判的信息，但将其转化为远古史：是的，神是曾有过关于"终结"的命令，但那是过去的事情，而不是在未来。由此，就内容而言，祭司文本反对申命记主义及其咒诅宣告（《申命记》28 章）。[50]

神学层面上相关的是祭司文本关于以色列的神学信息。如同与诺亚立约保证了世界的永远存在，与亚伯拉罕立约保证了上帝将一直与以色列保持亲近。两次立约都是无条件的（割礼是一种象征，但并不是立约的条件；疏忽割礼的行为将会受罚，但并不适用于作为整体的以色列，而仅针对个体）。[51]

正如齐默利所特别指出的，[52]消解作为立约的西奈事件的意义而单单关注于与亚伯拉罕的立约，构成祭司文本的一个神学程式：在祭司文本中上帝拯救的应许（人数增多、土地以及与上帝的亲近关系）不是将以色列对律法的服从作为条件，不像申命学派所塑造的更早期西奈篇章中所展现的应许。相反，对祭司文本而言，"立约"是出自上帝单方面的拯救应许。当然，个体也可能会背离这个

50　Otto 2007,190.

51　参见 Stipp 2005。

52　Zimmerli 1960/1963.

约（如不实行割礼），但并非是作为整体的亚伯拉罕后裔。这具体表现在对《创世记》17：7所谓的立约表达进行富有特点的采用上："要作你和你后裔的神。"在这句话中，《申命记》中这一立约表达的第二部分（"你是我的民"）被去掉了，显然这样做是有目的的，因为无论亚伯拉罕与他的后裔去做或者不去做什么，都改变不了上帝对于与他们无条件亲近的应许。

如果我们比较祭司文本中有关世界的叙事和有关亚伯拉罕的叙事的话，可以发现，与诺亚立约是在对世界的审判（大洪水）之后，而与亚伯拉罕的立约先于对以色列的审判（即国家灾难）。这种结构背后的意图显然是，上帝在远古历史中改变心意，与诺亚的立约，现在从亚伯拉罕叙事开始，又涉及到与亚伯拉罕的立约。

但是，祭司文本的整体结构并不是如其立约神学所表现的那样分成两个部分，而是基于其对上帝的表现可分为三个部分。在呈同心关系的世界叙事和亚伯拉罕叙事之外，还存在着第三个叙事，也是位于最内部的叙事，即以色列民的范围。虽然祭司文本在亚伯拉罕叙事中寻求一种把以色列人与阿拉伯人及以东人联系起来的"普世的"（ökumenische）神学，[53]但相当清楚的是，只有以色列被给予了关于上帝的完全知识，也只有以色列通过献祭敬拜，才拥有了使得《创世记》1章中"非常好"的创造秩序部分地得以恢复的方式。[54] 这三个叙事，对应的是上帝启示的三种模式。对整体世界而言，上帝是 Elohim（神）。在《创世记》1章及其后面部分，祭司文本非确定性地使用了希伯来的专属词语"神"，将"神"的属性与其特别的内涵统一起来，由此宣告了一种排他性的一神论。[55]向先祖亚伯拉罕、以撒和雅各，上帝将他自己展示为"El Schaddaj"（全能的神）。但对于摩西一代，上帝则向他们揭示出来他独有的、向他施行敬拜的名字，即"Jhwh"（耶和华）。这种分阶段启示的理论，在属

---

[53] De Pury 2000.

[54] 关于献祭，参见 Eberhart 2002；Keel 2007，1036 - 1041。

[55] De Pury 2002；Schmid 2003。

于祭司文本的《出埃及记》6：2—3 关于呼召摩西的描写中有最鲜明的表达：

> 神吩咐摩西，对他说："我是耶和华。我从前向亚伯拉罕、以撒、雅各显现为全能的神；至于我的名耶和华，我未曾让他们知道。"

总体而言，祭司文本代表了一个完全非终末论的和平主义（在这个意义上当然也指政治层面）的立场。在祭司文本的作者所处的时代，也就是波斯时期，这被认为是上帝所期待的历史目标。

　　与传统的非政治性解读相反，一些学者推断祭司文本有着对由以色列自己的君王统治的期盼。因为在《创世记》17：6 和 35：11，都能够找到关于对君王的盼望。[56] 但是该视角在祭司文本的整体框架里显然并没有得到发展。更可能的是，在祭司文本看来，这些应许很早就已经得到实现，所以它们在一开始就被"历史化"了。

　　一位神（"*Elohim*"——被以不同的名字崇拜，包括属亚伯拉罕普世主义的"El Schaddaj"以及以色列的"耶和华"）统治着由他自己创造的整个世界，不同的民族在各自不同的地方，以他们各自的语言和仪式进行敬拜，并永远和平地居住在一起。在祭司文本中，仅对埃及充满了敌意。我们可以从灾异叙事和《出埃及记》12：12 的陈述看出。也许这反映了公元前 525 年埃及被岗比斯（Kambyses）纳入波斯帝国之时祭司文本在同时期的观点。祭司文本和平主义以及亲波斯的态度，恰恰是申命学派传统所反对的观念。[57] 申命学

150

---

[56]　Blum 1995；Gross 1987/1999.

[57]　参见 Steck 1991a，17-18 注 19；Schmid 1999c，256 注 476（其中含有相关参考文献）；Knauf 2000a。

派传统从拯救的角度视波斯时期在根本上是有缺陷的：只要以色列没有作为一个国家在这片土地上统一起来，成为在自己君王统治下的主权国家，上帝和他的百姓就还没有完成他们的历史目标。故此，当下时期仍然被视为是审判时期。相应地，这当然意味着以色列仍然在罪中，因为在申命学派看来，审判是对罪的惩罚。

祭司文本的反《申命记》指向，也可以从释经层面上来证明。这一指向从祭司文本对申命学派立约神学的转化中就可以解读出来：祭司文本消解作为立约的西奈事件，是对申命学派的西奈篇章中立约神学的直接批评。根据祭司文本，律法和立约之间没有联系，只有应许才和立约有关。因此，在《创世记》17：7，祭司文本仅仅采用了"半个"立约陈述。同样地，在《创世记》17：9—14 中，"申命学派"的回声不应看作是对文本的后期增补，[58]而是相反，它应被解释为批判性的指涉。在关于上帝以及宗教礼仪的观念上，祭司文本与申命学派传统也有所不同。在祭司文本看来，上帝在根本上与世界是相分别的，他不是居住在天上，而是没有位置限定地显现于世界。[59] 但是，他又可以在礼仪中以"荣耀"的形式"住在"以色列人中间（《出埃及记》25：8；29：45—46）。[60] 侍奉上帝的宗教礼仪是无言辞地在一个"静寂的圣所"里施行，以表现出他的圣洁的特性。[61]

通过祭司文本和申命记主义之间的对比，我们可以获得一个基本的对立观念，普鲁格（Otto Plöger）等学者将其直接描述为"神权和终末论"之间的对立。[62] 这种"神权和终末论"的宽泛对比，经常受到批评。我们也不能误以为整个波斯时期的文学都能详尽地以互为补充的类别概念进行对应划分。相反，这是两个基础的视角，不同的

---

[58] Seebaß 1997,111 – 112.

[59] Schmid 2006c.

[60] 参见 Janowski 1987/1993；Rudnig 2007,278。

[61] Knohl 1995.

[62] Plöger 1962；参见 Steck 1968；Dörrfuß 1994。

文本和作品可能或精确或不那么精确地定位在其中。在对需要进一步分类的不同立场进行探索性讨论的意义上，这种对"神权与终末论"的区别仍然是可以使用的，只要不是带着将它们二分的目的。

与祭司文本中各民族之间和谐关系的视角相关的还有《约拿书》和《路得记》。约拿争辩反对对外邦强权（这卷书中强权指涉的是尼尼微）进行审判的先知性期待；至于《路得记》，无论是原初的版本还是后来形成的版本，在 4：18—22 的结尾处都将大卫的谱系追溯到一个摩押女子。

2. 神权政治式的《诗篇》

在神学表达上与祭司文本相近的是《诗篇》最后部分的一系列诗歌。[63] 它们赞美上帝是创造者、世界真正的王，且不用通过任何地上的君王为中介来永远统治他的创造物。这些诗篇对政治几乎没有兴趣。它们既不批评波斯的外国统治，也没有表达对一个新以色列王国的期盼。相反，对它而言，上帝的统治主要具体地表现在上帝为他的创造物提供基本的供养，波斯帝国因而被这些诗篇含蓄地诠释为上帝所支持的世界性组织。通过这些组织——从政治层面上说——创世者已经让受造物总体上和平共生，因此他现在将关注转向对和平的护理和供应。

［大卫的赞美诗。］我的神、我的王啊，我要尊崇你！我要永永远远称颂你的名！……你的国是永远的国！你执掌的权柄存到万代！耶和华一切的话信实可靠，他一切的作为都有慈爱。……万有的眼目都仰望你，你按时给他们食物。你张手，使一切有生命的都随愿饱足。（《诗篇》145：1，13，15—16）

---

[63] Kratz 1992；Leuenberger 2004.

以雅各的神为帮助、仰望耶和华—他神的，这人有福了！耶和华造天、地、海和其中的万物，他守信实，直到永远。他为受欺压的伸冤，赐食物给饥饿的人。耶和华释放被囚的，耶和华开了盲人的眼睛，耶和华扶起被压下的人，耶和华喜爱义人。耶和华保护寄居的，扶持孤儿和寡妇，却使恶人的道路弯曲。耶和华要作王，直到永远！锡安哪，你的神要作王，直到万代！哈利路亚！（《诗篇》146：5—10）

你们要以感谢向耶和华歌唱，用琴向我们的神歌颂。他用密云遮天，为地预备雨水，使草生长在山上。他赐食物给走兽和啼叫的小乌鸦。（《诗篇》147：7—9）

这些诗篇含蓄地反对申命学派传统和部分先知传统对以色列恢复自己国家统治的盼望。在《诗篇》145篇中，大卫作为一个敬虔之人的典范出现。他承认和赞美上帝世界性的王权统治，没有一个词涉及波斯外邦统治的奴役或者对国家复兴的政治抱负。

非常巧合的是，根据一个出自公元前5世纪的亚兰语平行文本，《诗篇》20篇可以被定位于波斯时期。这个文本是对信奉异教的腓尼基进行跨文化的独特接受。⑭

另外，虽然难以完全确定，但在波斯时期《诗篇》中一些作为歌者团体的"书卷"的其他个别合集可能也形成了。它们可能包括可拉的诗篇（《诗篇》42—48篇，84—85篇，87—88篇）以及亚萨的诗篇（《诗篇》73—83篇），⑮或者主题性诗组如"耶和华是王"的诗篇（《诗篇》93篇，96—99篇），朝圣诗篇（《诗篇》120—134篇），或者大卫诗篇的集合（《诗篇》3—41篇等）。

但无论如何，对于波斯时期，我们仍只能大体确定一些松散的

---

⑭　Vleeming/Wesselius 1982；van der Toorn 2007,134.

⑮　关于如果这些诗篇没有被更早地收集起来，参见 Weber 2000。

部分诗篇合集，还不能认为存在一个彻底修订过的《诗篇》。这一点表现在所谓的"伊罗欣诗篇集"（Elohistischer Psalter，即《诗篇》42—83 篇）中。[66] 在《诗篇》42—83 篇中，作为祭司文本的神学程式化的结果——耶和华被一致地以"Elohim"代替。这种方式只在《诗篇》42—83 篇中出现，同时又被连贯性地使用。这一点只有通过推断诗篇传统在那时还没有全部统一整合成为一个单独的《诗篇》，而是存在各种各样的合集才能解释。

3.　《约伯记》

不论是在主题上，还是在神学上，《约伯记》都是旧约中最富戏剧性的书卷之一。[67] 它的主旨不能只是简单地通过审视单个文本来讨论，而是要一直关注作为整体的书卷的发展。《约伯记》的神学正是随着贯穿书卷不同部分的问题发展而展开的，这些部分无论是形式上还是神学上都是如此不同。无论我们如何评价其整体框架与对话及原始材料之间的文学联系，[68] 现有形式书卷中的架构和对话都具有充满意义的相互关系。那些一般意义上不同的抱怨表达——比如约伯一方面作为一个忍耐者的形象（《约伯记》1—2 章），另一方面又作为一个叛逆者的形象（《约伯记》3—31 章）——无论如何都是在一个整体叙事发展中整合进这卷书的整体架构之中的。[69]

如果我们以这种方式研究《约伯记》，它的中心主题就既不是关于义人受苦，也不是关于神义论的问题，它讨论的乃是神学究竟是否可能的问题。这个主题在序幕中引出，在天上的场景中不仅陈述了约伯的问题，同时也（从读者方面）给予了解答：由于一个从天上来的考验，约伯必须受苦。通过这种在根本上的张力——读者们知晓，而书中的角色们并不知晓——《约伯记》表达了对神学甚

---

[66]　Zenger [5] 2004，365；Süssenbach 2004.

[67]　Spieckermann 2001b；Oeming/Schmid 2001；Newsom 2007；Krüger 等 2007；Schmid 2010.

[68]　Van Oorschot 2007；经典的论述，参见 Alt 1937；Wahl 1992.

[69]　参见 Schmid 2001，13 - 17.

至启示的一次激进批评：无论是约伯的朋友们的正统神学（《约伯记》3—27章；32—37章），还是上帝自身的强力演说（《约伯记》38—41章），[70]都没有揭露出约伯的真实情况。因此，《约伯记》在原则上代表了一种否定神学：人不能谈论上帝，神学和启示都不能确定地反映所发生的事件本身究竟是什么。言说上帝因而是不可能的，但是《约伯记》将与上帝的对话视为具有将自己联系于上帝的充分可能性（《约伯记》42：7）。[71]

《约伯记》难以确定时期，只是因为它发生的场景是在一个虚构的空间。即使在古代与中世纪的解释中，也都没有认为约伯是一个真实的历史人物；他们认识到了这卷书的典型特征。为了将《约伯记》在文学史中进行定位，我们在本质上必须参照其他旧约文本。[72]在《约伯记》1：17的灾难描述中有一个相当明确的证据，因为它提及新巴比伦"迦勒底人"，所以明显引涉了巴比伦对耶路撒冷的毁灭。《约伯记》预设的文学文本首先并具有一定确定性地包括祭司文本和由申命学派编修过的先知传统，因为《约伯记》强烈反对这些文本关于秩序的神学：上帝既不是非暴力的（如祭司文本），他也不仅仅惩罚恶人和不敬虔的人（如申命学派传统的部分）。相反，上帝也可以没有任何理由地疏离敬虔者和义人。但是《约伯记》也反对《诗篇》中所表现的敬虔：[73]它那曾被描述为一个戏剧化的哀歌的结构，表明了对《诗篇》的借用。除此之外，还表现在《约伯记》的哀歌中对诗篇语言的直接反转性的接受。[74]《约伯记》7：17—18对《诗篇》8：5—6[75]的重新加工表现得尤为明显（还有，《诗篇》137：9//《约伯记》16：12，以及《诗篇》139：8—10//《约伯记》23：9—10）。

153

---

[70] 参见 Keel 1978。

[71] 参见 Oeming 2000a；不同的观点，参见 Kottsieper 2004。

[72] Schmid 2007d.

[73] Jeremias 1992, 313 - 315.

[74] Westermann 1977, 27 - 39.

[75] 即和合本修订版《诗篇》8：4—5。——译注

《诗篇》8：5—6	《约伯记》7：17—18
人算什么，你竟顾念他！世人算什么，你竟眷顾（pqd）他！你使他比神微小一点，赐他荣耀尊贵为冠冕。	人算什么，你竟看他为大，将他放在心上，每早晨鉴察（pqd）他，每时刻考验他？

与《诗篇》8 篇感慨上帝对人类的接纳和持续关怀相对照，在《约伯记》7 章中，约伯却对同样的持续关怀报以哀怨，进行消极审视，哀怨上帝没有丢弃人类，但却持续地考验和看顾他们，即使他不必如此。然后，又哀怨为什么上帝鉴察（pqd）约伯？尽管他可以让他独自一人！《诗篇》8 篇中赞美的事物成为《约伯记》7 章中的折磨——在希伯来语中 pqd 既具有积极的意义——关怀，又具有消极意义——困扰。

另外，《约伯记》还很可能熟悉并采用了与其主题相关的诗作《让我赞美智慧之主》（Ludlul bēl nēmeqi）[76]和所谓的“巴比伦神义论”（Babylonische Theodizee）[77]——可能是一个亚兰文译本。[78]《约伯记》似乎是对“巴比伦神义论”（与朋友间的讨论，参见《约伯记》3—27 章）和《让我赞美智慧之主》（上诉者的哀歌以及神的回应，参见《约伯记》3 章；29—31 章；38—41 章）进行了结构性综合。[79]这些平行也促使我们将《约伯记》的背景置于巴比伦时期。

鉴于《约伯记》的否定神学，很难想象《约伯记》简单地从耶路撒冷圣殿采用了传统资源。然而，另一方面，《约伯记》表现出一个很高水平的文士训练，不可能创作于距此很久远的时期。

---

[76]　TUAT III：110 - 135.

[77]　TUAT 3：143 - 157.

[78]　Spieckermann 1998/2001，118；Uehlinger 2007b，145，另参见 161 注 183。

[79]　Albertz 1981/2003，110 注 12。

二、叙事传统

1. 非祭司文本的远古历史

远古历史（《创世记》1—11 章）的非祭司文本成分，是旧约最广为人知的文本（《创世记》2—3 章：伊甸园；《创世记》4 章：该隐和亚伯；《创世记》6—9 章：大洪水；《创世记》11 章：巴别塔）。但是，就它们的文学史定位而言，它们也同样是最难确定的内容之一。学术界就非祭司文本的写作时期应该确定在祭司文本之前还是之后，意见并不统一，而且争议几乎涉及所有非祭司文本。当前学界不确定的原因首先与"耶典作者"学说的危机有关，这个危机如此严重，以至于对耶典作者历史作品的设定不再能够作为分析的起点。[80]

在最新的学术研究中，有一个可供选择但却存在争议的提议——除了将所有非祭司文本都基本定位在祭司作品之后[81]——即有一个原初独立的、贯穿《创世记》2—8 章的非祭司远古历史。[82]它对创世和洪水的主题综合都指向了《阿特拉哈西斯史诗》（Atrahasis-Epos）。[83]还有另外的观点认为，非祭司远古历史应解读为是对从未作为整体独立存在过的先祖历史的编修性扩展。[84]

解决这些问题的关键首先在于如何对大洪水叙事进行定位。[85]如果能证明洪水叙事中的非祭司成分先于祭司成分，那么就可能存在祭司文本之前或同时期的贯穿《创世记》* 2—8 章的独立的非

154

---

[80] 参见 Gertz 等 2002；Dozeman/Schmid 2006。

[81] Blenkinsopp 1992；1995；Schüle 2006；Arneth 2006.

[82] 参见 Witte 1998；Baumgart 1999。

[83] TUAT III：612 - 645.

[84] Kratz 2000a；另参见在 J 源本学说的框架下 Rendtorff 1961/1975 和 Steck 1971/1982 之间的更早讨论。

[85] 一方面，参见 Kratz 2000a；Bosshard-Nepustil 2005；Arneth 2006；另一方面，参见 Witte 1998；Gertz 2006a。

祭司文本。如果观察非祭司文本《创世记》6：5—8 和 8：20—22 大洪水故事关于洪水篇章的序言和结尾，我们可以得到这样的印象，即非祭司文本已经预设了祭司文本的存在了。这一点可以通过以下因素看出：《创世记》6：6 使用了祭司用于表示"创造"的词汇 *br'*，《创世记》6：7 中的关于动物的清单是按照《创世记》1 章的措辞来表达的，对应于《利未记》1—7 章关于祭司献祭的律法中对洁净与不洁净动物的区分。另外，在 8：21 关于献祭的"馨香之气"（*ryh hnnyhh*）的表达，同样也只在其外的祭司文本中有出现。在这两节文本中，也可以说是存在出自祭司文本视角的"净化"，但是关于这种观点具有多少说服力仍存在质疑。

《创世记》6：5—8	《创世记》8：20—22
耶和华见人在地上罪大恶极，终日心里所想的尽都是恶事，耶和华就因造人在地上感到遗憾，心中忧伤。耶和华说："我要把所造的人和走兽，爬行动物，以及天空的飞鸟，都从地面上除灭，因为（*ky*）我造了他们感到遗憾。"只有挪亚在耶和华眼前蒙恩。	挪亚为耶和华筑了一座坛，拿各种洁净的牲畜和各种洁净的飞鸟，献在坛上为燔祭。耶和华闻了那馨香之气，耶和华心里说："我不再因人的缘故诅咒土地，因为（*ky*）人从幼年就心里怀着恶念；我也不再照我曾做的毁灭一切生物了。地还存在的时候，撒种、收割、寒暑、冬夏、昼夜都永不止息。"

从神学方面看，将大洪水叙事的序言和结尾放在一起阅读，也可以发现它们之间的联系受祭司文本的影响。它们为大洪水之后上帝明确地放弃对他所造之物施行暴力提供了一种远古历史的解释。人类仍然"恶"，但是上帝自己做了改变。对人类罪恶的断言导致的不是上帝的悲伤和后悔，而是引起上帝对人类生活的护佑。

155

两者都同时发生在——用一个直白的拟人化的词语来说——上帝的"心里"。所以,时间的纬度("终日",6：5；8：22*)不再是由人类像以前的罪恶堕落所决定,而是通过上帝对生命的保证。也就是说,大洪水已经转变了上帝的逻辑,这一点可以从希伯来文 ky 的不同用法看出。在 6：7,ky 表达的是因果关系,但在 8：21 却用以表示转折。在 6：5—8 和 8：20—22 中所表达的关于上帝的和平主义与非终末论的概念,在本质上非常接近于祭司文本,与词语间的联系一起表明非祭司文本以祭司文本为其基础。《创世记》6—9 章缺失非祭司文本中关于建造和离开方舟的描述,也为这种可能性提供了证据。

相应地,《创世记》6—9 章的非祭司材料很可能是对祭司材料的增添。但是,在另外一个方向,我们也应考虑《创世记》2—4＋11(11：1—9)章的一个非祭司的原始历史叙事,它在《创世记》2—4 章中的存在反之并没有指向大洪水叙事；《创世记》4 章中关于该隐谱系的推源性叙事结构明显还没有意识到它接下来的大洪水描述。此外,《创世记》11：1—2 似乎留存了与《创世记》4 章(参见 4：16)的联系。

> 于是该隐离开了耶和华的面,去住在**伊甸东边**挪得之地。(《创世记》4：16)

> 那时,全地只有一种语言,都说一样的话。他们**向东**迁移的时候,在示拿地找到一片平原,就住在那里。(《创世记》11：1—2)

《创世记》11 章似乎也还没有意识到《创世记》10 章的民族清单中所表现的土地上的人口重新分布。

将大洪水叙事的非祭司成分定位在较晚的时间,并不意味着

---

* 和合本修订版《创世纪》8：22 译为"存在"。

《创世记》2—4＋11 章是很早产生的叙事单元。从《创世记》2—3 章可以清楚地看到，一方面，该文本的用语具有较晚时期的智慧文学的特征；[87]另一方面，《创世记》2—3 章熟悉并采用了申命学派的历史神学。失去伊甸园是由于对神的命令的不服从，由此将（《出埃及记》—）《约书亚记》—《列王纪下》中的申命学派历史普遍化了。[88] 但是，《创世记》2—3 章在原则上应该放在祭司文本之前或者至少同时期，不能被视为是《创世记》1 章的延续。这已然可以从《创世记》2：5—9 与《创世记》1 章在宇宙观上的对立看出来，[89]并不能从一个延续性的文本的角度来对《创世记》2—3 章进行评判与解释。

在旧约中，《创世记》2—3 章的神学立场是孤立的。它是对以下这种人类经验的文学表达：成年人的生活受善与恶的知识的引导——并全然不能从这种引导中转离——且必然导致与上帝产生疏离。人类只能二选一：在像孩子一样的单纯中直接亲近上帝，或者选择过一个可以自我决定的成年生活。就经验而言，人类只拥有后者。《创世记》2—3 章即解释了为什么如此。相当有意思的是，在这个被逐出伊甸园的故事中，《创世记》2—3 章反对《以西结书》28 章所表现的拥有极大智慧的人类由于被逐出伊甸园（《以西结书》28：13）而失去智慧这一观念。

> 你因美丽心中高傲，因荣光而败坏智慧，我已将你抛弃在地，把你摆在君王面前，好叫他们目睹眼见。（《以西结书》28：17）

在《创世记》2—3 章中，被逐出伊甸园带来的不是失去智慧，而是对智慧的获取。人类所最终永久失去的，是在伊甸园中向他们开放的获得永生的可能性（在伊甸园中只有知识之树是被禁止的，

---

[87]　Schmid 2002.

[88]　Otto 1996b.

[89]　不同于 Otto 1996b；Arneth 2006。

而不包括生命树,参见《创世记》2：16—17)。伊甸中的女人所描述的禁令表现了该禁令也包括生命树(通过表达"园子中间的树"[集合义"树木"]),并由"不可摸"强化了这一禁令,表明最初的人类并没有抓住永生的可能性(尽管他们在每个情况下都试图努力遵守上帝的意志)。在这个意义上,《创世记》2—3章不仅描绘了在所谓"堕落"之后的摇摆处境(人类现在拥有了善恶的知识,但是他们永久地与上帝产生了疏离),也包括他们在最初的经历(人类拥有获得永生的可能性,但是实际上他们没有真正注意到它,而没有认识的能力也无法注意到它)。[90]

非祭司文本的远古史的神学历史,可以称作是对后来以色列传统进行了一种普遍化和去末世化。关于对上帝命令的不服从而失去土地这一重要的"申命学派"主题被普通化,从对以色列及其土地的关注现在转化到了第一对人类伴侣以及伊甸园。通过这种方式,申命学派的历史神学被联系和根植于人类生存条件。旧约中的所有乌托邦式的计划,即转向返回最初时期的乐园状态,都在此背景中被去终末化了:《创世记》2—3章(特别是参见 3：24)相当清楚地坚持,人类在世界上的生存没有退路,关于生命的知识——什么是有益的,什么是有害的——被给予了人类。通过知道善恶,他们已经变得像神(《创世记》3：22)。无论是通过人类自己的努力,还是上帝的推动,人类不再会有如同《申命记》30 章、《耶利米书》31 章和 32 章所表现的根本改变,或者像《以西结书》36 章期待的一个"新心"或者一个"新灵"。人们将继续如其所是:摇摆的状态。人们的生活也因此将是摇摆的:在一个自我负责而非孩童状态的意义上,与上帝疏离。

2. 但以理传奇 (《但以理书》* 1—6 章)

现有形式的《但以理书》被正确地视为是旧约中最晚产生的书卷之一。《但以理书》具有马加比时期的清楚印记,比如《但以理

---

[90] 参见 Spieckermann 2000；Schmid 2002。

157 书》9 章将《耶利米书》中耶路撒冷被毁的"七十年"诠释为"七十周个年周"，也就是七十个七年，明显指涉安条克四世（Antiochus IV）和马加比起义反抗安条克四世的时期（参见 208—209 页）：

> ……必有一王的百姓来毁灭这城和圣所，它的结局必如洪水冲没。必有战争，一直到末了，荒凉的事已经定了。在一七之期，他必与许多人坚立盟约；一七之半，他必使献祭与供献止息。那施行毁灭的可憎之物必立在圣殿里，直到所定的结局倾倒在那行毁灭者的身上。（《但以理书》9：26—27）

但同样清晰的是，马加比时期的《但以理书》具有之前已发展的文学层面，[91]正如在语言使用上的变化所直接表明的（《但以理书》2—7 章是亚兰文，《但以理书》1 章和 8—12 章是用希伯来文书写）。根据《但以理书》2 章和 7 章中的世界历史视角，可以看到，它们在最初是回应波斯帝国的覆亡，指向马加比时期之前。此外，《但以理书》* 1—6 章的但以理传奇的神学特征明显指向波斯时期自身。

这一点显然特别地表现在外国统治者宣传犹太人的上帝中，这个主题出现在每个传奇叙述的结尾：

> 王对但以理说："你既能讲明这奥秘，你们的神诚然是万神之神、万王之主，是奥秘的启示者。"（《但以理书》2：47）

> 尼布甲尼撒说："沙得拉、米煞、亚伯尼歌的神是应当称颂的！他差遣使者救护倚靠他的仆人，他们不遵王的命令，甚至舍身，在他们神以外不肯事奉敬拜别神。现在我降旨，无论何方、何国、何族，凡有人毁谤沙得拉、米煞、亚伯尼歌的神，他必被凌迟，他的房屋必成粪堆，因为没有别神能像这样施行拯救。"（《但以理书》3：28—29）

91　参见 Steck 1980/1982；Kratz 1991b。

尼布甲尼撒王对住在全地各方、各国、各族的人说："愿你们大享平安！我乐意宣扬至高神向我所行的神迹奇事。他的神迹何其大！他的奇事何其盛！他的国度存到永远；他的权柄存到万代！"（《但以理书》3：31—33）㊸

现在我—尼布甲尼撒赞美、尊崇、恭敬天上的王，因为他所行的全都信实，他所做的尽都公平。那行事骄傲的，他能降为卑。（《但以理书》4：34）㊹

于是，大流士王传旨给住在全地各方、各国、各族的人说："愿你们大享平安！现在我降旨，我所统辖全国的人民，都要在但以理的神面前战兢畏惧。因为他是活的神，永远长存，他的国度永不败坏，他的权柄永存无极！他庇护，搭救，在天上地下施行神迹奇事，救了但以理脱离狮子的口。"如此，这但以理，当大流士在位的时候和波斯的居鲁士在位的时候，大享亨通。（《但以理书》6：26—29）㊺

在但以理传奇中，尼布甲尼撒和大流士作为外国强权统治者出现，他们在经历过特别的挑战或者危机后，承认了独一的上帝即以色列上帝的独特能力。这个有些富于想象的观念最终在主题上与将居鲁士诠释为"弥赛亚"的《以赛亚书》45：1联系起来，同时也进一步展开了那里开始的宣信主题（参见《以赛亚书》45：4"你虽不认识我，我也加给你名号"，以及可能较之稍晚的陈述《以赛亚书》45：3"使你知道提名召你的，就是我—耶和华，以色列的神"）。另外，其在主题上与关于神权的诗篇如《诗篇》145篇、146篇、147篇相联系，这一点也是明显的。

158

㊸ 即和合本修订版《但以理书》4:1—3。——译注
㊹ 即和合本修订版《但以理书》4:37。——译注
㊺ 即和合本修订版《但以理书》6:25—28。——译注

但以理传奇因而——像较早的祭司文本或者较晚时期的《历代志》一样——在被掳时期之后的文学史中代表了一种神权立场：上帝通过当时主要的帝国来统治其创造物，帝国要对上帝负责以及——至少是《但以理书》*1—6 章的想法——要承认他是独一的神和统治者。

3. 《创世记》—《列王纪下》的宏大历史作品的起源

根据最近的五经研究，可以看出，对从《创世记》至《列王纪下》现有序列的叙事书卷在整体上的综合，出现在一个较晚时期，即波斯时期。⑮《创世记》和《出埃及记》（以及其后的书卷）的综合，很可能是在祭司文本出现之后进行的。⑯ 但难以判断的是，祭司文本是在这个宏大的综合之后才进入现在的文本位置，还是与《创世记》和《出埃及记》（以及之后的书卷）的文本结合进入当前的位置。

尤其对于《创世记》来说，它被整合进《创世记》—《列王纪下》的进程产生了一个极大意义的转变：《创世记》中开放的应许神学，在整合之后，表现在《出埃及记》1 章以色列作为一个民族的建立以及《约书亚记》中占领应许之地得以实现，也因此被历史化了。由此，这种整合表现在《创世记》—《列王纪下》中从拯救历史（《创世记》——《约书亚记》）至惩罚历史（《士师记》——《列王纪下》）的发展。拯救历史在得到应许之地时达到高潮，惩罚历史结束于失去土地。在神学上，《创世记》—《列王纪下》作为一个零和博弈（Nullsummenspiel）的结束，表明这个整体上的宏大综合并非只是为自身而存在。但《列王纪下》最后 4 节（《列王纪下》25：27—30）也并没有超越审判对未来的洞见，⑰相反，先知文集在主题上接续了历史的描述，也包含了关于拯救的对应观点。⑱ 因此，也正是在这里，形成了"双重断线的"历史图画，从较早的拯救历史（从先祖

---

⑮ Schmid 1999c，241 - 301；Kratz 2000a，314 - 331；Römer/Schmid 2007.

⑯ Gertz 等 2002；Dozeman/Schmid 2006.

⑰ 具体参见 Begg 1986；Becking 1990；J. Schipper 2005；不同的观点，例如，Zenger 1968；Levenson 1984.

⑱ 参见 Clements 2007；Schmid 2006a；参见 Keel 2007，843.

到占领土地)到惩罚历史(王国时期),来到一个由先知们所预言的新拯救史;在传统上将耶典源本作者的拯救史和伊罗欣典源本作者的拯救史进行早期定位的基础上,在 20 世纪这被普遍视为是最初的书写先知和他们的宣告产生的历史背景。⑨

《创世记》和《出埃及记》(及接下来的书卷)以三个程式化的文本为主要标志:《创世记》15 章,《出埃及记》3—4 章,《约书亚记》24 章。在现有形式下,它们显然主要承担了将《创世记》和《出埃及记》(及接下来的书卷)编修综合在一起的任务,因为它们包含了连接前后的最重要的相关表达。《创世记》15 章是先祖历史中唯一在《创世记》50 章之外起结构作用的章节,明显指涉后来出现的出埃及事件(13—16 节)。

当然,《创世记》中也存在其他平行于《出埃及记》内容的表达,比如《创世记》12:10—20 对出埃及的预述(参见对《出埃及记》5—11 章关键词 šlḥ[送走]和 ng'[击打]的采用),《创世记》32:23—32/《出埃及记》4:24—26 中关于与神角力的文本,还有《创世记》24 章/《出埃及记》2 章在井边的场景,⑩但是这些文本并没有明显起到编修性地连接先祖叙事和出埃及的桥梁作用。相反,它们可能是对不同文学文本之间内容的独立借用。对比而言,在摩西—出埃及叙事的架构内,《出埃及记》3—4 章中对呼召摩西事件描写的主要作用是与先祖历史相互关联起来,所以存在对"先祖亚伯拉罕、以撒和雅各的神"等向后指涉的明显引用。

无论是作为一个整体,⑩还是就文本相关部分而言,《创世记》15 章和《出埃及记》3—4 章都可能是在祭司文本之后才出现。⑩无论是《创世记》15 章,还是《出埃及记》3—4 章,它们在语言使用上都明显受到祭司文本的影响。此外,《创世记》15 章和《出埃及记》

159

⑨ 参见 Koch 1984a。
⑩ 参见 Carr 1996b;2001。
⑪ Schmid 1999c.
⑫ Gertz 2000b;2002b.

3—4 章都分别可以理解为是对《创世记》17 章以及《出埃及记》6 章的平行祭司文本进行编修性重述。

《创世记》和《出埃及记》(以及接下来的书卷——还有祭司文本)在文本内容上的结合,是妥拉发展形成中最重要的阶段之一。特别需要强调的是,曾关于以色列起源的一个传统由此产生了神学上的多维度:和平主义的、包容性的、当地自治的先祖传统,与更具攻击性、排他性、外生性的摩西—出埃及传统连接在一起。结果,不同传统之前各自独立的神学特征,成为了一个整体中的部分,在对其诠释中或多或少地被强调。

另外,对于文学史发展具有重要意义的,还有在当时历史书(《创世记》—《列王纪下》)和先知书(《以赛亚书》—《撒迦利亚书》/《玛拉基书》)在主题次序上第一次具有了可见的联系。由此可以观察到,旧约传统在尝试进行一次整体性的神学架构。

> 《创世记》—《列王纪下》的结尾章(《列王纪下》25 章)和按正典顺序其后的《以赛亚书》1 章之间在主题和用语上的联系,就现有的历史书和先知书的顺序来说可能是被有意塑造的。《以赛亚书》1 章的不同陈述是在对《列王纪下》25 章所描述的问题进行直接"回答"。在《以赛亚书》1:2—9 特别是第 7 节,对一次审判和一次严重灾难的回顾像是《列王纪下》25:9 所叙述的;在灾难之后,描述锡安如"葡萄园的草棚"或者"瓜田中的茅屋"(《以赛亚书》1:8),与《列王纪下》25:12 对当地余民的描绘(修整葡萄园和耕种土地)相吻合。《以赛亚书》1:10—15 对献祭的激烈批评,可以解读为对《列王纪下》25:8—12,13—21 中所陈述的圣殿被毁以及用于敬拜器具被掳走的进一步诠释。从神学层面上说,《以赛亚书》1 章大量采用了来自《申命记》(以及《利未记》26 章)立约神学的多种主题,[18]所以突出了《列王纪下》25 章的申命学派的逻辑。

---

[18]　Becker 1997,185.

4. 《以斯拉—尼希米记》

在祖兹(Leopold Zunz)之后,[104]特别是在 20 世纪的德国学界,认为《以斯拉—尼希米记》虽然自身由不同来源所构成,[105]但是从一开始就是《历代志》的有机延续。自从贾费特(Sara Japhet)之后,这个观点已经受到激烈的批评。[106] 如今,它不再被简单地认为仅仅是一个替代选项,而是要通过编修历史的层面进行更细微的审视。[107]越来越有说服力的观点是,《以斯拉—尼希米记》的创作时期基本上比《历代志》的创作时期更早。人们可以推测,在它们与《历代志》连接之前,它们是否曾延续了历史书(《创世记》—《列王纪下》)更早期、先知书之前的神权意识。

在古代,正如《以斯拉记》的结尾缺少最后的玛索拉文士批注所表明的,《以斯拉—尼希米记》是作为一卷书存在。《以斯拉—尼希米记》在关于犹大重建的记述上的结合,以独特的形式将祭司以斯拉的作为和尼希米的重建任务融合到一起。在《以斯拉记》1—6章对归回和建造圣殿的描述之后,紧跟着是以斯拉在耶路撒冷的工作的内容(《以斯拉记》7—10 章)。《尼希米记》1—7 章记述了尼希米所采取的措施,而《尼希米记》8—10 章将这些向后联系到了以斯拉以及他宣读律法。最后,《尼希米记》11—13 章又记叙了尼希米给出的进一步指示。因此,在编写层面上,这种编写有意地暗示了以斯拉和尼希米出现的同时性,尽管从历史来说那是不可能的(参见前文)。《以斯拉—尼希米记》的整体内容表现出了一种与前先知书(《约书亚记》—《列王纪下》)的申命学派历史神学的积极性的对应概念:对于后者来说,对律法的不顺服以及对先知的拒绝导

---

[104]　Zunz 1892/²1992;另参见 Pohlmann 1991。

[105]　Wright 2004;Pakkala 2004;Keel 2007,959‑960.

[106]　Japhet 1968;1999;另参见 Willi 1972。

[107]　Kratz 2000a,14‑98.

致了审判,但是《以斯拉记》—《尼希米记》表明了一个相反的情况:遵行律法、重视先知如何带来繁荣。

《以斯拉记》1—6 章这些最开始的章节就已清楚地表明,如果没有先知的支持,建造圣殿的计划是不可能成功的。[108] 所以,只有第二次重建圣殿的尝试是成功的:

> 犹太人的长老因哈该先知和易多的孙子撒迦利亚的预言,就建造这殿,凡事顺利。他们遵照以色列神的命令和波斯王居鲁士、大流士、亚达薛西的谕旨,建造完毕。(《以斯拉记》6:14)

在《以斯拉记》7:27 的陈述,"耶和华—我们列祖的神是应当称颂的! 因他使王起这心愿,使耶路撒冷耶和华的殿得荣耀(p'r)",有一个清晰的对《以赛亚书》60 章出现的应许主题的回声,表示应许在这里得到了实现:

> 基达的羊群都聚集到你这里,尼拜约的公羊供你使用,献在我坛上蒙悦纳;**我必荣耀我那荣耀的殿**(p'r)。……众海岛必等候我,他施的船只领先,将你的儿女,连同他们的金银从远方带来,这都因以色列的圣者、耶和华—你神的名,**因为他已经荣耀**(p'r)**了你**。……黎巴嫩的荣耀,就是松树、杉树、黄杨树,都必一同归你,用以装饰我圣所坐落之处;我也要使我脚所踏之地**得荣耀**(p'r)。(《以赛亚书》60:7—13)

161 　　在其他一些地方也可以观察到,《以斯拉—尼希米记》试图将波斯时期以色列的历史建构为实现了先知所预见之事。[109] 因此,《以斯拉—尼希米记》从主题上连接了《创世记》—《列王纪下》的整体叙述,增添了一个复兴时代的补充叙述来延续王国时期的惩罚历

108　参见 Krüger 1988。
109　McConville 1986.

史叙事,该复兴时代的补充叙事相反又是受先知预言传统所影响的。由此,《以斯拉—尼希米记》——至少在形式上独立于《历代志》——因此站立在申命学派和《历代志》历史图景之间的门槛上。《以斯拉—尼希米记》受申命记主义影响所表现出的律法和福祉之间的联系,同时又对进行圣殿重建授权(根据《以斯拉记》1—6章)的波斯政权有着很高的评价,是接近于《历代志》的神学的。从这个角度看,《哈该书》/《撒迦利亚书》1—8章在整体上表达出了与《以斯拉—尼希米记》对立的概念,它们将建造圣殿与期待推翻波斯帝国、重建大卫王朝联系起来。⑩

三、先知传统

1. 《哈该书》/《撒迦利亚书》

归于先知哈该和撒迦利亚的书卷,是属于可辨识的、能够追溯到先知人物的最晚的先知书卷。他们的历史性可以由他们书卷之外的《以斯拉记》5:1和6:14对他们的提及得出。⑪ 虽然《约珥书》《哈巴谷书》或者《玛拉基书》的创作时间可能更迟,但是它们在整体上应该一开始就是文士们的预言创作。⑫

在旧约现有的形式中,哈该和撒迦利亚被视为建造圣殿的主要推动者,这不但表现在它们在编修层面上的相互统一,也基于《以斯拉记》5:1和6:14中的叙述。但他们似乎对任何波斯的推动力并无表现。⑬ 从历史层面看,哈该对建造圣殿似乎特别赞同。对圣殿建造的抵制运动,明显主要出自被掳归回的群体内,并且由经济

---

⑩ Lux 2005.

⑪ Wolff 1985；Willi-Plein 1998；Meyers 2000.

⑫ Witte 2006；Bosshard/Kratz 1990；Steck 1991;关于《约珥书》,参见 Bergler 1988 中的材料;另参见 Jeremias 2007,1 - 55。

⑬ Lux 2005,158.

原因驱动。这些抵制都遭到《哈该书》反对,《哈该书》认为只有在重建圣殿的基础上才能使经济繁荣成为可能。因此,哈该推动了《以斯拉—尼希米记》中的积极申命记主义,反对《约书亚记》—《列王纪下》中的消极申命记主义。

圣殿基石的奠立,被《哈该书》视为神学上划时代的关键起点。也就是说,在天地震动(《哈该书》2：6)和"列国的宝座"被倾覆(《哈该书》2：22)之后(可能指代波斯帝国统治者的王位),[14]随之而来的是对耶和华统治的普世承认,以及大卫王朝的复兴。但是这种表达势必与之前旧约先知书卷中相关基础性的应许相矛盾。因此,《哈该书》2：21—23 显然利用了《耶利米书》22：24—26,30,并且通过指涉所罗巴伯消解了其他陈述。

《耶利米书》22：24,30	《哈该书》2：21—23
耶和华说：约雅敬的儿子犹大王哥尼雅,虽是我右手上带<u>印</u>的戒指,我凭我的永生起誓,我必将你从其上摘下来……耶和华如此说：要把这人登记为无子,是平生不得亨通的人;因为他后裔中再无一人得亨通,能坐在大卫的宝座上治理犹大。	你要告诉犹大省长所罗巴伯说……万军之耶和华说：撒拉铁的儿子我仆人所罗巴伯啊,这是耶和华说的,到那日,我必以你为<u>印</u>,因我拣选了你。这是万军之耶和华说的。[15]

162

从这种通过所罗巴伯大卫王朝得到复兴以及期待波斯帝国覆灭的政治视角来看,哈该传统接近于《申命记》的传统。从历史角度看,哈该对所罗巴伯和波斯帝国覆灭的期待都没有实现。但是,

---

⑭　Lux 2005,164 - 165.
⑮　划线部分希伯来语是同一个词。——译注

他所宣告的信息被同时作为期盼未来的画卷传递下来。

与哈该预言紧密相关的是《撒迦利亚书》1—8 章,尤其是《撒迦利亚书》7—8 章和《哈该书》之间的时间系统的表达与主题联系上。[16] 因此,一个可能的结论是,《哈该书》和《撒迦利亚书》1—8 章在彼此参照中进行了编修。在整体上对两者进行编修结合的目的,明显是要让《撒迦利亚书》1—8 章作为哈该预言的延续。哈该描述了在天地震动时(《哈该书》2：6)地上的变化,而《撒迦利亚书》1—8 章展开了一个在天上的视角:"通过一个晚上的七个异象,在《哈该书》2：21—23 中所提到的倾覆,被撒迦利亚看到。它们是作为由于天上的计划而导致的一系列事件。从那里有骑士聚集视察地上的情形(《撒迦利亚书》1：7—15),从那里又有战车从四围降落(6：1—8),为的是使被看见的异象事件成为现实。"[17]

"夜间异象",即撒迦利亚的梦,在最初拥有一个更宽广的神学视野,超出关于圣殿的重建事件:它们表现出将一个完整而神圣的耶路撒冷作为耶和华临在的中心的异象。[18] 它们是一个同心结构:I 和 VII：马匹;II 和 VI：两层关于外国的主题;III 和 V：耶路撒冷作为无围墙的安全城市,是远离偷窃者和作伪证的誓言的洁净之地;IV(中心)：金灯台。

撒迦利亚书 I：1：8—13,14—15	II：2：1—4	III：2：5—9	IV：4：1—6a,10b—14	V：5：1—4	VI：5：5—11	VII：6：1—8
骑马的人和马	角和匠人	人手拿丈量的绳	金灯台	飞行的书卷	量器中的妇人	马车和马
遍地巡逻	剥夺世界的权力	耶路撒冷作为无城墙的城	耶和华的临在	洁净全地	除灭偶像崇拜	对全世界的使命

---

[16] 参见 Meyers/Meyers 1987,xlix; Meyers 2000。
[17] Lux 2002,198.
[18] Keel 2007,1010 - 1026.

163　　　圣殿建造的具体导向主要是在接下来《撒迦利亚书》6：9—15
和 7—8 章的接续写作中完成的，它们调和了《撒迦利亚书》和《哈
该书》。如同《哈该书》2：21—23，《撒迦利亚书》3—4 章也表现了
对所罗巴伯的高度期待。《撒迦利亚书》4：6b—10a 的章节显然打
断了上下文，似乎是对所罗巴伯使命问题（不可能更进一步确定）
的重新确信。它关于拯救的应许明显基于对《以赛亚书》40：3—4
的摘录和对《以赛亚书》52：7 的回应，而两者都是在第二以赛亚中
起着结构性作用的文本：

《撒迦利亚书》4：6b—10a

　　这是耶和华指示所罗巴伯
的话。万军之耶和华说：不是
倚靠势力，不是倚靠才能，乃
是倚靠我的灵方能成事。**大山
哪，你算什么呢？ 在所罗巴
伯面前**，你必夷为平地。他安
放顶上的那块石头，人就<u>欢
呼："愿恩惠、恩惠归与这殿！</u>"
耶和华的话临到我，说："所罗
巴伯的手立了这殿的根基，他
的手也必完成这工，你就知道
万军之耶和华差遣我到你们这
里。谁藐视这日的事为小呢？
他们见所罗巴伯手拿石垂线就
欢喜。"

《以赛亚书》40：3—4

　　有声音呼喊着："要在旷野
为耶和华预备道路，在沙漠为
我们的神修直大道。**一切山洼
都要填满，大小山冈都要削
平；陡峭的要变为平坦，崎岖
的必成为平原。**

《以赛亚书》52：7

　　<u>在山上报佳音，传平安，
报好信息，传扬救恩，那人的
脚踪何等佳美啊！</u> 他对锡安
说："你的神作王了！"

　　《哈该书》和《撒迦利亚书》表现了与在犹大地建造圣殿所带
来的宏大期望。它们关于广泛性的拯救观念，既没有在当时即
刻实现，也没有在遥远的未来实现，可能只是基于第二以赛亚提

出的一个神学路径所想象的。但无论如何，这些语言并没有被作为错误而被抛弃。相反，在它们实现过程中的耽搁，往往通过更新的诠释来解释，这也是波斯时期先知预言的一个文学史和神学史特征。

撒迦利亚的夜间异象也表现出了这种特征，在《申命记》和申命学派传统中被视为在神学上无效的梦，在这里再次被视为是启示的合法方式。因此，相对于严格的申命学派思想，一些"自然神学"被恢复。另外，在这些异象架构里，一个具有负责解释作用的中介者——天使——被突显出来。之后，这也出现在其他文本的异象描写中（例如《但以理书》8章和9章），并构成了后来两约之间天使学的重要（虽然不是唯一的）起点。[19] 在被掳时期之前的书写先知那里（《阿摩司书》7—9章；《以赛亚书》6章；《耶利米书》1章和24章；等等），异象描写中具有解释作用的对话总是直接发生在上帝和先知之间。对比而言，随着一神论的建立，《撒迦利亚书》1—8章的文学描述表现出与上帝之间较远的距离。

在《撒迦利亚书》5：5—11的异象描写中，在篮子中的妇人被运到巴比伦。是否要将这个纲领性的异象视为一个关于以色列禁止崇拜女性神祇的异象，[20]是存在争议的。[21] 然而，这个解释仍然是具有说服力的。因为，一方面这个妇人似乎被赋予了神圣的地位，另一方面这可能是旧约对于丧失王国时期宗教象征系统中性别两极化的文学反映（"耶和华和他的亚舍拉"）。[22] 因此，《撒迦利亚书》5：5—11——不同于《申命记》和申命学派的《列王纪》（参见《申命记》16：21；《列王纪下》21：3；23：4）——不会把亚舍拉作为谴责的对象，而是把她转给巴比伦，在崇拜诸神的异教仪制中给她指定一个合法的地方（5：11）。

164

---

[19] Koch 1994；Stuckenbruck 2004.

[20] Uehlinger 1994.

[21] Körting 2006a.

[22] 参见 TUAT II：556 - 557，561 - 564。

2. 第二以赛亚和第三以赛亚的接续写作内容

在当时的政治经验中，第二以赛亚所宣告的拯救最初被视为获得了实现。随着大流士时期发生的奇迹般的事件（从犹大的观点来看），圣殿开始重建，出现第一次大规模归回潮流，《以赛亚书》40—52 章的一些解释性文本中将大流士视为"上帝的仆人"，这一点相当清晰地表现在第一版的"仆人之歌"（42：1—4）中，[⑬]虽然它的接续写作（42：5—7）是匿名化的。

> 那创造诸天，铺张穹苍，铺开地与地的出产，赐气息给地上众人，赐生命给行走其上之人的神耶和华如此说："我—耶和华凭公义召你，要搀扶你的手，保护你，要藉着你与百姓立约，使你成为万邦之光，开盲人的眼，领囚犯出监狱，领坐在黑暗中的出地牢。"（《以赛亚书》42：5—7）

这种观点是犹大对波斯帝国意识形态的接受。就像在波斯的王室铭文中所表现的那样：上帝（对波斯人而言是阿胡拉马兹达[Ahuramazda]）通过波斯的君王来统治世界（也参见《以斯拉记》5：11—16）。[⑭]

但是，在大流士之后，历史掀开了不同的一页。犹大和耶路撒冷——尽管圣殿得以重建——的凄凉处境更多地被解释为，第二以赛亚传统中所预言的拯救事件的"来临延迟"。反映了这种延迟的文本构成了《以赛亚书》40—52 章的文学发展，最终形成了整卷书中现有形式的拯救篇章《以赛亚书》40—66 章。那种认为 40—55章（"第二以赛亚"）和 56—66 章（"第三以赛亚"）的文学核心的起源互相独立的传统观点，并因此所做的相关区分，如今就不能再被坚持。虽然《以赛亚书》40—55 章确实表达了一个无条件的拯救预

---

⑬　参见 Kratz 1991a。
⑭　Koch 1984b; Wiesehöfer 1999.

言,但是在《以赛亚书》56 章,再次出现了警告性的词语,对已经宣告和期待的拯救设置条件。这种不和谐的文本内容反映出,《以赛亚书》56—66 章的文本通过指涉当下,回应了在第二以赛亚中拯救预言延迟的经验。第二以赛亚中所预言的拯救,无论是范围或者是在当时的时间点,都没有实现。面对这个预言没有实现的不足,《以赛亚书》56—66 章在为其寻找延迟的理由,从中发现通向拯救的障碍,即上帝子民的错误态度。由此,《以赛亚书》56—66 章开始表达相关警告和谴责。然而,与以前的"第三以赛亚"学说相反,《以赛亚书》56—66 章并非来自一位独立先知(第三以赛亚)在之前的口传宣告。相反,这些篇章应被理解为只是文士传统的语言,仅作为一卷书中的文本存在。[125]这已经在较早时期就由杜姆——第三以赛亚学说"之父"——所推测:"第三以赛亚当然可能仅仅是作为第二以赛亚的接续写作。"[126]例如,《以赛亚书》56—66 章的文士书写特征,可以从《以赛亚书》57：14 对《以赛亚书》40：3 的指涉中看出。

165

《以赛亚书》40：3	《以赛亚书》57：14
有声音呼喊着:"要在旷野为耶和华预备**道路**,在沙漠为我们的神修直**大道**。"	耶和华说:"你们要**修筑**,**修筑**,要**预备道路**,除掉我百姓**路**中的绊脚石。"

《以赛亚书》40：3 呼吁为耶和华建造一个列队行进的道路,为了他能回到在锡安/耶路撒冷的圣所。同时它又给出伦理化的解释:人民中不公义的社会和宗教状况必须要被消除,如此,拯救才能发生。《以赛亚书》56—66 章的文士特征,还显著表现在《以赛亚书》56：1—7 对一段妥拉文本的删除:[127]由于先知的权威,将外邦人和阉人从群体中排斥出去可以被废止。

---

[125] Steck 1991b;不同的观点,参见 Koenen 1990。

[126] Duhm 1892/1968,390.

[127] Donner 1985/1994.

在《以赛亚书》56—66 章里,可以对《以赛亚书》56—59＋63—66 章与 60—62 章做出根本性的区分。只有 56—59 章才在概念上是"第三以赛亚",它对拯救宣告设置了新的条件。相反,60—62 章有关于拯救锡安的无条件宣告,因此也显示出与 40—55 章的直接联系。我们因此有理由推定,《以赛亚书》60—62 章比《以赛亚书》56—59 章(以及 63—66 章)出现的时期更早,并在起源上与 *40—55 章相联系。从神学史层面来说,这些关于锡安的文本有着特别的意义,因为它们将"弥赛亚"的意识形态与大卫王朝(《以赛亚书》9：1—6)、尼布甲尼撒(《耶利米书》27：6,8)和居鲁士(《以赛亚书》45：1)分离开来,现在能够以弥赛亚的特征来刻画耶路撒冷城自身：

《以赛亚书》60：1—12

兴起,发**光**! 因为你的**光**已来到!

耶和华的荣光发出照耀着你。看哪,黑暗笼罩大地,幽暗遮盖万民,耶和华却要升起照耀你,他的荣光要显在你身上。列国要来就你的光,列王要来**就你发出的光辉**。……你的城门必时常开放,昼夜不关,使人将列国的财物带来归你,他们的君王也被牵引而来。不事奉你的那邦、那国要灭亡,**那些国家必全然荒废。**

《以赛亚书》9：2

在黑暗中行走的百姓看见了大光;住在死荫之地的人有**光**照耀他们。

《耶利米书》27：6

现在我将全地都交在我仆人巴比伦王尼布甲尼撒手中,也把野地的走兽给他使用。

《耶利米书》27：8

无论哪一邦、哪一国,不肯服事巴比伦王尼布甲尼撒,……**我必用刀剑、饥荒、瘟疫惩罚那邦**,直到我藉巴比伦王的手毁灭他们。

166　《以赛亚书》60 章的这个观点显然批评了本地和外邦王权,把

237

弥赛亚的概念与人格属性分开。耶路撒冷自身带有"弥赛亚的"特征(参见下文)。《耶利米哀歌》1：10 中称圣殿为"耶路撒冷的"圣所,把这个城市放在犹大诸王的正确统绪之中。[⑫]

同时值得注意的还有,一方面,在《以赛亚书》9：1 中,关于光的隐喻在《以赛亚书》60 章被神学化——耶和华自身就是光。另一方面,《以赛亚书》60 章的视野更具世界性:锡安—耶路撒冷的弥赛亚特征不仅指向以色列民,也是指向所有民族。因此,锡安—耶路撒冷的能力以《耶利米书》27 章中帝国"巴比伦式的色彩"来描绘。

《以赛亚书》63—66 章应该在概念层面上与 56—59 章分开,因为前者对应许拯救来临的盼望,没有基于宽广的条件,而是限定于以色列中的一群人,那公义者自身也可能从万族中吸引追随者(参见下文)。

3. 《耶利米书》和《以西结书》的接续写作

在大流士统治时期的事件——圣殿开始重建,新的归回浪潮,巴比伦的觊觎王位者对暴乱的镇压——不仅导致了第二以赛亚中相关的接续写作(作为"上帝仆人"的居鲁士),也导致了《耶利米书》的接续写作。因此,例如,在《耶利米书》25：9;27：6;43：10 中对耶路撒冷被毁负有责任的尼布甲尼撒,被直接地重新解释为"我(上帝)的仆人",并被视为居鲁士的先驱。一个更为广泛的对这些经历的反思可以在《耶利米书》关于两个七十年的预言中找到(25：12 和 29：10)。两者相互补充,现在可以期待的是,在对耶路撒冷和犹大施行审判的七十年后会发生对以色列施拯救以及对巴比伦降灾祸。一个在《耶利米书》30—31 章得到文学表达,另一个表现在《耶利米书》50—51 章。[⑫]

[⑫] 参见 Keel 2007,794。
[⑫] Schmid 1996a, 220‐253.

　　这全地必然荒凉，令人惊骇。这些国家要服事巴比伦王七十年。(《耶利米书》25：11)

　　耶和华如此说：为巴比伦所定的七十年满了以后，我要眷顾你们，向你们实现我的恩言，使你们归回此地。(《耶利米书》29：10)

　　最后，在《耶利米书》和《以西结书》中可以区分出两个程式化的编修视角。根据它们所表现出的政治特点，可以将它们基本定位于波斯时期。它们都是接续写作性质的文本，可以追溯到或者是在公元前 597 年被掳到巴比伦的被掳群体，或者是作为以色列失去王国之后的合法继承者的世界范围的流散群体。它们经由了不同的创作阶段。以流散为导向的文本，基本是对以被掳为导向的文本的纠正，但是在似乎较早的先知文本中也存在关于流散的陈述(参见例如《耶利米书》23：3)。不时也会出现争论，有人认为以被掳为导向的文本应当是在公元前 597 年之后很快就被创作出来。[130] 但是据此就难以解释这些文本中流放人群与那些在土地上余留的人群之间鲜明的不同立场。相反，这些似乎是增强那些流放归回人群的神学合法性的文本，试图表现出他们对领导权的宣称是植根于预言中的。

167

　　这两个程式化编修文本和对它们的标准描述，在本质上是由波尔曼发现和提出的。[131] 以被掳为导向的视角最为鲜明地表现在《耶利米书》24 章关于好无花果和坏无花果的异象描述中：

　　巴比伦王尼布甲尼撒将约雅敬的儿子犹大王耶哥尼雅和犹大的领袖，并工匠、铁匠从耶路撒冷掳去，带到巴比伦。这事以后，耶和华指给我看，看哪，有两筐无花果放在耶和华殿

---

[130]　Seitz 1989.

[131]　Pohlmann 1978；1989；1996.

前。一筐是极好的无花果，像是初熟的；一筐是极坏的无花果，坏得不能吃。耶和华对我说："耶利米，你看见什么？"我说："我看见无花果，好的极好，坏的极坏，坏得不能吃。"于是耶和华的话临到我，说："耶和华——以色列的神如此说：'被掳去的犹大人，就是我所打发离开这地到迦勒底人之地去的，我必看顾他们如这好的无花果，使他们得福乐。我要眷顾他们，使他们得福乐，领他们归回这地。我也要建立他们，必不拆毁；栽植他们，必不拔出。我要赐给他们认识我的心，认识我是耶和华。他们要作我的子民，我要作他们的神，他们要一心归向我。'"耶和华如此说："我必将犹大王西底家和他的众领袖，以及留在这地耶路撒冷剩余的人，并住在埃及地的犹大人都交出来，好像那极坏、坏得不能吃的无花果。我必使他们在地上万国中成为恐惧，成为灾祸，在我赶逐他们到的各处成为凌辱、笑柄、讥笑、诅咒的对象。我必使刀剑、饥荒、瘟疫临到他们，直到他们从我所赐给他们和他们祖先之地灭绝。"（《耶利米书》24：1—10）

在波尔曼之前，[12]基于它们的语言学特征，人们普遍将这些文本解释为是对《耶利米书》的"申命学派"编修。[13]但是如果我们留意到《耶利米书》24章的主题特征，这个解释便没有什么说服力。在《耶利米书》24章中，审判或拯救的范畴不是对诫命的顺服，而是属于一个特定的群体："好的无花果"是在公元前597年被流放到巴比伦的约雅斤被掳的成员。耶和华未来对以色列的拯救计划将通过他们实现。"坏的无花果"是那些仍留在这片土地上或者是逃到埃及的人，他们将最终被从这片土地上除去，分散在整个世界上。

这个程式化文本的宗教政治含义是明显的：《耶利米书》24章

---

[12]　Pohlmann 1978.

[13]　参见 Thiel 1973, 253 - 261。

是先知性地对在公元前 597 年（参见《列王纪下》24：14）被流放的、谚语式的"上层一万"进行合法化。被掳者将他们对领导权的宣称植于耶利米的宣告中。我们在这里遇到的似乎是，古以色列神学史上第一次抛弃作为拯救单元的以色列，倾向于在以色列中进行区分。在希腊化时期，按恶者和敬虔者的划分，这一区分十分普遍；这里只是以基本术语进行预先审视。

无论如何，贯穿《耶利米书》都存在着这样的踪迹，不仅在单独的篇章，而是在延伸至整个耶利米传统的编修过程中：《耶利米书》24 章通过其作为异象的类型程式，清楚地指涉了《耶利米书》1：11—14。由此，来自《耶利米书》1—24 章的整个审判宣告，现在可以应用于"坏的无花果"。与此相应，《耶利米书》29：16 对《耶利米书》24 章的引用——在紧接着宣告拯救《耶利米书》30—33 章之前——从编修层面上清楚表现出了，只有"好的无花果"才能经历这里所宣称的拯救。⑬

尽管在《耶利米书》中以被掳为导向的纲领表现得较为突出并易于把握，但它并非从这卷书中起源。相反，此种导向似乎受到以西结传统的启发并通过以西结传统合法化。以西结传统——至少是结合性的——在最早的起源阶段就有被掳导向的特征。先知以西结自身在历史上是公元前 597 年被流放到巴比伦的人们之一，《以西结书》的内容也通常相应地以此事件为基准来进行时间上的定位。

《以西结书》也同样经历过这种"被掳导向的"编修。与《耶利米书》24 章完全一致，《以西结书》11 章也包含了这样的观点：只有第一批被掳的后裔才将成为真正的以色列人，他们将得到一个"新的心"，由此构成上帝的百姓。

> ……于是我脸伏在地，大声呼叫说："唉！主耶和华啊，你要把以色列剩余的人都灭绝净尽吗？"耶和华的话临到我，说：

---

⑬ Schmid 1996a，253 - 269.

"人子啊，耶路撒冷的居民对你的兄弟、你的本家、你的亲属、以色列全家所有的人说：'你们远离耶和华吧！这地是赐给我们为业的。'所以你当说：'主耶和华如此说：我虽将以色列全家远远流放到列国，使他们分散在列邦，我却要在他们所到的列邦，暂时作他们的圣所。'你当说：'主耶和华如此说：我必从万民中召集你们，从分散的列邦中聚集你们，又将以色列地赐给你们。'他们到了那里，必从其中除掉一切可憎之物、可厌的事。我要使他们有合一的心，也要将新灵放在你们里面，又从他们的肉体中除掉石心，赐给他们肉心，使他们顺从我的律例，谨守遵行我的典章。他们要作我的子民，我要作他们的神。至于那些心中随从可憎之物、可厌的事的人，我必照他们所做的报应在他们头上。这是主耶和华说的。"（《以西结书》11：13—21）

与《耶利米书》一样，《以西结书》关于拯救的应许也已经在整体上被"被掳导向"地进行了编修。这一点清晰地表现在《以西结书》33 章拯救预言的文本单元的开始：

> 逃来的人到的前一天晚上，耶和华的手按在我身上，开我的口。第二天早晨，等那人来到我这里，我的口就开了，不再说不出话来。耶和华的话临到我，说："人子啊，住在以色列荒废之地的人说：'亚伯拉罕一人能得这地为业，我们人数众多，这地更是给我们为业的。'所以你要对他们说，主耶和华如此说：你们吃带血的食物，向偶像举目，并且流人的血，你们还能得这地为业吗？你们倚靠自己的刀剑行可憎的事，人人污辱邻舍的妻，你们还能得这地为业吗？你要对他们这样说，主耶和华如此说：我指着我的永生起誓，在废墟的，必倒在刀下；在田野的，必交给野兽吞吃；在堡垒和洞中的，必遭瘟疫而死。我必使这地荒废荒凉，它骄傲的权势也必止息；以色列的山都必荒废，无人经过。我因他们所做一切可憎的事，使地荒废荒凉；那时，他们就知道我是耶和华。"（《以西结书》33：22—29）

然而，在《耶利米书》和《以西结书》中，这种具有限定性的程式（Programm）又很快成为被修订的对象。这种修订取消了在以色列内部所做的区分，相反确信未来的拯救不单属于巴比伦的被掳群体，还属于在世界范围内流散的整体。我们在这里可以相应地称之为"流散导向"的编修。有意思的是，这个编修似乎已经知晓了作为整体书卷的《耶利米书》和《以西结书》的被掳导向的神学的视域。因此，它在每卷书行文的重要节点上都以自己的书写来表达观点。在《耶利米书》中，在《耶利米书》24 章之前，就有一个相关的表述。如果我们根据七十士译本《耶利米书》23：7—8 的位置，恰恰是在 23 章的结尾部分：

> 看哪，日子将到，人必不再指着那领以色列人从埃及地上来的永生耶和华起誓。这是耶和华说的。人却要指着那领以色列家的后裔离开北方之地，离开我赶他们到的各国的永生耶和华起誓。他们必住在本地。（《耶利米书》23：7—8）

另外，《耶利米书》29：14 流散导向的陈述，调适了在《耶利米书》29：16 被掳导向对拯救的限制：

> ……我必将你们从各国和我赶你们到的各处召集过来，又将你们带回我使你们被掳离开的地方。这是耶和华说的。（《耶利米书》29：14）

最后，《耶利米书》32 章关于田地购置的叙事，作为一个对未来拯救的象征，在流散导向的层面上被进行了重新解释：

> 看哪，我曾在怒气、愤怒和大恼怒中，将以色列人赶到各国；我必从那里将他们召集出来，领他们回到此地，使他们安然居住。（《耶利米书》32：37）

由此可以推断的是，《以西结书》在整体书卷范围中也经历过一个类似的以流散为导向的编修。《以西结书》39：25—29 在这里有一个相关的重要表达，恰好出现在《以西结书》40—48 章关于建造圣殿的宏大异象描写之前：

> 所以主耶和华如此说：现在，我要使雅各被掳的人归回，要怜悯以色列全家，又为我的圣名发热心。我将他们从万民中领回，从仇敌之地召来，在许多国家的眼前，在他们身上显为圣，他们在本地安然居住，无人使他们惊吓，那时，他们要担当自己的羞辱和干犯我的一切罪。我使他们被掳到列国，后又聚集他们回到本地，不再留一人在那里，那时他们就知道我是耶和华——他们的神。我不再转脸不顾他们，因我已将我的灵浇灌以色列家。这是主耶和华说的。（《以西结书》39：25—29）

4. 关于"归向"主题的"申命学派"神学

虽然根据诺斯关于"申命学派历史作品"的经典理论所提出的认识，该作品是产生于公元前 562 年之后不久的单个人的创作，[135] 但是与之相反，在当前对申命记主义极为多样化的讨论中，存在着一个广泛共识：申命记传统可追溯到一个长期存在的、以其所使用的独特书写风格为特征的传统传承运动。比如这种书写风格可以在一些产生较晚的文本，如《但以理书》9 章、马索拉译本《耶利米书》中的一些材料或者是《以斯拉四书》中观察到。[136]

近期所认为的申命记主义的"长期性"形成过程，也说明了对于其中不同的"申命学派"立场进行区分的必要性。[137] 沃尔夫（Hans W. Wolff）基于一些文本（《士师记》2：11—12；《撒母耳记上》7：

---

[135] Noth 1943，110.

[136] Steck 1967；Römer 2005；Witte 等 2006；Otto 2006c；Person 2007.

[137] Römer 2005；Witte 等 2006.

3；12：14—15；《列王纪上》8：46—53；《列王纪下》17：13,23：25）对"申命学派历史著作的教义思想"⑬所进行的有影响力的研究中提出,越来越清楚的是,关于"归向"的主题不应被看作是在前先知书(以及后先知书)中申命学派诠释章节的最早期构成部分。

耶利米和第一批申命学派作者都不是他们所处时代的"归向宣讲者"。相反,这个概念只是在后来相关传统的文学史进程中才产生。即使《申命记》中所表现出的"归向"主题,也主要是基于《申命记》4：30 和 30：2,10 中的拯救概念,即使是沃尔夫,也将它们的写作归于申命学派历史作品的"第二只手"。⑬《申命记》4 章是祭司文本产生之后的篇章,其清楚地预设和采用了《创世记》1 章。⑭《申命记》30 章的历史画卷书写中采用了"对色列民的审判""对外邦民的审判""对以色列民的拯救"的历史顺序,表明其在概念层面表现出了《以赛亚书》1—39 章、《以西结书》《西番雅书》或者《耶利米书》(七十士译本版本)的整体图景,也呈现出波斯时期神学历史讨论的背景。

针对以色列民的审判	《申命记》30：1—2：当这一切的事,就是我摆在你面前的祝福和诅咒临到你的时候,你在耶和华—你神赶逐你去的万国中,心里回想这些事,你和你的子孙若尽心尽性**归向耶和华—你的**神,照我今日一切所吩咐你的,听从他的话……
针对外族民的审判	《申命记》30：7：耶和华—你的神必将这一切诅咒加在你仇敌和恨恶你、迫害你的人身上。
针对以色列民的拯救	《申命记》30：8—10：**你必回转,听从耶和华的话**,遵行他的一切诫命,就是我今日所吩咐你的。耶和华—你的神必使你手里所做的一切,以及你身所生的,牲畜所产的,土地所产的都丰富有余,而且顺利；耶和华必再喜爱善待你,正如他喜爱你的列祖一样,只要你听从耶和华—你神的话,谨守这律法书上所写的诫命律例,尽心尽性**归向耶和华—你的**神。

⑬ Wolff 1961/1964；另参见 Wolff 1951/1964。
⑬ Wolff 1961,182,184.
⑭ Schmid 1999c, 164 - 165 注 660。

类似地，在《耶利米书》3：1—4：2、④《撒迦利亚书》1：3 以及《玛拉基书》3：7 中鲜明地涉及到"归向"主题的先知书章节，也表现出波斯时期的历史处境。虽然这并不意味着"归向"仅仅在这个时期才成为一个可能的概念，但这个主题确是在这个时期第一次得到显著发展。本质上，我们可以认为，"归向"主题是对拯救应许推迟的进一步回应：除非以色列"归向"，否则上帝的拯救就不能成为现实。

5. 经典预言的圣经建构

先知书接续写作的作者们进行匿名创作，也就是说他们以几位先知的名字的权威接续写作先知书，这在当时是一个常有的现象：对于先知书的接续写作者来说，他们既没兴趣、也没动力去表现自己的个性形象。相反，他们显然认为，他们的接续写作是在为先知的宣告提供他们自己时代的合理诠释，因而可以被直接地写进相关先知书卷的文本中，并以各个先知的名义流传。由此产生了这种观念，即先知不仅为他们自己的历史时期代言，也要预见未来。这在以赛亚传统中可以最为清晰地看到，一方面，以赛亚传统在《以赛亚书》1：1 的标题宣称，以赛亚在公元前 8 世纪下半叶的犹大王乌西雅、约坦、亚哈斯、希西家统治时接收到信息，但另一方面，这些信息的内容覆盖了从以赛亚时代到一个最遥远未来的新天新地，关乎整个世界的历史（《以赛亚书》65—66 章）。因此，先知是世界历史的未来展望者这一圣经中的观点，本质上产生于一个普遍的对先知书卷进行接续写作的文学史进程。当然，即使是历史上存在的先知也有关于未来的陈述，这一点尤其清楚地表现在没有被实现的预言中（参见《耶利米书》22：18—19）。但是，与广阔世界历史相关的视野却是对相关书卷进行大规模编修的结果。

随着先知信息的写作内容在时间上的逐渐扩展（尤其是在《耶利米书》中，根据文本内容，耶利米所处的时代最接近耶路撒冷被

---

④　Schmid 1996a，277 - 294.

毁),先知形象与妥拉之间关系的定位标准也发生了重要变化。[⑫]
在波斯时期,先知们从此具有了在圣经诠释史上存在许多世纪的
先知形象:解释摩西律法并将妥拉应用于历史的人。

172 四、律法传统

1. 圣洁法典

自克劳斯特曼以来,基于《利未记》17—26 章一个不断重复出
现的句子,即"你们要成为圣,因为我耶和华——你们的神是神圣
的",《利未记》17—26 章在整体上一般被学界称为"圣洁法典"
(Heiligkeitsgesetz)。[⑬] 对于这个文学合集的性质,人们存在争议:
它究竟是一个原初独立的律法合集,还是作为对祭司文本的接续
写作[⑭]——在与《申命记》调适[⑮]——或是祭司文本的有机构成部
分,[⑯]还是在五经形成过程中的编修插入?[⑰] 其中,关于接续写作的
观点尤有说服力。因为我们可以清楚地观察到,在《利未记》17—
26 章中,在申命立法与祭司立法之间有一种调适。但不能清楚判
断的是,《利未记》17—26 章是否在编修层面已经具有了整体上的
五经视野。[⑱]

这在圣洁法典的祝福部分《利未记》26 章表现得尤为明显。正
如洛芬克(Norbert Lohfink)已经清楚表达的,《利未记》26:9,11—
13 采用了来自祭司文本如《创世记》17 章、《出埃及记》6:2—8 和
29:45—46 的中心应许。但是,通过把它们放在圣洁法典结尾祝

---

⑫ Maier 2002;Otto 2006b;Achenbach 2007;Maier 具体参见 265 - 266 注 26。

⑬ Klostermann 1877.

⑭ Elliger 1966.

⑮ Nihan 2007,616 - 617.

⑯ Blum 1990.

⑰ Otto 2000a.

⑱ Nihan 2007,617;不同观点,参见 Otto 2000a。

福/咒诅部分，"你们若遵行我的律例，谨守我的诫命，虔诚地施行它们"（《利未记》26：3），对它们设置了条件。[19] 因此，它们的实现不再是无条件的应许，而是基于对于律法的顺服，表现出祭司神学的某种"申命学派化"。

《创世记》17：6—7

我必使你生养极其繁多；国度要从你而立，君王要从你而出。<u>我要与你，以及你世世代代的后裔坚立我的约</u>，成为永远的约，<u>是要作你和你后裔的神</u>。

《出埃及记》6：4—7

我要与他们坚立我的约，要把迦南地，他们寄居的地赐给他们。我听见以色列人被埃及人奴役的哀声，我就记念我的约。所以你要对以色列人说："我是耶和华；我要除去埃及人加给你们的劳役，救你们脱离他们的奴役。我要用伸出来的膀臂，藉严厉的惩罚救赎你们。<u>我要以你们为我的百姓，我也要作你们的神</u>。**我除去埃及人加给你们的劳役，你们就知道我是耶和华你们的神。**"

《利未记》26：3，9—13

你们若遵行我的律例，谨守我的诫命，实行它们，我必按时降雨给你们，使地长出农作物，田野的树结出果实。……我要眷顾你们，使你们**生养众多**，也要<u>与你们坚立我的约</u>。你们要吃储存的陈粮，又要为新粮清理陈粮。**我要在你们中间立我的帐幕**，我的心也不厌恶你们。我要行走**在你们中间，作你们的神，你们要作我的子民。我是耶和华——你们的神，曾将你们从埃及地领出来**，使你们不再作埃及人的奴仆；我曾折断你们所负的轭，使你们挺身前行。

173

---

[19] Lohfink 1973/1988.

《出埃及记》29：45—46

我要住在以色列人中，作他们的神。他们必知道我是耶和华——他们的神，是将他们从埃及地领出来的，为要住在他们中间。我是耶和华——他们的神。

与《创世记》17：7 和《出埃及记》6：7、29：46 等祭司神学的习惯表达相反——它们仅习惯使用立约表达前半部分——《利未记》26：11[150]出现了更完全的立约表达形式，即"我要作你们的神，你们要作我的子民"，这一点也表现出了同样的"申命学派化"的特征：圣洁法典在申命学派意义上调适了祭司文本的神学的单边性表达。因此，祭司文本关于拯救的陈述不再是上帝直接的命令，而是要以律法神学为媒介。

从政治神学的角度看，值得注意的是圣洁法典明确在妥拉中厘定了大祭司的司职（《利未记》17：16—26）。[151]

2. 《民数记》

《民数记》——并不真正是一卷书，而是五经的一个文学阶段——不断给学术界抛出大量问题，因为它在源本学说中难以被定位。即使仍有在《民数记》中再次寻找传统意义上的源本的尝试，[152]但近期研究倾向于认为，《民数记》的大部分是那些无法再编修进入当时已达到一定完成性的《出埃及记》—《利未记》或者《申命记》的律法的集合。[153] 人们可以视《民数记》为哈拉卡式米德拉什文学（halachische Midraschliteratur）的先驱；《民数记》似乎是作为对妥拉

---

[150] 即和合本修订版《利未记》26：12。——译注
[151] 参见 Otto 2007,202。
[152] L. Schmidt 1998；2004；2005.
[153] Römer 2007；另参见 Achenbach 2003（并参见 Römer 2007,436 提出的批评）；Otto 2007,202。

的不同阐释的"滚动积累"式的发展。

在《利未记》27：34 的"尾页"之后,《民数记》的起始句表现出书卷积累扩展过程中"最终文本"的特征:"这些是耶和华**在西奈山**为以色列人所吩咐摩西的命令"(《利未记》27：34)。"以色列人出埃及地后第二年二月初一,耶和华**在西奈旷野**,在会幕中吩咐摩西说……"(《民数记》1：1)根据《民数记》1：1,《民数记》中的律法并非由在上帝的山上启示产生,而是在西奈旷野获得。因此,它们不再是西奈山上的上帝启示的一个直接构成,然而这些律法又是在西奈山周围的旷野被宣告,又与之联系起来——在一种扩展的意义上。[154]

从文学史的视角看,在《民数记》中得到广泛发展的悖逆主题,似乎是对前先知书(《约书亚记》—《列王纪下》)申命学派式神学解释的一个反应。在这些书卷的相关表述中,以色列悖逆上帝及其诫命,导致了国家灭亡、土地失去。《民数记》则清楚地表达出,即使是以色列的建立历史自身,就以远离和悖逆上帝为标志,也正是这些导致了审判。然而,无论如何都值得关注的是,在西奈山律法宣告之前发怨言故事,比在之后发怨言的历史后果更温和。因此,从这个文本表现来看,律法的颁布似乎代表着一个分界点。

《民数记》中相当多的内容反映了以色列在他们土地之外的流散状态,并强调五经律法不仅对在他们土地上的生活至关重要,而且无论在哪里都与他们直接息息相关。一旦律法被接收,律法就约束着以色列。 174

3. 妥拉的形成

妥拉的形成,也就是说,《创世记》—《申命记》作为一个整体的边界确立与文学建构,是波斯时期最重要的文学史事件之一。[155] 与之相随的是,后来出现的旧约正典的本质和历史核心的完成。虽然妥拉中仍有一些部分是在马加比时期才最终完成的,但那时不再有文本单元的整体插入,而主要是个别文本的整饰(例如《创世

---

[154] Römer 2007,428.

[155] Schmid 1999c, 290 - 291;2006e;Crüsemann[3] 2005;Keel 2007,1081.

记》5 章和《民数记》22—24 章），⑬所以就其实质而言，妥拉的基本
成型应当被视为发生在波斯时代。这首先可以通过在妥拉中缺少
对于波斯帝国崩溃的反映看出，而这一点反之在先知文集中有所
表现——以对世界审判的宣告形式出现，例如《以赛亚书》34：2—4
或者《耶利米书》25：27—31。⑮另外，《历代志》+《以斯拉—尼希米
记》中的相关材料表明妥拉具有固定书写形式。当然，传统上《历代
志》和《以斯拉—尼希米记》的相应文本被定位在波斯时期，但它们如
今越来越多地被认为有一个更长的文学发展历史。因而，即使是产
生时期较早的《以斯拉记》10 章，似乎向后指涉已经得到完全发展的
书写妥拉文本，如《申命记》7：1—6，⑱因此，也表现出对传统论证的
支持。最后，还应当提及的是七十士译本的产生，就七十士译本的
五经书卷而言，应当最晚被定位于公元前 3 世纪中叶。⑲

有一个关于五经形成的原因的理论，虽然在大约 20 年时间里
被广泛采纳，但是在近期遭到越来越多的批评性反对。在弗莱
(Peter Frei)和布卢姆之后，人们倾向于认同妥拉"波斯帝国授权"
(persische Reichsautorisation)的学说，⑳这一学说认为五经的形成
受外部力量即波斯帝国政治的推动。在波斯帝国，虽然不存在具
有最高地位的帝国法律，但是与帝国法律具有同等功能性的对等
物很可能以当地律法的形式存在，并由波斯政府授权，因此被提升
到帝国法律的地位。也就是说，波斯帝国的组成民族根据他们自己
的律法生活，也就是遵守波斯法律。对于波斯时期的犹大而言，妥
拉(也可能包括其先前文学发展阶段)正是起了这个作用。这个关
于波斯时期帝国对妥拉进行授权的论点，可以充分解释妥拉内容和
主题上的多元性以及神学上的各种调适特征：⑪外部的压力是妥拉

---

⑬　Schmid 1999c，21 - 22.

⑮　参见下文，第六章第三节"三""1"。

⑱　Pakkala 2004.

⑲　Siegert 2001，42.

⑳　Frei ²1996；另参见 TUAT 增补卷，194 - 197；Blum 1990，342—360。

⑪　参见 Knauf 1998；Knohl 2003。

中对"祭司文本神学"和"申命学派神学"进行综合的重要原因。

在被高度接受之后,该"波斯帝国授权说"的观点在今天受到批评性的审视。[162] 然而,有两个方面仍需要注意:第一,需要解释为什么《创世记》—《申命记》被与叙事书卷的更大序列分开;第二,在《以斯拉记》7章的文学表达中,描述了波斯王亚达薛西给予以斯拉授权书信,清楚地将妥拉表现为一个具有波斯权威的文献——无论该描写是否基于历史事实。[163]

无论如何,妥拉的形成在《创世记》—《申命记》自身的文本中也有清楚表现。有两个文本元素具有特别的重要性:[164]第一,在《申命记》34:10—12中,明确将妥拉定位为摩西的"原初预言"(Erzprophetie),所有后来的预言于是被解释为仅仅是对这个"原初预言"的解读。这一点尤其清楚地表现在《约书亚记》1:7—8和《玛拉基书》3:22—24的对应主题上。通过采用和扩展已经存在的思想趋势,先知传统被与妥拉传统联系起来。[165] 于是,灾难的原因被解释为是——从妥拉的角度重述先知信息——对妥拉的不服从(参见《耶利米书》9:12;16:11;32:23;《何西阿书》8:1;《阿摩司书》2:4,等等)。当然,并非所有先知书中提及妥拉的地方都预设了《创世记》—《申命记》已形成,但是,根据这种编修整理,早期的"妥拉"文本在固定形式的五经中就变得明显起来。

《申命记》34:10也是需要注意的一处,因为这里关于摩西是无与伦比的观念,是有意识地与《申命记》中的早期文本相区别:

《申命记》18:15	《申命记》34:10
耶和华—你的神要从你弟兄中给你兴起(yqym)一位	以后,以色列中再没有兴起(yqym)一位先知像摩西的,

[162] Watts 2001.
[163] Schmid 2006e.
[164] 参见 Schmid 2007b。
[165] 参见 Maier 2002;Otto 2006b;Achenbach 2007。

| 先知像我，你们要听他。 | 他是耶和华面对面所认识的。 |

《申命记》18：15 对一位"像摩西"的先知的应许，在《申命记》34：10 被在实质上否定。原因明显是《申命记》18：15 所展望的从摩西开始的先知统绪的链条，应被区分摩西与其后继者，以使得摩西后继者没有一个能与他相比。《申命记》34：10 意图把摩西与后来的先知分开，这种对摩西和"先知们"的分离，是后来的补充材料，从正典的技术角度就可以解释：如果妥拉在性质上要优先于先知书（例如，从《约书亚记》到《玛拉基书》，先知书的正典部分），那么摩西一定要与先知们区别开来。此外，在紧接其后的《申命记》34：11—12 的陈述中，关于上帝的指谓（"神迹奇事"，"大能的手"等），被直接用到摩西身上。这种对摩西"神学化"的过程，表现出努力给予妥拉（"摩西"）以权威地位。"摩西"由此获得了与上帝的亲密关系，妥拉也于是能够获得相应的权威地位。

第二，关于与亚伯拉罕、以撒和雅各誓约的土地应许的叙事线，贯穿了妥拉（《创世记》50：24；《出埃及记》32：13；33：1；《民数记》32：11；《申命记》34：4），但在五经之外再无出现，因此应被视为单独属于五经编修的主题。[16] 五经的整体形象也突出表现在《申命记》34：4 对《创世记》12：7 的引用中。

176

《申命记》34：4	《创世记》12：7a
耶和华对他说："这就是我向亚伯拉罕、以撒、雅各起誓应许之地，说：'**我必将这地赐给你的后裔。**'现在我使你亲眼看见了，你却不得过到那里去。"	耶和华向亚伯兰显现，说："**我要把这地赐给你的后裔。**"

---

⑯　Römer 1990，566；Schmid 1999c，296－299.

　　以誓约形式存在的土地应许的主题（最初是向出埃及一代陈言），似乎是源自《申命记》中的申命学派编修部分（参见 1：35；6：18,23；7：13；8：1；10：11；11：9,21；19：8；26：3,15；28：11；31：7,20—21），但现在由祭司文本推动，把该主题转到了《创世记》中的三位先祖身上（在《申命记》中，参见 1：8；6：10；9：5；30：20）。祭司文本将上帝与亚伯拉罕的立约视为上帝在以色列采取行动的基础。从神学角度看，与亚伯拉罕、以撒、雅各的誓约形式下的土地应许强调了妥拉的流散性质，似乎无论如何妥拉叙事都结束于以色列进入应许之地之前。妥拉是作为流放状态存在的以色列的奠基性文献，表现了以色列是一个历史开始于其土地之外的民族，对妥拉阅读的历史也大部分发生在那片土地之外，在这个意义上妥拉获得了自己的"先知性的"（prophetisch）特征。

第六章 托勒密时期文学(公元前 3 世纪)

第一节 历史背景

波斯帝国在存在了大约 200 年之后,在公元前 4 世纪的下半叶,由于马其顿亚历山大的扩张而最终灭亡。具有决定性意义的是,由于马其顿亚历山大采取了新的战略军事技术,波斯在伊苏斯(Issos,公元前 333 年)和高加米拉(Gaugamela,公元前 331 年)战败。但是,亚历山大大帝征服带来的大帝国存在时间并没有超过其开创者。马其顿亚历山大死后,在公元前 323 年,围绕继承权的问题,所谓的"继承人们"之间爆发了激烈的战斗。① 公元前 312 年,在距耶路撒冷不远的加沙发生战役之后,这些"继承人们"达成了一个联合协议,要保持某种在事实上存在却相对虚幻的统一状态。该协议在公元前 301 年的伊普苏斯战役后就被舍弃了。

在公元前 3 世纪,叙利亚—巴勒斯坦地区首先落入托勒密帝国的统治之下;托勒密帝国进行很强的中央化管理,中心地区是埃及。② 约瑟夫甚至记叙了在一个安息日里,托勒密攻占了耶路撒冷,但这一内容的历史性难以判定。③ 在这个时期,许多犹太人似乎移居到了亚历山大,在那里他们建立了重要的流散社群。这些

---

① Schäfer 1983,24 - 25; Hölbl 1994.
② Schäfer 1983,29 - 34; Hölbl 1994.
③ 《犹太古史》XII, 1.1 §5;《驳阿皮翁》I, 22 §208 - 211; Schäfer 1983,27.

社群的起源可以追溯到这座城市建立之时。④ 一些存留下来的文献证明(参见所谓的"泽农案卷"[Zenon Archive]),⑤托勒密时期是受繁荣的国家资本主义和广泛的经济货币化推动的经济繁荣时期。但是,托勒密帝国与美索不达米亚的"兄弟"帝国塞琉古有不断的军事冲突,使得政治上的和平成为不可能。在所谓五次叙利亚战役之后,托勒密仍然保持着强势地位,一直到在公元前198年的帕奈斯战役之后,叙利亚—巴勒斯坦地区才落入塞琉古的统治之下。然而,从内部视角看,托勒密政权长久维持统治的原因并不容易解释。例如,由于第三次叙利亚战役(公元前246—前241年)中塞琉古获得部分军事胜利,耶路撒冷大祭司奥尼亚二世停止向托勒密王朝纳税,导致对手多比雅家族崛起。⑥ 奥尼亚和多比雅之间的敌对,以及各自所忠诚的宗主的变化——这些宗主反之又依赖犹大的主导派系的政治参与——还有每个家族的内部冲突,都一直影响着犹大历史,直到进入马加比时期。

　　从文化史的视角看,在亚历山大之后的时期,希腊主义在近东的成功扩张具有相当重要的意义。在德罗伊森(Johann G. Droysen)之后,这一传统被人们理解为是希腊文化和近东文化的融合⑦,但当今的研究正在努力区分其内部不同的文化史和宗教史。⑧随着亚历山大的征服,阿提卡希腊语(attische Koinē)成为了官方语言,也由此带来了文化上的整体变迁。⑨ 希腊化代表着一个整体的思想动力,影响着整个宗教、社会、文化和科学。

　　犹太教在当时必须面对这个新的世界文化的挑战。一个具有分歧性的问题很快出现:同化与分离,哪一种是应当的方式?

178

---

④　Josephus,《犹太战记》II, 487。
⑤　TUAT N. F. 1:314-317.
⑥　Donner ³2000/2001,479;Keel 2007,1156-1158.
⑦　Droysen 1836-1843/1952-1953.
⑧　Gehrke 1990,1-3,129-131;Maier 1990,291-292;Keel 2007,1127-1128.
⑨　Haag 2003,104-105;关于前希腊化时期的联系,参见 Stern 2001,217-228; Hagedorn 2005;Keel 2007 1126-1127。

虽然在当时的旧约文学中，反希腊化的声音似乎有着更强的表达，但是两种选择显然都被实践过。与希腊主义相接触以及在犹太教中对它的接受，深刻转变了后者，也无疑为之提供了一个新身份。[⑩] 通过批评性的分析，能够很快发现——随着在文化和社会生活方面的希腊化——直接反思性的亲希腊化立场在公元前 3 世纪至公元前 2 世纪的犹太教中似乎已有特别明显的表现。就希腊化在旧约中表达的主要内容而言，我们会发现，例如《但以理书》，存在一种可与前先知书（《约书亚记》—《列王纪下》）中所表现的旧约对"迦南"宗教礼仪的评判相比较的现象。旧约倾向于采取一个正统的立场去拒绝——或者也可能采取《历代志》式的方式保持缄默——当时历史中一直广泛存在的、已很好地建立起来的宗教和文化现实。特别是旧约时期之后的犹太文学创作，在本质上都是希腊化的。典型的例子比如在最初就是以希腊文写成的《所罗门智训》，[⑪]还有对犹太教进行哲学化重塑的斐洛作品，虽然这些著作在犹太文化内部几乎没有得到认可。[⑫]

第二节 神学特征

从神学历史视角看，有三个因素在此时期具有重要的影响。首先，波斯帝国的灭亡以及紧跟着在公元前 4 世纪最后 30 年的亚历山大帝国的崩溃，意味着一个世界性的政治秩序的失去。其次，与希腊化的冲突对犹太身份认同的现实问题制造了一个紧迫的挑战。[⑬] 第三，亦是最后一个因素，开始对在波斯晚期形成的旧约传

179

---

⑩ Hengel [3] 1988.

⑪ Kepper 1999.

⑫ Veltri 2003.

⑬ Hengel [3] 1988；Collins [2] 2000；2005；Collins/Sterling 2001；Haag 2003；相关学术史的概述，参见 Collins 2005，1 - 20。

统第一部分妥拉，进行更偏重于神权导向而不是终末论导向的讨论。[14]

在托勒密时期，先知传统的承接者们审视和评论着世界历史，通过对已经存在的书卷的接续写作，使这些书卷在形式上经历了一个清晰的转变。[15] 波斯帝国灭亡以及仅仅一代之后亚历山大帝国灭亡的灾难性经验，在对世界进行整体审判的观点中得到了文学上的表达。然而，托勒密时期对当代事件进行的先知性诠释，并没有历史性的明示。根据圣经中对它们的表达，这些先知预言是借自生活在更早时期的人物之口，以预见的形式出现的。相应地，先知性诠释从这种历史虚构的角度被描绘。先知传统的承接者自己确实把波斯时期解释为一个持续审判的情景。

波斯和亚历山大帝国的灭亡，给波斯时期旧约文学中与之相关的一些传统带来了决定性的改变。这些传统曾视波斯的统治为上帝拯救意志的实现。这些观点或者被终末论化，或者在政治现实中坚持一种神权的理想化；在超越历史的理想形象的意义上，其相应地也是被妥拉的基本意识特征所推动。可能在但以理传统中最为清楚地表现出了终末论化的思想。[16] 通过在同时期早期对《但以理书》2章进行一些添补，并加入第7章，《但以理书》1—6章里创作于波斯时期的但以理传奇在本质上被重新解释。虽然世界帝国交替改变，但历史的目标——基于即使像波斯那样曾被视为坚不可摧的世界帝国也会衰亡的历史——是上帝自己对世界的统治。另外，在亚历山大和托勒密一世时期所兴起的帝王崇拜，对但以理关于上帝的帝国观念也具有某种意义上的主题推动性。[17] 由此，从犹太的视角看，所有强权都只被视为是一种混合式的形态，只有上帝

---

[14] Schmid 2007b.

[15] Steck 1991a; 1996.

[16] Steck 1980/1982; Kratz 1991a.

[17] Seibert 1991.

自己统治的帝国才可成为历史目标。

对于祭司文本和《历代志》来说，在波斯时期之后，它们在勾勒出一个原初神秘的理想条件的意义上被阅读和接受。就像在《但以理书》*1—6 章中的但以理传奇，祭司文本同样认同波斯统治的历史目标。但是，一方面，由于祭司文本具有"远古历史书写"的特征，它又从根本上抗拒由于历史发展而进行改变的需要，即使是那些随着波斯帝国灭亡而有的一些革命性变化。[18]此外，它也可以在一个终末论化的意义上进行解读：当它被合并进了五经和前先知书的背景中，这里的祭司文本就只是成为由《创世记》—《列王纪下》组成的更宏大叙事实体的开端，也由此同时指向先知文集。[19]

类似的情况也出现在历代志史家的历史著作中：它可以在描述一个神秘的远古时代的意义上来解读，视大卫和所罗门时代为决定性的成长时期，对他们时代的相关描写也在这些书卷中占了相当多的内容。

智慧传统也继续在一种更广泛的意义上保持着一个神权理想。它们从对世界政治的焦虑中抽离，逐渐强调与希腊实践哲学的批评性交流，颂扬上帝所供给世界的食物、衣服及所有必需品。相反，当时的智慧传统落入到了"神学的"和"怀疑主义的"方向。在神学方面，以《箴言》1—9 章为代表，它把"敬畏上帝"作为理论和实践理性的原则。从怀疑主义的方面来说，表现在《传道书》中，它对人类能够基于正确的知识而过一种成功的生活缺乏关注与热情。但与此同时，《传道书》强调人们能够并且应当享受上帝所赐予的生命，即使人类并没有那种对理智生活的洞见。

---

[18]　Lohfink 1978/1988；Knauf 2000a.

[19]　Schmid 2006a.

第三节　传统领域

一、智慧传统

1. 《箴言》1—9 章

虽然无论对于《箴言》1—9 章的时期定位，还是其文学起源，都存在着争议，并且最近的一些研究仍倾向于将其定位于波斯时期，[20]但是《箴言》1—9 章中的智慧神学放在托勒密王朝大力宣扬的伊西斯神学（Isistheologie）的背景中更易理解，并且它甚至还可能出现在希腊化时代。[21] 如果它出现的时期更早，无论如何都是希腊化时代为其提供的发展土壤。

《箴言》1—9 章的主题形象受三个基本观念影响。第一，从《箴言》1：7 和 9：10 的结构框架可以看出，《箴言》1—9 章中的智慧以神学化的形式出现；它被从敬畏上帝的角度来理解。

> 敬畏耶和华是知识的开端；愚妄人藐视智慧和训诲。（《箴言》1：7）

> 敬畏耶和华是智慧的开端，认识至圣者便是聪明。（《箴言》9：10）

因此，对于《箴言》1—9 章来说，智慧并不能很容易地直接获得，而应当是通过敬畏耶和华获得。从文学社会学的视角来看，这种智慧被神学化的过程应与对圣殿智慧文学越来越多的关注和整理有关，但这种看法仍是推测性的。

---

[20]　Maier 1995,67；Baumann 1996,272；Müller 2000,312.
[21]　Hengel [3]1988,275,285 - 288；参见 Fox 2000,6。

第二个观念与第一个主题有着联系：人格化智慧的观念。在《箴言》1—9 章，智慧不再被认为是对世界秩序进行结构的原则——通过经验性的观察就可以获得。相反，智慧在这里成为了一个实体，与这个世界保持一定距离地活动。智慧被表述成为一位妇人，她进行演说，必须陈明自己，就如同她的对手——愚昧妇人：

智慧妇人	愚昧妇人
孩子们，现在要听从我，谨守我道的有福了。要听训诲，得智慧，不可弃绝。 …… 因为寻得我的，就寻得生命，他必蒙耶和华的恩惠。（《箴言》8：32—33，35）	偷来的水是甜的，暗藏的饼是美的。（《箴言》9：17）

事实上，拟人化的智慧甚至已然存在于世界的创造之时。她知晓创造的计划：

耶和华在造化的起头，在太初创造万物之先，就有了我。从亘古，从太初，未有大地以前，我已被立。没有深渊，没有大水的泉源，我已出生。大山未曾奠定，小山未有之先，我已出生。那时，他还没有创造大地和田野，并世上头一撮尘土。他立高天，我在那里，他在渊面的周围划出圆圈，上使穹苍坚硬，下使渊源稳固，为沧海定出范围，使水不越过界限，奠定大地的根基。那时，我在他旁边为工程师，天天充满喜乐，时时在他面前欢笑，在他的全地欢笑，喜爱住在人世间。（《箴言》8：22—31）

第三，亦即最后，《箴言》1—9 章对获得智慧的实践和理论结果采取乐观态度：

> 得智慧，得聪明的，这人有福了。因为智慧的获利胜过银子，所得的盈余强如金子，比宝石更宝贵，你一切所喜爱的，都不足与其比较。她的右手有长寿，左手有富贵。她的道是安乐，她的路全是平安。她给持守她的人作生命树，谨守她的必定蒙福。（《箴言》3：13—18）

与首要强调整体上的秩序的早期智慧传统不同，这些陈述现在强调的是人类行为的后果得到奖赏和惩罚的实践方面。从神学史上看，这种观点是对早期智慧传统的一种"申命学派思想化"，鉴于申命学派传统长期存在的性质，这种"申命学派思想化"并不存在任何理论上的问题：它仍能够很容易影响到希腊时代的各种文学创作。

就文学史而言，很难断定这三个基本观念究竟是同属一处，还是应当历时性地分开，理解为一种稳步发展的神学化过程。在现有的作品形式中，敬畏上帝明显被视为一个开始条件，只有从那里开始才有可能得到智慧。

这种将智慧的获得归至上帝自身，在稍晚时期的《便西拉智训》中有了更为突出的表现。在那里，智慧被完全集中于上帝："一切的智慧都从上主而来；智慧与上主同在，直到永远……真正有智慧的只有一位，就是坐在宝座上的上主。我们要大大的敬畏他。"（《便西拉智训》1：1，8）

在《箴言》1—9 章中智慧和敬畏之间的紧密联系，使得在智慧神学化架构中的《箴言》6：20—22 可以被理解为其可能采用了妥拉的一个核心文本，即《申命记》6：4—9 的"以色列啊，你要听"。关于智慧的告诫相应被视为与妥拉话语有同样的性质和作用方式，就像在《申命记》6：4—9 中所表现的那样。

182

《箴言》6：20—22	《申命记》6：5—8
我儿啊，要遵守你父亲的命令，不可离弃你母亲的教诲。**要常挂在你心上，系在你颈项上。你行走**，她必引导你，你躺卧，她必保护你，你睡醒，她必与你谈论。	你要尽心、尽性、尽力爱耶和华—你的神。我今日吩咐你的这些话都要记在**心上**，也要殷勤教导你的儿女。无论你坐在家里，**走在路上**，躺下，起来，都要吟诵。**要系在手上作记号，戴在额上作经匣。**

《箴言》6 章中对智慧和律法的关联，非常类似于妥拉自身中的一些表达，其产生时间可能并不是太早：[22]

> 看，我照着耶和华—我的神所吩咐我的，将律例和典章教导你们，使你们在所要进去得为业的地上遵行。
> 你们要谨守遵行；这就是你们在万民眼前的智慧和聪明。他们听见这一切律例，必说："这大国的人真是有智慧，有聪明！"（《申命记》4：5—6）

这个传统的余绪在《便西拉智训》24 章和《巴录书》3 章发展成为将智慧直接等同于书写的妥拉的立场。

然而，《箴言》1—9 章也在 1：20—33 中对"预言终结"作出了具体回应。[23] 在第一个对话中，一方面，智慧将它自身表达为一位女性先知——即将要结束的预言的受托人，另一方面，她在许多方面已经具有了上帝的特性——一个人对她的态度决定着是被拯救还是被施灾祸。

---

[22]　Krüger 2003b.
[23]　Baumann 1996，197 - 199，289.

智慧在街市上呼喊，在广场上高声呐喊，在热闹街头呼叫，在城门口，在城中，发出言语，说："你们无知的人喜爱无知，傲慢人喜欢傲慢，愚昧人恨恶知识，要到几时呢？（另参见《耶利米书》4：21—22）你们当因我的责备回转，我要将我的灵浇灌你们，将我的话指示你们。"（另参见《耶利米书》59：21）（《箴言》1：20—23）

智慧将那些比如在《以赛亚书》11：1—5 中所表达的政治神学普遍化了，[24]不仅是未来大卫式的弥赛亚，而且所有的君王都要根据智慧的给予来统治："君王藉我治国，王子藉我定公平，王公贵族，所有公义的审判官，都藉我掌权。"（《箴言》8：15—16）这种表述与波斯和平统治（*pax Persica*）相吻合。然而，这个陈述也表现出了一定的希腊背景。因为一方面其中存在着对君王和统治者们的强调，另一方面，对这种观点的具体阐释也有可能在指向一些反事实的经验。

2. 《约伯记》28 章和《约伯记》32—37 章

尽管在《约伯记》的文学起源的重建问题上鲜有共识，但对于其中一点则有着充分支持和广泛认同：《约伯记》28 章中的智慧之歌以及《约伯记》32—37 章中以利户的发言，不属于《约伯记》的早期发展阶段。两个文本都在一定意义上将一种温和的"正统观"重新带入到《约伯记》中。[25]《约伯记》28 章中的智慧之歌与《约伯记》27 章中约伯发言部分相联系，在与约伯的这些发言中所表现出的对智慧和敬畏上帝的拒绝态度作斗争。相反，在这里，约伯现在似乎是——在《约伯记》29—31 章里的"纯洁的申诉"（Reinigungseid）之前——在为下面的立场辩护：敬畏上帝和伦理行为是为人类有

183

---

[24] Baumann 1996,91 - 93,301.

[25] Knauf 1988a，67；另参见 Clines 2004；Greenstein 2003，各提出了文学重组的建议。

限生命提供的隐秘的智慧之路。

> 智慧从何处来呢？聪明之地在哪里？她隐藏，远离众生的眼目，她掩蔽，远离空中的飞鸟。
>
> 毁灭和死亡说："我们风闻其名。"神明白智慧的道路，知道智慧的所在。……他对人说："看哪，敬畏主就是智慧；远离恶事就是聪明。"（《约伯记》28：20—23,28）

以利户的发言也是追求一个类似的目标，其部分内容已预设了在书卷中上帝的发言。这里出现的第四位朋友，无论是在《约伯记》32—37 章之前，还是在其之后，都没有再起作用，所以不难将他辨识为书卷中的特殊参与者。他对戏剧的发展并没有起到什么作用。相反，他的四个独白力求为约伯的受苦提供一个"正统"诠释。以利户反对约伯宣称自己是义人，同时也反对约伯的朋友们对事情发生原因进行解释的尝试。但是，他自己对受苦的诠释主要是采取上帝教导的方式，这一点完全是在《约伯记》5 章以利法发言的传统中，因而他采用的诠释方式并不是像他自己所陈述的那样是"全新的"。

3. 《传道书》

《传道书》可能是在公元前第 3 世纪下半叶被创作出来的，[26]该作品一方面与非以色列的同伴进行讨论，[27]但其在另一方面也强烈地表现出与旧约中早期犹太文学中的不同观点进行对话。[28]

《传道书》的文学形式似乎是由外部影响所激发的：智慧教导作为王室遗书的形式据我们所知是来自埃及；[29]书卷的形态具有希

184

---

[26] Schwienhorst-Schönberger 1994/²1996；Seow 1997 持不同的观点，认为创作于波斯时期。

[27] Schwienhorst-Schönberger 1994/²1996；2004；Uehlinger 1997.

[28] Krüger 1997；1999.

[29] Wilke 2006.

腊流行哲学的所谓"哲辩"的话语形式。[30] 就其内容而言,《传道书》
可能与古代怀疑主义、斯多亚派和伊壁鸠鲁主义关于生活的教导
具有紧密的联系。无可争议的是,虽然它们在主题上存在着能够
追溯到的文化联系,但《传道书》的立场在许多方面都不同于希腊
哲学领域中的怀疑主义:后者认为知识本身是不可能的,因此认为
一定要抑制判断行动。《传道书》虽然也强调了人类知识的局限
性,但是绝没有结论认为要放弃判断。相反,根据《传道书》,人类
理解的能力和局限是其实践哲学的根本基础:人类虽然确实不能
理解世界,但是他们可以经验到上帝赠予人类的食物、饮用和喜
乐,以得到享受和喜悦。

> 神造万物,各按其时成为美好,又将永恒安放在世人心里;
> 然而神从始至终的作为,人不能测透。我知道,人除了终身喜
> 乐纳福,没有一件幸福的事。并且人人吃喝,在他的一切劳碌
> 中享福,这也是神的赏赐。(《传道书》3:11—13)

从旧约文学史的角度看,《传道书》及其神学表现出与智慧传
统、先知传统,同时也与妥拉的对话。

就像《箴言》1—9 章中所表现的与当时的智慧传统对话,《传道
书》强调人类智慧所具有的问题和限制:[31]它是一个过上幸福生活
的帮助,但却并不是一个保证。特别是就有限的生命而言,所有生
命都是平等的。

> 于是我看出智慧胜过愚昧,如同光明胜过黑暗。智慧人的
> 眼目光明,愚昧人却在黑暗里行。但我知道他们都有相同的遭
> 遇。我心里就说:"愚昧人所遇见的,我也一样遇见,那么我何
> 必更有智慧呢?"我心里说:"这也是虚空。"智慧人和愚昧人一

---

[30] Schwienhorst-Schönberger 2004.
[31] Krüger 1999.

样,不会长久被人记念,因为日后都被遗忘。可叹！智慧人和愚昧人都一样会死亡。(《传道书》2：13—16)

《箴言》3：16—18 有一个完全不同的认知:"她的右手有长寿,左手有富贵。她的道是安乐,她的路全是平安。她给持守她的人作生命树,谨守她的必定蒙福。"

《传道书》中所持的怀疑立场显然是对早期智慧传统潜能的一种接受与激发,这一点可以从一个具有高度批评性的、自我理解的神学化格言中反映出来:"人的脚步为耶和华所定,人岂能明白自己的道路呢?"(《箴言》20：24;同时参见《箴言》16：1,9;19：21;21：2,30;24：21—22)。因为人类终将死亡,他们的理解和行动能力也因而是有限的。《传道书》对那些高估人类可能性的神学表达采取了一种怀疑的态度。

传道者也拒绝对上帝在人类历史中的未来进行终末论式的介入持有盼望。与《以赛亚书》中同时期的文本对"新天""新地"的期待相左,传道者强调"无新事": ㉜

《传道书》1：9—11	《以赛亚书》65：17
已有的事,后必再有;已行的事,后必再行。日光之下并无新事。有一件事人指着说:"看,这是新的!" 它在我们以前的世代早已有了。已过的事,无人记念;将来的事,后来的人也不记念。	"看哪,我造新天新地!从前的事不再被记念,也不被人放在心上。"

㉜　Krüger 1996/1997.

另外，传道者对《以赛亚书》56—66 章中的一个基本信念也持有保留态度：对《传道书》而言，不存在对善者和恶者在神学上的相关区分。虽可能存在智慧的和愚拙的、义的和不义的区别，但是他们在命运上并无区别，尤其对于人类的死亡来说：㉝

> 因为世人遭遇的，走兽也遭遇，所遭遇的都一样：这个怎样死，那个也怎样死，他们都有一样的气息。人不能强于走兽，全是虚空。（《传道书》3：19）

在死亡上，所有生命都是一样的；不存在来世的补偿——正像人们基于《诗篇》49 篇和 73 篇（参见《传道书》9：1）的文本所盼望的。因此，根据《传道书》，人类依赖于上帝创造的基本供给和创世的基本秩序。这些事情不是最理想的，但也不是负面的，而更是一种处在摇摆状态的。在这一点上，传道者与《创世记》1—11 章的神学导向一致，㉞同时也与《诗篇》中的一些陈述相近（参见《诗篇》104篇）。

4.“弥赛亚诗篇”

《诗篇》整体上的成型过程可能也发生在希腊化时代，以与先知传统类似的方式回应了在波斯时期秩序坍塌的经验。㉟ 这一点尤其可以解释《诗篇》2：1—2 和 89：51—52 对《诗篇》2—89 篇在文学上的前后呼应。这些章节——很可能在与托勒密统治的意识形态划清界限的过程中——创造了一个横跨《诗篇》2—89 篇的“弥赛亚诗篇”。㊱

㉝ Zimmer 1999；Janowski 2001, 37 - 40.

㉞ 参见，例如，Spieckermann 2000；Schmid 2002。

㉟ Zenger 2002；⁵2004, 365；不同的观点，参见 Rösel 1999, 214 - 215。

㊱ 参见 Levin 1993a, 380；Steck 1991a, 108 - 109, 158；Zenger 2002。

《诗篇》2：1—2

　　列国为什么争闹？**万民**为什么图谋虚妄？世上的君王都站稳，臣宰一同算计，要对抗耶和华，对抗<u>他的受膏者</u>。

《诗篇》89：51—52[㊲]

　　主啊，求你记念仆人们所受的羞辱，记念我怎样将**万族**所加的羞辱都放在我的胸怀。耶和华啊，这是你仇敌所加的羞辱，羞辱了<u>你受膏者</u>的脚踪。

186　　通过由这个框架所激发的《诗篇》* 2—89 篇中对万族的普世审判的观念，可以判断这种视角是在波斯时期之后才出现（参见《诗篇》2：9）。《诗篇》* 2—89 篇的成型，将这个背景中的《诗篇》——在接受的层面上——都作为王室的话语政治化了。有意思的是，作为整体的《诗篇》2—89 篇的成型，恢复了来自被掳时期之前的作为王室文本的个体哀歌的原初功能。一些章节（如《诗篇》18：51；20：7；28：8—9；84：9—10），可能是以"弥赛亚"视角编修性地进入《诗篇》2—89 篇之中。[㊳]

附录：天启主义的兴起

　　"天启主义"经常被理解为是一个关于思想潮流的集合性词汇，包括兴起于公元前 3 世纪和公元 3 世纪之间的启示文学。[㊴]然而，从历史层面说，它是一个内部有着清楚差别的实体。列举式地列出天启主义关键特征的清单，指出哪些被视为末世的，哪些不能被视为末世的，并不能做到形式和内容上的统一。[㊵]仅有的可行办法是对属于天启文学写作的旧约文学、旧约之后的文学以及天启文学的神学历史图景做一个详细的描绘，然后也许才可辨识出天启传统的特定

㊲　即和合本修订版《诗篇》89：50—51。——译注
㊳　Rösel 1999, 220.
㊴　参见 Koch 1982/1996；Müller 1991；Beyerle 1998；Hahn 1998。
㊵　参见 Vielhauer [6] 1997。

部分。^㊶然而，我们还是不能说有一个稳固清晰的"天启主义"存在。就关于在天上隐秘知识的主题而言，一系列通常被认为属于天启主义的文本表现出了一定程度的一致性，这个主题似乎也有着决定性作用。从这一点来说，集合词汇"天启主义"有一定的道理（特别是就《以诺一书》《但以理书》《以斯拉四书》和《巴录二书》而言）。

在关于天启文学历史起源的讨论中，库姆兰古卷的发现扮演了举足轻重的角色。^㊷它们直观地表明，不是圣经书卷中的《但以理书》，而是以诺文学才代表了隐秘天上知识的启示主题的文学史起点。

关于天启主义应被视为来自先知预言传统^㊸、还是来自智慧传统^㊹的很多讨论，都应被放弃。因为首先需要讨论或证明的是，先知传统或者智慧传统在公元前 3 世纪和公元前 2 世纪是否仍作为独立的传统存在。另外，天启文本显然接受了来自先知传统（关于未来的观点）和智慧传统（关于公义）的重要因素。

通常被称为天启主义基本要素的对两个世代的宣告（Zwei-Äonen-Lehre），只有在源于公元 70 年之后（特别是《以斯拉四书》和《巴录二书》）的文本中才有明显表现。显然，第二圣殿被毁的经历，使得对这个世界完美性的期望完全失去。旧约中仅在《以赛亚书》65 章以单数形式表达的关于一个新天和一个新地的应许，首先是由于对妥拉的惯制表达以及在人类学意义上对创世秩序的消解；这里绝没有关于两个世代的宣告（根据《以斯拉四书》7：50，上帝从起初就创造了两个世代；而《以赛亚书》65 章则是关于对天和地在未来的重塑）。^㊺

对于历史神学而言，天启概念的出现应在一个更广阔的思想史发展背景中考察，这个背景在旧约中仍可以进行重建。在被掳时期之前，最重要的神学观念还没有整体意义上的历史神学的印记

187

㊶　参见 Steck 1981。

㊷　Stegemann ²1989；Bachmann 2009.

㊸　Von der Osten-Sacken 1969；另参见 Gese 1973/1974。

㊹　Von Rad 1960.

㊺　参见 Steck 1997。

(例如,在耶路撒冷礼仪神学中)。虽然申命学派神学进行了一种历史化的立约神学层面的解释,但持续并具有决定性意义的历史神学第一次表现在马加比时期的《但以理书》中。另外,在五经中关于世界所处时期的次序中也有一定的表现。[46] 从传统历史的视角,它们显然是受到了关于上帝是这个世界的绝对统治者和引导者的神权基本观念的影响;随着波斯帝国灭亡,这种观念在之后的历史神学中被进一步接受。

二、叙事传统

1.　《历代志》

《历代志》在学界曾常常与《以斯拉—尼希米记》紧密联系在一起,但是(如在前文第五章第三节"二""4"已讨论的),目前对它们的解释更注重它们之间的不同。虽然《以斯拉—尼希米记》很可能曾与《历代志》在编修层面上相联系,形成一个历代志史家的历史作品,但前者在起源上可能要早于《历代志》,尽管它们都来自一个类似的神学背景。

关于《历代志》的时期定位尚无共识。在过去,鉴于它们的神权导向,人们经常将之定位在波斯时期。但因为《历代志》似乎预设了妥拉的完成,它们又常被置于公元前 4 世纪末。[47] 还有一些看法倾向于将它们定位在公元前 3 世纪,[48]主要根据是某些技术性的军事细节:在这一时期,石弩才第一次被用作攻城武器。在更近期的讨论中,史坦斯(Georg Steins)提出《历代志》最早应定位在马加比时期(然而,《便西拉智训》47 章中的大卫形象无法用来确定终结点)。[49] 在史坦斯看来,《历代志》是"正典结束时的产物"。《历代

---

[46]　Schmid 2000a.

[47]　Japhet 2002,52 - 54.

[48]　Welten 1972;Mathys 2000b.

[49]　Steins 1995.

志》“重写圣经”的性质表现出这种特点；另外，这种文体最早被证明出现在公元前 2 世纪的文本中。但是，与这种观点相矛盾的是在《历代志》写作中并无表现出受希腊因素的影响。尽管这种希腊因素的缺失可解释为是一种隐含性的反希腊表达，但这种解释可能是把似乎不得不做的事当成是主动去做的事。

在编修层面，我们或许应当作出一个基本划分。从神学历史的观点看，《历代志》中的基本材料显然应当定位在波斯时代的晚期，但对于基本材料的接续写作与添补，则一直延伸至马加比时代。(50)就这些基本材料的结构和文学框架而言，其关注的显然是代表着耶路撒冷的宗教礼仪团体——将他们呈现为王国时期以色列和犹大的合法继承者。(51)

无论如何，我们都要注意的是，《历代志》中特别强调了王国的问题。这一点尤其明显地表现在《历代志上》17 章重新表述了《撒
母耳记下》7 章向大卫应许一个永存王朝。(52) 188

《撒母耳记下》7：12—17	《历代志上》17：11—15
“当你寿数满足、与你祖先同睡的时候，我必使**你身所生的后裔**接续你；我也必坚定他的国。他必为我的名建造殿宇，我必坚定他国度的王位，直到永远。……**你的家**和**你的国**必在你面前永远坚立，**你的**王位也必坚定，直到永远。”拿单就按这一切话，照这一切异象告诉大卫。	“当你寿数满足归你祖先的时候，我必使你的后裔，**你自己的儿子**接续你；我也必坚定他的国。他必为我建造殿宇，我必坚定他的王位，直到永远。……我要永远坚立他在**我的家**和**我的国**里；**他的**王位也必坚定，直到永远。”拿单就按这一切话，照这一切异象告诉大卫。

(50) 参见 Kratz 2000a，97－98。

(51) 参见 Noth 1943，174；Willi 2007。

(52) 参见 Schenker 2006。

《历代志》坚持了对大卫的王朝应许，但同时又对其进行了重新解释。在其表达中，所盼望的王国是属于上帝（《历代志上》17：14），而不再是大卫的（《撒母耳记下》7：16）。同样，大卫本人的王位也不再是永存的（《撒母耳记下》7：16），而那些他之后的王位才会永远存续（《历代志上》17：14）。由此，《历代志》基本的神权特征相当清晰：上帝本身才是真正的国王；世上朝代的国王仅仅是他在地上的代表。当然，这也并不局限于大卫谱系，就如将"你身所生的"这种关于后裔的生物性词汇，重述为"你自己的儿子"，而后者在希伯来文中也可以在功能层面上理解（比如国王在传统上也可视为上帝的"儿子"；参见《诗篇》2：7）。对《历代志》而言，大卫王朝在犹大王国时期对上帝的王国进行管理统治。但在它灭亡后，波斯最终继承了其遗产。[53]

历代志史家的历史著作与《创世记》—《列王纪下》之间最重要的本质区别，可以在《历代志》的整体结构中观察到：它以谱系形式概述了扫罗之前的时期（《历代志上》1—9 章），并且在关于扫罗的一些叙事之后（《历代志上》10 章），以最长和中心的篇幅，用理想化的笔触描绘了大卫（《历代志上》11—29 章）与所罗门的王国统治。[54] 这同时就意味着，对于历代志史家而言，只有大卫和所罗门的时代才是以色列奠基的决定性时期——既不是先祖时期，也不是出埃及、西奈、占领应许之地或以色列拯救历史上其他传统的某个时期。而文本最开始建构的谱系，仅仅是作为一个史前史起作用。[55] 与其所记叙的相似内容相比，历代志史家的历史作品将以色列奠基性的中心事件定位在较晚时期，将其放在王国的起源时期。作为宗教礼仪的创立者，大卫和所罗门才是以色列的奠基性人物。大卫和所罗门在某种意义上被与波斯国王——居鲁士和大流士——进行了对照刻画。正如大卫做了建造第一圣殿的准备工作，

---

[53]　Kratz 1991b，173 - 177；Mathias 2005.

[54]　Finkelstein/Silberman 2006，197 - 200.

[55]　Keel 2007，1089 - 1112.

居鲁士颁布了建造第二圣殿的圣谕。另外，又正如第一圣殿是在所罗门时期完成，第二圣殿在大流士统治时期建成。⑤⑥

《历代志》关于以色列起源的观念因而具有很强的本土内生性，将统一的王国时期与先祖时期紧密联系在一起。虽然《历代志》并没有忽视出埃及传统以及占领应许之地的传统，但是两者均退到了叙事背景里。在《历代志》中，摩西不是作为出埃及的领导者，而是作为以色列律法的给予者。出埃及事件本身，在《历代志》中仅被提到了六次（《历代志上》17：5，21；《历代志下》5：10；6：5；7：22；20：10），在《历代志下》6：11 对《列王纪上》8：21 的重述中，它甚至被抹去了。在作为结尾部分的《列王纪上》8：21 中，当耶和华带领先祖们走出埃及时，与他们所立的约，在《历代志下》6：11 中只是被简单提及与以色列人立约。⑤⑦

对大卫和所罗门时代的强调，表现出了这样一个政治观点：在根本上坚持以色列十二个支派（包括南方与背景）的理想。虽然，需要注意的是，《历代志》完全忽视了在礼仪上存在问题的北国的历史，然而，清楚的是，历代志史家笔下并没有仅仅强调犹大。虽然这部作品显然视犹大和耶路撒冷为中心，但同时又支持将北国也就是撒玛利亚人与这一中心相联系，为的是将以色列重建为一个统一的礼仪单元。

历代志史家的神学观念不仅弱化了出埃及传统，而且也与将以色列视为"来自埃及的以色列"的申命主义保持了一定距离。而就关于罪的神学来说，历代志史家也有着不同的强调。对历代志史家来说，并没有在历史上积累的罪，相反，每一代人自身都要对上帝负责。当远离上帝，他们就要以属于他们自己的方式接受惩罚。这种个体化的关于罪的神学，表现出了一种祭司传统的背景：赎罪礼仪的作用基于个体对罪的责任。⑤⑧ 然而，历代志史家对此并没有

189

---

⑤⑥　Kratz 1991b，161 - 162.

⑤⑦　Steins 1995，451 - 454.

⑤⑧　Schmid 1999b.

进行道德化的表达，而是以历史神学的方式表现出来：灾难与罪相联系；而繁荣的时期则与公义和敬虔的行为相关。这一点在《历代志》对玛拿西的相关叙述中有清楚表现：玛拿西在耶路撒冷统治了55 年——与《列王纪下》21 章所描述的相反[59]——他因此一定是一个敬虔的人。

> 所以耶和华使亚述王的将领来攻击他们，用手铐铐住玛拿西，用铜链锁住他，把他带到巴比伦去。他在急难的时候恳求耶和华——他的神，并在他列祖的神面前极其谦卑。他祈祷耶和华，耶和华就应允他，垂听他的祷告，使他归回耶路撒冷，仍坐王位。玛拿西这才知道惟独耶和华是神。此后，玛拿西在大卫城外，从谷内基训西边直到鱼门口，建筑城墙，环绕俄斐勒；这墙建得很高。他又在犹大各坚固城内设立将领。(《历代志下》33：11—16)

相应而言，被掳被认为是由于犹大的最后一位国王——西底家——和他的后代的罪，他们的历史因此也相应地用了否定的笔触进行描述：

> 西底家登基的时候年二十一岁，在耶路撒冷作王十一年。他行耶和华——他神眼中看为恶的事，没有谦卑听从耶利米先知所传达耶和华的话。尼布甲尼撒王曾叫他指着神起誓，他却背叛，硬着颈项，内心顽固，不归向耶和华——以色列的神。众祭司长和百姓也多多犯罪，效法列国一切可憎的事，玷污耶和华在耶路撒冷分别为圣的殿。(《历代志下》36：11—14)

似乎正是由于这些与申命主义的概念差异，导致了《历代志》作为一个单独的作品出现——而并没有在《创世记》—《列王纪下》

190

---

[59]　Schmid 1997.

的接续写作的层面出现。在旧约中,《创世记》—《列王纪下》和《历代志》的双重出现,以及《历代志》以外部文本的形式作为《创世记》—《列王纪下》一个新版本的独特性,都是极具特点的现象。在诠释学层面上,这种现象具有重要的意义。因为通过将文本以及对文本所做的评论进行正典化——正如西奈篇章和《申命记》的关系——诠释的动力被根植在旧约本身。

2. 巴兰篇章的发展

正如在学界中被注意到的,在《民数记》22—24 章讲述外邦先见巴兰和他关于以色列预言的故事中,似乎包含了一些很晚才增添的叙事材料。[60] 在《民数记》24：23—24 有这样一个例子:"巴兰又唱起诗歌说:'哀哉! 若上帝做这事,谁能存活呢? 有船只从基提边界来到,要压制亚述,要压制希伯;他也必永远沉沦。'"在这里,基提所指涉的是希腊人(参见《创世记》10：4;在《但以理书》11：30 中是罗马人),而亚述代表着波斯人("希伯"的意义仍然不清楚)。该表达很可能预设了由于亚历山大大帝的崛起而导致波斯帝国的灭亡。这些所添入的叙事可能是为了——受与希腊化的文化竞争所刺激推动——通过已经在妥拉中出现的预言得知关于世界历史的决定性事件。

3. 大卫传统中的希腊元素

《撒母耳记下》23：13—17 是大卫叙事中的一个小片段,它显然是概括了阿利安(Arrian)曾提及的与亚历山大大帝有关的一个事件:[61]

开始收割的时候,三个侍卫下到亚杜兰洞,到大卫那里。非利士的军兵在利乏音谷安营。那时大卫在山寨,非利士人的

60　Schmitt 1994, 184 – 187.

61　Gnuse 1998；Mathys 2002.

驻军在伯利恒。大卫渴想着说："但愿有人从伯利恒城门旁的井里打水来给我喝！"这三个勇士就闯过非利士人的军营，从伯利恒城门旁的井里打水，拿来给大卫喝。他却不肯喝，将水浇在耶和华面前，说："耶和华啊，我绝不做这事！这三个人冒生命的危险，这不是他们的血吗？"大卫不肯喝这水。这是三个勇士所做的事。

191　　将这个故事情节纳入大卫传统，表现出旧约意在描绘其国王——虽然大卫有很多直接提及的不那么英勇的特征——在整体气量上并不输给亚历山大。希腊和以色列文化之间的竞争，很可能潜在地推动了关于耶弗他女儿（《士师记》11：29—40）的悲剧传统的成型：以色列有自己的悲剧，就像希腊一样。[62]

4. 《以斯帖记》

《以斯帖记》讲述了波斯帝国的犹太人从波斯国王的心腹密友哈曼煽动的迫害中得到解救的故事。哈曼的这场阴谋，最终被犹太妇女以斯帖和她的叔叔末底改挫败。然而，这个叙事中所设置的波斯时代背景是小说性质的，与历史情形并无任何联系。再者，这卷书中聚焦的犹太人所受的迫害，与实际的波斯政策也并不相符。因而这卷书很可能创作于希腊化时期的大流散时代。[63]

通过把对手关系的哈曼和末底改——以亲信的形式（《以斯帖记》3：1：亚甲人哈曼；2：5：基士的曾孙，示每的孙子，睚珥的儿子末底改）——与亚摩利王亚甲和基士之子扫罗王平行对应起来，《以斯帖记》将以色列和亚摩利之间的原初冲突（《出埃及记》17：8—16；《申命记》25：17—19；《撒母耳记上》15 章）置入波斯时期的历史中。通过对哈曼的"亚摩利化"（Amalekitisierung），《以斯帖记》针对强权表现出了一个清晰的批评立场，但同时又并非简单的

---

[62] Römer 1998.

[63] Zenger [5] 2004，307 - 308；Macchi 2005.

全盘否定。哈曼是身处高位的王朝官员，但波斯国王娶了犹太女性以斯帖为妻子。最后，他处死了哈曼及其儿子们，把末底改升至哈曼的官职位置。在圣经中，《以斯帖记》特别借鉴了约瑟故事和《但以理书》1—6 章中的但以理传奇。[64]

5. 译为希腊文的妥拉

尽管这并不属于正在讨论的希伯来旧约文学史的确切范围，但是仍需要提及的是，当犹太教和希腊化相遇时，妥拉书卷被译为希腊文。这种转译可能在公元前 3 世纪中期左右开始，虽然每一卷书的情况各有差别。[65] 所谓的"七十士译本"，也并非一个简单的译本，而是与转译同时进行的一次诠释。转译的过程首先是妥拉，然后是旧约的其余书卷。就其本身而言，在古代、中世纪、早期现代时期，七十士译本的影响在很多情形下比希伯来文原本还要广大。

而七十士译本之所以出现，一方面是由于在流散中的犹太人，特别是在亚历山大的犹太人，越来越依赖于他们圣经的希腊文译本；另一方面，就对文本内容的固定而言，七十士译本对希伯来旧约文学史可能产生了一个反方向影响：旧约作品经权威形式被翻译之后，就不能够再随便对文本进行接续写作。

192

在方法论层面，七十士译本的内容特点无法简单地进行概括，因为每卷书都可以追溯到不同的译者。另外，还应注意希腊文译本本身的文学发展。不过，一些特征在一定程度上是可以辨识的：除了一定程度上强调终末论，特别是就复活的信念（参见例如，《诗篇》1 篇和《约伯记》42 章）和弥赛亚主义[66]而言之外，还采用了希腊哲学概念，比如，在对创世的描述中，七十士译本尝试在用语上将《创世记》1 章与柏拉图的《蒂迈欧篇》(*Timaios*)相和谐一致。[67] 也

---

[64] Zenger [5] 2004,308 - 309；另参见 Beyerle 2000。

[65] Siegert 2001,42；Tilly 2005；Keel 2007,1141 - 1143。

[66] Knibb 2006.

[67] Rösel 1994.

存在通过延长《创世记》5 章和 11 章的先祖们的世代,延展了世界时间秩序的历时长度,由此为希腊人的神话传统留出一个可能的史前空间。[68] 另外,还存在对关于上帝的拟人化语言的回避。[69] 七十士译本是犹太教与希腊化在文化上接触的最重要资源之一,犹太教试图证明,犹太教的核心传统可以与当时全球性的占主导地位的文化相适应。

三、先知传统

1. 先知文集中审判世界的文本

在先知书中,有着对波斯 200 年世界统治最终坍塌的经验可能是最清晰的文学表达。从《以赛亚书》《耶利米书》和十二小先知书中可以观察到,通过在关于(万族)审判层面对已经存在的文本进行接续写作,发展了一个无所不包的、宇宙性的世界审判的观念。[70]《以赛亚书》34:2—4 特别清晰地表现出了这些接续写作的特征:

> 列国啊,要近前来听! 万民哪,要侧耳而听! 全地和其上所充满的,世界和其中所出的,都应当听! (《以赛亚书》34:1)
>
> 因为耶和华向列国发怒,向他们的全军发烈怒,要将他们灭尽,任人杀戮。 被杀的人必被抛弃,尸首臭气上腾,诸山为他们的血所融化。 天上万象都要朽坏,天被卷起,有如书卷,其上的万象尽都衰残;如葡萄树的叶子凋落,又如无花果树枯萎一样。 (《以赛亚书》34:2—4)
>
> 因为我的刀在天上将要显现;看哪,这刀临到以东和我所

68　Rösel 1994.

69　Siegert 2001,243 - 262；Tilly 2005,74 - 80；Rösel 2006.

70　参见 Steck 1985,53 - 54；Schmid 1996a,305 - 309。

诅咒的民，要施行审判。耶和华的刀沾满了血，是用油脂和羔羊、公山羊的血，并公绵羊肾上的油脂滋润的；因为在波斯拉有祭物献给耶和华，在以东地有大屠杀。（《以赛亚书》34：5—6）

较早的文本《以赛亚书》34：1，5—6，讲述的是耶和华在以东的审判，所有的民族都被召唤作这一见证。然而在第 2—4 节中，虽然同样有所有的民族参与，但却有着全然不同的角色：他们在这里由见证者变成了被审判的对象。另外，在第 5 节中，"天"似乎是一个稳定的实体，在第 2—4 节却被形容"有如书卷"被卷起来。

193

在《耶利米书》中，同样也明显在世界审判层面上对已存在的文本进行叙述扩展。虽然《耶利米书》46—51 章是针对外邦民族的话语文本，但是在这几章之前的最后两节中，出现了审判"凡有血肉之躯的"观念，因而《耶利米书》46—51 章被重新定向为是一个世界审判的预言：

> 你要这样告诉他，耶和华如此说：看哪，我所建立的，我必拆毁；我所栽植的，我必拔出；在全地我都如此行。你为自己图谋大事吗？不要图谋！看哪，我必使灾祸临到凡有血肉之躯的。但你无论往哪里去，我要保全你的性命。这是耶和华说的。（《耶利米书》45：4—5）

同样的接续写作过程也出现在《耶利米书》25 章添加的关于杯子的神谕。第 25 章最初也是关于对各民族的审判，但从第 27 节起被解释成了"世界审判"（Weltgericht）：

> 你要对他们说："万军之耶和华——以色列的神如此说：你们要喝，且要喝醉，要呕吐，且要跌倒，不再起来，都因我使刀剑临到你们中间。"他们若不肯从你手中拿这杯来喝，你就要

对他们说:“万军之耶和华如此说:你们一定要喝!看哪,我既从称为我名下的城起首施行灾祸,你们能免去惩罚吗?你们必不能免,因为我要命刀剑临到地上所有的居民。这是万军之耶和华说的。”所以你要向他们预言这一切的话,对他们说:“耶和华从高天吼叫,从圣所发出声音,向自己的羊群大声吼叫;他要向地上所有的居民呐喊,像踹葡萄的人一样。必有响声达到地极,因为耶和华与列国争辩。凡有血肉之躯的,他必审问;至于恶人,他必交给刀剑。这是耶和华说的。”(《耶利米书》25:27—31)

最后,在十二小先知书中也有一些不同的增添插入,它们与《以赛亚书》和《耶利米书》中相应文本有着本质上的联系:

列国都当兴起,上到约沙法谷;因为我必坐在那里,审判四围的列国。挥镰刀吧!因为庄稼熟了;来踩踏吧!因为榨酒池满了。酒池已经满溢,因为他们的罪恶甚大。在断定谷有许多许多的人,因为耶和华的日子临近断定谷了。日月昏暗,星宿无光。耶和华必从锡安吼叫,从耶路撒冷出声,天地就震动。耶和华却要作他百姓的避难所,作以色列人的保障。(《约珥书》4:12—16)(71)

到那日,人必从亚述,从埃及的城镇,从埃及到大河,从这海到那海,从这山到那山,都归到你这里。然而,因居民的缘故,为了他们行事的结果。这地必然荒凉。(《玛拉基书》7:12—13)

你们要等候我,直到我兴起掳掠(七十士译本和其他古译本是“作证”)的日子;因为我已定意招聚列邦,聚集列国,将我的恼怒,我一切的烈怒,都倾倒在它们身上。我妒忌的火必烧

(71) 即和合本修订版《约珥书》3:12—16。——译注

灭全地。这是耶和华说的。(《西番雅书》3：8)

这些陈述同时也表明,世界审判并不是上帝针对世界的一次新的、附加的打击。它们在某种程度上意在表明,上帝先前审判性质的惩罚仅仅是对世界进行神圣审判的部分和先导。

显然,这些陈述与祭司文本中的神权观完全相左。在《创世记》9章的祭司文本中,诺亚之约已经表达了对世界保持存在的一个永恒性保证。事实上,在先知文集关于世界审判的文本中,特别是在《以赛亚书》24—27章里,存在着公开反对祭司文本的神学的章节,这尤其明显地表现在《以赛亚书》24：4—6：

> 大地悲哀凋零,世界败落衰残,地上居高位的人也没落了。地被其上的居民所污秽,因为他们犯了律法,废了律例,背了永约。所以,诅咒吞灭大地,住在其上的都有罪;地上的居民被火焚烧,剩下的人稀少。

已经被人类打破的永恒之约,只可能是《创世记》9章中的诺亚之约:旧约中并没有任何其他与整体人类意义上的立约。同时,这也由血罪的主题表现出来,这一主题在《以赛亚书》24—27章的背景中起重要作用。《以赛亚书》24：4—6表示,即使挪亚之约也可能被打破,这一点是祭司文本无法想象的。祭司文本中呈现的不可更改的最终世界秩序,也可以被推翻。另外,《以赛亚书》26：20—21也引涉了《创世记》6—9章,认为以色列就像之前的诺亚一样,将会从来临的世界审判中得到解救:

> 我的百姓啊,要进入内室,关上你的门,躲避片刻,等到愤怒过去。因为,看哪,耶和华从他的居所出来,要惩罚地上居民的罪孽。地必露出其中的血,不再掩盖被杀的人。(《以赛亚书》26：20—21)

2. 更大体量的《以赛亚书》1—62 章的形成

在杜姆之后,学界一般将《以赛亚书》分成各自独立的三部书卷(1—39 章;40—55 章;56—66 章),每卷都被分别归于三个不同的先知人物和时代:第 1—39 章包含以赛亚("原型以赛亚")的话语;第 40—55 章的基本内容被追溯到一个活跃在被掳巴比伦时期的匿名人物,他被给予了一个人为的名词——"第二以赛亚";第 56—66 章的基础文本指向同样是匿名的第三个人物,被称作"第三以赛亚"。[72]这个模式仍完全是基于关于先知的传统研究方法:把先知文学在本质上追溯到先知的口头表达活动。[73] 与之相反,当前的研究表明,在许多情况下,先知传统传承者的文士化写作现象可以用来帮助解释文本复杂形式的起源,并给出更具说服力的结论。

关于作为一个整体的书卷的起源模式,在当前的学界讨论中有两个主要方向。如果人们认为第三以赛亚(即 56—66 章)的起源是编修性的,[74]那么问题就集中在如何决定《以赛亚书》1—39 章和 40—55 章之间的关系。根据当今多数观点,《以赛亚书》1—39 章和 40—55 章在基本内容上可以追溯到两个不同的先知形象:"以赛亚"来自公元前 8 世纪,"第二以赛亚"来自公元前 6 世纪。这些传统的文本最初作为分开的文学实体彼此并列,只是后来才被联系在一起。早期的学术研究认为,更大体量的《以赛亚书》的产生是书籍制作技术上的一个偶然结果。然而,当今人们一般认为,《以赛亚书》1—39 章和《以赛亚书》40—55 章是通过一个实质性的、轮廓清楚的编修活动将它们在文学层面联系在一起。《以赛亚书》35 章中有最为重要的起这种连接作用的文本,[75]同一编修插入

195

---

[72]　Duhm 1892.

[73]　Schmid 1996b; Becker 2004.

[74]　Steck 1991b.

[75]　Steck 1985.

的文本也出现在《以赛亚书》11：11—16；27：12—13；51：*1—11和作为结尾文本的62：10—12。《以赛亚书》33章有时也被视为一个更早期的起连接作用的文本。(76) 当前学界讨论的另外一个方向是，认为《以赛亚书》40—55章与1—39章有更紧密的联系，前者是后者的一种接续写作。(77) 据此观点，独立的第二以赛亚传统从未存在过，也未出现过一位个体的第二以赛亚先知。

《以赛亚书》40—55章的预言被视为是《以赛亚书》1—39章在主题层面上的本质性发展。一方面，特别强调《以赛亚书》40章对《以赛亚书》6章的参照（虽然这仅限于《以赛亚书》40：6—8），另一方面也强调了《以赛亚书》40—55章的匿名性质。然而，在《以赛亚书》1—39章和40—55章中，所观察到的连接也并非一定要用接续写作的模式来解释，它们也可能只是在先知书卷系列中的一种文学引用。

因此，以上所提到的两种观点都认为《以赛亚书》1—39章与40—55章有着基本区别，尽管对存在三卷书的传统推测的支持有明显的下降。而关于这种传统推测是否要被重新表达为一个两卷书的理论，决定于人们是否认为在《以赛亚书》40—55章的背后有一个最初存在的源自《以赛亚书》1—39章的传统——或者是独立的，或者是作为对《耶利米书》的接续写作。事实上，这仍然是解释在《以赛亚书》40—55章中所发现的文本问题的最合适选择。人们由此也可相应推定，在某个时间里，《以赛亚书》1—39章和《以赛亚书》40—55章在文学上被结合到一起。

如果认同斯特克的观点，一个相应的“大以赛亚”编修活动可以在《以赛亚书》35章关于保护以色列免于世界审判（《以赛亚书》34：2—4）的描述中明显把握到。(78) 该编修首次将书卷两个主要部分——1—39章和40—55章——在文学层面上连接在一起，形成

(76) Berges 1998.

(77) Albertz 1990.

(78) Steck 1985.

了一个包含 1—62 章的更大体量的《以赛亚书》书卷。从历史角度说，这种编修很可能与同时期早期的政治事件有着关，这些政治事件为所唤起的世界审判的主题提供了当代背景。

3. 第三以赛亚中的虔信者和不义者

《以赛亚书》63：7—64：11 中的哀歌，在过去常被视为来自被掳时期的一个独立传统，但它更可能是在当时托勒密时期的背景下具有接续写作性质的一个文本。[79] 它可能受到了一个相应的同时代事件（公元前 302/301 年托勒密对耶路撒冷的攻占？）的驱动，[80] 进一步成为《以赛亚书》1—62 章接续写作层面的结论。它记述了在《以赛亚书》56—59 章中第三以赛亚解释性努力的中止，使得拯救应许的发生要依赖不断扩大的条件。随之带来的是对神学历史具有相当重要意义的一步，也是《耶利米书》和《以西结书》被掳导向的文本在概念上的先驱——即对上帝子民统一性的分解。作为对《以赛亚书》63：7—64：11 的回答，《以赛亚书》65—66 章的结尾文本是之后才添入的文本，它视拯救仅仅针对义人，而不义者将接受审判（《以赛亚书》65：1—15；另参见《以赛亚书》57：20—21）。正如它所被嵌入的文本背景所表明，《以赛亚书》65：17—25 中关于新天新地的应许的对象仅仅是耶和华的仆人。这表现在属于第二以赛亚的《以赛亚书》43：16—21（"不要追念从前的事"）对比"旧的"出埃及和"新的"出埃及的架构中有清楚指涉，说明与《以赛亚书》43 章相比，《以赛亚书》65 章认为"仅仅"重新表述以色列的拯救历史不再是充分的了：之前所创造的秩序——《创世记》1 章中表达的秩序——必须被更新。[81]

196

---

[79]　Steck 1991b，217 - 242；Goldenstein 2001.

[80]　参见 Steck 1991。

[81]　Steck 1997；Schmid 2011a，185 - 205.

《以赛亚书》43：16—21	《以赛亚书》65：13—17
那在沧海中开道，在大水中开路，使战车、马匹、军兵、勇士一同出来，使他们仆倒，不再起来，使他们灭没，好像熄灭之灯火的耶和华如此说："**你们不要追念从前的事**，也不要思想古时的事。**看哪，我要行一件新事**，如今就要显明，你们岂不知道吗？	所以，主耶和华如此说：看哪，我的仆人必得吃，你们却饥饿；看哪，我的仆人必得喝，你们却干渴；看哪，我的仆人必欢喜，你们却蒙羞。看哪，我的仆人因心中喜乐而欢呼，你们却因心里悲痛而哀哭，因灵里忧伤而哀号……
《创世记》1：1	**看哪，我造新天新地**！**从前的事不再被记念**，也不被人放在心上。
起初，神**创造天地**。	

在这个新创造的表达里，以赎罪为导向的圣殿宗教礼仪不再需要，后者所预设的先前创世秩序已经堕落。相应地，创造被宣告从耶路撒冷的圣殿整体上转移到了耶和华的圣殿："耶和华如此说：'天是我的座位；地是我的脚凳。你们能为我造怎样的殿宇呢？哪里是我安歇的地方呢？'"（《以赛亚书》66：1）[82]在希腊化时期之前，并在很大程度上没有争议地作为拯救实体的以色列的概念，为犹太宗教的个体化铺平了道路，并在公元 70 年耶路撒冷被毁之后又被加强，并以这种形式深刻地影响了基督教。

4. 《耶利米书》中的流散归回以及王国的重建

在玛索拉版本的《耶利米书》33：14—26 这一特别的文本中，有一个清楚的、并可以相当可靠地进行时期定位的神学纲领。[83] 较之于在整体上非常字面化翻译的希腊文译本《耶利米书》，希伯来文译本少了约 3000 个词，但这里的《耶利米书》33：14—26 并没有

---

[82] Schmid 2006c.
[83] Goldman 1992；Schmid 1996a, 56 - 66；2011, 207 - 221.

出现在希腊文译本中。这一状况表明《耶利米书》33：14—26 应当是在希腊文译本完成之后才进入到这卷书的，因此意味着它的出现不可能早于公元前 3 世纪。内容材料所表现出的写作特征，也表明这并非一个独立的源本材料：《耶利米书》33：14—16 重新解释了《耶利米书》23：5—6，并在接下来章节中也表现出了广泛的文本借用。

《耶利米书》23：5—6	《耶利米书》33：14—16
看哪，日子将到，我要为大卫兴起公义的苗裔；他必掌王权，行事有智慧，在地上施行公平和公义。这是耶和华说的。 在他的日子，犹大必得救，以色列也安然居住。他的名必称为"耶和华—我们的义"。	看哪，日子将到，我应许以色列家和犹大家的恩言必然实现。这是耶和华说的。在那些日子、那时候，我必使大卫公义的苗裔长起来；他必在地上施行公平和公义。 在那些日子，犹大必得救，耶路撒冷必安然居住，他的名必称为"耶和华—我们的义"。

乍看之下，《耶利米书》33：14—16 似乎是对《耶利米书》23：5—6 的重复书写，因为两个文本有着很长的重叠内容。但是，《耶利米书》33：14—16 的特殊性在于 33：14 这一额外的添入（"我应许以色列和犹大家的恩言必然实现"），以致接下来弥赛亚应许的实现也要依靠这个"恩言"的实现。"恩言"的明确含义表现在《耶利米书》29：10 中："耶和华如此说：为巴比伦所定的七十年满了以后，我要眷顾你们，向你们实现我的恩言［七十七译本：'我的言'］，使你们归回此地。"

《耶利米书》33：14—16 因而是对《耶利米书》23：5—6 的重新解释，强调弥赛亚应许来临的基础是从流散的归回，认为对大卫"苗裔"的应许只有当以色列在其土地上统一生活的时候才会到来。值得注意的是，弥赛亚在《耶利米书》33：14—16 中没有被作为一个人物来理解，而是相反，锡安城被赋予了弥赛亚的含义——显然这是采用了《以赛亚书》60—61 章的主题。《耶利米书》33：16 所提到的未来荣耀之名"耶和华—我们的义"，清楚地是赋予了一个女性实体，显然指涉的是耶路撒冷城，因为在这一表达之前，耶路撒冷曾同时被称为和想像为一位女性。

5. 第二撒迦利亚和第三撒迦利亚

在《撒迦利亚书》9—14 章中，撒迦利亚传统通过一些不同的元素得到扩展。参照与《以赛亚书》的相似之处，它常被区分为第二撒迦利亚（《撒迦利亚书》9—11 章）和第三撒迦利亚（《撒迦利亚书》12—14 章）。然而，《撒迦利亚书》9—14 章——至少如第三以赛亚的情况——在最初并不是口传宣告，而是作为先知传统传承者的文士写作。[84]

从语言上看，由于其诗体形式，《撒迦利亚书》9—11 章与《撒迦利亚书》1—8 章区别开来。而在《撒迦利亚书》12—14 章中，大部分内容又回归到散文形式。但是，在《撒迦利亚书》9 章开始就表现出了与第二圣殿建造时期完全不同的时代背景：圣殿早已被建造（《撒迦利亚书》11：13；14：20—21）。《撒迦利亚书》9：1—8 明显反映了公元前 332 年提尔（Tyros）灭亡之后亚历山大的加沙战役。[85]《撒迦利亚书》9：13 甚至直接提到"希腊（原文作雅完）的众子（Söhne Jawans）"（"Ionier"也就是希腊人），表现了犹太人对可能是托勒密发动的征服战争的抵抗。[86]

《撒迦利亚书》9 章表达了一个特别的历史神学立场。虽然就终结了波斯人的统治而言，《撒迦利亚书》9 章对亚历山大大帝的影响持欢迎态度，但亚历山大并没有被作为一位新的统治者来庆祝，相反，《撒迦利亚书》9：9—10——其清楚地采用了《以赛亚书》40：

---

[84]　Boda/Floyd 2003；Gärtner 2006.

[85]　Mathys 2000b，53.

[86]　Schäfer 1983，27.

1—2；11：1—5 和《诗篇》72：8——提出一个拥有辽阔统治的大卫式弥赛亚的观点（对应于以色列的流散生存状态而言）。这位弥赛亚在他谦卑的出场中被描绘成了一个反亚历山大者。[87]

> 锡安（原文直译"锡安女子"）哪，应当大大喜乐；耶路撒冷（原文直译"耶路撒冷女子"）啊，应当欢呼。看哪，你的王来到你这里！他是公义的，并且施行拯救，谦和地骑着驴，骑着小驴，驴的驹子。我必除灭以法莲的战车和耶路撒冷的战马；战争的弓也必剪除。他要向列国讲和平；他的权柄必从这海管到那海，从大河管到地极。（《撒迦利亚书》9：9—10）

这里描述的弥赛亚的谦卑形象，一方面可以通过旧约中更早期的关于统治者应许的传统材料来解释——这些材料无一例外地强调所期待的起拯救作用的君王应从属于耶和华的权能。另一方面，这一形象也受到了亚历山大王室、亚历山大在公元前 3 世纪的继承者，尤其是托勒密过度的宗教要求的影响。[88]

6. 《以赛亚书》和"十二小先知书"的编修性统一

一方面，具有"先知特征"的《但以理书》未被采纳进入正典的先知书里，另一方面，在先知书中也没有关于马加比危机的清楚的文学反映，因此，先知书应当是在马加比时期之前就基本完成了（参见第七章第三节"二""1"）。

先知书的整体形成显然是一个有意的文学闭合，尤其是在《以赛亚书》和十二小先知书以及先知文集的整体形式的架构上，体现了先知书的最终形成过程。这首先体现在先知书对一些内容上进行和谐一致化的努力：十二小先知书怎样能够预测不同于以赛亚所说的事情？以赛亚不应意识到其他先知所说的吗？另外，先知

199

---

[87] Knauf 1994, 177; Kunz 1998.

[88] 参见 Hölbl 1997。

传统的传承者明显认为,旧约先知书在本质上基本是一个统一体,这一点又表现在哪些地方?

首先,可以清楚看到,四卷大先知书——如果按照古代传统,将十二小先知书作为一卷(参见《便西拉智训》49∶10)——均以时代作为它们的架构要素与中心:《以赛亚书》和十二先知书覆盖了先知传统所涉及的从亚述到波斯的以色列历史,《耶利米书》和《以西结书》则是以非常详尽的方式反映了巴比伦时期的背景。

《以赛亚书》1—39章:亚述			《何西阿书》《阿摩司书》《弥迦书》:亚述
《以赛亚书》36—39章:亚述/巴比伦			
	《耶利米书》:巴比伦	《以西结书》:巴比伦	《撒迦利亚书》《俄巴底亚书》:巴比伦
《以赛亚书》40—66章:巴比伦/波斯			《哈该书》《撒迦利亚书》《玛拉基书》:波斯

我们也可以从细节上观察到,《以赛亚书》和十二先知书之间在主题和文学上有着协调性的连接。[89] 这一点最为明显地表现在《以赛亚书》1∶1 和《何西阿书》1∶1 所使用的可资比较的标题:两者都提及了相同的四位犹大国王。此外,就像在各自完整书卷结尾的《以赛亚书》66∶18—24 和《撒迦利亚书》14∶16—21,《以赛亚书》13章和《约珥书》2章在某种程度上可能也存在有意识的编辑塑形。

从文学角度来说,对十二先知书的有意编修塑形,似乎表现在《玛拉基书》对撒迦利亚传统的排斥和分离。《玛拉基书》似乎在最初属于撒迦利亚传统。[90] 这一点可以通过《撒迦利亚书》9∶1;12∶1 的标题表达习惯与《玛拉基书》1∶1 拥有相同结构的标题相吻合看出,另外,两者在内容上也有着诸多联系(比如,《玛拉基书》3∶7 对

---

[89] Bosshard-Nepustil 1997;Steck 1991a;相对有差异的看法,参见 Gärtner 2006。
[90] Bosshard/Kratz 1990;Steck 1991.

《撒迦利亚书》1：3 的引用）。玛拉基的名字并没有在圣经或者石刻碑文中出现，相反，它似乎是取自《玛拉基书》3：1 的一个人为的名字，意为"我的使者"。玛拉基这个名字可能是根据在书卷末尾关于以利亚回来的应许（《玛拉基书》3：22—24）创造出来的。[91] 这里关于以利亚的叙事——根据《列王纪下》2：11—12，以利亚并没有死亡，而是被接到了天上——似乎反映了预言作为当代的活跃现象的终结，只有当上帝直接派来的先知以利亚回来时才会再次兴起。然而，以色列必须在那时之前一直依靠先知书的文学形式的正典。

200

7. 《但以理书》2 章和 7 章中的世界帝国

像波斯时期出现的其他神权概念一样，由于其神学所依附的政治架构的崩塌，《但以理书》* 1—6 章中的但以理传奇也面临着巨大的挑战。但以理书传统的传承者们面对这种挑战所做的回应是：将《但以理书》2 章中的异象内容扩展，以四个世界帝国的形象次序出现，然后在《但以理书》7 章以一个相应的异象结尾。

	《但以理书》2 章：像	《但以理书》7 章：海里的四兽
巴比伦人	头：纯金	狮子，有鹰的翅膀
玛代人	胸膛和膀臂：银	熊
波斯人	腹部和腿：铜	有翅膀的豹
希腊人	脚：半铁半泥	兽，有十只角
天国	石头	宝座，坐着亘古常在者人子

然而，在这些异象中，世界历史的目标并不是第四个王国，而是第五个，在其中上帝自己来施行对世界的直接统治。这一在目的层面的神权观以次序化形式表达了波斯时期旧约的终末论和神学立场。它很可能首先是由对公元前 3 世纪的政治历史的失望所催生的，由此不断摧毁对外邦强权的信心：任何来自强权的拯救从根本上都不再被期待。

---

[91]　参见 Mathys 2000a；van der Toorn 2007，252 - 255。

第七章　塞琉古时期的文学(公元前 2 世纪)

第一节　历史背景

随着安条克三世(Antiochus III)于公元前 198 年在潘尼亚斯(Paneas)战役的胜利,叙利亚—巴勒斯坦地区的统治权从托勒密转移到塞琉古。至少根据约瑟夫的叙述,塞琉古三世在叙利亚—巴勒斯坦的统治受到了欢迎。[①] 在他的帝国政治组织中,塞琉古三世复兴了类似波斯时期的对所攻占地区百姓很大程度宽容的态度。根据约瑟夫所记载的一项法令,[②]他重新给予耶路撒冷及其圣殿以特权,命令"所有这些民族的成员可以根据他们祖先的律法来生活"。[③]

然而,几乎还不到十年之后,塞琉古王朝就处于崛起的罗马势力的压力之下,这一现象可以从塞琉古王朝在公元前 189 年的马格内西亚(Magnesia)战役失败后的一些贡约条款以及他们在阿帕米亚和约中的舰队数量的受限中看出。与此相关,塞琉古王朝越来越需要剥削其所支配领土的经济。从圣经本身的表达视角来看,这一时期的主要问题是塞琉古帝国在文化上广泛的希腊化。然而,从历史层面看,这种希腊化对犹大而言应被视为外部影响,

---

① Gauger 2007.
② 《犹太古史》,XII,138—144。
③ 《犹太古史》,XII,143。

还是——如果不是首要的，至少是同等地——应视作犹太教内部的运动变得越来越不清楚。后者在今天是更主导的观点。④ 在《马加比书》中，对塞琉古王国动机的表述似乎受到了《但以理书》的重要影响，后者视历史现在正接近它的终点，表现在敌对强权的活动。无论如何，希腊化对耶路撒冷的深刻影响似乎开始于公元前 2 世纪，当时有一个希腊化风格的体育馆被建造起来："即使负责祭坛职事的祭司也受到希腊化运动的影响，他们甚至对圣殿和献祭的事也掉以轻心。每当体育馆和摔跤场传来信号，他们便急忙赶去参加比赛，而毫不顾忌那些活动是律法所禁止的。"（《马加比二书》4：12）⑤

《马加比书》还特别记述了塞琉古国王安条克四世（Antiochus IV）爱比法尼斯（Epiphanes）所颁布的意在禁止犹太宗教活动的法令（《马加比一书》1：41—59；另参见《马加比二书》6：1—9）：

> 那时，安条克发布诏书，命令全国百姓放弃自己的习俗，使各族成为同一样的民。外邦人纷纷接纳王的命令。更有不少来自以色列的民也欣然接受叙利亚人的宗教，他们不守安息日，并向偶像献祭。安条克打发使者把诏书送到耶路撒冷和犹太境内的城镇，命令他们要遵行外邦人的风俗习惯。依照王的诏书，以色列人不可在圣殿献燔祭、素祭或奠祭，也不可守安息日和节期。他们被迫亵渎圣殿和祭司。他们甚至要为偶像建造祭坛、圣祠和神龛，并以猪和其他不洁的牲畜为祭品。他们还得停止为儿子行割礼，又被迫行各样可憎和污秽的事。安条克的用意是要他们忘掉律法，改变从前所守的一切律例典章。他在诏书写："凡不遵行王命令的，就要把他治死。"王不但向全国颁布敕令，还差派督察到各地监视，并强迫犹太境内

202

---

④　Bringmann 1983；2005；Haag 2003；另参见较早期的 Bickerman 1937。
⑤　译文引自黄根春编：《基督教典外文献》（旧约篇），第六册，香港：基督教文艺出版社，第 74 页。——译注

各城的民都要献祭。(《马加比一书》1：41—51)⑥

这里再次出现疑问：从历史层面看，这些措施是否实际上是塞琉古国王所发布的命令——这并非寻常——或者又是否是基于大祭司梅涅劳斯(Menelaus)的内部犹太动机(可能经过官方批准，甚至可能有国王亲自参与其中)。梅涅劳斯买官之后，通过对犹太宗教的压制，以保持他的统治。⑦ 在安条克四世统治时，宗教危机的高峰是耶路撒冷圣殿被安置"行毁坏的可憎之物"(šqqwṣ šmm)。这很可能指的是祭坛上的饰物，有东西作为石墩被放置到圣坛上(《马加比二书》6：2)，以满足敬拜奥林匹亚的宙斯时对石头的崇拜癖好。奥林匹亚的宙斯被视为"天上的主"(Baalschamem)的一个希腊变体。⑧

一百四十五年基士流(Chislev)月十五日(二十五日?)，安条克命人在圣殿祭坛上设立那"行毁坏的可憎之物"，又在犹大四周的城镇设立邱坛。他们在各家门前和街上烧香。若发现律法书，就即时撕碎，并用火焚烧。按照王的敕令，任何藏有约书或遵守律法的人，要实时处死。他们不断在各城搜捕以色列人，然后用强权残害他们，日复一日，月复一月，从没间断。该月二十五日，他们在献燔祭的坛上另筑新坛，献祭给偶像。(《马加比一书》1：54—59)⑨

随着这些活动而来的是所谓马加比起义的爆发：一个民族宗教式的持正统观点的群体，起来暴力反抗对圣殿的玷污以及对犹太宗教的压制。由于他们的决心，也同时由于塞琉古王室家族的

---

⑥　同上书，第 8 页。——译注
⑦　Haag 2003，69，71 - 73；参见 Keel 2007，1186 - 1193 的不同评论。
⑧　Haag 2003，71；不同的观点，参见 Keel 2000；2007，1193 - 1201，认为"行毁坏可憎的"是在坛上使用猪肉的献祭。
⑨　译文引自黄根春编：《基督教典外文献》(旧约篇)，第六册，第 8 - 9 页。——译注

软弱,反叛取得了成功。他们顺利占领了耶路撒冷,圣殿的崇拜仪式得以恢复。随着约拿单(虽然他不是撒督派,但他是马加比运动的支持者)在公元前 152 年成为耶路撒冷大祭司,马加比起义从一个单纯的宗教抵制运动完全转变为有意识的争取政治自由权力的斗争。由于塞琉古王朝的持续衰弱,并卷入到自己内部的争斗之中,他们的帝国也在公元前 129 年毁灭性的帕提亚战役后走到了统治的最低点。在以色列得以建立一个名副其实的王朝,即哈斯莫尼王国,这个王朝一直接续统治到公元前 64/63 年罗马人占领耶路撒冷。

203　　由于约拿单对大祭司职位的非法占据,也由于在宗教礼仪事务上对月历或太阳历应用上的观点分歧,库姆兰的艾赛尼派运动似乎将自身与耶路撒冷分离开来。这个运动活跃在死海附近,一直到公元 68 年在犹太战争中才消解。在该运动中,人们模拟他们认为是正确的圣殿崇拜仪式,以便在他们所期待的不久之后当上帝临在耶路撒冷时能够立即施行。[10] 现在已出版的来自库姆兰的文献,成为当时犹太教的一个特定团体的灵性世界的精彩写照。同时,应该留意的是,由于库姆兰这一偶然的考古发现,关于拉比犹太教之前的资料也变得较为不平衡。因此,从方法论层面上看,应当以最大的审慎做出基于库姆兰古卷的推断和结论。

第二节　神学特征

如托勒密统治时期一样,塞琉古统治时期的叙利亚—巴勒斯坦地区的典型特征之一仍是希腊化与犹太传统的激烈碰撞。公元前 2 世纪开始时的《便西拉智训》虽然仍宣称希腊化文化和犹太传统的相容性,但也同时强调只能在妥拉中找到完全的知识。智慧传

---

[10]　Stegemann[9]1999.

统和妥拉之间的调适,也表现在《诗篇》被作为五部分的"大卫的妥拉"的结构,并在《诗篇》1篇中有一个具有妥拉神学指向的序言。⑪

然而,马加比时期的冲突还是导致了传统和民族宗教层面对希腊主义的激烈评判与拒绝。这些冲突似乎已经在相当程度上影响了传统的发展:《马加比书》和《犹滴传》强调暴力反抗希腊化的必要性,而在马加比时期得到很大扩展的《但以理书》从根本上将马加比时期的宗教危机神秘化,将之解读为末世时期的一个预兆。在其看来,马加比起义在上帝宏大的历史计划中仅仅是"稍得扶助"。在《诗篇》149篇和《便西拉智训》36章中,也出现了对敌对外族毁灭的盼望。

在稍后的著作中,如《多比传》和整体上来自库姆兰的传统,则走得更远:它们让自己远离马加比和其他在这个世界中建立拯救的努力。该现象很可能是因为马加比运动在权力和政治上的妥协,尤其是在大祭司职位在宗教上被非法占据之后。

从神学史上看,这一时期也很重要的是,它是古代以色列思想史上在人类学层面关于复活盼望的观念的初次形成时期。就宗教史而言,耶和华的能力扩展到死亡领域的观念虽然在早期就已存在,就像关于丧葬习俗文化的考古发现和铭文所表明的,⑫但是,马加比时期殉道者的活动第一次向前推动了关于复活的主题,以致至少在先知传统中(《以西结书》37章;⑬《但以理书》12:2—3;可能也包括《以赛亚书》25:8;26:19),可以找到相关的正面表达,尽管也并非没有挑战(《传道书》3:19—22)。⑭ 在库姆兰,个体墓葬以及一些少量文学证据也表明复活是这个团体的教义的一部分。⑮

204

---

⑪ Kratz 1996.

⑫ Janowski 2001/2003;2006;Eberhardt 2007.

⑬ Bartelmus 1985.

⑭ 参见 Janowski 2001/2003,37-38。

⑮ Lichtenberger 2001.

第三节　传统领域

一、礼仪传统和智慧传统

1. 《诗篇》中的神权化和再终末化

　　《诗篇》的文学史经历了各样的塑形过程,到此为止所提及的例子只有一些波斯时期部分合集的形式构建,以及由《诗篇》* 2—89 篇构成的"弥赛亚诗篇"。⑯ 基于《诗篇》41:14;72:18—19;89:53;106:48 这四个颂赞诗歌,《诗篇》的当前形式可以划分为五个部分,其很可能是为了对应妥拉的形式。⑰《诗篇》的这种"妥拉式形态"也通过其开篇《诗篇》1 篇以及《诗篇》119 篇得到了强调。⑱ 基于在库姆兰文献中《诗篇》的编排高度多样化,以及由于《诗篇》1—2,146—150 篇的整体框架与同时代的非艾赛尼派智慧文本(《神秘书卷》[1Q27;4Q299—301];1Q/4Q 导言)在神学上的接近,这种五部分的划分应不早于公元前 2 世纪。⑲ 根据五部分的重要主题,以及根据《诗篇》41 篇、72 篇、89 篇和 106 篇的内容都结合了一个荣耀颂,可以辨识出当前《诗篇》的结构背后受到《历代志》中以色列历史图景的启发。现有形式的《诗篇》首先描绘的是大卫(《诗篇》1—41 篇)和所罗门(《诗篇》42—72 篇)时代,然后是王国时期(《诗篇》73—89 篇)和被掳时期(《诗篇》90—106 篇),最后是对归回的广泛表达(《诗篇》107—150 篇)。

---

⑯　参见上文,第五章第三节"一""2";第六章第三节"一""4"。

⑰　Kratz 1996.

⑱　Zenger⁵2004,365.

⑲　Lange 1998;Leuenberger 2005.

大卫：I	所罗门：II	王国时期：III	被掳：IV	归回：V
（《诗篇》1—41篇）《诗篇》41：14：耶和华——以色列的神是应当称颂的，从亘古直到永远。阿们！阿们！	（《诗篇》42—72篇）《诗篇》72：18—19：惟独耶和华——以色列的神能行奇事，他是应当称颂的！他荣耀的名也当称颂，直到永远。愿他的荣耀充满全地！阿们！阿们！	（《诗篇》73—89篇）《诗篇》89：52：耶和华是应当称颂的，直到永远。阿们！阿们！	（《诗 篇》90—106篇）《诗篇》106：48：耶和华——以色列的神是应当称颂的，从亘古直到永远。愿全体百姓都说："阿们！"你们要赞美耶和华！	（《诗篇》107—150篇）《诗篇》146—150篇诗150：6：凡有生命的都要赞美耶和华！

从《诗篇》的表达目的看，《诗篇》——结合在第四和第五部分中连接在一起的个体诗篇的神学立场[20]——发展了一个在提供基本需求的耶和华管理下的和平世界的图景。在这里所展开的生命的神权秩序，没有表现出对民族政治的任何兴趣；在表达政治观点时，它们所考虑的是社会公义，是对陌生人、寡妇和孤儿的保护。就当时的历史时期而言，这个《诗篇》的整体结构一定比由《诗篇》* 2—89篇最初组成的《诗篇》距今更近，后者可能形成于托勒密时期。这种表达可以根据这一时间节点来进行理解：公元前2世纪的第一个十年中，安条克三世统治时，复兴了波斯时期宽容的宗教政策。如果我们在这一点上信任约瑟夫传统的话，可以得知安条克三世允许和号召犹太人根据他们"祖先的律法"去生活。

在《诗篇》的文学史背景中，以下这个概念表明在《诗篇》* 2—89篇中早期王国视角有一种转变：没有属于自己的国王，传统上向国王的贡献和义务，现在转移给了耶和华自己。[21] 神权导向很可能开始于之前的一个编修阶段，在该阶段中"弥赛亚诗篇"以添入《诗篇》93—100篇的方式进行了最初的神权化。

《诗篇》划分为五个部分很可能属于马加比时代之前，而在马

---

⑳　参见上文，第五章第三节"一""2"。
㉑　Leuenberger 2004.

加比时期的强烈动荡中其神学表达再次获得了一个新的意向。然而，就它们的内容来说，它们在《诗篇》中的文学影响应当是相对平和的。虽然无论在过去还是现在，都不断有人尝试将相当数量的诗篇定位在马加比时期或哈斯蒙尼王朝时期（特别是《诗篇》74 篇，110 篇，149 篇），[22] 但关于《诗篇》时期定位的基本问题仍然存在，在面对这些判断时持一定的怀疑态度也是有必要的。

基于《诗篇》149 篇在《诗篇》中的神学特征和文学观点，其最有可能被定位于马加比时期：[23]

> 愿圣民因所得的荣耀欢乐！愿他们在床上也欢呼！愿他们口中称颂神为至高，手里有两刃的剑，为要报复列国，惩罚万民。要用链子捆他们的君王，用铁镣锁他们的贵族，要在他们身上施行所记录的审判。他的圣民都享荣耀。（《诗篇》149：5—9）

《诗篇》149 篇在某种意义上再次"再终末化"（reeschatologisiert）了《诗篇》的神权结尾。它在《诗篇》150 篇的整个《诗篇》尾声之前引入仇敌毁灭的主题。

关于《诗篇》110 篇中是否存在对哈斯蒙尼王朝攫取大祭司职位从文学上进行合法化，仍存在争议。[24] 在一些学者看来，第 2—5 行的首字母（š, m, ‘, n；"Šim‘on"）是对公元前 141 年西蒙得到大祭司职位的隐含指涉。但无论如何，《诗篇》110 篇都应定位在哈斯蒙尼王朝时期。

206

2. 《便西拉智训》和《所罗门智训》

《便西拉智训》是一部属于智慧传统的作品，可能创作于约公元前

㉒ 参见 Duhm ² 1922；Diebner 1986；Treves 1988；Wilson 1990；Oeming 2000b。

㉓ Zenger 1997a, c；Steck 1991, 161.

㉔ Donner 1994.

180 年。该定位一方面可以从作者之孙的序言中看出,他将这卷书翻译为希腊文;另一方面也表现在缺少任何对马加比危机的反映。㉕除了少量一些展望性内容,《便西拉智训》仍是非终末论性质的。但是,它确实又有着一些在文学上可能属于第二位创作的"终末论窗口"(《便西拉智训》10 章,36 章),这些内容谈及所有外邦强权都被毁灭。

> 不义、狂傲和敛财的行径同样会导致邦国覆亡。……上主能罢免在位的王,而从灰尘提拔卑微的人,使他们得着王位。又能把邦国连根拔起,而另外栽种谦卑的国民。又能叫大地的根基震动,列国就成为荒凉之地。他将骄傲的族类彻底灭绝,连他们的名号也归于无有。(《便西拉智训》10:8,14—17)㉖

> 万有的上主啊,求你怜悯我们! 求你使列国都敬畏你! 愿你伸手攻击不认识你的外邦人,使他们看见你的大能。愿你藉外邦人向我们显明你的荣耀,好像你从前在外邦人面前,在我们身上显为圣一样。他们便会知道,除上主以外,别无另一位上帝,正如我们所知道的。(《便西拉智训》36:1—5)㉗

《便西拉智训》的基本目的是证明犹太人对妥拉的虔敬优于希腊文化。但其辩论的方法不是相互对立而是综合性的:世界的智慧、世界的计划都可以通过研习妥拉获得。与之相关的直接表达出现在《便西拉智训》24:1—8,19—23 中,它们将"智慧"和"妥拉"等同起来的:

㉕ Marböck 1992;1995.
㉖ 译文引自黄根春编:《基督教典外文献》(旧约篇),第五册,香港:基督教文艺出版社,第 175 - 176 页。——译注
㉗ 同上书,第 254 - 255 页。

　　智慧颂赞自己，在她百姓的当中述说自己的荣耀。智慧在
至高者的会中开口说话，在上主的万军面前陈明自己的荣耀，
说："我从至高者的口而出，像雾般覆盖大地。我住在至高的
天上，我的宝座在云柱中。我独自周游穹苍，又穿越阴间的深
渊。我掌管海洋和大地、万国和万民。我在天下寻找安息之
所；我该住在谁的地上？创造万有的主向我发出命令，造我的
上帝为我选了搭建帐棚的地方。他说：'雅各的家是你的居
所，你要到以色列领受你的产业。'"……凡渴慕我的，都要到
我这里来，好尝我美好的果子。你们想起我，便知道我比蜜甘
甜；得到我的，便晓得我比蜂房更甘美；尝过我滋味的，会更渴
慕我；喝过我的，会更想喝我。听从我的，必不至羞愧，与我同
行的，必不至犯罪。智慧就是律法，是至高上帝的约书，由摩
西颁布给我们，成为雅各布全会众的产业。㉘

　　就《便西拉智训》中所表现的以色列政治神学而言，它似乎并
不期待大卫式君王，但是它也并不满足于当时外邦统治的情形。
相反，它明显在等待一个充满灵性的以色列领导者——类似王国时
207　期之前的士师们。这一点在关于士师复活应许的《便西拉智训》
46：11—12 中有着明显表现："后来以色列出现了多个士师。他
们的心从不敬拜偶像，也不偏离上主。愿他们名垂不朽！愿他们
的骸骨从地里生出新生命，愿他们的后裔延续他们的名，继续受人
景仰！"㉙

　　可能约在公元前第 1 世纪末期才出现的《所罗门智训》，㉚
与《便西拉智训》有类似兴趣：捍卫犹太传统，反对异教哲学的
献祭。

㉘　同上书，第 217 - 219 页。
㉙　同上书，第 289 - 290 页。
㉚　Kepper 1999.

二、先知传统

1. 先知书的形成

在塞琉古时期的早期,最重要的文学史发展是前先知书(《约书亚记》—《列王纪下》)与后先知书(《以赛亚书》—《玛拉基书》)的合并,形成先知书的正典部分,同时也标志着预言书写的终结。从文学层面说,它表现在第一章(《约书亚记》1 章)和最后一章(《玛拉基书》3 章)的前后呼应。[31]

《玛拉基书》3：22[32]	《约书亚记》1：7—8,13
你们**当记念我仆人摩西**的<u>律法</u>,就是我在何烈山为以色列众人所吩咐他的律例典章。	只要刚强,大大壮胆,谨守遵行**我仆人摩西**所**吩咐**你的一切律法,不可偏离左右,使你无论往哪里去,都可以顺利。这<u>律法</u>书不可离开你的口,总要昼夜思想,好使你谨守遵行这书上所写的一切话。如此,你的道路就可以亨通,凡事顺利。……你们要**记得耶和华的仆人摩西**所**吩咐**你们的话说:"耶和华—你们的神使你们得享安宁,必将这地赐给你们。"

这个前后呼应的内容通过对摩西的妥拉的回忆来建立,其主题意向可以清楚地观察到:将妥拉作为正典的权威部分(参见《申

---

③ Steck 1992a,18 - 19.
② 即和合本修订版《玛拉基书》4:4。——译注

命记》34：10—12）。

先知书作为一个合集，在公元前第 2 世纪开始闭合，并且应是在马加比时期之前。首先，文本合集中并没有清楚可辨地反映马加比时期；第二，先知书的形成在《便西拉智训》44—50 章中已然被预设；第三，《但以理书》这部在马加比时期最终形成的书卷被分类在"圣卷"之中，明显是不再能够进入先知书。㉝ 先知书的闭合完成或许是受安条克三世政策的推动，即犹太人可以根据他们祖先的律法来生活。这一推动提出了如何对这种传统文本进行定义的问题，该问题可以通过"摩西和先知"来回答。

208

2. 马加比时期的《但以理书》

《但以理书》的文学核心由源自波斯时期的神权化传奇＊1—6 章构成。在希腊化时期早期《但以理书》就已被进行了接续写作，㉞ 但是其最终和最深刻的编修工作仅仅发生在马加比时期。这首先反映在《但以理书》2 章和 7 章的编修，以及 8—9 章与 10—12 章的添加。㉟《但以理书》8—12 章详尽记载了一直到安条克四世之死的当代历史。但是在《但以理书》11：45，安条克四世之死被错误地预测（安条克四世被认为死在大海和锡安之间，但事实上他是在帝国的东部抢掠一个庙宇时被杀的）。我们因此可以在很大程度上将《但以理书》的闭合确定为在公元前 164 年。

随着在马加比时期的扩展，《但以理书》才成为了一部真正意义上的先知作品。它期待当时所有外邦强权灭亡，期待在不久的未来以色列获得拯救；这将使得自巴比伦时代以来持续的审判时期走向终结。《但以理书》所描绘的异象清楚地表现出，当时令人困惑的世界历史很久以来就已在天上预先形成，可以通过天启先知但以理——在一个具有解释作用的天使的帮助下——得以揭示。

㉝　不同的观点，参见 Koch 1995。

㉞　Steck 1982；Kratz 1991b。

㉟　Kratz 2004b。

关于对马加比时期的诠释，在作为对已经存在的文本进行扩展的《但以理书》2 章和 7 章中可以很容易辨识出来：

> 其后，我在夜间的异象中观看，看哪，第四兽可怕可惧，极其强壮，有大铁牙，吞吃嚼碎，剩下的用脚践踏。这兽与前面所有的兽不同，它有十只角。（《但以理书》7：7）
>
> **我正思考这些角的时候，看哪，其中又长出另一只小角；先前的角中有三只角在它面前连根被拔出。看哪，这角有眼，像人的眼，有口说夸大的话**。（《但以理书》7：8）

相对而言，《但以理书》8—12 章中所添入的关于马加比宗教危机的新文本单元，以类似于《以赛亚书》中审判宣告的方式来表达：马加比时代发生的只是以赛亚预言的进一步实现。但是，也有其他旧约作品被视为《但以理书》关于历史认知的来源，这极为清楚地表现在《但以理书》9 章对宏大历史的预测中。在《但以理书》9 章中，但以理被置于一个被掳处境中，困惑于耶路撒冷还要多久处在荒凉废墟状态。他为此研究经书中关于耶利米所预言的 70 年的相关表达（《但以理书》9：2）。但他阅读的不止《耶利米书》这一卷书。他随后表达了一个悔罪的祷告，最终得到天使加百列的一个回答：不是 70 年，而是 70 个 7 年，也就是说耶路撒冷被置于 490 年的审判之下。但这不是简单随意地将审判的时间从 70 年扩展到 490 年，而是对《利未记》26：34—35 和《历代志下》36：21 的解经，那里解释说以色列的罪会持续，"这就应验耶和华藉耶利米的口所说的话：地得享安息；在荒凉的日子，地就守安息，直到满了七十年。"（《历代志下》36：21）根据加百列的解释，圣经中预测意义上的"70 年"并不是 70 个常规年份，而是均特指安息年，由此指代的是 10 个安息年。所以，《但以理书》9 章把审判的时间延伸至 490 年，其所意指的历史场景恰恰是作者所处的马加比时代的当前时期。

209

为你百姓和你圣城，已经定了七十个七，要止住罪过，除净罪恶，赎尽罪孽，引进永恒的公义，封住异象和预言，并膏至圣所。你当知道，当明白，从发出命令恢复并重建耶路撒冷，直到受膏的君出现，必有七个七［公元前 539 年：居鲁士，或者公元前 522 年：所罗巴伯？］和六十二个七。耶路撒冷城连街带濠都必在艰难中恢复并重建。过了六十二个七［公元前 434 年］，那受膏者被剪除，一无所有［公元前 175 年：有关大祭司奥尼亚三世的谋杀事件？］；必有一王的百姓来毁灭这城和圣所，它的结局必如洪水冲没。必有战争，一直到末了，荒凉的事已经定了。在一七之期（七年），他必与许多人坚立盟约；一七之半（三年半），他必使献祭与供献止息。那施行毁灭的可憎之物必立在圣殿里［公元前 168 年：安条克四世对耶路撒冷圣殿的亵渎］，直到所定的结局倾倒在那行毁灭者的身上。（《但以理书》9：24—27）

《但以理书》9 章中所呈现的年代顺序，将耶路撒冷圣殿被亵渎的事件置于审判的 490 年到期之前的最后 7 个"年周"的中间点，表明马加比时期的《但以理书》的期待是何等急迫：只还有 3 年半的时间，490 年的时间就要完成，以色列的拯救就要到来。

3. 《巴录书》

次经书卷《巴录书》可能创作于公元前 164/163 年左右。[36] 它的内容转回到在巴比伦人手下耶路撒冷被毁。它宣扬回到律法，并像《便西拉智训》24 章一样，将律法与智慧等同起来。然而，《巴录书》没有公开地表现出对希腊化的反对。相反，它只是辩论妥拉比所有异教传统具有更高价值。根据所设定的场景及神学特征，《巴录书》很可能起源于安条克四世亵渎圣殿之后。

---

[36]　Steck 1993；1998.

三、叙事传统

1. 叙事书卷中的世界时期

从《创世记》到《列王纪下》中可以观察到世界的时期秩序，它们主要是基于：《创世记》5 和 11 章的谱系，关于先祖寿命长度的材料，《创世记》47：28、《出埃及记》12：40—41 和《列王纪上》6：1中起年代排列连接作用的内容，以及《列王纪》中的编年信息。根据不同的文本内容，这些时间的具体计算各不相同，这一点特别表现在《创世记》5 章和 11 章中。所有这些差异都是由于表达不同的特定意向。根据马索拉传统的时间计算，从创世开始测算，出埃及事件发生在第 2666 年，即 4000 年的三分之二。这个 4000 年——如果我们根据《列王纪上》6：1，将所罗门的第四年定位在创世纪元（anno mundi）的 3146 年——在公元前 164 年当马加比恢复圣殿时得以完成。[37] 同样，第一圣殿存在了 430 年（从所罗门第 4 年到西底家），与以色列在埃及 430 年的受压迫（《出埃及记》12：40—41）相互对应，这应该是出于一种编年的构造。

因此，五经传统中的一些计数直至马加比时期仍在被修整，使得历史书的世界时期秩序朝向某种在《但以理书》9 章的历史神学意义上的"但以理化"：圣殿奉献活动得以恢复的公元前 164 年，是一个根本性的时期界限。

2. 《马加比书》《多比书》《犹滴传》《禧年书》

次经《马加比书》和《犹滴传》很可能创作于哈斯蒙尼王朝时期的公元前 2 世纪下半叶。虽然对《多比书》的时期定位有些困难，但可以确定它不属于希腊化时期之前。[38]

《马加比书》通常被视为支持哈斯蒙尼王朝时期宫廷神学的文

---

[37]　Schmid 1999c, 19 - 22.

[38]　Kaiser 2000a, 19,23,36,44.

献。然而,它们也显然传递了一个更高的神权理想,清楚地预设和批评了马加比运动中政治权力的腐败以及对大祭司一职的篡夺。㊴

　　在以历史化的形式描述外邦权力带来的生存威胁方面,《犹滴传》和《多比传》可相比较:虽然在这两卷书中以色列的对手都是巴比伦人尼布甲尼撒,但却都是以亚述国王的形象出现,因此这个人物看起来是亚述人和巴比伦人的结合。因此,与但以理传统相对,它们强调不敬神的外邦统治者们较早就已在以色列的历史上出现,并在未来会再次出现。这些外邦统治者们不是被神秘化塑造的终末时间的标志,而是在历史中会重复出现的元素。但与此同时,《犹滴传》所描绘的抵抗更多地是以以色列作为一个集体化实体的方式出现,而《多比传》则关注具体事件对个体——即多比和撒拉——的具体影响。㊵

　　《禧年书》常被称为"小《创世记》",它本质上是从以色列的祖先怎样能够无律法地生活的视角,对《创世记》1 章到《出埃及记》24 章进行重述。㊶《禧年书》通过"天上的石版"来回答这个问题:"天上的石版"显示给《创世记》中的先祖们,基于此他们能够过一种符合律法的生活。这个重述处在天使在西奈山上向摩西解释的
211 叙事框架里。《禧年书》的兴趣是对远古和先祖历史进行一种"摩西化",因而将之合并到《出埃及记》摩西叙事的妥拉神学中。《禧年书》被归为"圣经重述"的文体,这在圣经里以历代志史家的历史作品为代表,也出现在库姆兰古卷中。㊷

㊴　Haag 2003,152 - 167;批评观点,参见 Keel 2007,1185 - 1186。

㊵　Haag 2003,167 - 184.

㊶　Berger 1981; Schelbert 1988.

㊷　Nickelsburg 1984; Tov 1998; Hofmann 2000.

第八章　经书的产生与正典的形成

之前的陈述已经清楚地阐明,经书的成型和正典的建构——如在这一章所将要讨论的——并不只关乎旧约文学史的终结。相反,旧约文学史在整体上受到"经书成型"这一问题的影响。同样,"正典建构"的先前基础阶段,诸如妥拉的形成或先知书的闭合,也是旧约自身之中的现象。

如果我们能够并且必须同时从"经书成型"的角度来解释旧约文学史,就会意识到这种情况,即旧约文学就其现有所传承下来的形式而言是由一个凝聚的整体构成,这个整体经历了"正典化"形成的过程,包含五经的编修和先知书的闭合。但同时也应意识到一个基本问题,即存留下来的旧约作品或许仅仅是更广大文献中的一部分。然而,相关的择选过程——其可以被解释为拥有所留下的正统文本的"经书成型"(Schriftwerdung)所产生的边界效应——无法再被重建。

第一节　经书和正典的区分

当描述旧约的"经书成型"的过程时,必须要对经书和正典的概念做出区分。[①] 尤其是关于"正典"的概念,从历史上看是一个年代错置的事物。它在公元 4 世纪才被应用到圣经讨论中。此外,这种文本边界固定的一系列闭合式圣卷作品是旧约之后才出现的

---

① Barton 1986.

现象。就如来自库姆兰古卷的圣经文本所指明的,在公元前 1 世纪和公元 1 世纪,旧约尚未在书面形式上逐字固定。[2] 虽然基本的文本内容是稳定的,但是不同的卷轴仍显示出,同样的圣经书卷存在着很多细小的差异。

一、约瑟夫和《以斯拉四书》14 章

对于旧约作为一个闭合了的作品集的最初见证,出现在公元 1 世纪晚期的约瑟夫的著作和《以斯拉四书》14 章。在一个辩护性的争论文本中,犹太历史学家约瑟夫以如下的方式概括旧约传统的特征:[3]

213

自然地,或者说必然地,我们民族没有成千上万彼此矛盾而又相互冲突的著述,我们民族仅仅只有 22 部正典,这 22 部正典包含了过去所有的记录,也非常值得信赖。其中 5 部是摩西所作,包含了一个人从出生到死亡的律法和习俗;这一期间稍稍少于 3000 年。从摩西去世到波斯国王亚达薛西统治期间,摩西之后的先知撰写了 13 部正典(《约伯记》《约西亚记》《士师记》[+《路得记》]《撒母耳记》《列王纪》《耶利米书》[+《耶利米书》]《以西结书》《十二小先知书》《但以理书》《以斯拉记》[+《尼西米记》]《以斯帖记》),写的是他们那个时代的历史;余下的 4 部经典(《诗篇》《箴言》《传道书》《雅歌》)包含了对上帝的赞美诗和人类生活的道德准则。从亚达薛西到我们现在这个时代的所有历史都被记录了下来,但是它们并不值得获得同样高的信赖,因为后世一连串的先知都没有继续发扬这

---

②　Maier 1988；Fabry 1998；Stegemann [9]1999.
③　参见 Höffken 2001；Mason 2002。

种精确记录的精神。④

约瑟夫将圣经书卷算为一个固定数目（22 卷），对应于希伯来字母表的字母数目，由此意味着完整和完美。但上述书卷的分类并不完全清晰，括号中的清单仅仅是众多可能解释中的一种。另外，约瑟夫持一种先知作者论，他将圣经书卷的书写与从摩西和其后的先知们一直到亚达薛西统治时期联系起来。根据圣经的相关描述，以斯拉和尼希米在亚达薛西统治时期出现。

同样，源于公元 1 世纪最后 10 年的启示文学《以斯拉四书》在最后一章也勾画出了一个正典理论。⑤ 它描述了圣经和其他书卷在耶路撒冷被烧毁之后的重新写作，以斯拉基于神的灵感，口授给一群有学识的人：

> 至高者也赐悟性给其余的五个人，他们就轮流记录上主所默示的话，笔下的文字却非他们所认识的。他们坐在那里四十天，白天作记录，夜间吃饼。至于我，我在白天说话，在夜间不语。我们在四十天内写成了九十四卷书。过了四十天，至高者对我说："把你们所写的前二十四卷书公诸于世，这样任何一个人，无论他配得上与否，都可以读这些书。至于后来写成的七十卷，你要把它们留给你们当中的智慧人。因为书中有悟性的洪流、智能的泉源和知识的长河。"（《以斯拉四书》14：42—47）⑥

第一批 24 卷书是旧约，向所有人开放。而其他的 70 卷书仍然是隐秘的，明显意指旧约的次经，包括《以斯拉四书》自身。尽管

---

④ Josephus, Contra Apionem I. 8.（译文引自约瑟夫斯：《驳希腊人》，杨之涵译，上海：华东师范大学出版社，2016 年，第 79 页。——译注）
⑤ 参见 Macholz 1990。
⑥ 译文引自黄根春编：《基督教典外文献》（旧约篇），第五册，第 449 页。——译注

《以斯拉四书》与约瑟夫所提供的数目不同——它不像约瑟夫具有神学象征的数目"22"——但旧约书卷的固定数目在这里也是清楚的（24），它很可能代表着一个更古老的传统。另外，还可以看出的是，基于以斯拉的口授这一方式，呈现了圣经书卷的先知作者这一主题。

214　二、《便西拉智训》序言以及"律法书和先知书"

然而，约瑟夫和《以斯拉四书》在公元 1 世纪关于旧约正典相对固定的观念，与旧约时代晚期的一些概念明显不同。《便西拉智训》的希腊文译本的序言——由这卷书作者的孙辈（约公元前 132 年）为这个希腊文译本所写的序言——对正典形成的历史具有重要意义。

> 摩西的**律法书、先知书**和其他著作所记的，给我们留下了宝贵的教训，为我们开启智慧和德训之门。因此我们要颂赞以色列人。读经的人不但要努力学习经上所记的，还得借着口述的传统和经上所记的话去帮助外邦人。凡热心寻求学问的，都当如此行。家祖父耶稣熟读**律法书、先知书**和列祖先贤的其他著作。后来更从事写作，将有关的教训和智慧记下来。好学之士读了，便能**按照摩西的律法**生活，以致百尺竿头，更进一步。……不仅本书如此，即使摩西的**律法书、先知书**和其他著作的翻译也都如此。译文和原文必然有不一样的地方。优盖茨王在位第三十八年（公元前 132 年），我来到埃及，住了一段日子。期间有机会作多方面的学习，获益良多。我感到有必要亲自翻译此书，便日以继夜不停地工作，完成翻译及出版的工作。唯望好学而又愿意**按律法**生活的侨居者，能阅读此书，从中得着益处。（《便西拉智训》，序言）⑦

---

⑦　译文引自黄根春编：《基督教典外文献》（旧约篇），第五册，第 149 页。——译注

在此证言中,有两个要素需要特别强调。首先,该序言清楚地表明,旧约由两个基本部分组成:律法和先知。但除了这两部分以外,也存在其他的(或余下的)书卷,如作者以其祖父的例子所表明的:"家祖父耶稣……后来更从事写作,将有关的教训和智慧记下来。"根据该序言,这部书已闭合的文本材料由"律法书"和"先知书"组成,而"其他书卷"则代表着一个非常开放和笼统的分类,以至它们可以被进一步扩展。

另外可以明显看出,"律法书"在圣经书卷中拥有至高的权威,表现在对遵照律法生活的重复和强调性的言说。然而,正如查普曼(Stephen B. Chapman)所清楚指出的,律法书和先知书之间有紧密的相互影响。[8]

《便西拉智训》序言所提及的内容——如果我们把"律法书、先知书和其他(著作)"这一概念顺序不视作后来正典的三个部分,而是在文本的内在层面上解读——可以通过库姆兰古卷和新约的相关内证进一步确定。在世纪转折处,旧约显然基本由两部分构成,如"摩西和先知"这种用来指代这两部分的惯用语及类似表达所表明的:

1QS1.1—3:[团体秩序之书],寻求上帝[以全心与全灵]以在他面前行好的与正确的事,就如他通过摩西和他的仆人先知所命令的那样。[9]

1QS8.15—16:这是关于他通过摩西所传达的用以规范行为的妥拉的抄本,以行一直所启示的事情,就如通过圣灵对先知所进行的启示。

CD 5.21—6.2:这片土地荒凉,因为他们对通过摩西和神圣的受膏者所传达的上帝的命令说不敬的话语,并且他们以预

---

⑧ Chapman 2000.
⑨ 中译文由译者自译。——译注

言的方式说谎,使以色列远离上帝。

4QDibHam（4Q504）Frg. 2. 3. 11—13：你使我们固守由摩西所写的和你的仆人先知的［约的咒诅］。

律法和先知到约翰为止,从此神国的福音传开了,人人努力要进去。（《路加福音》16：16）

亚伯拉罕说："他们有**摩西和先知**的话可以听从。"（《路加福音》16：29）

亚伯拉罕对他说："如果他们不听从**摩西和先知**的话,就是有人从死人中复活,他们也不会信服的。"（《路加福音》16：31）

于是,他从**摩西和众先知**起,凡经上所指着自己的话都给他们作了解释。（《路加福音》24：27）

然而,我蒙神的帮助,直到今日还站立得稳,向尊贵的和卑微的作见证。我所讲的,并不外乎**众先知和摩西**所说将来必成的事。（《路加福音》26：22）

他们和保罗约定了日子,就有许多人到他的住处来。保罗从早到晚向他们讲解这事,为神的国作证,并引**摩西的律法和先知**的书劝导他们信从耶稣。（《路加福音》28：23）

个别例子同时提及《诗篇》和"摩西和先知"：

4QMMT[d]（4Q397）：因此你得以理解摩西的书,先知的书与大卫的《诗篇》。

耶稣对他们说:"这就是我从前和你们同在时所告诉你们的话:摩西的律法、先知的书,和《诗篇》上所记一切指着我的话都必须应验。"(《路加福音》24:44)

但是,基于《诗篇》文卷 11QPs[a]27.11 的信息[⑩]——它将《诗篇》解释为大卫的"预言"——人们可以推测,在 4QMMT 和《路加福音》24:22 中,《诗篇》并没有独立存在于先知书之外,而是在其中得以强调。

11QPs[a]27.11:他以至高者给予他的预言的形式说了这些。

即使在新约时期,旧约仍似乎首先被理解为一个由两部分组成的书卷。[⑪] 虽然我们所熟悉的三部分体量还没有清楚地确定,但是可以知道由"律法书和先知书"构成的旧约书卷的统一性,"律法书和先知书"被作为"经书"看待。

第二节　旧约历史框架内旧约文学的经书成型

一、圣经的自我陈述

就像旧约学术研究中的几乎每个主题,关于经书成型的问题也必须要区分研究对象的圣经视角和历史视角。[⑫] 做出这个区分的

---

⑩　参见 Kleer 1996;Ulrich 2003a, 11 - 12;Leuenberger 2005;另参见 van Oorshot 2000,45。

⑪　Barton 1986;Ulrich 2003b;van der Toorn 2007,248。

⑫　Steck 1992a;Hengel 1992/1994;Assmann 1999;VanderKam 2000;Ulrich 2003a;Schaper 2009。

首要原因是,旧约不是以历史—批评(historisch-kritisch),而是以结果—历史的(resultativ-historisch)方式来思考的,即视历史过程在原则上应具有直接的当代效应。在旧约中,对过去事物的兴趣以功能性的神话形式来结构,其叙事在本质上是以关于起源问题的形式来解决基本问题。

对于旧约自我表达为圣卷的内容亦是如此。在圣经中,圣卷不是先期存在,也不是在创世之初就给予的,但在旧约的情节进程中它又的确出现得相对较早:从《出埃及记》以来,它持续发展成形(参见《出埃及记》17：14;24：4;34：27—28;《民数记》33：2;《申命记》31：9)。因此,旧约本身也一定意识到,以色列并不是从一开始就有一个依附于经书的宗教。相反,律法是通过摩西第一次被给予并写下,《创世记》中的先祖们还没有意识到律法。然而,根据旧约的描述,摩西的律法很快就被忘记,一直到了约西亚时期,在对圣殿进行修缮过程中(《列王纪下》22—23章)才再次出现。但是,由于犹大与耶路撒冷的灾难,它再次被忘记,仅到了以斯拉的时代才被重新引入犹大。简言之,可以说是摩西为以色列提供了犹太经书宗教,但直到以斯拉时才得以落实。[13]

二、宗教文本、规范文本、圣书和正典

以上部分以最浓缩的形式概述了旧约本身的视角,而旧约学术的历史重建与此相当不同。学术研究表明,古代以色列宗教经历了一个漫长的过程才发展成为一种"圣书宗教"(Schriftreligion)——如果我们愿意暂时使用这个具有学术史赋义的分类的话。[14]

在古代以色列宗教的历史发展过程中,文本拥有各种迥然不同的功能。以理想化的方式看,可以区分出宗教文本、规范文本、圣

[13]　参见 Gertz 2002。
[14]　Rüpke 2005.

书以及严格意义上的正典。⑮ 一方面，这些具有不同功能的文本有着似乎是连续性的发展，另一方面，它们也彼此同时存在。

> 后来构成旧约圣经的文本毫无例外地被在文士教育的课程中使用，并被保存在耶路撒冷圣殿图书馆里，由此在发展过程中也形成了一定的趋向正典的压力。虽然这两个因素都无法说明正典的起源，但它们却是影响因素：在课程中使用，又被接纳进入圣殿图书馆，体现了这些文本的重要性，并反之又被提升了地位。⑯

宗教文本是宗教敬拜礼仪中的常规组成部分，并与之融合为一体。在旧约中，相关的例子之一出现在《诗篇》24：7—10 中。该文本仍清楚地表现出其植根于敬拜礼仪之中。它描绘了一个具体进程——伴随着敬拜轮唱——上帝进入他的圣所。《诗篇》24 篇的原初功能是在礼仪宗教中，并且相应于礼仪活动的场所被进行了调适——基本上类似于礼仪的器具。

规范文本对仪式采取批评性和规定性的态度。正是在这里，出现了向经书宗教的关键转变。⑰ 在旧约中，相关例子出现在《列王纪下》22—23 章发现书卷的传奇故事中，其可能意在表现对《申命记》的接受：有一卷书在圣殿修缮期间被发现，大祭司希勒家通过文士沙番交至国王约西亚（《列王纪下》22：8—13）。这一叙事是否反映了历史事实并不是首要的问题，重点是它赋予这卷被发现的书卷——以该叙事的视角看，是对《申命记》的回溯指涉——一个规范性的地位。⑱ 根据《列王纪下》22—23 章的叙事顺序，这卷书引发了约西亚的宗教改革并决定了其改革内容。这一发现书卷的

---

⑮ 另参见 Ulrich 1992,269 - 276；Lange 2004,57 - 58。

⑯ Van der Toorn 2007,233 - 267.

⑰ Crüsemann 1987.

⑱ 参见 Schmid 2006b, 42 注 90；Keel 2007,545 - 555。

传奇故事表明,这卷书自身有着特别的起源,[19]它的年代、作者和来源由此都被遮盖了,这完全是出于将其神圣化的旨趣,为的是使得它获得优先于宗教礼仪的必要权威性。

在此关于发现书卷的传奇中所意指的《申命记》的基础文本,很可能产生于公元前 7 世纪。[20] 从历史角度看,《列王纪下》22—23 章发现书卷的传奇——它们显然认同书卷的摩西化起源——仅仅是将一个当代文本合法化为一个权威文献,而非其他。然而,在公元前 7 世纪的古代以色列,还不能言及一种"经书宗教",至多只是存在那样一种宗教的起源。《申命记》是一个文献,并不意在取代礼仪,而是意图对其进行革新,也就是使之一体化与集中化。因而,这是一个制度——即集中化的礼仪——第一次在文本层面上被赋予了权威性。而在先前,则是制度赋予文本权威。[21] 然而,当时的以色列本质上仍是一个"礼仪宗教",绝对还没有突变为一个"经书宗教"。[22]

在很大程度上,整个第二圣殿时期(即从公元前 515 年到公元 70 年)都是如此。虽然这一时期被正确地视为是圣经书卷基本形成的时期,但它也代表了在以色列历史上献祭礼仪最重要的时期:每日的献祭活动是宗教实践的核心,很难说当时的旧约作品能够对此发挥什么功能,其时它仍处在一个发展中的状态。如果我们考虑到在一定程度上可以重建的周围的文学社会学背景条件,可能会得到这一判断——旧约作品基本上是被写作它们的人们阅读,一直到进入希腊时期它可能都不会多过一个流传的样本。因此,在圣经时代,旧约作品很可能主要服务于在耶路撒冷圣殿中负责旧约文学生产和看护的专业群体的自我保证。但是,同时并不能简单因为所处环境相同,就推断出这些群体的背景存在同质性。

---

⑲　Speyer 1970.

⑳　参见上文,第三章第三节"四""2"。

㉑　Carr 1996a,30 注 24;另参见 Crüsemann 1987;Assmann 1999。

㉒　关于这些范畴,参见 Rüpke 2005。

圣经内部所展现出的多样性指向了相反的情景。㉓

在旧约中可以找到的关于圣书的概念，仅仅出现在少量相对较晚的章节中。《尼希米记》8：5—8 清楚地表明，妥拉自身能够并且应该受到礼仪上的敬拜。由于该文本所表现出的与会堂礼拜仪式的密切关系，几乎很难将它定位在公元前 3 世纪或公元前 2 世纪之前：㉔

> 以斯拉站在上面，在众百姓眼前展开这书。他一展开，众百姓都站起来。以斯拉称颂耶和华至大的神，众百姓都举手应声说："阿们！阿们！"他们低头，俯伏在地，敬拜耶和华。耶书亚、巴尼、示利比、雅悯、亚谷、沙比太、荷第雅、玛西雅、基利他、亚撒利雅、约撒拔、哈难、毗莱雅和利未人使百姓明白律法；百姓都站在自己的地方。他们清清楚楚地念神的律法书，讲明意思，使百姓明白所念的。（《尼希米记》8：5—8）

只有在公元 70 年耶路撒冷被罗马人摧毁后，每日的献祭礼仪才走向突然的暴力的终结。也只有在公元 70 年之后，我们才可以说犹太教——（现在起）基本上按法利赛人—拉比的方向塑造——转变成为一种"经书宗教"。当时，这个过程已具有相当多样的因素为基础，诸如马加比危机，会堂的出现，《诗篇》在文学层面上风格化为一个圣所以及其他事件。㉕ 但是，至少在功能的意义上，经书的研习只有在公元 70 年之后才代替了圣殿的敬拜礼仪：在人们学习妥拉的地方，人们不再需要圣殿。㉖

也只有从这个时期开始，我们才能谈及旧约正典。㉗ 在公元 70

㉓　参见上文，第一章第二节"三"。
㉔　Gunneweg 1987，112.
㉕　Zenger 2010.
㉖　Schreiner 1999.
㉗　Barton 1986，57.

年之前,存在一个权威作品的合集,被总称为"律法书和先知书"或者"摩西和先知书",[28]但是还未存在一个闭合书单的合集,有确定的文本形式,并包含妥拉、先知书和圣文集三个部分。我们也需同时注意特定群体的不同划分。[29]

因此,经书宗教的崛起——从历史角度看——是一个伴随着旧约作品的整个文学发展的过程,只有在文学发展完成之后才以正典的形式显明自身。这个经书宗教的渐进兴起,在某种程度上(绝不是完全的)也相对补充了传统礼仪化宗教要素的渐进消失——这些要素至少部分地被经卷渐渐整合与吸收。[30]

两个进程均受到在公元前587年和公元70年两次圣殿被毁的双重催化:[31]第一次是帮助书写性的先知预言在作为历史的一般检验标准上取得重大突破;第二次导致——以《诗篇》为起始——后来成为正典第三部分的"圣文集"的建构,作为后宗教礼仪时期在诠释意义上对律法书和先知书的补充。[32]"圣文集"可能也是为了能够在文学上建立一个可以与希腊—罗马文化相抗衡的犹太正典。[33]

三、旧约的文学史和正典史

旧约的文学史和正典史又是怎样彼此相连的?两者有着密切联系,[34]但又不是叠合一致。从旧约文学的完成与正典在旧约之后的封闭分别处在两个不同时期的历史进程中,就可以看出这一点。正典史审视文学史的发展,比如规范性和神学化等元素,以及对其

---

[28]　所包含的书卷有差异;参见第214-215页。

[29]　Carr 1996a;但参见 Lange 2004,60-62。

[30]　Van der Toorn 1997.

[31]　Hahn 2002.

[32]　Trebolle Barrera 2002.

[33]　Lang 1997;de Pury 2003;另参见 Steinberg 2005。

[34]　参见 Sæbø 1988,118-119。

旧约客体进行的"整体思考"。⑤ 所以，旧约文学史也可以从这个角度重新整理，并增加旧约时期之后关于正典封闭的内容。然而在此将不会从这个特别的层面再次讨论相关内容，㊱但是一些提示可以让关于旧约的正典史问题更为具体。

对于旧约来说，它的文学史和正典史的密切关系有着内在基础，即旧约文学作为古代以色列宗教和神学——或者至少是从宗教和神学角度的应用——遗产的独特性质，保持了一个内在凝聚力，尽管这种凝聚力是松散的。㊲旧约虽然是一个图书馆，但是——不仅是在作为一个正典意义上的统一体来说——它也是一个紧密相连的实体，因为它具有在圣经内部诠释基础上形成的连贯性。

旧约的圣经内部释经过程具有若干含义。它基于这种理解，即旧约文学中关于上帝的各种宗教性和神学性陈述应彼此对话。上帝——反映在对上帝的经验中——被建构为一个自身同一的存在。这并不是在一个哲学原则的意义上发生的（就旧约之后的历史而言，仍在发生），确切地说，乃是按照古代近东关于国王的观念而形成的。上帝可能被表现为一位统治者：或仁慈或严厉，或公正或专断，但具有决定性的权能。关于上帝的经验，在旧约中被置于一个散漫的关系中，由此产生了一个关于上帝可能和实际的行为方式的复杂形象。

关于旧约经文内部散漫性的基本观念，需要进行历史区分。旧约文学史清楚地表明，在几乎所有的传统领域，并非在一开始就有一个紧密结合、互相关联的实质联系，它们在最初都是彼此独立分开的文学单元。在《创世记》中，我们可以重建最开始时独立的叙事和叙事综合体。《利未记》的文本基础是仪式规制，最初的写作并不是为了它们现在所处的文学背景。在《约书亚记》《士师记》《撒母耳记》和《列王纪》中，有着最初相互独立存在的不同传统。

220

---

⑤　Sæbø 1988.

㊱　参见 van Oorshot 2000。

㊲　Janowski 2004.

在先知书中,虽然传统的核心也许不是"小的单元"——从文学视角看——但它们所能被追溯到的集合在很多情况下起初都与以其名字命名书卷的先知,而不是与更宽阔的旧约文学有更多关系。《诗篇》所包含的赞美诗和祈祷文,在它们被整合进《诗篇》的文学背景之前,也具有一定程度的独立性。智慧文学也一般能够追溯回更早时期的合集,它们的编排应当是由它们的内源所驱动。

但正典意义上的"一体思考"的过程又是在什么时候开始的?对于旧约传统而言,它一定在较为早期就已开始,即使最初的文学视域是有限的。《先知书》或许表现得较为清楚:《阿摩司书》在其最早的文学起源阶段就被调整以适应《何西阿书》,[38]而《以赛亚书》从一开始就受到阿摩司传统的深刻影响。[39] 先知传统可能以自身特有的方式表达了这样的主张,即:先知们所宣告的上帝话语,不应只被简单理解为片段的单个信息,而应当理解为一个多面的、相互区别但却又统一的整体。

在叙事传统也可以发现一些类似的情况,特别是在《创世记》的先祖叙事中,关于其最重要编排因素——"应许"[40]——被无悬念地塑造为上帝的话语,由此指向一种内在一致性。在"约书"和《申命记》的编修中,也同样可以看到将律法作为上帝的律法的特别推动力:一个神圣立法者的观念,以及一个直接来源于上帝的律法文集的表达——不管律法的所有描述性指向——都推生出了一种将上帝意志法令化的观念。随着妥拉的形成,将上帝意志法令化的观念发展成为在旧约传统中具有本质上的决定性和规范性的首要部分。值得注意的是,在约书中的一些律法条文形成的最初阶段,它们由先知传统中所表现出的社会批判所催生:在这一点上可以看到,在文学史相对早期阶段有一个贯穿了若干传统领域的视角。在约书中,上帝的律法植根于先知对上帝意志的宣告。《申命记》

221

---

[38]　Jeremias 1995;1996.

[39]　Blum 1996;1997.

[40]　Blum 1984.

以对"忠诚誓言"进行反转使用的方式,在功能层面上将上帝提升到与亚述国王等同的地位,并将相关忠诚话语与以色列联系起来,由此可以被视为是旧约中确切意义的规范文学(*normativer Literatur als solcher*)的根本核心。[41] 这一点通过特有的方式,即通过在旧约中发现经过申命学派修订的书卷内容来确定,从中我们可以看到像《申命记》这个规范文本是如何发散式地影响叙事传统的。这种模式在之后又在妥拉对旧约的其他部分影响中得到某种重复。

但是,需要注意的是,妥拉的优先性——这一点首先可以在妥拉对自身之外的传统(尤其是先知书)影响的历史中获知——在旧约中并非是已被给定的结果。[42] 例如,《耶利米书》30:18 或《以赛亚书》56:1—9 都以先知的权威来反对并消解《申命记》13:17 或《申命记》23 章所表达的妥拉的权威。显然,后来成为正典部分的妥拉和先知书的权威,仍处于一种动态过程。文士对它们在书写层面上的"整体思考"并非只是朝一个方向的进程。

在后旧约正典史中,具有中心地位的文字表达的不可改变性这一因素,在旧约本身起着一个非常次要的作用。这种观念背后的思想预设是,圣经作者具有先知性的灵感,正如约瑟夫和斐洛(Philo von Alexandrien)所表达的。圣经文学也因此曾被排除在历史的世界之外;直到公元 17 世纪和 18 世纪,圣经文学通过历史批评的方式才被从根本上重新引入历史的世界。

---

[41] 参见 Crüsemann 1987。
[42] 参见 Chapman 2000。

参考书目

Achenbach, R. , Die Vollendung der Tora. Studien zur Redaktionsgeschichte des Numeribuches im Kontext von Hexateuch und Pentateuch, BZAR 3, Wiesbaden 2003.

Achenbach, R. , The Pentateuch, the Prophets, and the Torah in the Fifth and Fourth Centuries B. C. E. , in: O. Lipschits u. a. (Hgg.), Judah and the Judeans in the Fourth Century B. C. E. , Winona Lake 2007, 253 – 285.

Adam, K. -P. , Der königliche Held. Die Entsprechung von kämpfendem Gott und kämpfendem König in Psalm 18, WMANT 91, Neukirchen-Vluyn 2001.

Adam, K. -P. , Saul und David in der judäischen Geschichtsschreibung. Studien zu 1 Samuel 16 – 2 Samuel 5, FAT 51, Tübingen 2007.

Albani, M. , Der eine Gott und die himmlischen Heerscharen. Zur Begründung des Monotheismus bei Deuterojesaja im Horizont der Astralisierung des Gottesverständnisses im Alten Orient, ABG 1, Leipzig 2000.

Albani, M. , Deuterojesajas Monotheismus und der babylonische Religionskonflikt unter Nabonid, in: M. Oeming/K. Schmid (Hgg.), Der eine Gott und die Götter. Polytheismus und Monotheis-mus im antiken Israel, AThANT 82, Zürich 2003, 171 – 201.

Albertz, R. , Das Deuterojesaja-Buch als Fortschreibung der Jesaja-Prophetie, in: E. Blum u. a. (Hgg.), Die Hebräische Bibel und ihre zweifache Nachgeschichte. FS R. Rendtorff, Neukirchen-Vluyn 1990, 241 – 256.

Albertz, R. , Religionsgeschichte Israels in alttestamentlicher Zeit, GAT 8/1. 2, Göttingen 1992. Albertz, R. , Die verhinderte Restauration, in: E. Blum (Hg.), Mincha. FS R. Rendtorff, Neukirchen-Vluyn 2000, 1 – 12.

Albertz, R. , Die Exilszeit. 6. Jahrhundert v. Chr. , Biblische Enzyklopädie 7, Stuttgart 2001.

Albertz, R. , Der sozialgeschichtliche Hintergrund des Hiobbuches und der „ Babylonischen Theodi-zee " (1981), in: ders. , Geschichte und Theologie.

Studien zur Exegese des Alten Testaments und zur Religionsgeschichte Israels, BZAW 326, Berlin/New York 2003a, 107 – 134.

Albertz, R. , Die Theologisierung des Rechts im Alten Israel, in: ders. , Geschichte und Theologie. Stu-dien zur Exegese des Alten Testaments und zur Religionsgeschichte Israels, BZAW 326, Berlin/New York 2003b, 187 – 207.

Albertz, R. , Darius in Place of Cyrus. The First Edition of Deutero-Isaiah (Isaiah 40. 1 – 52. 12), JSOT 27(2003c),371 – 383.

Alexander, P. , Literacy among Jews in Second Temple Palestine: Reflections on the Evidence from Qumran, in: M. f J. Baasten/W. Th. van Peursen (Hgg.), Hamlet on a Hill. Semitic and Greek Studies Presented to Professor T. Muraoka on the Occasion of his Sixty-Fifth Birthday, Leuven 2003,3 – 25.

Alt, A. , Der Gott der Väter (1929), in: ders. , Kleine Schriften zur Geschichte des Volkes Israel I, Mün-chen 1959,1 – 78.

Alt, A. , Die Ursprünge des israelitischen Rechts, Leipzig 1934.

Alt, A. , Zur Vorgeschichte des Buches Hiob, ZAW 14(1937),265 – 268.

Ambraseys, N. , Historical Earthquakes in Jerusalem-A Methodological Discussion, Journal of Seis-mology 9(2005),329 – 340.

Anderson, B. W. , Understanding the Old Testament, Englewood Cliffs 1957 ([4]1986;[5]2006). Applegate, J. , Jeremiah and the Seventy Years in the Hebrew Bible, in: A. H. W. Curtis/T. Römer (Hgg.), The Book of Jeremiah and Its Reception. Le livre de Jérémie et sa réception, BEThL 128, Leuven 1997,91 – 110.

Arneth, M. , „Sonne der Gerechtigkeit". Studien zur Solarisierung der Jahwe-   224
Religion im Lichte von Psalm 72, BZAR 1, Wiesbaden 2000.

Arneth, M. , Die antiassyrische Reform Josias von Juda. Überlegungen zur Komposition und Inten-tion von 2 Reg 23,4 – 15, ZAR 7(2001),189 – 216.

Arneth, M. , Durch Adams Fall ist ganz verderbt . . . Studien zur Entstehung der alttestamentlichen Urgeschichte, FRLANT 217, Göttingen 2006.

Arnold, B. T. , The Weidner Chronicle and the Idea of History in Israel and Mesopotamia, in: A. R. Millard u. a. (Hgg.), Faith, Tradition and History. Old Testament Historiography in Its Near Eastern Context, Winona Lake 1994,129 – 148.

Arnold, B. T. , What Has Nebuchadnezzar to Do with David? On the Neo-Babylonian Period and Early Israel, in: M. W. Chavalas/K. L. Younger, jr. (Hgg.), Mesopotamia and the Bible. Compara-tive Explorations, Grand Rapids 2002,330 – 355.

Assmann, J. , Ma'at. Gerechtigkeit und Unsterblichkeit im Alten Ägypten,

München 1990a. Assmann, J. , Weisheit, Schrift und Literatur im Alten Ägypten, in: ders. (Hg.), Weisheit. Archäologie der literarischen Kommunikation III, München 1990b, 475 – 500.

Assmann, J. , Politische Theologie zwischen Ägypten und Israel, München 1992.

Assmann, J. , Zur Geschichte des Herzens im Alten Ägypten, in: ders. (Hg.), Die Erfindung des inne-ren Menschen. Studien zur religiösen Anthropologie, Gütersloh 1993,81 – 113.

Assmann, J. , Ägypten. Eine Sinngeschichte, München/Wien 1996.

Assmann, J. , Mose der Ägypter, München 1998.

Assmann, J. , Fünf Stufen auf dem Wege zum Kanon, MTV 1, Münster 1999.

Assmann, J. , Herrschaft und Heil. Politische Theologie in Ägypten, Israel und Europa, München/Wien 2000.

Assmann, J. , Gottesbilder-Menschenbilder: anthropologische Konsequenzen des Monotheismus, in: R. G. Kratz/H. Spieckermann (Hgg.), Gottesbilder-Götterbilder-Weltbilder. Polytheismus und Monotheismus in der Welt der Antike, Bd. 2: Griechenland und Rom, Judentum, Christen-tum und Islam, FAT II/18, Tübingen 2006,313 – 329.

Assmann, J. /Janowski, B. /Welker, M. (Hgg.), Gerechtigkeit. Richten und Retten in der abendländi-schen Tradition und ihren altorientalischen Ursprüngen, München 1998.

Athas, G. , The Tel Dan Inscription. A Reappraisal and a New Interpretation, JSOT. S 360, Sheffield 2003.

Aurelius, E. , Der Ursprung des Ersten Gebots, ZThK 100(2003a),1 – 21.

Aurelius, E. , Zukunft jenseits des Gerichts. Eine redaktionsgeschichtliche Studie zum Enneateuch, BZAW 319, Berlin/New York 2003b.

Avigad, N. , Bullae and Seals from Post-Exilic Judean Archives, Jerusalem 1976.

Avishur, Y. /Heltzer, M. , Studies on the Royal Administration in Ancient Israel in Light of Epigraphic Sources, Tel Aviv 2000.

Bachmann, V. , Die Welt im Ausnahmezustand. Eine Untersuchung zu Aussagegehalt und Theologie des Wächterbuches (1Hen 1 – 36), BZAW 409, Berlin/New York 2009.

Bade, W. , Der Monojahwismus des Deuteronomiums, ZAW 30(1910),81 – 90.

Baden, J. , J, E, and the Redaction of the Pentateuch, FAT 68, Tübingen 2009.

Baden, J. , The Composition of the Pentateuch. Renewing the Documentary Hypothesis, New Haven/London 2012.

Baines, J. , Literacy and Ancient Egyptian Society, London 1983.

Barkay, G. , The Redefining of Archaeological Periods. Does the Date 588/586

B. C. Indeed Mark the End of Iron Age Culture?, in: A. Biran/J. Aviram (Hgg.), Biblical Archaeology Today 1990. Pro-ceedings of the Second International Congress on Biblical Archaeology, Jerusalem, June-July 1990, Jerusalem 1993,106 - 109.

Barstad, H. , After the „ Myth of the Empty Land": Major Challenges in the Study of Neo-Babylonian Judah, in: O. Lipschits/J. Blenkinsopp, Judah and   225 the Judeans in the Neo-Babylonian Period, Wi-nona Lake IN 2003,3 - 20.

Bartelmus, R. , Ez 37, 1 - 14, die Verbform $w^e qatal$ und die Anfänge der Auferstehungshoffnung, ZAW 97(1985),366 - 389.

Barth, H. , Die Jesaja-Worte in der Josiazeit, WMANT 48, Neukirchen-Vluyn 1977.

Barton, J. , Oracles of God. Perceptions of Ancient Prophecy in Israel after the Exile, London 1986. Bauks, M. , „Chaos" als Metapher für die Gefährdung der Weltordnung, in: B. Janowski/B. Ego (Hgg.), Das biblische Weltbild und seine altorientalischen Kontexte, FAT 32, Tübingen 2001,431 - 464.

Bauks u. a. (Hgg.), Was ist der Mensch, dass du seiner gedenkst? (Psalm 8, 5). Aspekte einer theologi-schen Anthropologie. Festschrift für Bernd Janowski zum 65. Geburtstag, Neukirchen-Vluyn 2008b, 33 - 53.

Baumann, G. , Die Weisheitsgestalt in Proverbien 1 - 9. Traditionsgeschichtliche und theologische Studien, FAT 16, Tübingen 1996.

Baumgart, N. C. , Die Umkehr des Schöpfergottes. Zu Komposition und religionsgeschichtlichem Hintergrund von Gen 5 - 9, HBS 22, Freiburg im Breisgau u. a. 1999.

Baumgartner, W. , Der Kampf um das Deuteronomium, ThR 1(1929),7 - 25.

Beaulieu, P. -A. , The Reign of Nabonidus, King of Babylon (556 - 539 B. C.), YNER 10, Yale 1989. Beck, M. , Elia und die Monolatrie. Ein Beitrag zur religionsgeschichtlichen Rückfrage nach dem vor-schriftprophetischen Jahwe-Glauben, BZAW 281, Berlin/New York 1999.

Becker, U. , Jesaja-von der Botschaft zum Buch, FRLANT 178, Göttingen 1997.

Becker, U. , Der Prophet als Fürbitter: Zum literarhistorischen Ort der Amos-Visionen, VT 51(2001),141 - 165.

Becker, U. , Die Wiederentdeckung des Prophetenbuches. Tendenzen und Aufgaben der gegenwärti-gen Prophetenforschung, BThZ 21(2004),30 - 60.

Becker, U. , Das Exodus-Credo. Historischer Haftpunkt und Geschichte einer alttestamentlichen Glaubensformel, in: ders. /J. van Oorschot (Hgg.), Das Alte Testament-ein Geschichtsbuch?! Geschichtsschreibung und-Geschichtsüber-lieferung im antiken Israel, ABG 17, Leipzig 2005a, 81 - 100.

Becker, U. , Exegese des Alten Testaments. Ein Methoden-und Arbeitsbuch, UTB 2664, Tübingen 2005b.

Becker, U. , Die Entstehung der Schriftprophetie, in: R. Lux/E. -J. Waschke (Hgg.), Die unwiderstehli-che Wahrheit. Studien zur alttestamentlichen Prophetie. FS A. Meinhold, ABG 23, Leipzig 2006,3 – 20.

Becking, B. , Jehojachin's Amnesty, Salvation for Israel? Notes on II Kings 25, 27 – 30, in: C. Brekel-mans/J. Lust (Hgg.), Pentateuchal and Deuteronomi-stic Studies. Papers Read at the XIIIth IOSOT Congress Leuven 1989, BEThL 94, Leuven 1990,283 – 293.

Becking, B. , The Fall of Samaria. An Historical and Archaeological Study, SHANE 2, Leiden u. a. 1992.

Becking, B. , Art. Babylonisches Exil, RGG[4] I, Tübingen 1998,1044f.

Becking, B. , The Gods in Whom They Trusted . . . Assyrian Evidence for Iconic Polytheism in An-cient Israel?, in: ders. u. a. (Hgg.), Only One God? Monotheism in Ancient Israel and the Venera-tion of the Goddess Asherah, Sheffield 2001,159 – 163.

Becking, B. , From David to Gedaliah. The Book of Kings as Story and History, OBO 228, Fribourg/Göttingen 2007.

Beckwith, R. , The Old Testament Canon of the New Testament Church and its Background in Early Judaism, Grand Rapids 1985.

Beckwith, R. , Formation of the Hebrew Bible, in: M. J. Mulder (Hg.), Mikra. Text, Translation, Read-ing and Interpretation of the Hebrew Bible in Ancient Judaism and Early Christianity, CRI II/1, Assen/Philadelphia 1988,39 – 86.

226 Bedford, P. R. , Temple Restoration in Early Achaemenid Judah, JSJ. S 65, Leiden u. a. 2001. Begg, C. T. , The Significance of Jehojachin's Release: A New Proposal, JSOT 36(1986),49 – 56. Ben Zvi, E. , The Urban Center of Jerusalem and the Development of the Hebrew Bible, in: W. E. Auf-recht u. a. (Hgg.), Urbanism in Antiquity. From Mesopotamia to Crete, JSOT. S 244, Sheffield 1997,194 – 209.

Berger, K. , Das Buch der Jubiläen, JSHRZ II/3, Gütersloh 1981.

Berges, U. , Das Buch Jesaja. Komposition und Endgestalt, HBS 16, Freiburg im Breisgau 1998.

Bergler, S. , Joel als Schriftinterpret, BEAT 16, Frankfurt a. M. u. a. 1988.

Berlejung, A. , Twisting Traditions: Programmatic Absence-Theology for the Northern Kingdom in 1 Kgs 12: 26 – 33 * (the „Sin of Jeroboam"), JNSL 35 (2009),1 – 42.

Berlejung, A. , The Assyrians in the West: Assyrianization, Colonialism, Indifference, or Development Policy?, in: M. Nissinen (Hg.), Congress Volume Helsinki 2010, VT. S 148, Leiden u. a. 2012,21 - 60.

Berner, C. , Die Exoduserzählung. Das literarische Werden einer Ursprungslegende Israels, FAT 73, Tübingen 2010.

Bertholet, A. , H. Gunkels „Israelitische Literatur", ThR 10(1907),143 - 153.

Bewer, J. A. , The Literature of the Old Testament in its Historical Development, New York 1922. Beyerle, S. , Die Wiederentdeckung der Apokalyptik in den Schriften Altisraels und des Frühjuden-tums, VF 43(1998),34 - 59.

Beyerle, S. , Joseph und Daniel-zwei „Väter" am Hofe eines fremden Königs, in: A. Graupner/H. Del-kurt/A. B. Ernst (Hgg.), Verbindungslinien. FS W. H. Schmidt, Neukirchen-Vluyn 2000,1 - 18.

Bickerman, E. J. , Der Gott der Makkabäer, Berlin 1937.

Biddle, M. , A Redaction History of Jer 2: 4 - 4: 2, AThANT 77, Zürich 1990.

Blanco Wißmann, F. , Sargon, Mose und die Gegner Salomos. Zur Frage vorneuassyrischer Ursprün-ge der Mose-Erzählung, BN 110(2001),42 - 54.

Blanco Wißmann, F. , „ Er tat das Rechte ... " Beurteilungskriterien und Deuteronomismus in 1Kön 12 - 2Kön 25, ATANT 93, Zürich 2008.

Blenkinsopp, J. , The Structure of P, CBQ 38(1976),275 - 292.

Blenkinsopp, J. , The Pentateuch. An Introduction to the First Five Books of the Bible, The Anchor Bible Reference Library, New York u. a. 1992.

Blenkinsopp, J. , P and J in Genesis 1: 1 - 11: 26: An Alternative Hypothesis, in: A. B. Beck u. a. (Hgg.), Fortunate the eyes that see. FS D. N. Freedman, Grand Rapids 1995,1 - 15.

Blenkinsopp, J. , The Formation of the Hebrew Bible Canon: Isaiah as a Test Case, in: L. McDonald/J. Sanders (Hgg.), The Canon Debate, Peabody 2002,53 - 67.

Blenkinsopp, J. , Opening the Sealed Book. Interpretations of the Book of Isaiah in Late Antiquity, Grand Rapids/Cambridge 2006.

Blum, E. , Die Komposition der Vätergeschichte, WMANT 57, Neukirchen-Vluyn 1984.

Blum, E. , Studien zur Komposition des Pentateuch, BZAW 189, Berlin/New York 1990.

Blum, E. , Gibt es die Endgestalt des Pentateuch?, in: J. A. Emerton (Hg.), Congress Volume Leuven 1989, VT. S 43, Leiden u. a. 1991,46 - 57.

Blum, E. , Jesaja und der *dbr* des Amos. Unzeitgemäße Überlegungen zu Jes 5, 25;9,7 - 20;10,1 - 4, DBAT 28(1992/1993),75 - 95.

Blum, E. , „Amos" in Jerusalem. Beobachtungen zu Am 6,1 – 7, Henoch 16 (1994),23 – 47.

Blum, E. , Volk oder Kultgemeinde? Zum Bild des nachexilischen Judentums in der alttestament-lichen Wissenschaft, KuI 10(1995),24 – 42.

Blum, E. , Jesajas prophetisches Testament, ZAW 108(1996),547 – 568; ZAW 109(1997),12 – 29.

Blum, E. , Art. Abraham, RGG[4] I, Tübingen 1998,70 – 74.

Blum, E. , Die literarische Verbindung von Erzvätern und Exodus. Ein Gespräch mit neueren Endre-daktionshypothesen, in: J. C. Gertz/K. Schmid/M. Witte (Hgg.), Abschied vom Jahwisten. Die Komposition des Hexateuch in der jüngsten Diskussion, BZAW 315, Berlin u. a. 2002,119 – 156.

227 Blum, E. , „Formgeschichte"-ein irreführender Begriff?, in: H. Utzschneider/ ders. (Hgg.), Lesarten der Bibel. Untersuchungen zu einer Theorie der Exegese des Alten Testaments, Stuttgart 2006,85 – 96.

Blum, E. , Die Kombination I der Wandinschrift vom Tell Deir'Alla. Vorschläge zur Rekonstruktion mit historisch-kritischen Anmerkungen, in: I. Kottsieper u. a. (Hgg.), Berührungspunkte. Stu-dien zur Sozial- und Religionsgeschichte Israels und seiner Umwelt. Festschrift für Rainer Albertz zu seinem 65. Geburtstag, AOAT 350, Münster 2008a, 573 – 601.

Blum, E. , „ Verstehst du dich nicht auf die Schreibkunst ...? ". Ein weisheitlicher Dialog über Vergäng-lichkeit und Verantwortung: Kombination II der Wandinschrift vom Tell Deir'Alla, in: M. Bauks via. (Hgg.), Was ist der Mensch, dass du seiner gedenkst? (Psalm 8,5). Aspekte einer theologischen An-thropologie. Festschrift für Bernd Janowski zum 65. Geburtstag, Neukirchen-Vluyn 2008b, 33 – 53. Blum, E. , The Jacob Tradition, in: C. A. Evans/J. N. Lohr/D. L. Petersen (Hgg.), The Book of Genesis. Composition, Reception, and Interpretation, VT. S. 152, Leiden u. a. 181 – 211.

Boda, M. J. /Floyd, M. H. , Bringing out the Treasure. Inner Biblical Allusion in Zechariah 9 – 14, JSOT. S 370, London/New York 2003.

Bodi, D. , Jérusalem à l'époque perse, Paris 2002.

Bormann, A. von, Zum Umgang mit dem Epochenbegriff, in: T. Cramer (Hg.), Literatur und Spra-che im historischen Prozeß. Vorträge des Deutschen Germanistentages Aachen 1982, Tübingen 1983,178 – 194.

Bosshard-Nepustil, E. , Rezeptionen von Jesaja 1 – 39 im Zwölfprophetenbuch. Untersuchungen zur literarischen Verbindung von Prophetenbüchern in babylonischer und persischer Zeit, OBO 154, Fribourg 1997.

Bosshard-Nepustil, E. , Vor uns die Sintflut. Studien zu Text, Kontexten und Rezeption der Fluterzäh-lung Genesis 6 – 9, BWANT 165, Stuttgart u. a. 2005.

Bosshard, E. /Kratz, R. G. , Maleachi im Zwölfprophetenbuch, BN 52(1990), 27 – 46.

Brandt, P. , Endgestalten des Kanons. Das Arrangement der Schriften Israels in der jüdischen und christlichen Bibel, BBB 131, Berlin 2001.

Braulik, G. , „Weisheit" im Buch Deuteronomium, in: B. Janowski (Hg.), Weisheit außerhalb der kanonischen Weisheitsschriften, VWGTh 10, Gütersloh 1996,39 – 69＝ders. , Studien zum Buch Deuteronomium, SBAB 24, Stuttgart 1997,225 – 271.

Braulik, G. , Die sieben Säulen der Weisheit im Buch Deuteronomium, in: I. Fischer u. a. (Hgg.), Auf den Spuren der schriftgelehrten Weisen. FS J. Marböck, BZAW 331, Berlin/New York 2003,13 – 43.

Brekelmans, C. H. W. , Wisdom Influence in Deuteronomy, in: M. Gilbert (Hg.), La Sagesse de l'Ancien Testament, BEThL 51, Leuven 1979,28 – 38.

Brettler, M. Z. , Ideology, History and Theology in 2 Kings XVII 7 – 23, VT 39 (1989), 268 – 282. Brettler, M. Z. , Judaism in the Hebrew Bible? The Transition from Ancient Israelite Religion to Judaism, CBQ 61(1999),429 – 447.

Bringmann, K. , Hellenistische Reform und Religionsverfolgung, Göttingen 1983.

Bringmann, K. , Geschichte der Juden im Altertum. Vom babylonischen Exil bis zur arabischen Er-oberung, Stuttgart 2005.

Broshi, M. /Finkelstein, I. , The Population of Palestine in Iron Age II, BASOR 287(1992),47 – 60.

Budde, K. , Geschichte der althebräischen Litteratur, Leipzig 1906.

Burkard, G. /Thissen, H. -J. , Einführung in die altägyptische Literaturgeschichte 1: Altes und Mittle-res Reich, Einführungen und Quellentexte zur Ägyptologie 1, Münster 2003.

Carr, D. , Canonization in the Context of Community: An Outline of the Formation of the Tanakh and the Christian Bible, in: R. D. Weis/ders. (Hgg.), A Gift of God in Due Season, JSOT. S 225, Sheffield 1996a, 22 – 64.

Carr, D. , Reading the Fractures of Genesis. Historical and Literary Approaches, Louisville 1996b.

Carr, D. , Genesis in Relation to the Moses Story. Diachronic and Synchronic Perspectives, in: A. Wénin (Hg.), Studies in the Book of Genesis. Litera- 228 ture, Redaction and History, BEThL 155, Leuven u. a. 2001,273 – 295.

Carr, D. , Writing on the Tablet of the Heart. Origins of Scripture and

Literature, New York 2005.

Carr, D. , Mündlich-schriftliche Bildung und der Ursprung antiker Literaturen, in: H. Utzschneider/E. Blum (Hgg.), Lesarten der Bibel. Untersuchungen zu einer Theorie der Exegese des Alten Testa-ments, Stuttgart 2006,183 - 198.

Carter, C. E. , The Emergence of Yehud in the Persian Period. A Social and Demographic Study, JSOT. S 294, Sheffield 1999.

Cassel, D. , Geschichte der jüdischen Literatur, Berlin I/1872; II/1873.

Chapman, S. B. , The Law and the Prophets. A Study in Old Testament Canon Formation, FAT 27, Tübingen 2000.

Christensen, D. , The Lost Books of the Bible, Bible Review 14(1998),24 - 31.

Clements, R. E. , The Deuteronomic Law of Centralisation and the Catastrophe of 587 B. C, in: J. Bar-ton/D. J. Reimer (Hgg.), After the Exile. Essays in Honour of Rex Mason, Macon 1996,5 - 25.

Clements, R. E. , A Royal Privilege: Dining in the Presence of the Great King (2Kings 25. 27 - 30), in: R. Rezetko u. a. (Hgg.), Reflection and Refraction. FS A. G. Auld, VT. S 113, Leiden u. a. 2007,4 9 - 66.

Clifford, R. J. , Proverbs. A Commentary, OTL, Louisville KY 1999.

Clines, D. J. A. , Putting Elihu in His Place. A Proposal for the Relocation of Job 32 - 37, JSOT 29(2004),243 - 253.

Collins, J. J. , Between Athens and Jerusalem. Jewish Identity in the Hellenistic Diaspora, Grand Rapids u. a. [2]2000.

Collins, J. J. , Jewish Cult and Hellenistic Culture. Essays on the Jewish Encounter with Hellenism and Roman Rule, JSJ. S 100, Leiden u. a. 2005.

Collins, J. J. /Sterling, G. E. (Hgg.), Hellenism in the Land of Israel, Notre Dame 2001.

Colpe, C. , Iranier-Aramäer-Hebräer-Hellenen. Iranische Religionen und ihre Westbeziehungen. Einzelstudien und Versuch einer Zusammenschau, WUNT 154, Tübingen 2003.

Coote, R. B. , The Tell Siran Bottle Inscription, BASOR 240(1980),93.

Creelman, H. , An Introduction to the Old Testament Chronologically Arranged, New York 1917.

Cross, F. M. , The Themes of the Book of Kings and the Structure of the Deuteronomistic History, in:

ders. , Canaanite Myth and Hebrew Epic. Essays in the History of Religion of Israel, Cambridge MA/London 1973,274 - 289.

Crüsemann, F. , Die Eigenständigkeit der Urgeschichte. Ein Beitrag zur Diskussion um den „ Jahwisten ", in: J. Jeremias/L. Perlitt (Hgg.), Die

Botschaft und die Boten, Neukirchen-Vluyn 1981, 11 – 29.

Crüsemann, F. , Das „portative Vaterland", in: A. und J. Assmann (Hgg.), Kanon und Zensur, Mün-chen 1987, 63 – 79.

Crüsemann, F. , 'th- „Jetzt". Hosea 4 – 11 als Anfang der Schriftprophetie, in: E. Zenger (Hg.), „Wort Jhwhs, das geschah … " (Hos 1, 1). Studien zum Zwölfprophetenbuch, HBS 35, Freiburg im Breis-gau u. a. 2002, 13 – 31.

Crüsemann, F. , Die Tora. Theologie und Sozialgeschichte des alttestamentlichen Gesetzes, München [3] 2005.

Dahmen, U. /Lange, A. /Lichtenberger, H. (Hgg.), Die Textfunde vom Toten Meer und der Text der Hebräischen Bibel, Neukirchen-Vluyn 2000.

Davies, G. I. , Were There Schools in Ancient Israel?, in: J. Day/R. P. Gordon/ H. G. M. Williamson (Hgg.), Wisdom in Ancient Israel. FS J. A. Emerton, Cambridge 1995, 199 – 211.

Day, J. , How Many Pre-Exilic Psalms are There?, in: ders. (Hg.), In Search of Pre-Exilic Israel. Proceed-ings of the Oxford Old Testament Seminar, JSOT. S 406, London/New York 2004, 225 – 250.

Dearman, J. A. , Property Rights in the Eigthth-Century Prophets, SBL. DS 106, Atlanta 1988.

Dearman, J. A. , Studies in the Mesha inscription and Moab, Atlanta 1989.

Deines, R. , The Pharisees Between „Judaisms" and „Common Judaism", in: D. A. Carson u. a. (Hgg.), Justification and Variegated Nomism. 1. The Com-plexities of Second Temple Judaism, WUNT II/140 Tübingen 2001, 443 – 504.

Delkurt, H. , Grundprobleme alttestamentlicher Weisheit, VF 36(1991), 38 – 71.

Dell, K. J. , How Much Wisdom Literature Has Its Roots in the Pre-Exilic Period?, in: J. Day (Hg.), In Search of Pre-Exilic Israel. Proceedings of the Oxford Old Testament Seminar, JSOT. S 406, Lon-don/New York 2004, 251 – 271.

Dequeker, L. , Darius the Persian and the Reconstruction of the Jewish Temple in Jerusalem (Esr 4, 23), in: J. Quaegebeur (Hg.), Ritual and Sacrifice in the Ancient Near East, OLA 55, Leuven 1993, 67 – 92.

Dequeker, L. , Nehemia and the Restoration of the Temple after Exile, in: M. Vervenne/J. Lust (Hgg.), Deuteronomy and Deuteronomic Literature. FS C. H. W. Brekelmans, BEThL 133, Leuven 1997, 547 – 567.

Dever, W. G. , What Did the Biblical Writers Know and When Did They Know It?, Grand Rapids 2001.

Diebner, B. J. , Psalm 1 als „Motto" der Sammlung des kanonischen Psalters, DBAT 23(1986), 7 – 45.

229

Diebner, B. J. , The „ Old Testament "-Anti-Hellenistic Literature? -
Grundsätzliches ausgehend von Gedanken Niels Peter Lemches oder: Das Grosse
Verschweigen . . . , DBAT 28(1992/1993),10 - 40.

Dietrich, W. , Die frühe Königszeit in Israel. 10. Jahrhundert v. Chr. , Biblische
Enzyklopädie 3, Stutt-gart 1997.

Dietrich, W. , Art. Deuteronomistisches Geschichtswerk, RGG⁴ II, Tübingen
1999,688 - 692.

Dietrich, W. , David. Der Herrscher mit der Harfe, BG 14, Leipzig 2006.

Dietrich, W. /Naumann, T. , Die Samuelbücher, EdF 287, Darmstadt 1995.

Dijkstra, M. , „ As for the Other Events . . . . " Annals and Chronicles in Israel
and in the Ancient Near

East, in: R. P. Gordon/J. C. de Moor (Hgg.), The Old Testament in Its
World. Papers Read at the Winter Meeting, January 2003, OTS 52, Leiden u.
a. 2005,14 - 44.

Dodd, C. H. , The Parables of the Kingdom, London 1935.

Donner, H. , Die literarische Gestalt der alttestamentlichen Josephsgeschichte,
SHAW. Ph. -h. Kl. 2, Heidelberg 1976.

Donner, H. , Der Redaktor. Überlegungen zum vorkritischen Umgang mit der
Heiligen Schrift, Henoch 2 (1980), 1 - 30 = ders. , Aufsätze zum Alten
Testament aus vier Jahrzehnten, BZAW 224, Berlin/New York 1994,259 - 285.

Donner, H. , Jesaja LVI 1 - 7: Ein Abrogationsfall innerhalb des Kanons-
Implikationen und Konse-quenzen, in: J. A. Emerton (Hg.), Congress
Volume Salamanca, VT. S 36, Leiden 1985,81 - 95 = ders. , Aufsätze zum
Alten Testament aus vier Jahrzehnten, BZAW 224, Berlin/New York 1994,
165 - 179.

Donner, H. , Der verläßliche Prophet. Betrachtungen zu I Makk 14,41ff und zu
Ps 110, in: ders. , Auf-sätze zum Alten Testament aus vier Jahrzehnten,
BZAW 224, Berlin/New York 1994,213 - 223.

Donner, H. , Geschichte des Volkes Israel und seiner Nachbarn in Grundzügen,
GAT 4/1. 2, Göttingen ³2000/2001.

Dörrfuß, E. M. , Mose in den Chronikbüchern. Garant theokratischer
Zukunftserwartung, BZAW 219, Berlin/New York 1994.

Dozeman, T. /Schmid, K. (Hgg.), A Farewell to the Yahwist? The Composi-
tion of the Pentateuch in Recent European Interpretation, SBL. SS 34,
Atlanta 2006.

Dozeman, T. /Schmid, K. /Schwartz, B. J. (Hgg.), The Pentateuch.
International Perspectives on Cur-rent Research, FAT 78, Tübingen 2011.

Drenkhahn, R., Die Elephantine-Stele des Sethnacht und ihr historischer Hintergrund, ÄA 36, Wies-baden 1980.

Droysen, J. G., Geschichte des Hellenismus (1836 - 1843), hg. von E. Bayer, Basel 1952/1953.

Duhm, B., Das Buch Jesajaübersetzt und erklärt, HKAT III/1, Göttingen 1892.   230

Duhm, B., Das Buch Jeremia, KHC XI, Tübingen/Leipzig 1901.

Duhm, B., Die Psalmen, HAT 14, Freiburg im Breisgau u. a. ²1922.

Ebeling, G., Studium der Theologie. Eine enzyklopädische Orientierung, UTB 446, Tübingen 1972.

Eberhardt, G., JHWH und die Unterwelt, Spuren einer Kompetenzausweitung JHWHs im Alten Testament, FAT II/23, Tübingen 2007.

Eberhart, C., Studien zur Bedeutung der Opfer im Alten Testament. Die Signifikanz von Blut- und Verbrennungsriten im kultischen Rahmen, WMANT 94, Neukirchen-Vluyn 2002.

Edelman, D. (Hg.), The Triumph of Elohim. From Yahwisms to Judaisms, CBET 13, Kampen 1995. Edelman, D., The Origins of the „ Second " Temple. Persian Imperial Policy and the Rebuilding of Yehud, London 2005.

Edzard, D. O. /Röllig, W. /von Schuler, E., Art. Literatur, in: RlA VII (1987 - 1990),35 - 75.

Ehring, C., Die Rückkehr JHWHs. Traditions- und religionsgeschichtliche Untersuchungen zu Jesaja 40,1 - 11, Jesaja 52,7 - 10 und verwandten Texten, WMANT 116, Neukirchen-Vluyn 2007.

Ehrlich, C. S., The Philistines in Transition. A History from ca. 1000 - 730 B. C. E, SHANE 10, Leiden u. a. 1996.

Ehrlich, C. S. (Hg.), From an Antique Land: An Introduction to Ancient Near Eastern Literature, Lanham 2009.

Eißfeldt, O., Israelitisch-jüdische Religionsgeschichte und alttestamentliche Theologie [1926], in: ders., Kleine Schriften I, Tübingen 1962,105 - 114.

Elliger, K., Leviticus, HAT 1/4, Tübingen 1966.

Emerton, J. A., The Hebrew Language, in: A. D. H. Mayes (Hg.), Text and Context, Oxford 2000,171 - 199.

Emmendörffer, M., Der ferne Gott. Eine Untersuchung der alttestamentlichen Volksklagelieder vor dem Hintergrund der mesopotamischen Literatur, FAT 21, Tübingen 1998.

Engnell, I., Studies in Divine Kingship in the Ancient Near East, Uppsala 1943, Oxford ²1967.

Ernst, A. B., Weisheitliche Kultkritik. Zu Theologie und Ethik des Sprüchebuchs und der Prophetie des 8. Jahrhunderts, BThSt 23, Neukirchen-Vluyn 1994.

Eynikel, E., The Reform of King Josiah and the Composition of the Deuteronomistic History, OTS 33, Leiden u. a. 1996.

Fabry, H. -J., Art. Qumran, NBL Lfg. 12, Zürich/Düsseldorf 1998, 230 – 259.

Fabry, H. J., Die Handschriften vom Toten Meer und ihre Bedeutung für den Text der Hebräischen Bibel, in: U. Dahmen/H. Stegemann/G. Stemberger (Hgg.), Qumran-Bibelwissenschaften-An-tike Judaistik, Paderborn 2006, 11 – 29.

Falkenstein, A., Fluch über Akkade, ZA 57(1965), 43 – 124.

Finkelstein, I., The Archaeology of the United Monarchy. An Alternative View, Levant 28(1996), 177 – 187.

Finkelstein, I. /Silberman, N. A., The Bible Unearthed, New York u. a. 2001, dt.: Keine Posaunen vor Jericho. Die archäologische Wahrheit über die Bibel, München 2002.

Finkelstein, I. /Silberman, N. A., David and Solomon: In Search of the Bible's Sacred Kings and the Roots of the Western Tradition Israel, New York 2006, dt.: David und Salomo. Archäologen ent-schlüsseln einen Mythos, München 2006.

Finkelstein, I., The Forgotten Kingdom. The Archaeology and History of Northern Israel, SBL An-cient Near Eastern Monographs 5, Atlanta 2013.

Fischer, A. A., Von Hebron nach Jerusalem. Eine redaktionsgeschichtliche Studie zur Erzählung von König David in II Sam 1 – 5, BZAW 335, Berlin/New York 2004.

Fischer, A. A., Die literarische Entstehung des Großreiches Davids und ihr geschichtlicher Hinter-grund. Zur Darstellung der Kriegs-Chronik in 2 Sam 8, 1 – 14(15), in: U. Becker/J. van Oorschot (Hgg.), Das Alte Testament-ein Geschichtsbuch?! Geschichtsschreibung und Geschichtsüberlie-ferung im antiken Israel, ABG 17, Leipzig 2005, 101 – 128.

Fishbane, M., Biblical Interpretation in Ancient Israel, Oxford 1985.

Fitzgerald, A., The Mythological Background for the Presentation of Jerusalem as a Queen and False Worship as Adultery in the OT, CBQ 34(1972), 403 – 416.

Fitzgerald, A., BTLWT and BT as Titles for Capital Cities, CBQ 37(1975), 167 – 183.

Fleming, D., The Legacy of Israel in Judah's Bible. History, Politics, and the Reinscribing of Tradition, Cambridge 2012.

Flint, P. W. (Hg.), The Bible at Qumran. Text, Shape, and Interpretation, Grand Rapids/Cambridge 2001.

231

Fohrer, G. , Erzähler und Propheten im Alten Testament. Geschichte der israelitischen und frühjüdi-schen Literatur, UTB 1547, Heidelberg 1989.

Fox, M. V. , The Social Location of the Book of Proverbs, in: ders. u. a. (Hgg.), Texts, Temples, and Traditions. FS M. Haran, Winona Lake 1996,227 – 239.

Fox, M. V. , Proverbs 1 – 9. A New Translation with Introduction and Commentary, AncB 18A, New York u. a. 2000.

Frei, P. /Koch, K. , Reichsidee und Reichsorganisation im Perserreich, OBO 337, Fribourg ²1996. Frevel, C. , Mit Blick auf das Land die Schöpfung erinnern. Zum Ende der Priestergrundschrift, HBS 23, Freiburg im Breisgau u. a. 2000.

Frevel, C. (Hg.), Medien im antiken Palästina. Materielle Kommunikation und Medialität als Thema der Palästinaarchäologie, FAT II/10, Tübingen 2005.

Fritz, V. , Art. Philister und Israel, TRE 26, Berlin/New York 1996a, 518 – 523.

Fritz, V. , Die Entstehung Israels im 12. und 11. Jh. v. Chr. , BE 2, Stuttgart u. a. 1996b. Frymer-Kensky, T. , Art. Israel, in: R. Westbrook (Hg.), A History of Ancient Law, Bd. 2, HdO 72/2,

Leiden u. a. 2003,975 – 1046.

Fuchs, S. A. , Die Inschriften Sargons II. aus Khorsabad, Göttingen 1994.

Fürst, J. , Geschichte der biblischen Literatur und des jüdisch-hellenistischen Schriftthums, Leipzig I 1867/II 1870.

Galil, G. , The Chronology of the Kings of Israel and Judah, SHCANE 9, Leiden u. a. 1996.

Galil, G. , The Chronological Framework of the Deuteronomistic History, Bib. 85(2004),413 – 421.

Galter, H. , Sargon der Zweite. Über die Wiederinszenierung von Geschichte, in: R. Rollinger/B. Tru-schnegg (Hgg.), Altertum und Mittelmeerraum: Die antike Welt diesseits und jenseits der Levan-te. FS P. W. Haider, Stuttgart 2006,279 – 302.

Gärtner, J. , Jesaja 66 und Sacharja 14 als Summe der Prophetie. Eine traditions- und redaktionsge-schichtliche Studie zum Abschluss des Jesaja- und Zwölfprophetenbuches, WMANT 114, Neukir-chen-Vluyn 2006.

Gauger, J. -D. , Antiochos III. und Artaxerxes. Der Fremdherrscher als Wohltäter, JSJ 38(2007),196 – 225.

Gehrke, H. -J. , Geschichte des Hellenismus, München 1990.

Gelin, A. , La question des „ relectures " bibliques à l'intérieur d'une tradition vivante, in: Sagra Pagi-na. Miscellanea Biblica. Congressus Internationalis Catholici de re biblica, BEThL 12/13, Bd. 1, Leuven 1959,303 - 315.

Geoghegan, J. C. , „ Until This Day " and the Preexilic Redaction of the Deuteronomistic History, JBL 122(2003),201 - 227.

Geoghegan, J. C. , The Time, Place and Purpose of the Deuteronomistic History. The Evidence of „Until This Day", BJSt 347, Providence 2006.

Gerhards, M. , Die Aussetzungsgeschichte des Mose. Literar- und traditionsges-chichtliche Unter-suchungen zu einem Schlüsseltext des nichtpriesterlichen Tetrateuch, WMANT 109, Neukirchen-Vluyn 2006.

Gerstenberger, E. S. , Theologien im Alten Testament. Pluralität und Synkretismus alttestamentlichen Gottesglaubens, Stuttgart 2001.

Gerstenberger, E. S. , Israel in der Perserzeit. 5. und 4. Jahrhundert v. Chr. , Biblische Enzyklopädie 8, Stuttgart 2005.

Gertz, J. C. , Die Stellung des kleinen geschichtlichen Credos in der Redaktionsgeschichte von Deute-ronomium und Pentateuch, in: R. G. Kratz/ H. Spieckermann (Hgg.), Liebe und Gebot. Studien zum Deuteronomium. FS L. Perlitt, FRLANT 190, Göttingen 2000a, 30 - 45.

Gertz, J. C. , Tradition und Redaktion in der Exoduserzählung, FRLANT 189, Göttingen 2000b. Gertz, J. C. , Beobachtungen zu Komposition und Redaktion in Exodus 32 - 34, in: M. Köckert/E. Blum (Hgg.), Gottes Volk am Sinai, VWGTh 18, Gütersloh 2001,88 - 106.

Gertz, J. C. , Mose und die Ursprünge der jüdischen Religion, ZThK 99(2002), 3 - 20.

Gertz, J. C. , Die unbedingte Gerichtsankündigung des Amos, in: F. Sedlmeier (Hg.), Gottes Wege suchend. Beiträge zum Verständnis der Bibel und ihrer Botschaft. FS R. Mosis, Würzburg 2003,153 - 170.

Gertz, J. C. , Konstruierte Erinnerung. Alttestamentliche Historiographie im Spiegel von Archäolo-gie und literarhistorischer Kritik am Fallbeispiel des salomonischen Königtums, BThZ 21(2004),3 - 29.

Gertz, J. C. (Hg.), Grundinformation Altes Testament. Eine Einführung in Literatur, Religion und Geschichte des Alten Testaments, UTB 2745, Göttingen [4]2010.

Gertz, J. C. , Beobachtungen zum literarischen Charakter und zum geistesgeschichtlichen Ort der nichtpriesterschriftlichen Sintfluterzählung, in: M. Beck/U. Schorn (Hgg.), Auf dem Weg zur Endgestalt von Genesis bis II Regum. FS H. C. Schmitt, BZAW 370, Berlin/New York 2006a, 41 - 57.

Gertz, J. C. /Schmid, K. /Witte, M. (Hgg.), Abschied vom Jahwisten. Die

232

Komposition des Hexateuch in der jüngsten Diskussion, BZAW 215, Berlin/ New York 2002.

Gesche, P. , Schulunterricht in Babylonien im ersten Jahrtausend v. Chr. , AOAT 275, Kevelaer 2001. Gese, H. , Anfang und Ende der Apokalyptik, dargestellt am Sacharjabuch, ZThK 70 (1973), 20 - 49 = ders. , Vom Sinai zum Zion. Alttestamentliche Beiträge zur biblischen Theologie, BevTh 64, Mün-chen 1974, 202 - 230.

Gieselmann, B. , Die sogenannte josianische Reformin der gegenwärtigen Forschung, ZAW 106(1994), 223 - 242.

Gnuse, R. , Spilt Water-Tales of David (2Sam 23: 13 - 17) and Alexander (Arrian, Anabasis of Alex-ander 6. 26. 1 - 3), SJOT 12(1998), 233 - 248.

Goldenstein, J. , Das Gebet der Gottesknechte. Jesaja 63, 7 - 64, 11 im Jesajabuch, WMANT 92, Neukir-chen-Vluyn 2001.

Goldman, Y. , Prophétie et royauté au retour de l'exil. Les origines littéraires de la forme massorétique du livre de Jérémie, OBO 118, Fribourg/ Göttingen 1992.

Goldstein, J. , Peoples of an Almighty God. Competing Religions in the Ancient World, AncB Refe-rence Library, New York u. a. 2002.

Gordon, R. P. , „Comparativism" and the God of Israel, in: R. P. Gordon/J. C. de Moor (Hgg.), The Old Testament in Its World. Papers Read at the Winter Meeting, January 2003, OTS 52, Leiden u. a. 2005, 45 - 67.

Görg, M. , Die Beziehungen zwischen dem alten Israel und Ägypten. Von den Anfängen bis zum Exil, Darmstadt 1997.

Gottwald, N. K. , The Hebrew Bible: A Socio-Literary Introduction, Minneapolis 1985.

Goulder, M. , The Psalms of the Sons of Korah, JSOT. S 20, Sheffield 1982.

Grabbe, L. L. , Reconstructing History from the Book of Ezra, in: P. R. Davies (Hg.), Second Temple Studies. 1. Persian Period, JSOT. S 177, Sheffield 1991, 98 - 106.

Grabbe, L. L. , Judaic Religion in the Second Temple Period. Belief and Practice from the Exile to Yav-neh, London/New York 2000. 233

Grabbe, L. L. (Hg.), , Like a Bird in a Cage'. The Invasion of Sennacherib in 701 BCE, JSOT. S 363/ESHM 4, London/New York 2003.

Grabbe, L. L. , Mighty Oaks from (Genetically Manipulated?) Acorns Grow: The Chronicle of the Kings of Judah as a Source of the Deuteronomistic History, in: R. Rezetko u. a. (Hgg.), Reflection and Refraction. FS A. G. Auld, VT. S 113, Leiden u. a. 2007, 155 - 173.

Greenstein, E. , The Poem of Wisdom in Job 28 in Its Conceptual and Literary Contexts, in: E. van Wolde (Hg.), Job 28. Cognition in Context, Leiden 2003, 253 – 280.

Groß, W. , Israels Hoffnung auf die Erneuerung des Staates, in: J. Schreiner (Hg.), Unterwegs zur Kirche. Alttestamentliche Konzeptionen, QD 110, Freiburg im Breisgau 1987, 87 – 122 = ders. , Studien zur Priesterschrift und alttestamentlichen Gottesbildern, SBAB 30, Stuttgart 1999, 65 – 96.

Grünwaldt, K. , Exil und Identität. Beschneidung, Passa und Sabbat in der Priesterschrift, BBB 85, Frankfurt am Main 1992.

Guillaume, P. , Waiting for Josiah. The Judges, JSOT. S 385, London u. a. 2004.

Gumbrecht, H. -U. /Link-Heer, U. (Hgg.) Epochenschwellen und Epochens-trukturen im Diskurs der Literatur- und Sprachhistorie, stw 486, Frankfurt am Main 1985.

Gunkel, H. , Die Grundprobleme der israelitischen Literaturgeschichte, OLZ 27 (1906a), 1797 – 1800. 1861 – 1866.

Gunkel, H. , Die israelitische Literatur, in: P. Hinneberg (Hg.), Die Kultur der Gegenwart. Ihre Ent-wicklung und ihre Ziele, Berlin 1906b, 51 – 102, Nachdrucke: Leipzig 1925 = Darmstadt 1963.

Gunkel, H. , Reden und Aufsätze, Göttingen 1913.

Gunneweg, A. H. J. , Nehemia, KAT, Gütersloh 1987.

Haag, E. , Das hellenistische Zeitalter. Israel und die Bibel im 4. bis 1. Jahrhundert v. Chr. , Biblische Enzyklopädie 9, Stuttgart 2003.

Haas, V. , Die hethitische Literatur. Texte, Stilistik, Motive, Berlin/New York 2006.

Hagedorn, A. C. , „Who Would Invite a Stranger from Abroad? " The Presence of Greeks in Palestine in Old Testament Times, in: R. P. Gordon/J. C. de Moor (Hgg.), The Old Testament in Its World. Papers Read at the Winter Meeting, January 2003, OTS 52, Leiden u. a. 2005, 68 – 93.

Hahn, F. , Frühjüdische und urchristliche Apokalyptik. Eine Einführung, BThSt 36, Neukirchen-Vluyn 1998.

Hahn, J. (Hg.), Zerstörungen des Jerusalemer Tempels. Geschehen-Wahrnehmung-Bewältigung, WUNT 147, Tübingen 2002.

Halbe, J. , Das Privilegrecht Jahwes Ex 34, 10 – 26, FRLANT 114, Göttingen 1975.

Hallo, W. W. , Toward a History of Sumerian Literature, in: Sumeriological Studies in Honor of Thorkild Jacobsen, Assyriological Studies 20, Chicago

1976,123 - 157.

Halpern, B. /Vanderhooft, D. S. , The Editions of Kings in the 7th - 6th Centuries B. C. E. , HUCA 62(1991),179 - 244.

Haran, M. , On the Diffusion of Literacy and Schools in Ancient Israel, in: J. A. Emerton (Hg.), Con-gress Volume Jerusalem 1986, VT. S 40, Leiden 1988, 81 - 95.

Haran, M. , The Books of the Chronicles „of the Kings of Judah" and „of the Kings of Israel": What Sort of Books Were They? VT 49(1999),156 - 164.

Hardmeier, C. , Prophetie im Streit vor dem Untergang Judas. Prophetie im Streit vor dem Untergang Judas: Erzahlkommunikative Studien zur Entstehungssituation der Jesaja- und Jeremiaerzahlun-gen in II Reg 18 - 20 und Jer 37 - 40, BZAW 187, Berlin/New York 1990.

Hardmeier, C. , Geschichtsdivinatorik und Zukunftsheuristik im schriftprophetischen Diskurs (Jesa-ja 9, 7 - 10, 27). Eine exegetische sowie geschichts- und religionsphilosophisch reflektierte Studie zu den Jesajadiskursen in Jesaja 1 - 11, erscheint in: F. Bezner/H. -J. Hölkeskamp (Hgg.), Diesseits von Geschichte und Gedächtnis. Vormoderne (Re-) konstruktion von Vergangenheit als 234 kulturwissen-schaftliche Herausforderung, Köln/Weimar 2007.

Harris, W. V. , Ancient Literacy, Cambridge/London 1989.

Hartenstein, F. , Die Unzugänglichkeit Gottes im Heiligtum. Jesaja 6 und der Wohnort JHWHs in der Jerusalemer Kulttradition, WMANT 75, Neukirchen-Vluyn 1997.

Hartenstein, F. , Religionsgeschichte Israels-ein Überblick über die Forschung seit 1990, VF 48(2003a),2 - 28.

Hartenstein, F. , „Der im Himmel thront, lacht" (Ps 2,4). Psalm 2 im Wandel religions- und theologie-geschichtlicher Kontexte, in: D. Sänger (Hg.), Gottessohn und Menschensohn. Exegetische Studien zu zwei Paradigmen biblischer Intertextualität, BThSt 67, Neukirchen-Vluyn 2004,148 - 188.

Hartenstein, F. , ' Schaffe mir Recht, JHWH!' (Psalm 7, 9). Zum theologischen und anthropologischen Profil der Teilkomposition Psalm 3 - 14, in: E. Zenger (Hg.), The Composition of the Book of Psalms, BETL 238, Leuven 2010,229 - 258.

Hartenstein, F. , Das Archiv des verborgenen Gottes. Studien zur Unheilsprophetie Jesajas und zur Zionstheologie der Psalmen in assyrischer Zeit, BTSt 74, Neukirchen-Vluyn 2011.

Hartenstein, F. /Janowski B. , Art. Psalmen/Psalter I. -III. , RGG^4 VI, Tübingen 2003b, 1762 - 1777.

Hausmann, J. , Studien zum Menschenbild der älteren Weisheit, FAT 7, Tübingen 1995.

Heaton, E. W. , The School Tradition of the Old Testament, Oxford 1994.

Helck, W. , Die Beziehungen Ägyptens zu Vorderasien im 3. und 2. Jahrtausend v. Chr. , ÄA 5, Wies-baden ²1971.

Hempel, J. , Die althebräische Literatur und ihr hellenistisch-jüdisches Nachleben, Wildpark-Pots-dam 1930.

Hengel, M. , Judentum und Hellenismus, WUNT 10, Tübingen ³1988.

Hengel, M. , Die Septuaginta als „ christliche Schriftensammlung ", ihre Vorgeschichte und das Pro-blem ihres Kanons, in: W. Pannenberg/Th. Schneider (Hgg.), Verbindliches Zeugnis I. Kanon-Schrift-Tradition, DiKi 7, Freiburg im Breisgau/Göttingen 1992, 34 - 127 = ders. /A. M. Schwe-mer (Hgg.), Die Septuaginta zwischen Judentum und Christentum, WUNT 72, Tübingen 1994, 182 - 284.

Herder, J. G. , Vom Geist der Ebräischen Poesie (1782 - 83), 2 Bde. , Gotha 1890.

Hermisson, H. -J. , Weisheit, in: H. J. Boecker u. a. , Altes Testament, Neukirchen-Vluyn ⁵1996, 200 - 226.

Hermisson, H. -J. , Art. Deuterojesaja, RGG⁴ II, Tübingen 1999, 684 - 688.

Hermisson, H. -J. , Alttestamentliche Theologie und Religionsgeschichte Israels, THLZ. F 1, Leipzig 2000.

Hertzberg, H. W. , Nachgeschichte alttestamentlicher Texte innerhalb des Alten Testaments, in: Wer-den und Wesen des Alten Testaments, BZAW 66, Berlin 1936, 110 - 121 = ders. , Beiträge zur Tradi-tionsgeschichte und Theologie des Alten Testaments, Göttingen 1962, 69 - 80.

Hess, R. S. , Literacy in Iron Age Israel, in: V. P. Long u. a. (Hgg.), Windows into Old Testament History. Evidence, Argument, and the Crisis of „Biblical Israel", Grand Rapids 2002, 82 - 102.

Hess, R. S. , Writing about Writing: Abecedaries and Evidence for Literacy in Ancient Israel, VT 56(2006), 342 - 346.

Hezser, C. , Jewish Literacy in Roman Palestine, TSAJ 81, Tübingen 2001.

Hjelm, I. , What Do Samaritans and Jews Have in Common? Recent Trends in Samaritan Studies, CBR 3(2004), 9 - 59.

Höffken, P. , Eine Bemerkung zum religionsgeschichtlichen Hintergrund von Dtn 6, 4, BZ 28(1984), 88 - 93.

Höffken, P. , Das EGO des Weisen. Subjektivierungsprozesse in der Weisheitsliteratur, ThZ 41(1985), 121 - 134.

Höffken, P. , Zum Kanonbewusstsein des Josephus Flavius in Contra Apionem und in den Antiquita-tes, JSJ 32(2001),159-177.

Hofmann, N. J. , Die „nacherzählte" Bibel. Erwägungen zum sogenannten „Rewritten-Bible-Phäno-men", Salesianum 62(2000),3-17.   235

Hölbl, G. , Geschichte des Ptolemäerreiches. Politik, Ideologie und religiöse Kultur von Alexander dem Großen bis zur römischen Eroberung, Darmstadt 1994.

Hölbl, G. , Zur Legitimation der Ptolemäer als Pharaonen, in: R. Gundlach/C. Raedler (Hgg.), Selbstverständnis und Realität. Akten des Symposiums zur Ägyptischen Königsideologie in Mainz, 15.-17. 6. 1995, ÄAT 36 = Beiträge zur (alt)ägyptischen Königsideologie 1, Wiesbaden 1997,21-34.

Holloway, S. W. , Assyria and Babylonia in the Tenth Century BCE, in: L. K. Handy (Hg.), The Age of Solomon. Scholarship at the Turn of the Millenium, SHCANE 11, Leiden u. a. 1997,202-216.

Hölscher, G. , Komposition und Ursprung des Deuteronomiums, ZAW 40 (1922),161-255.

Horowitz, W. /Oshima, T. /Sanders, S. , A Bibliographical List Of Cuneiform Inscriptions From Canaan, Palestine/Philistia, and the Land Of Israel, JAOS 122(2002),753-766.

Hossfeld, F. -L. , Der Dekalog. Seine späte Fassung, die originale Komposition und seine Vorstufen, OBO 35, Fribourg/Göttingen 1982.

Hossfeld, F. -L. /Zenger, E. , Ps 1-50, NEB, Würzburg 1993.

Hossfeld, F. -L. /Zenger, E. , Psalmen 51-100, HThK. AT, Freiburg im Breisgau u. a. 2000.

Houtman, C. Das Bundesbuch. Ein Kommentar, DMOA 24, Leiden u. a. 1997.

Huber, M. Gab es ein davidisch-salomonisches Grossreich? Forschungsgeschichte und neuere Argu-mentationen aus der Sicht der Archäologie, SBB 63, Stuttgart 2010.

Hupfeld, H. , Ueber Begriff und Methode der sogenannten biblischen Einleitung nebst einer Ueber-sicht ihrer Geschichte und Literatur, Marburg 1844.

Hurowitz, V. , I Have Built You an Exalted House: Temple Building in the Bible in Light of Mesopota-mian and Northwest Semitic Writings, JSOT. S 115/ ASOR. MS 5, Sheffield 1992.

Hurvitz, A. , Can Biblical Texts Be Dated Linguistically? Chronological Perspectives in the Historical Study of Biblical Hebrew, in: A. Lemaire/M. Sæbø (Hgg.), Congress Volume Oslo 1998, VT. S 80, Leiden u. a. 2000,

143 - 160.

Hutzli, J. , Die Erzählung von Hanna und Samuel. Textkritische und literarische Analyse von 1.

Samuel 1 - 2 unter Berücksichtigung des Kontextes, AThANT 89, Zürich 2007.

Huwyler, B. , Jeremia und die Völker. Untersuchungen zu den Völkersprüchen in Jeremia 46 - 49, FAT 20, Tübingen 1997.

Jamieson-Drake, D. W. , Scribes and Schools in Monarchic Judah. A Socio-Archaeological Approach, JSOT. S 109/SWBA 9, Sheffield 1991.

Janowski, B. , „ Ich will in eurer Mitte wohnen ". Struktur und Genese der exilischen Schekina-Theolo-gie, in: I. Baldermann u. a. (Hgg.), Der eine Gott der beiden Testamente, JBTh 2, Neukirchen-Vlu-yn 1987, 165 - 193 = ders. , Gottes Gegenwart in Israel. Beiträge zur Theologie des Alten Testaments, Neukirchen-Vluyn 1993, 119 - 147.

Janowski, B. , Die Tat kehrt zum Täter zurück. Offene Fragen im Umkreis des „ Tun-Ergehen-Zusam-menhangs", ZThK 91 (1994), 247 - 271 = ders. , Die rettende Gerechtigkeit, Beiträge zur Theologie des Alten Testaments 2, Neukirchen-Vluyn 1999, 167 - 191.

Janowski, B. , JHWH und der Sonnengott. Aspekte der Solarisierung JHWHs in vorexilischer Zeit, in: J. Mehlhausen (Hg.), Pluralismus und Identität, Gütersloh 1995, 214 - 241 = ders. , Die rettende

Gerechtigkeit. Beiträge zur Theologie des Alten Testaments 2, Neukirchen-Vluyn 1999, 192 - 219.

Janowski, B. , Die Frucht der Gerechtigkeit. Psalm 72 und die judäische Königsideologie, in: E. Otto/E. Zenger (Hgg.), „ Mein Sohn bist du" (Ps 2, 7). Studien zu den Königspsalmen, SBS 192, Stuttgart 2002a, 94 - 134.

Janowski, B. , Die heilige Wohnung des Höchsten. Kosmologische Implikationen der Jerusalemer Tempeltheologie, in: O. Keel/E. Zenger (Hgg.), Gottesstadt und Gottesgarten. Zu Geschichte und Theologie des Jerusalemer Tempels, QD 191, Freiburg im Breisgau u. a. 2002b, 24 - 68.

Janowski, B. , Der andere König. Psalm 72 als Magna Charta der judäischen Königsideologie, in: M. Gielen/J. Kügler (Hgg.), Liebe, Macht und Religion. Interdisziplinäre Studien zu Grunddi-mensionen menschlicher Existenz. FS H. Merklein, Stuttgart 2003a, 97 - 112.

Janowski, B. , Die Toten loben JHWH nicht. Psalm 88 und das alttestamentliche Todesverständnis, in: F. Avemarie/H. Lichtenberger (Hgg.), Auferstehung-Resurrection. The Fourth Durham-Tübin-gen Research Symposium Ressurection, Transfiguration and Exaltation in Old Testament, Ancient

236

Judaism and Early Christianity (Tübingen, September, 1999), WUNT 135, Tübingen 2001, 3 - 45 = 1 = ders. , Der Gott des Lebens. Beiträge zur Theologie des Alten Testaments 3, Neukirchen-Vluyn 2003b, 201 - 243.

Janowski, B. , Konfliktgespräche mit Gott. Eine Anthropologie der Psalmen, Neukirchen-Vluyn 2003c.

Janowski, B. , Kanon und Sinnbildung. Perspektiven des Alten Testaments, in: F. Hartenstein u. a.

(Hg.), Schriftprophetie, FS J. Jeremias, Neukirchen-Vluyn 2004, 15 - 36.

Janowski, B. , Sehnsucht nach Unsterblichkeit. Zur Jenseitshoffnung in der weisheitlichen Literatur, BiKi 61(2006), 34 - 39.

Japhet, S. , The Supposed Common Autorship of Chronicles and Ezra-Nehemia Investigated Anew, VT 18(1968), 332 - 372.

Japhet, S. , The Temple in the Restoration Period: Reality and Ideology, USQR 34(1991), 195 - 251.

Japhet, S. , Art. Chronikbücher, RGG[4] II, Tübingen 1999, 344 - 348.

Japhet, S. , 1 Chronik, HThK. AT, Freiburg im Breisgau u. a. 2002.

Japhet, S. , Periodization: Between History and Ideology. The Neo-Babylonian Period in Biblical His-toriography, in: O. Lipschits/J. Blenkinsopp (Hgg.), Judah and Judeans in the Neo-Babylonian Period, Winona Lake 2003, 75 - 89.

Japp, U. , Beziehungssinn. Ein Konzept der Literaturgeschichte, Frankfurt am Main 1980.

Jauss, H. R. , Literaturgeschichte als Provokation, Frankfurt am Main [2]1970.

Jeremias, J. , Der Prophet Hosea, ATD 24/1, Göttingen 1983.

Jeremias, J. , Das Königtum Gottes in den Psalmen. Israels Begegnung mit dem kanaanäischen My-thos in den Jahwe-König-Psalmen, FRLANT 141, Göttingen 1987.

Jeremias, J. , Amos 3 - 6. Beobachtungen zur Entstehungsgeschichte eines Prophetenbuches, ZAW 100 Suppl. (1988), 123 - 138.

Jeremias, J. , Umkehrung von Heilstraditionen im Alten Testament, in: J. Hausmann/H. -J. Zobel (Hgg.), Alttestamentlicher Glaube und Biblische Theologie. FS H. D. Preuß, Stuttgart u. a. 1992, 309 - 320.

Jeremias, J. , Das Proprium der alttestamentlichen Prophetie, ThLZ 119(1994), 485 - 494.

Jeremias, J. , Der Prophet Amos, ATD 24/2, Göttingen 1995.

Jeremias, J. , Hosea und Amos. Studien zu den Anfängen des Dodekapropheton, FAT 13, Tübingen 1996.

Jeremias, J. , Die Propheten Joel, Obadja, Jona, Micha, ATD 24/3,

Göttingen 2007.

Jeremias, J. /Hartenstein, F. , „JHWH und seine Aschera". „Offizielle Religion " und „Volksreligion" zur Zeit der klassischen Propheten, in: B. Janowski/M. Köckert (Hgg.), Religionsgeschichte Israels. Formale und materiale Aspekte, VWGTh 15, Gütersloh 1999, 79 – 138.

Jericke, D. , Die Geburt Isaaks-Gen 21, 1 – 8, BN 88(1997), 31 – 37.

Joannès, F. /Lemaire, A. , Trois tablettes cunéiformes à onomastique ouest-sémitique (collection Sh. Moussaïëff), Trans 17(1999), 17 – 34.

Job, J. B. , Jeremiah's Kings. A Study of the Monarchy in Jeremiah, Aldershot 2006.

Johanning, K. , Der Bibel-Babel-Streit. Eine forschungsgeschichtliche Studie, EHS. T XXIII/343, Frankfurt am Main u. a. 1988.

Joosten, J. , Pseudo-Classicisms in Late Biblical Hebrew, in Ben Sira, and in Qumran Hebrew, in: T. Muraoka/J. F. Elwolde (Hgg.), Sirach, Scrolls, and Sages. Proceedings of a Second International Symposium on the Hebrew of the Dead Sea Scrolls, Ben Sira, and Mishnah, Held at Leiden Uni-versity, 15 – 17 December 1997, StDJ 33, Leiden u. a. 1999, 146 – 159.

237 Kaiser, O. , Art. Literaturgeschichte, Biblische I. , in: TRE 21, Berlin/New York 1991, 306 – 337. Kaiser, O. , Grundriß der Einleitung in die kanonischen und deuterokanonischen Schriften des Alten

Testaments, Bd. 1: Die erzählenden Werke, Gütersloh 1992.

Kaiser, O. , Grundriss der Einleitung in die kanonischen und deuterokanonischen Schriften des Alten Testaments, Bd. 3: Die poetischen und weisheitlichen Werke, Gütersloh 1994.

Kaiser, O. , Die alttestamentlichen Apokryphen. Eine Einleitung in Grundzügen, Gütersloh 2000a.

Kaiser, O. , Studien zur Literaturgeschichte des Alten Testaments, fzb 90, Würzburg 2000b.

Kaiser, O. , Der Gott des Alten Testaments: Wesen und Wirken. Theologie des Alten Testaments. Teil 1: Grundlegung, UTB 1747, Göttingen 1993; Teil 2: Jahwe, der Gott Israels, Schöpfer der Welt und des Menschen, UTB 2024, Göttingen 1998; Teil 3: Jahwes Gerechtigkeit, UTB 2392, Göttingen 2003.

Kaiser, O. , Zwischen Reaktion und Revolution: Hermann Hupfeld (1796 – 1866)-ein deutsches Pro-fessorenleben, AAWG III/268, Göttingen 2005.

Kautzsch, E. , Abriss der Geschichte des alttestamentlichen Schrifttums nebst Zeittafeln zur Ge-schichte der Israeliten und anderen Beigaben zur Erklärung des alten Testaments, Freiburg im Breisgau/Leipzig 1897.

Keel, O. , Der Bogen als Herrschaftssymbol. Einige unveröffentlichte Skarabäen aus Israel und Ägyp-ten zum Thema „Jagd und Krieg", ZDPV 93 (1977), 141 - 177.

Keel, O. , Jahwes Entgegnung an Ijob. Eine Deutung von Ijob 38 - 41 vor dem Hintergrund zeitgenös-sischer Bildkunst, FRLANT 121, Göttingen 1978.

Keel, O. , Die Welt der altorientalischen Bildsymbolik und das Alte Testament. Am Beispiel der Psal-men, Neukirchen-Vluyn/Zürich [4]1984.

Keel, O. , Fern von Jerusalem. Frühe Jerusalemer Kulttraditionen und ihre Träger und Trägerinnen, in: F. Hahn u. a. (Hgg.), Zion-Ort der Begegnung. FS L. Klein, BBB 90, Bodenheim 1993, 439 - 502.

Keel, O. , Sturmgott-Sonnengott-Einziger. Ein neuer Versuch, die Entstehung des judäischen Mo-notheismus historisch zu verstehen, BiKi 49(1994), 82 - 92.

Keel, O. , Corpus der Stempelsiegel-Amulette aus Palästina, Israel. Einleitung, OBO. SA 10, Fribourg/Göttingen 1995.

Keel, O. , Die kultischen Massnahmen Antiochus' IV. Religionsverfolgung und/oder Reformversuch? Eine Skizze, in: ders. /U. Staub, Hellenismus und Judentum. Vier Studien zu Daniel 7 und zur Reli-gionsnot unter Antiochus IV. , OBO 178, Fribourg/Göttingen 2000, 87 - 121.

Keel, O. , Der salomonische Tempelweihspruch. Beobachtungen zum religions-geschichtlichen Kontext des Ersten Jerusalemer Tempels, in: ders. /E. Zenger (Hgg.), Gottesstadt und Gottesgarten. Zur Ge-schichte und Theologie des Jerusalemer Tempels, QD 191, Freiburg im Breisgau 2002, 9 - 23.

Keel, O. , Die Geschichte Jerusalems und die Entstehung des Monotheismus. 2 Teilbände, OLB VI, 1, Göttingen 2007.

Keel, O. /Uehlinger, C. , Göttinnen, Götter und Gottessymbole. Neue Erkenntnisse zur Religionsge-schichte Kanaans und Israels aufgrund bislang unerschlossener ikonographischer Quellen, QD 134, Freiburg im Breisgau u. a. [5]2001.

Keller, C. A. , Rez. G. von Rad, Theologie des Alten Testaments I, ThZ 14 (1958), 306 - 309.

Kepper, M. , Hellenistische Bildung im Buch der Weisheit, BZAW 280, Berlin/New York 1999.

Kessler, R. , Staat und Gesellschaft im vorexilischen Juda. Vom 8. Jahrhundert bis zum Exil, VT. S 47,

Leiden u. a. 1992.

Kessler, R. , Sozialgeschichte des alten Israel. Eine Einführung, Darm-stadt 2006.

Kinet, D. , Geschichte Israels, NEB. EB 2, Würzburg 2001.

Kirkpatrick, P. G. , The Old Testament and Folklore Study, JSOT. S 62, Sheffield 1988.

Klatt, W. , Hermann Gunkel. Zu seiner Theologie der Religionsgeschichte und zur Entstehung der formgeschichtlichen Methode, FRLANT 100, Göttingen 1969.

Kleer, M. , „Der liebliche Sänger der Psalmen Israels". Untersuchungen zu David als Richter und Be-ter der Psalmen, BBB 108, Frankfurt am Main 1996.

Klijn, A. F. J. , A Library of Scriptures in Jerusalem?, in: K. Treu (Hg.), Studia Codicologica, TU 124, Berlin 1977, 265 – 272.

Klostermann, A. , Ezechiel und das Heiligkeitsgesetz, ZLThK 38(1877), 401 – 445 (abgedruckt in: ders. , Der Pentateuch. Beiträge zu seinem Verständnis und seiner Entstehungsgeschichte, Leipzig 1893, 368 – 418).

Klostermann, A. , Schulwesen im Alten Israel, in: N. Bonwetsch (Hg.), Festschrift Th. Zahn, Leipzig 1908, 193 – 232.

Knauf, E. A. , Hiobs Heimat, WO 19(1988a), 65 – 83.

Knauf, E. A. , Midian. Untersuchungen zur Geschichte Palästinas und Nordarabiens am Ende des 2. Jt. v. Chr. , ADPV, Wiesbaden 1988b.

Knauf, E. A. , War „Biblisch-Hebräisch" eine Sprache? -Empirische Gesichtspunkte zur linguisti-schen Annäherung an die Sprache der althebräischen Literatur, ZAH 3(1990), 11 – 23.

Knauf, E. A. , The Cultural Impact of Secondary State Formation: The Cases of the Edomites and the

Moabites, in: P. Bienkowski (Hg.), Early Edom and Moab, SAM 7, Sheffield 1992, 47 – 54.

Knauf, E. A. , Die Umwelt des Alten Testaments, NSK. AT 29, Stutt-gart 1994.

Knauf, E. A. , Audiatur et altera pars. Zur Logik der Pentateuch-Redaktion, BiKi 53(1998), 118 – 126. Knauf, E. A. , Die Priesterschrift und die Geschichten der Deuteronomisten, in: T. Römer (Hg.), The Future of Deuteronomistic History, BEThL 147, Leuven 2000a, 101 – 118.

Knauf, E. A. , Jerusalem in the Late Bronze and Early Iron Periods. A Proposal, Tel Aviv 27(2000b), 73 – 89.

Knauf, E. A. , Kinneret und Naftali, in: A. Lemaire/M. Sæbø (Hgg.), Congress Volume Oslo 1998, VT. S 80, Leiden u. a. 2000c, 219 – 233.

Knauf, E. A. , Psalm LX und Psalm CVIII, VT 50(2000d), 55 – 65.

Knauf, E. A. , The „Low Chronology" and How not to Deal with It, BN 101

(2000e),56 - 63.

Knauf, E. A. , Wie kann ich singen im fremden Land? Die „ babylonische Gefangenschaft" Israels, BiKi
55(2000f),132 - 139.

Knauf, E. A. , Art. Israel II. Geschichte, RGG⁴ IV, Tübingen 2001a, 284 - 293.

Knauf, E. A. , Art. Israel und seine Nachbarn in Syrien-Palästina, RGG⁴ IV, Tübingen 2001b, 313f. Knauf, E. A. , Hezekiah or Manasseh? A Reconsideration of the Siloam Tunnel and Inscription, Tel Aviv 28(2001c),281 - 287.

Knauf, E. A. , 701: Sennacherib at the Berezina, in: L. L. Grabbe (Hg.), „ Like a Bird in a Cage". The Invasion of Sennacherib in 701 BCE, JSOT. S 363/ ESHM 4, Sheffield 2003,141 - 149.

Knauf, E. A. , Les milieux producteurs de la Bible hebraïque, in: T. Römer u. a. (Hgg.), Introduction à l'Ancien Testament, MoBi 49, Genève 2004a, 49 - 60.

Knauf, E. A. , Review of K. Koenen, Bethel. Geschichte, Kult und Theologie, OBO 192, Fribourg/Göt-tingen 2003, in: RBL 10(2004b), http://www. bookreviews. org/pdf/3813_3765. pdf.

Knauf, E. A. , Der Text als Artefakt, in: J. Barton u. a. (Hgg.), Das Alte Testament und die Kunst, ATM 15, Münster 2005a, 51 - 66.

Knauf, E. A. , The Glorious Days of Manasseh, in: L. L. Grabbe (Hg.), Good Kings and Bad Kings, LBHOTS 393/ESHM 5, London/New York 2005b, 164 - 188.

Knauf, E. A. , Bethel. The Israelite Impact on Judean Language and Literature, in: O. Lipschits/M. Oeming (Hgg.), Judah and the Judeans in the Persian Period, Winona Lake IN 2006,291 - 349.

Knibb, M. A. (Hg.), The Septuagint and Messianism, BEThL 195, Leuven 2006.

Knohl, I. , The Divine Symphony. The Bible's Many Voices, Philadelphia 2003.

Knohl, I. , The Sanctuary of Silence. The Priestly Torah and the Holiness School, Minneapolis 1995. Knoppers, G. , Two Nations Under God. The Deuteronomistic History of Solomon and the Dual Monarchies, Bd. 1/2, HSM 52/53, Atlanta 1993/1994.

Knoppers, G. , Revisiting the Samarian Question in the Persian Period, in: O. Lipschits/M. Oeming (Hgg.), Judah and the Judeans in the Persian Period, Winona Lake IN 2006,265 - 289.

Knoppers, G. , Jews and Samaritans. The Origins and History of Their Early Relations, New York 2013.

239 Knox, B. M. W. , Silent Reading in Antiquity, Greek, Roman and Byzantine Studies 9(1968),421 - 435. Koch, C. , Vertrag, Treueid und Bund. Studien zur Rezeption des altorientalischen Vertragsrechts im Deuteronomium und zur Ausbildung der Bundestheologie im Alten Testament, BZAW 383, Ber-lin/New York 2008.

Koch, K. , Was ist Formgeschichte? Methoden der Bibelexegese, Neukirchen-Vluyn (1964)[5]1989.

Koch, K. , Einleitung, in: ders. /J. M. Schmidt (Hgg.), Apokalyptik, WdF 365, Darmstadt 1982,1 - 29＝ders. , Vor der Wende der Zeiten. Beiträge zur apokalyptischen Literatur. Gesammelte Aufsätze, Bd. 3, Neukirchen-Vluyn 1996,109 - 133.

Koch, K. , Art. Geschichte/Geschichtsschreibung/Geschichtsphilosophie II. Altes Testament, TRE 12, Berlin/New York 1984a, 569 - 586.

Koch, K. , Weltordnung und Reichsidee im alten Iran, in: P. Frei/ders. , Reichsidee und Reichsorgani-sation im Perserreich, OBO 55, Fribourg/ Göttingen 1984b, 45 - 119.

Koch, K. , P-kein Redaktor! Erinnerung an zwei Eckdaten der Quellenscheidung, VT 37(1987),446 - 467.

Koch, K. , Weltgeschichte und Gottesreich im Danielbuch und die iranischen Parallelen, in: R. Liwak/S. Wagner (Hgg.), Prophetie und geschichtliche Wirkli-chkeit im alten Israel. FS S. Hermann, Stuttgart u. a. 1991,189 - 205.

Koch, K. , Monotheismus und Angelologie, in: W. Dietrich/M. A. Klopfenstein (Hgg.), Ein Gott al-lein? Jahweverehrung und biblischer Monotheismus im Kontext der israelitischen und altorienta-lischen Religionsgeschichte, OBO 139, Fribourg/Göttingen 1994,565 - 581.

Koch, K. , Ist Daniel auch unter den Profeten?, in: ders. , Die Reiche der Welt und der kommende Men-schensohn. Studien zum Danielbuch. Gesammelte Aufsätze, Bd. 2, Neukirchen-Vluyn 1995,1 - 15.

Koch, K. , Art. Esra/Esrabücher I. II. , RGG[4] II, Tübingen 1999,1581 - 1586.

Köckert, M. , Vätergott und Väterverheißungen. Eine Auseinandersetzung mit Albrecht Alt und sei-nen Erben, FRLANT 142, Göttingen 1988.

Köckert, M. , Von einem zum einzigen Gott. Zur Diskussion der Religionsgeschichte Israels, BThZ 15(1998),137 - 175.

Köckert, M. , Die Theophanie des Wettergottes Jahwe in Psalm 18, in: T. Richter u. a. (Hgg.), Kultur-geschichten. Altorientalische Studien für Volkert Haas zum 65. Geburtstag, Saarbrücken 2001,209 - 226.

Köckert, M. , Wie kam das Gesetz an den Sinai?, in: C. Bultmann u. a.

（Hgg.），Vergegenwärtigung des Alten Testaments. FS R. Smend, Göttingen 2002,13 – 27.

Köckert, M. , Elia. Literarische und religionsgeschichtliche Probleme in 1Kön 17 – 18, in: M. Oeming/K. Schmid（Hgg.）, Der eine Gott und die Götter. Polytheismus und Monotheismus im antiken Israel, AThANT 82, Zürich 2003a, 111 – 144.

Köckert, M. , War Jakobs Gegner in Gen 32,23 – 33 ein Dämon?, in: A. Lange u. a.（Hgg.）, Die Dämo-nen. Die Dämonologie der israelitisch-jüdischen und frühchristlichen Literatur im Kontext ihrer Umwelt. Demons. The Demonology of Israelite-Jewish and Early Christian Literature in Context of Their Environment, Tübingen 2003b, 160 – 181.

Köckert, M. , Leben in Gottes Gegenwart. Studien zum Verständnis des Gesetzes im Alten Testament, FAT 43, Tübingen 2004.

Köckert, M. , Wandlungen Gottes im antiken Israel, BThZ 22(2005),3 – 36.

Köckert, M. , „Gibt es keinen Gott in Israel? " Zum literarischen, historischen und religionsgeschicht-lichen Ort von IIReg 1, in: M. Beck/U. Schorn（Hgg.） Auf dem Weg zur Endgestalt von Gen-II Reg. FS H. C. Schmitt, BZAW 370, Berlin/New York 2006a, 253 – 271.

Köckert, M. , Die Geschichte der Abrahamüberlieferung, in: A. Lemaire （Hg.）, Congress Volume Leuven 2004, VT. S 109, Leiden u. a. 2006b, 103 – 127.

Köckert, M. , Die Zehn Gebote, München 2007.

Köckert, M. /Becker, U. /Barthel, J. , Das Problem des historischen Jesaja, in: I. Fischer u. a.（Hgg.）, Prophetie in Israel, Beiträge des Symposiums „Das Alte Testament und die Kultur der Moderne "anlässlich des 100. Geburtstags Gerhard von Rads（1901 – 1971）, Altes Testament und Moderne 11, Münster 240 2003,105 – 135.

Koenen, K. , Ethik und Eschatologie im Tritojesajabuch. Eine literarkritische und redaktionsge-schichtliche Studie, WMANT 62, Neukirchen-Vluyn 1990.

Koenen, K. , Bethel. Geschichte, Kult und Theologie, OBO 192, Fribourg/ Göttingen 2003. Köhlmoos, M. , Art. Weisheit/Weisheitsliteratur II, TRE 35, Berlin/New York 2003,486 – 497.

Köhlmoos, M. , „Die übrige Geschichte". Das „Rahmenwerk" als Grunderzählung der Königebücher, in: S. Lubs u. a.（Hgg.）, Behutsames Lesen. Alttesta-mentliche Exegese im interdisziplinären Me-thodendiskurs. FS C. Hardmeier, ABG 28, Leipzig 2007,216 – 231.

Kolb, A. , Transport und Nachrichtentransfer im Römischen Reich, Klio N. F.

2，Berlin 2000.

Kooij, A. van der, Canonization of Hebrew Books Kept in the Temple of Jerusalem, in: ders. /K. van der Toorn (Hgg.), Canonization and Decanonization. Papers Presented to the International Con-ference of the Leiden Institute for the Study of Religions (LISOR) held at Leiden 9 – 10 January 1997, SHR 82, Leiden 1998,17 – 40.

Köpf, U. , Art. Literaturgeschichte/Literaturgeschichtsschreibung, RGG⁴ V, Tübingen 2002,403 – 405.

Korpel, M. C. /Oesch, J. , Delimination Criticism. A New Tool in Biblical Scholarship, Assen 2000.

Körting, C. , Sach 5,5 – 11-Die Unrechtmäßigkeit wird an ihren Ort verwiesen, Bib. 87(2006a),477 – 492.

Körting, C. , Zion in den Psalmen, FAT 48, Tübingen 2006b.

Köster, H. , The Intention and Scope of Trajectories, in: J. M. Robinson/ders. (Hgg.), Trajectories Through Early Christianity, Philadelphia 1971,269 – 279.

Köster, H. , Einführung in das Neue Testament im Rahmen der Religionsgeschichte und Kulturge-schichte der hellenistischen und römischen Zeit, Berlin/New York 1980.

Kottsieper, I. , „Thema verfehlt! " Zur Kritik Gottes an den drei Freunden in Hi 42,7 – 9, in: M. Witte (Hg.), Gott und Mensch im Dialog, FS O. Kaiser, BZAW 345/II, Berlin/New York 2004.

Kottsieper, I. , „ And They Did Not Care to Speak Yehudit ": On Linguistic Change in Judah During the Late Persian Era, in: O. Lipschits u. a. (Hgg.), Judah and the Judeans in the Fourth Century B. C. E. , Winona Lake 2007,95 – 124.

Kratz, R. G. , Kyros im Deuterojesaja-Buch. Redaktionsgeschichtliche Untersu-chungen zu Entste-hung und Theologie von Jes 40 – 55, FAT 1, Tübingen 1991a.

Kratz, R. G. , Translatio imperii. Untersuchungen zu den aramäischen Danielerzählungen und ihrem theologiegeschichtlichen Umfeld, WMANT 63, Neukirchen-Vluyn 1991b.

Kratz, R. G. , Die Gnade des täglichen Brots. Späte Psalmen auf dem Weg zum Vaterunser, ZThK 89(1992),1 – 40.

Kratz, R. G. , Die Tora Davids. Ps 1 und die doxologische Fünfteilung des Psalters, ZThK 93(1996),1 – 34.

Kratz, R. G. , Art. Redaktionsgeschichte I. Altes Testament, TRE 28, Berlin/ New York 1997a, 367 – 378.

Kratz, R. G. , Die Redaktion der Prophetenbücher, in: ders. /T. Krüger (Hgg.), Rezeption und Aus-legung im Alten Testament und in seinem Umfeld, OBO 153, Fribourg/Göttingen 1997b, 9 - 27.

Kratz, R. G. , Die Entstehung des Judentums, ZThK 95(1998),167 - 184.

Kratz, R. G. , Die Komposition der erzählenden Bücher des Alten Testaments, UTB 2137, Göttingen 2000a.

Kratz, R. G. , Israel als Staat und als Volk, ZThK 97(2000b),1 - 17.

Kratz, R. G. , Noch einmal: Theologie im Alten Testament, in: C. Bultmann u. a. (Hgg.), Vergegen-wärtigung des Alten Testaments. Beiträge zur biblischen Hermeneutik, Göttingen 2002,310 - 326.

Kratz, R. G. , Der Mythos vom Königtum Gottes in Kanaan und Israel, ZThK 100(2003a),147 - 162.

Kratz, R. G. , Die Propheten Israels, Beck'sche Reihe Wissen 2326, München 2003b.

Kratz, R. G. , Die Worte des Amos von Tekoa, in: M. Köckert/M. Nissinen (Hgg.), Propheten in Mari, Assyrien und Israel, FRLANT 201, Göttingen 2003c, 54 - 89.

Kratz, R. G. , Das Judentum im Zeitalter des Zweiten Tempels, FAT 42, Tübingen 2004a.

Kratz, R. G. , Die Visionen des Daniel, in: ders. , Das Judentum im Zeitalter des Zweiten Tempels, FAT 42, Tübingen 2004b, 227 - 244.

Kratz, R. G. , Israel in the Book of Isaiah, JSOT 31(2006a),103 - 128.   241

Kratz, R. G. , Mose und die Propheten. Zur Interpretation von 4QMMT C, in: F. García Martínez u. a. (Hgg.), From 4QMMT to Resurrection, Mélanges qumraniens en hommage à Émile Puech, STDJ 61, Leiden/Boston 2006b, 151 - 176.

Kratz, R. G. , The Growth of the Old Testament, in: J. W. Rogerson/J. M. Lieu (Hgg.), The Oxford Handbook of Biblical Studies, Oxford 2006c, 459 - 488.

Kratz, R. G. /Krüger, T. /Schmid, K. (Hgg.), Schriftauslegung in der Schrift. FS O. H. Steck, BZAW 300, Berlin/New York 2000b.

Kratz, R. G. /Spieckermann, H. (Hgg.), Liebe und Gebot. Studien zum Deuteronomium. FS L. Perlitt, FRLANT 190, Göttingen 2000c.

Kratz, R. G. , Chemosh's Wrath and Yahweh's No. Ideas of Divine Wrath in Moab and Israel, in: ders. /H. Spieckermann (Hgg.), Divine Wrath and Divine Mercy in the World of Antiquity, FAT II/33, Tübingen 2008,92 - 121.

Kratz, R. G. , The Idea of Cultic Centralization and Its Supposed Ancient Near

Eastern Analogies, in: ders. /H. Spieckermann (Hgg.) One God- One Cult- One Nation, Berlin/New York, 2010a, 121 - 144.

Kratz, R. G., Rewriting Isaiah: The Case of Isaiah 28 - 31, in: J. Day (Hg.), Prophecy and the Pro-phets in Ancient Israel, Proceedings of the Oxford Old Testament Seminar, New York 2010b, 245 - 266.

Kratz, R. G., Prophetenstudien, Forschungen zum Alten Testament, FAT 74, Tübingen 2011.

Kratz, R. G., Historisches und biblisches Israel. Drei Überblicke zum Alten Testament, Tübingen 2013.

Krüger, T., Esra 1 - 6: Struktur und Konzept, BN 41(1988),65 - 75.

Krüger, T., Psalm 90 und die „Vergänglichkeit des Menschen", in: Bib. 75 (1994),191 - 219=ders., Kritische Weisheit, Zürich 1997,67 - 89.

Krüger, T., Komposition und Diskussion in Proverbia 10, ZThK 89(1995),413 - 433=ders., Kriti-sche Weisheit, Zürich 1997,195 - 214.

Krüger, T., Dekonstruktion und Rekonstruktion prophetischer Eschatologie im Qohelet-Buch, in: A. A. Diesel u. a. (Hgg.), „Jedes Ding hat seine Zeit . . . ". Studien zur israelitischen und altorientali-schen Weisheit. FS D. Michel, BZAW 241, Berlin/New York 1996, 107 - 129 = T. Krüger, Kritische Weisheit, Zürich 1997,151 - 172.

Krüger, T., Die Rezeption der Tora im Buch Kohelet, in: L. Schwienhorst-Schönberger (Hg.), Das Buch Kohelet. Studien zur Struktur, Geschichte, Rezeption und Theologie, BZAW 254, Berlin/New York 1997,173 - 193.

Krüger, T., Le livre de Qohélet dans le contexte de la littérature juive des IIIe et IIe siècles avant Jésus-Christ, RThPh 131 (1999), 135 - 162 = M. Rose (Hg.), Situer Qohéleth: Regards croisés sur une livre biblique, Neuchâtel 1999,47 - 74.

Krüger, T., Kohelet (Prediger), BK XIX (Sonderband), Neukirchen-Vluyn 2000.

Krüger, T., „An den Strömen von Babylon . . . " Erwägungen zu Zeitbezug und Sachverhalt in Psalm 137, in: R. Bartelmus/N. Nebes (Hgg.), Sachverhalt und Zeitbezug: Semitistische und alttesta-mentliche Studien, Adolf Denz zum 65. Geburtstag, Wiesbaden 2001,79 - 84.

Krüger, T., Erkenntnisbindung im Weisheitsspruch, Überlegungen im Anschluss an Gerhard von Rad, in: D. J. A. Clines/H. Lichtenberger/H. -P. Müller (Hgg.), Weisheit in Israel, ATM 12, Münster 2003a, 53 - 66.

Krüger, T., Gesetz und Weisheit im Pentateuch, in: I. Fischer/U. Rapp/J. Schiller (Hgg.), Auf den Spu-ren der schriftgelehrten Weisen. FS J.

Marböck, BZAW 331, Berlin/New York 2003b, 1 – 12.

Krüger, T., Überlegungen zur Bedeutung der Traditionsgeschichte für das Verständnis alttestament-licher Texte und zur Weiterentwicklung der traditionsgeschichtlichen Methode, in: H. Utzschnei-der/E. Blum (Hgg.), Lesarten der Bibel. Untersuchungen zu einer Theorie der Exegese des Alten Testaments, Stuttgart 2006, 233 – 245.

Krüger, T. /Oeming, M. /Schmid, K. /Uehlinger, C. (Hgg.), Das Buch Hiob und seine Interpretationen. Beiträge des Hiob-Symposiums auf dem Monte Verita vom 14.-19. August 2005, AThANT 88, Zürich 2007.

Kuhrt, A., The Ancient Near East c. 3000 – 330 BC, Vols. 1/2, London 1995.

Kunz, A., Ablehnung des Krieges. Untersuchungen zu Sacharja 9 und 10, HBS 17, Freiburg im Breis-gau u. a. 1998.

Lambert, W. G., Enmeduranki and Related Matters, JCS 21(1967), 126 – 138.

Lang, B., Klugheit als Ethos und Weisheit als Beruf: Zur Lebenslehre im Alten Testament, in: A. Ass-mann (Hg.), Weisheit. Archäologie der literarischen Kommunikation III, München 1990, 177 – 192.

Lang, B., The „Writings": A Hellenistic Literary Canon in the Hebrew Bible, in: A. van der Kooij/K. van der Toorn (Hgg.), Canonization and Decanonization. Papers Presented to the International Conference of the Leiden Institute for the Study of Religion (LISOR), Held at Leiden 9 – 10 Janua-ry 1997, SHR 82, Leiden u. a. 1997, 41 – 65.

Lange, A., Die Endgestalt des protomasoretischen Psalters und die Toraweisheit. Zur Bedeutung der nichtessenischen Weisheitstexte aus Qumran für die Auslegung des protomasoretischen Psalters, in: E. Zenger (Hg.), Der Psalter in Judentum und Christentum, HBS 18, Freiburg im Breisgau 1998, 101 – 136.

Lange, A., From Literature to Scripture: The Unity and Plurality of the Hebrew Scriptures in Light of the Qumran Library, in: C. Helmer/C. Landmesser (Hgg.), One Scripture or Many? Canon from Biblical, Theological, and Philosophical Perspectives, Oxford 2004, 51 – 107.

Lange, A., The Qumran Dead Sea Scrolls-Library or Manuscript Corpus?, in: F. García Martínez u. a. (Hgg.), From 4QMMT to Resurrection. Mélanges qumraniens en hommage à Émile Puech, STDJ 61, Leiden u. a. 2006, 177 – 193.

Lange, A., 2 Maccabees 2: 13 – 15: Library or Canon?, in: G. G. Xeravits/J. Zsengellér (Hgg.), The Books of the Maccabees: History, Theology,

242

Ideology: Papers of the Second International Confe-rence on the Deuterocanonical Books, Pápa, Hungary, 9 - 11 June, 2005, JSJ. S. 118, Leiden/Boston 2007,155 - 167.

Leene, H. , Auf der Suche nach einem redaktionskritischen Modell für Jesaja 40 - 55, ThLZ 121(1996),803 - 818.

Leene, H. , Ezekiel and Jeremiah. Promises of Inner Renewal in Diachronic Perspective, in: J. C. de Moor/H. f van Rooy (Hgg.), Past, Present, Future. The Deuteronomistic History and the Prophets, OTS 44, Leiden u. a. 2000,150 - 175.

Lehmann, R. G. , Friedrich Delitzsch und der Babel-Bibel-Streit, OBO 133, Fribourg/Göttingen 1994.

Lemaire, A. , Les écoles et la formation de la Bible dans l'ancien Israël, OBO 39, Fribourg/Göttingen 1981.

Lemaire, A. , Vers l'histoire de la rédaction des livres des Rois, ZAW 98(1986), 221 - 236.

Lemaire, A. , Zorobabel et la Judée à la lumière de l'épigraphie, RB 103(1996), 48 - 57.

Lemaire, A. , Schools and Literacy in Ancient Israel and Early Judaism, in: L. Perdue (Hg.), The Black-well Companion to the Hebrew Bible, Oxford 2001, 207 - 217.

Lemaire, A. , Das achämenidische Juda und seine Nachbarn im Lichte der Epigraphie, in: R. G. Kratz (Hg.), Religion und Religionskontakte im Zeitalter der Achämeniden, VWGTh 22, Gütersloh 2002, 210 - 230.

Lemaire, A. , Hebrew and West Semitic Inscriptions and Pre-Exilic Israel, in: J. Day (Hg.), In Search of Pre-Exilic Israel. Proceedings of the Oxford Old Testament Seminar, JSOT. S 406, London/New York 2004, 366 - 385.

Lemaire, A. , Administration in Fourth-Century B. C. E. Judah in Light of Epigraphy and Numis-matics, in: O. Lipschits u. a. (Hgg.), Judah and the Judeans in the Fourth Century B. C. E. , Wi-nona Lake 2007a, 53 - 74.

243 Lemaire, A. , The Birth of Monotheism. The Rise and Disappearance of Yahwism, Washington 2007b.

Lemche, N. P. , Die Vorgeschichte Israels. Von den Anfängen bis zum Ausgang des 13. Jahrhunderts v. Chr. , BE 1, Stuttgart u. a. 1996.

Lemche, N. P. , The Old Testament-A Hellenistic Book?, in: L. L. Grabbe (Hg.), Did Moses Speak Attic? Jewish Historiography and Scripture in the Hellenistic period, JSOT. S 317, Sheffield 2001, 287 - 318.

Leuenberger, M. , Konzeptionen des Königtums Gottes im Psalter, AThANT

83，Zürich 2004.

Leuenberger, M. , Aufbau und Pragmatik des 11QPs^a-Psalters, RdQ 22(2005), 165 - 211.

Leuenberger, M. , Gott in Bewegung. Religions- und theologiegeschichtliche Beiträge zu Gottesvor-stellungen im alten Israel, FAT 76, Tübingen 2011.

Levenson, J. D. , The Last Four Verses in Kings, JBL 103(1984),353 - 361.

Levin, C. , Der Sturz der Königin Atalja. Ein Kapitel zur Geschichte Judas im 9. Jahrhundert v. Chr. , SBS 105, Stuttgart 1982.

Levin, C. , Die Verheißung des neuen Bundes in ihrem theologiegeschichtlichen Zusammenhang ausgelegt, FRLANT 137, Göttingen 1985a.

Levin, C. , Der Dekalog am Sinai, VT 35(1985b),165 - 191.

Levin, C. , Das Gebetbuch der Gerechten. Literargeschichtliche Beobachtungen am Psalter, ZThK 90(1993a),355 - 381.

Levin, C. , Der Jahwist, FRLANT 157, Göttingen 1993b.

Levin, C. , Das vorstaatliche Israel, ZThK 97(2000),385 - 403.

Levin, C. , Das Alte Testament, München 2001.

Levin, C. , Das synchronistische Exzerpt aus den Annalen der Könige von Israel und Juda, VT 61(2011),616 - 628.

Levin, C. , Die Entstehung der Bundestheologie im Alten Testament, Nachrichten der Akademie der Wissenschaften zu Göttingen, Phil. -hist. Klasse 2004, 89 - 104 = ders. , Verheißung und Rechtfer-tigung. Gesammelte Studien zum Alten Testament II, BZAW 431, Berlin/New York 2013,242 - 259.

Levinson, B. M. , Deuteronomy and the Hermeneutics of Legal Innovation, New York 1997.

Levinson, B. M. , Is the Convenant Code an Exilic Composition? A Response to John Van Seters, in: J. Day (Hg.), In Search of Pre-exilic Israel. Proceedings of the Oxford Old Testament Seminar, JSOT. S 406, London u. a. 2004,272 - 325.

Lichtenberger, H. , Auferstehung in den Qumranfunden, in: F. Avemarie/ders. (Hgg.), Auferstehung-Resurrection. The Fourth Durham-Tübingen Research Symposium Ressurection, Transfigura-tion and Exaltation in Old Testament, Ancient Judaism and Early Christianity (Tübingen, Sep-tember, 1999), WUNT 135, Tübingen 2001,79 - 91.

Lipschits, O. , Demographic Changes in Judah between the Seventh and the Fifth Centuries B. C. E. , in: ders. /J. Blenkinsopp (Hgg.), Judah and Judeans in the Neo-Babylonian Period, Winona Lake 2003b, 323 - 376.

Lipschits, O. /Blenkinsopp, J. (Hgg.), Judah and Judeans in the Neo-

Babylonian Period, Winona Lake 2003a.

Liwak, R. (Hg.), Hermann Gunkel zur israelitischen Literatur und Literaturgeschichte, Theologische Studien-Texte 6, Waltrop 2004.

Lods, A., Histoire de la littérature hébraïque et juive depuis les origines jusqu'à la ruine de l'état juif (135 après J. -C.), Paris 1950.

Lohfink, N., Die Abänderung der Theologie des priesterlichen Geschichtswerks im Segen des Heilig-keitsgesetzes. Zu Lev. 26,9. 11 – 13, in: H. Gese/H. P. Rüger (Hgg.), Wort und Geschichte. FS K. Elli-ger, AOAT 18, Kevelaer/ Neukirchen-Vluyn 1973,129 – 136 = ders., Studien zum Pentateuch, SBAB 4, Stuttgart 1988,157 – 168.

Lohfink, N., Die Priesterschrift und die Geschichte, in: J. A. Emerton (Hg.), Congress Volume Göt-tingen 1977, VT. S 29, Leiden 1978, 183 – 225 = ders., Studien zum Pentateuch, SBAB 4, Stuttgart 1988,213 – 253.

Lohfink, N., Gab es eine deuteronomistische Bewegung?, in: W. Groß (Hg.), Jeremia und die „deute-ronomistische Bewegung", BBB 98, Weinheim 1995, 313 – 382 = ders., Studien zum Deuterono-mium und zur deuteronomistischen Literatur III, SBAB 20, Stuttgart 1995,65 – 142.

Loprieno, A. (Hg.), Ancient Egyptian Literature: History and Forms, PrÄg 10, Leiden 1996.

Lowth, R., De sacra poesia Hebraeorum, London 1753 (englische Übersetzung: Lectures on the sa-cred poetry of the Hebrews translated from the Latin of Robert Lowth by G. Gregory; to which are added the principal notes of Professor Michaelis and notes by the translator and others, Lon-don 1847).

Lux, R., Das Zweiprophetenbuch. Beobachtungen zu Aufbau und Struktur von Haggai und Sacharja 1 – 8, in: E. Zenger (Hg.), „Wort Jhwhs, das geschah ... " (Hos 1,1). Studien zum Zwölfpropheten-buch, HBS 35, Freiburg im Breisgau 2002,191 – 217.

Lux, R., Der Zweite Tempel von Jerusalem-ein persisches oder prophetisches Projekt?, in: U. Becker/J. van Oorschot (Hgg.), Das Alte Testament-ein Geschichtsbuch?! Geschichtsschreibung und Ge-schichtsüberlieferung im antiken Israel, ABG 17, Leipzig 2005,145 – 172.

Macchi, J. -D., Le livre d'Esther: Regard hellénistique sur le pouvoir et le monde perses, Trans 30(2005),97 – 135.

Macchi, J. -D., 'Ne ressassez plus les choses d'autrefoi.' Esaïe 43,16 – 21, un surprenant regard deutéro-ésaïen sur le passé, ZAW 121(2009),225 – 241.

Macchi, J. -D. /Römer, T. (Hgg.), Jacob. Commentaire à plusieurs voix de/ Ein mehrstimmiger Kommentar zu/A plural commentary of Gen. 25 – 36.

244

Mélanges offerts à Albert de Pury, MoBi 44, Genève 2001.

MacDonald, N. , Issues in the Dating of Deuteronomy: A Response to Juha Pakkala, ZAW 122(2010),431 – 435.

Machinist, P. , The Question of Distinctiveness in Ancient Israel. An Essay, in: M. Cogan/I. Eph'al (Hgg.), Ah, Assyria ... Studies in Assyrian History and Ancient Near Eastern Historiography. FS H. Tadmor, ScHier 33, Jerusalem 1991,192 – 212.

Mach, M. , Entwicklungsstadien des jüdischen Engelglaubens in vorrabbinischer Zeit, TSAJ 34, Tü-bingen 1992.

Macholz, C. , Die Entstehung des hebräischen Bibelkanons nach 4 Esra 14, in: E. Blum (Hg.), Die hebräische Bibel und ihre zweifache Nachgeschichte. FS Rolf Rendtorff, Neukirchen-Vluyn 1990,379 – 391.

Magen, Y. , The Dating of the First Phase of the Samaritan Temple on Mount Gerizim in Light of the Archaeological Evidence, in: O. Lipschits u. a. (Hgg.), Judah and the Judeans in the Fourth Cen-tury B. C. E. , Winona Lake 2007,157 – 211.

Maier, C. , Die „ fremde Frau “ in Proverbien 1 – 9. Eine exegetische und sozialgeschichtliche Studie, OBO 144, Fribourg/Göttingen 1995.

Maier, C. , Jeremia als Lehrer der Tora. Soziale Gebote des Deuteronomiums in Fortschreibungen des Jeremiabuches: FRLANT 196, Göttingen 2002.

Maier, C. , Tochter Zion im Jeremiabuch. Eine literarische Personifikation mit altorientalischem Hin-tergrund, in: I. Fischer u. a. (Hgg.), Prophetie in Israel, ATM 11, Münster 2003,157 – 167.

Maier, J. , Zur Frage des biblischen Kanons im Frühjudentum im Licht der Qumranfunde, JBTh 3(1988),135 – 146.

Maier, J. , Zwischen den Testamenten. Geschichte und Religion in der Zeit des zweiten Tempels, NEB. E 3, Würzburg 1990.

Maier, J. , Die Tempelrolle vom Toten Meer und das „Neue Jerusalem". 11Q19 und 11Q20,1Q32,2Q24,4Q554 – 555,5Q15 und 11Q18. Übersetzung und Erläuterung, mit Grundrissen der Tem-pelhofanlage und Skizzen zur Stadtplanung, UTB 829, München/Basel 1997.

Marböck, J. , Art. Jesus Sirach (Buch), NBL Lfg. 8, Zürich 1992,338 – 341.

Marböck, J. , Gottes Weisheit unter uns. Zur Theologie des Buches Sirach, hg. von I. Fischer, HBS 6, Freiburg im Breisgau u. a. 1995.

Marttila, M. , Collective Reinterpretation in the Psalms, FAT II/13, Tübingen 2006.

Marxsen, W. , Der Evangelist Markus. Studien zur Redaktionsgeschichte des

245

Evangeliums, FRLANT 49, Göttingen 1956(^{2}1959).

Mason, S. , Josephus and His Twenty-Two Book Canon, in: L. M. McDonald/ J. A. Sanders (Hgg.), The Canon Debate, Peabody 2002,110 - 127.

Mathias, D. , Der König auf dem Thron JHWHs. Überlegungen zur chronistischen Geschichtsdar-stellung, in: U. Becker/J. van Oorschot (Hgg.), Das Alte Testament-ein Geschichtsbuch?! Ge-schichtsschreibung und Geschichtsüberlieferung im antiken Israel, ABG 17, Leipzig 2005,173 - 202.

Mathys, H. -P. , Anmerkungen zu Mal 3,22 - 24, in: ders. , Vom Anfang und vom Ende. Fünf alttesta-mentliche Studien, BEAT 47, Frankfurt am Main 2000a, 30 - 40.

Mathys, H. -P. , Chronikbücher und hellenistischer Zeitgeist, in: ders. , Vom Anfang und vom Ende.

Fünf alttestamentliche Studien, BEAT 47, Frankfurt am Main 2000b, 41 - 155.

Mathys, H. -P. , Das Alte Testament-ein hellenistisches Buch, in: U. Hübner/ E. A. Knauf (Hgg.), Kein Land für sich allein. Studien zum Kulturkontakt in Kanaan, Israel/Palästina und Ebirnâri für M. Weippert zum 65. Geburtstag, OBO 186, Fribourg/Göttingen 2002,278 - 293.

Maul, S. , Die altorientalische Hauptstadt-Abbild und Nabel der Welt, in: G. Wilhelm (Hg.), Die orientalische Stadt: Kontinuität, Wandel, Bruch, CDOG 1, Saarbrücken 1997,109 - 124.

Maul, S. , Der assyrische König-Hüter der Weltordnung, in: J. Assmann u. a. (Hgg.) Gerechtigkeit. Richten und Retten in der abendländischen Tradition und ihren altorientalischen Ursprüngen, München 1998,65 - 77.

Mazar, A. , Archaeology of the Land of the Bible 10000 - 586 B. C. E. , New York u. a. 1992.

McConville, J. G. , Ezra-Nehemia and the Fulfilment of Prophecy, VT 36 (1986),205 - 224.

McDonald, L. M. /Sanders, J. A. (Hgg.), The Canon Debate, Peabody 2002.

McDonald, L. M. , The Biblical Canon. Its Origin, Transmission, and Authority, Peadbody ^{3}2007.

McKane, W. , Proverbs. A New Approach, OTL, London 1970.

McKenzie, S. L. , König David. Eine Biographie, Berlin/New York 2002.

Meier, E. H. , Geschichte der poetischen National-Literatur der Hebräer, Leipzig 1856.

Meinhold, A. , Die Gattung der Josephsgeschichte und des Estherbuches: Diasporanovelle I, ZAW 87(1975),306 - 324.

Meinhold, A. , Die Sprüche. Teil 1: Sprüche Kapitel 1 - 15, ZBK. AT 16. 1;

Die Sprüche. Teil 2: Sprüche Kapitel 16 – 31, ZBK. AT 16. 2, Zürich 1991.

Meinhold, J. , Einführung in das Alte Testament. Geschichte, Literatur und Religion Israels, Giessen 1919.

Menn, E. , Inner-Biblical Exegesis in the Tanak, in: A. J. Hauser/D. f Watson (Hgg.), A History of Bibli-cal Interpretation, Grand Rapids 2003,55 – 79.

Metso, S. , The Textual Development of the Qumran Community Rule, STDJ 21, Leiden u. a. 1997.

Meyers, C. L. , Art. Haggai/Haggaibuch, RGG⁴ III, Tübingen 2000,1374 – 1376.

Meyers, C. L. /Meyers, E. , Haggai, Zechariah 1 – 8, AncB 25B, New York u. a. 1987.

Michalowski, P. , The Libraries of Babel. Text, Authority, and Tradition in Ancient Mesopotamia, in: G. J. Dorleijn/H. L. Vanstiphout (Hgg.), Cultural Repertoires. Structure, Functions and Dyna-mics, Groningen Studies in Cultural Change 3, Leuven 2003,105 – 129.

Millard, A. R. , An Assessment of the Evidence for Writing in Ancient Israel, in: J. Amitai (Hg.), Bibli-cal Archaeology Today: Proceedings of the International Congress on Biblical Archaeology, Jeru-salem April 1984, Jerusalem 1985,301 – 312.

Millard, A. R. , The Knowledge of Writing in Iron Age Palestine, TynB 46 (1995),207 – 217.

Millard, M. , Die Komposition des Psalters, Tübingen 1994.

Miller, J. M. /Hayes, J. H. , A History of Ancient Israel and Judah, Philadelphia 1986.

Moenikes, A. , Zur Redaktionsgeschichte des sogenannten Deuteronomistischen Geschichtswerks, ZAW 104(1992),333 – 348.

Mohr, H. , Die „Ecole des Annales", in: Handbuch religionswissenschaftlicher Grundbegriffe I, Stutt-gart 1988,263 – 272.

Moor, J. C. de, Egypt, Ugarit and Exodus, in: N. Wyatt u. a. (Hgg.), Ugarit, religion and culture. Pro-ceedings of the International Colloquium on Ugarit, religion and culture, Edinburgh, July 1994. FS J. C. L. Gibson, Münster 1996,213 – 247.

Moran, W. , The Ancient Near Eastern Background of the Love of God in Deuteronomy, CBQ 25(1963),77 – 87.

Morrow, W. S. , Scribing the Center. Organization and Redaction in Deuteronomy 14: 1 – 17: 13, SBL. MS 49, Atlanta 1995.

Morrow, W. S. , Cuneiform Literacy and Deuteronomic Composition, BiOr 62 (2005),204 – 213.

246

Müller, A. , Proverbien 1 – 9. Der Weisheit neue Kleider, BZAW 291, Berlin/ New York 2000.

Müller, K. , Studien zur frühjüdischen Apokalyptik, SBAB 11, Stuttgart 1991.

Münger, S. , Egyptian Stamp-Seal Amulets and Their Implications for the Chronology of the Early Iron Age, Tel Aviv 30(2003),66 – 82.

Münkler, H. , Imperien. Die Logik der Weltherrschaft-vom Alten Rom bis zu den Vereinigten Staa-ten, Berlin 2005.

Na'aman, N. , The Historical Background to the Conquest of Samaria (720 B. C.), Bib. 71(1990),206 – 225.

Na'aman, N. , The Kingdom of Judah under Josiah, Tel Aviv 18(1991),3 – 71.

Na'aman, N. , King Mesha and the Foundation of the Moabite Monarchy, IEJ 47 (1997),83 – 92.

Na'aman, N. , No Anthropomorphic Graven Image, UF 31(1999a),391 – 415.

Na'aman, N. , The Contribution of Royal Inscriptions for a Re-Evaluation of the Book of Kings as a Historical Source, JSOT 82(1999b),3 – 17.

Na'aman, N. , Royal Vassals or Governors? On the Status of Sheshbazzar and Zerubbabel in the Per-sian Empire, Henoch 22(2000),35 – 44.

Na'aman, N. , The Temple Library of Jerusalem and the Composition of the Book of Kings, in: A. Le-maire (Hg.), Congress Volume Leuven 2004, VT. S 109, Leiden u. a. 2006,192 – 151.

Na'aman, N. , Saul, Benjamin and the Emergence of Biblical Israel, ZAW 121 (2009), 216 – 224. Na'aman, N. , The Israelite-Judahite Struggle for the Patrimony of Ancient Israel, Bib. 91(2019),1 – 23.

Na'aman, N. , The Exodus Story: Between Historical Memory and Historiographical Composition, JANER 11(2011),39 – 69.

Neef, H. -D. , Deboraerzählung und Deboralied. Studien zu Jdc 4, 1 – 5, 31, BThSt 49, Neukirchen-Vlu-yn 2002.

Nelson, R. D. , The Double Redaction of the Deuteronomistic History, JSOT. S 18, Sheffield 1981. Nelson, R. D. , The Double Redaction of the Deuteronomistic History. The Case is Still Compelling,JSOT 29(2005),319 – 337.

Neusner, J. , u. a. (Hgg.), Judaisms and Their Messiahs at the Turn of the Christian Era, Cambridge 1987.

Neusner, J. /Avery-Peck A. , Judaism in Late Antiquity. Part 5: The Judaism of Qumran: A Systemic Rea-ding of the Dead Sea Scrolls, Bd. 2: World View, Comparing Judaisms, HdO I, 57, Leiden u. a. 2001.

Newsom, C. , Re-considering Job, CRBS 15(2007),155 – 182.

Nickelsburg, G. W. E. , The Bible Rewritten and Expanded, in: M. E. Stone (Hg.), Jewish Writings of the Second Temple Period. Apocrypha, Pseudepigrapha, Qumran Sectarian Writings, Philo, Jose-phus, CRI II/2, Assen/Philadelphia 1984, 89 – 156.

Niditch, S. , Oral World and Written Word. Ancient Israelite Literature, Louisville 1996.

Niehr, H. , Der höchste Gott, BZAW 190, Berlin/New York 1990.   247

Niehr, H. , In Search of Yhwh's Cult Statue in the First Temple, in: K. van der Toorn (Hg.), The Image and the Book, CBET 21, Leuven 1997, 73 – 95.

Niemann, H. M. , Herrschaft, Königtum und Staat, FAT 6, Tübingen 1993.

Niemann, H. M. , Kein Ende des Büchermachens in Israel und Juda (Koh 12, 12)-wann begann es? BiKi 53(1998), 127 – 134.

Niemann, H. M. , Royal Samaria-Capital or Residence? or: The Foundation of the City of Samaria by Sargon II. , in: L. L. Grabbe (Hg.), Ahab Agonistes: The Rise and Fall of the Omri Dynasty, LHB 421 = ESHM 5, London/New York 2007, 184 – 207.

Nihan, C. , From Priestly Torah to Pentateuch, A Study in the Composition of the Book of Leviticus, FAT II/25, Tübingen 2007.

Nissinen, M. , Prophecy against the King in Neo-Assyrian Sources, in: K. -D. Schunck/M. Augustin (Hgg.), „ Lasset uns Brücken bauen … “. Collected Communications to the XVth Congress of the International Organization for the Study of the Old Testament, Cambridge 1995, BEAT 42, Frank-furt am Main 1998, 157 – 170.

Nissinen, M. , What is Prophecy? An Ancient Near Eastern Perspective, in: J. Kaltner/L. Stulman (Hgg.), Inspired Speech. Prophecy in the Ancient Near East, FS. H. B. Huffmon, JSOT. S 378, Lon-don/New York 2004, 16 – 37.

Nissinen, M. /Seow, C. -L. /R. K. Ritner, Prophets and Prophecy in the Ancient Near East, SBL. WAW 12, Atlanta 2003.

Noll, K. L. , Deuteronomistic History or Deuteronomic Debate? (A Thought Experiment), JSOT 31(2007), 311 – 345.

Noth, M. , Überlieferungsgeschichtliche Studien, Stuttgart 1943.

Noth, M. , Die Einnahme von Jerusalem im Jahre 597 v. Chr. , in: ders. , Aufsätze zur biblischen Lan-des- und Altertumskunde, Bd. 1: Archäologische, exegetische und topographische Untersuchun-gen zur Geschichte Israels, Neukirchen-Vluyn 1971, 111 – 132.

O'Day, G. , Art. Intertextuality, in: J. H. Hayes (Hg.), Dictionary of Biblical Interpretation, 2 Bde. , Nashville 1999, 546 – 548.

Oded, B. , Mass Deportations and Deportees in the Neo-Assyrians Empire, Wiesbaden 1979. Oeming, M. , „Ihr habt nicht recht von mir geredet wie mein Knecht Hiob" -Gottes Schlusswort als

Schlüssel zur Interpretation des Hiobbuchs und als kritische Anfrage an die moderne Theologie, EvTh 60(2000a),103 – 116.

Oeming, M. , Das Buch der Psalmen, Psalm 1 – 41. NSK. AT 13/1, Stuttgart 2000b.

Oeming, M. /Schmid, K. , Hiobs Weg. Stationen von Menschen im Leid, BThSt 45, Neukirchen-Vluyn 2001.

Oeming, M. /Schmid, K. (Hgg.), Der eine Gott und die Götter. Polytheismus und Monotheismus im antiken Israel, AThANT 82, Zürich 2003.

Oeming, M. /Schmid, K. /Schüle, A. (Hgg.), Theologie in Israel und in den Nachbarkulturen, ATM 9, Münster 2004.

Olyan, S. M. , Honor, Shame, and Covenantal Relations in Ancient Israel and its Environment, JBL 115(1996),201 – 218.

Oorschot, J. van, Altes Testament, in: U. Tworuschka (Hg.), Heilige Schriften. Eine Einführung, Darmstadt 2000,29 – 56.

Oorschot, J. van, „Höre Israel . . . ! " (Dtn 6,4f) Der eine und einzige Gott Israels im Widerstreit, in: ders. /M. Krebernik (Hgg.), Polytheismus und Monotheismus in den Religionen des Vorderen Orients, AOAT 298, Münster 2002,113 – 135.

Oorschot, J. van, Die Entstehung des Hiobbuches, in: T. Krüger u. a. (Hgg.), Das Buch Hiob und seine Interpretationen. Beiträge zum Hiob-Symposium auf dem Monte Verità vom 14. – 19. Au-gust 2005, AThANT 88, Zürich 2007,165 – 184.

248 Osten-Sacken, P. von der, Die Apokalyptik in ihrem Verhältnis zu Prophetie und Weisheit, München 1969.

Osumi, Y. , Die Kompositionsgeschichte des Bundesbuches Exodus 20,22b – 23, 33, OBO 105, Fri-bourg/Göttingen 1991.

Oswald, W. , Israel am Gottesberg. Eine Untersuchung zur Literargeschichte der vorderen Sinaiper-kope Ex 19 – 24 und deren historischem Hintergrund, OBO 159, Fribourg/Göttingen 1998.

Oswald, W. , Staatstheorie im Alten Israel. Der politische Diskurs im Pentateuch und in den Ge-schichtsbüchern des Alten Testaments, Stuttgart 2009.

Otto, E. , Jerusalem-die Geschichte der Heiligen Stadt, UB 308, Stuttgart u. a. 1980.

Otto, E. , Wandel der Rechtsbegründungen in der Gesellschaftsgeschichte des antiken Israel. Eine Rechtsgeschichte des „Bundesbuches", Ex XX 22 – XXIII 13, StB 3, Leiden u. a. 1988.

Otto, E. , Körperverletzungen in den Keilschriftrechten und im Alten Testament. Studien zum Rechts-transfer im Alten Orient, AOAT 226, Kevelaer/ Neukirchen-Vluyn 1991.

Otto, E. , Von der Gerichtsordnung zum Verfassungsentwurf. Deuteronomische Gestaltung und deu-teronomistische Interpretation im „Ämtergesetz" Dtn 16,18 – 18,22, in: I. Kottsieper u. a. (Hgg.), „Wer ist wie du, Herr, unter den Göttern? ". Studien zur Theologie und Religionsgeschichte Israels. FS O. Kaiser, Göttingen 1994,142 – 155.

Otto, E. , Die nachpriesterschriftliche Pentateuchredaktion im Buch Exodus, in: M. Vervenne (Hg.), Studies in the Book of Exodus. Redaction-Reception-Interpretation, BEThL 126, Leuven 1996a, 61 – 111.

Otto, E. , Die Paradieserzählung Gen 2 – 3: Eine nachpriesterschriftliche Lehrerzählung in ihrem reli-gionshistorischen Kontext, in: A. A. Diesel u. a. (Hgg.), „Jedes Ding hat seine Zeit . . . ". Studien zur israelitischen und altorientalischen Weisheit. FS D. Michel, BZAW 241, Berlin/New York 1996b, 167 – 192.

Otto, E. , Sozial- und rechtshistorische Aspekte in der Ausdifferenzierung eines altisraelitischen Ethos aus dem Recht (1987), in: ders. , Kontinuum und Proprium. Studien zur Sozial- und Rechtsge-schichte des Alten Orients und des Alten Testaments, OBC 8, Wiesbaden 1996c, 94 – 111.

Otto, E. , Treueid und Gesetz. Die Ursprünge des Deuteronomiums im Horizont neuassyrischen Ver-tragsrechts, ZAR 2(1996d),1 – 52.

Otto, E. , Art. Recht/Rechtstheologie/Rechtsphilosophie I. , TRE 28, Berlin/ New York 1997a, 197 – 209. Otto, E. , Das Deuteronomium als ar-chimedischer Punkt der Pentateuchkritik. Auf dem Wege zu einer Neubegründung der de Wette'schen Hypothese, in: M. Vervenne/J. Lust (Hgg.), Deutero-nomy and Deuteronomic Literature. FS C. H. W. Brekelmans, BEThL 133, Leuven 1997b, 321 – 339.

Otto, E. , Forschungen zur Priesterschrift, ThR 62(1997c),1 – 50.

Otto, E. , „Das Deuteronomium krönt die Arbeit der Propheten". Gesetz und Prophetie im Deutero-nomium, in: F. Diedrich/B. Willmes (Hgg.), Ich bewirke das Heil und erschaffe das Unheil (Jesaja 45,7). Studien zur Botschaft der Propheten. FS L. Ruppert, fzb 88, Würzburg 1998a, 277 – 309.

Otto, E. , Art. Bundesbuch, RGG[4] I, Tübingen 1998b, 1876 – 1877.

Otto, E. , „Um Gerechtigkeit im Land sichtbar werden zu lassen . . . ". Zur Vermittlung von Recht und Gerechtigkeit im Alten Orient, in der Hebräischen

Bibel und in der Moderne, in: J. Mehlhausen (Hg.), Recht-Macht-Gerechtigkeit, VWGTh 14, Gütersloh 1998c, 107 – 145.

Otto, E. Das Deuteronomium. Politische Theologie und Rechtsreform in Juda und Assyrien, BZAW 284, Berlin/New York 1999a.

Otto, E., Art. Dekalog, RGG⁴ II, Tübingen 1999b, 625 – 628.

Otto, E., Art. Deuteronomium, RGG⁴ II, Tübingen 1999c, 693 – 696.

Otto, E., Exkarnation ins Recht und Kanonsbildung in der Hebräischen Bibel. Zu einem Vorschlag von Jan Assmann, ZAR 5(1999d),99 – 110.

Otto, E., Art. Heiligkeitsgesetz, RGG⁴ III, Tübingen 2000a, 1570f.

Otto, E., Mose und das Gesetz. Die Mose-Figur als Gegenentwurf Politischer

Theologie zur neuassy-rischen Königsideologie im 7. Jh. v. Chr., in: ders. (Hg.), Mose. Ägypten und das Alte Testament, SBS 189, Stuttgart 2000b, 43 – 83.

Otto, E., Art. Israel und Mesopotamien, RGG⁴ IV, Tübingen 2001a, 308f.

Otto, E., Art. Jakob I. Altes Testament, RGG⁴ IV, Tübingen 2001b, 352 – 354.

Otto, E., Psalm 2 in neuassyrischer Zeit. Assyrische Motive in der judäischen Königstheologie, in: K. Kiesow/T. Meurer (Hgg.), Textarbeit. Studien zu Texten und ihrer Rezeption aus dem Alten Testament und der Umwelt Israels. FS P. Weimar, AOAT 294, Münster 2003,335 – 349.

Otto, E., Recht und Ethos in der ost- und westmediterranen Antike: Entwurf eines Gesamtbildes, in: M. Witte (Hg.), Gott und Mensch im Dialog. FS O. Kaiser, BZAW 345/I, Berlin/New York 2004,91 – 109.

Otto, E., Mose. Geschichte und Legende, München 2006.

Otto, E., Das Gesetz des Mose, Darmstadt 2007.

Pakkala, J., Intolerant Monolatry in the Deuteronomistic History, SESJ 76, Helsinki/Göttingen 1999. Pakkala, J., Ezra the Scribe, The Development of Ezra 7 – 10 and Nehemia 8, BZAW 347, Berlin/New York 2004.

Pakkala, J., Der literar- und religionsgeschichtliche Ort von Deuteronomium 13, in: M. Witte u. a. (Hgg.), Die deuteronomistischen Geschichtswerke. Redaktions- und religionsgeschichtliche Per-spektiven zur „Deuteronomismus"-Diskussion in Tora und Vorderen Propheten, BZAW 365, Ber-lin/New York 2006a, 125 – 136.

Pakkala, J., Zedekiah's Fate and the Dynastic Succession, JBL 125(2006b),443 – 452.

Pakkala, J., Jeroboam Without Bulls, ZAW 120(2008),501 – 225.

Pakkala, J., The Date of the Oldest Edition of Deuteronomy, ZAW 121(2009),

388 - 401.

Parker, S. B. , Did the Authors of the Book of Kings Make Use of Royal Inscriptions? , VT 50(2000),357 - 378.

Parpola, S. , Assyrian Prophecies, SAA IX, Helsinki 1997.

Pearce, L. , New Evidence for Judeans in Babylonia, in: O. Lipschits/M. Oeming (Hgg.), Judah and the Judeans in the Persian Period, Winona Lake IN 2006,399 - 411.

Pedersén, O. , Archives and Libraries in the Ancient Near East 1500 - 300 B. C. , Bethesda MD 1998. Perdue, L. G. , Wisdom and Cult. A Critical Analysis of the Views of the Cult in the Wisdom Litera-ture of Israel and the Ancient Near East, SBL. DS 30, Missoula 1977.

Perkins, D. , Is Literary History Possible? Baltimore/London 1992.

Perlitt, L. , Priesterschrift im Deuteronomium? , ZAW 100 Suppl. (1988),65 - 87.

Perlitt, L. , Jesaja und die Deuteronomisten (1989), in: ders. , Deuteronomium-Studien, FAT 8, Tübin-gen 1994,157 - 171.

Person, R. F. Jr. , The Deuteronomic History and the Books of Chronicles: Contemporary Competing Historiographies, in: R. Rezetko u. a. (Hgg.), Reflection and Refraction. FS A. G. Auld, VT. S 113, Leiden u. a. 2007, 315 - 336.

Pfeiffer, H. , Jahwes Kommen vom Süden. Jdc 5; Hab 3; Dtn 33 und Ps 68 in ihrem literatur- und theologiegeschichtlichen Umfeld, FRLANT 211, Göttingen 2005.

Pietsch, M. , „Dieser ist der Sproß Davids . . . " Studien zur Rezeptionsgeschichte der Nathanverhei-ßung im alttestamentlichen, zwischentestamentlichen und neutestamentlichen Schrifttum, WMANT 100, Neukirchen-Vluyn 2003.

Pietsch, M. , Die Kultreform Josias. Studien zur Religionsgeschichte Israels in der späten Königszeit, FAT 86, Tübingen 2013.

Pilhofer, P. , Presbyteron Kreitton. Der Altersbeweis der jüdischen und christlichen Apologeten und seine Vorgeschichte, WUNT II/39, Tübingen 1990.

Pisano, S. , Alcune osservazioni sul racconto di Davide e Golia. Confronto fra TM e LXX, Annali di Scienze Religiose (Milano) 10,(2005),129 - 137.

Plöger, O. , Theokratie und Eschatologie, WMANT 2, Neukirchen-Vluyn ²1962.

Pohlmann, K. -F. , Studien zum Jeremiabuch. Ein Beitrag zur Frage nach der Entstehung des Jeremia-buches, FRLANT 118, Göttingen 1978.

Pohlmann, K. -F. , Die Ferne Gottes-Studien zum Jeremiabuch. Beiträge zu den „ Konfessionen" im Jeremiabuch und ein Versuch zur Frage nach den Anfängen

250

der Jeremiatradition, BZAW 179, Ber-lin/New York 1989.

Pohlmann, K. -F. , Zur Frage von Korrespondenzen und Divergenzen zwischen den Chronikbüchern und dem Esra/Nehemia-Buch, in: J. A. Emerton (Hg.), Congress Volume Leuven 1989, VT. S 43, Leuven 1991,314 – 330.

Pohlmann, K. -F. , Das Buch des Propheten Hesekiel (Ezechiel) Kapitel 1 – 19, ATD 22/1, Göttingen 1996.

Pola, T. , Die ursprüngliche Priesterschrift. Beobachtungen zur Literarkritik und Traditionsgeschich-te von P^g, WMANT 70, Neukirchen-Vluyn 1995.

Pongratz-Leisten, B. , Ina šulmi irub. Die kulttopographische und ideologische Programmatik der akitu-Prozession in Babylonien und Assyrien im 1. Jahrtausend vor Christus, Mainz 1994.

Porten, B. , The Elephantine Papyri in English. Three Millennia of Cross-cultural Continuity and Change, DMOA 22, Leiden u. a. 1996.

Preuß, H. -D. , Einführung in die alttestamentliche Weisheitsliteratur, UB 383, Stuttgart u. a. 1987.

Preuß, H. -D. , Zum deuteronomistischen Geschichtswerk, ThR 58(1993),229 – 264. 341 – 395.

Pury, A. de, Le cycle de Jacob comme légende autonome des origines d'Israël, in: J. A. Emerton (Hg.),
Congress Volume Leuven 1989, VT. S 43, Leiden 1991,78 – 96.

Pury, A. de, Abraham. The Priestly Writer's „Ecumenical" Ancestor, in: S. L. McKenzie u. a. (Hgg.), Rethinking the Foundations. Historiography in the Ancient World and in the Bible. FS J. Van Seters, BZAW 294, Berlin/New York 2000,163 – 181.

Pury, A. de, Situer le cycle de Jacob. Quelques réflexions, vingt-cinq ans plus tard, in: A. Wénin (Hg.), Studies in the Book of Genesis. Literature, redaction and history, BEThL 155, Leuven 2001,213 – 241.

Pury, A. de, Gottesname, Gottesbezeichnung und Gottesbegriff. Elohim als Indiz zur Entstehungsge-schichte des Pentateuch, in: J. C. Gertz u. a. (Hgg.), Abschied vom Jahwisten. Die Komposition des Hexateuch in der jüngsten Diskussion, BZAW 315, Berlin/New York 2002,25 – 47.

Pury, A. de, Zwischen Sophokles und Ijob. Die Schriften (Ketubim): ein jüdischer Literatur-Kanon, Welt und Umwelt der Bibel 28/8(2003),24 – 27.

Pury, A. de, P^g as the Absolute Beginning, in: T. Römer/K. Schmid (Hgg.), Les dernières rédactions du Pentateuque, de l'Hexateuque et de l'Ennéateuque, BEThL 203, Leuven 2007,99 – 128.

Pury, A. de/Römer, T. (Hgg.), Die sogenannte Thronfolgegeschichte Davids.

Neue Einsichten und Anfragen, OBO 176, Fribourg/Göttingen 2000.

Quack, J. F., Einführung in die altägyptische Literaturgeschichte III. Die demotische und gräko-ägyptische Literatur, Einführungen und Quellentexte zur Ägyptologie 3, Münster 2005.

Rad, G. von, Das formgeschichtliche Problem des Hexateuch (1938), in: ders., Gesammelte Studien zum Alten Testament, ThB 8, München 1958a, 9 – 86.

Rad, G. von, Josephsgeschichte und ältere Chokma (1953), in: ders., Gesammelte Studien zum Alten Testament, ThB 8, München 1958b, 272 – 280.

Rad, G. von, Theologie des Alten Testaments, Bd. 1/2, München 1957/1960.

Rad, G. von, Die Josephsgeschichte (1954), in: ders., Gottes Wirken in Israel, Neukirchen-Vluyn 1974, 22 – 41.

Reade, J., Ideology and Propaganda in Assyrian Art, in: M. G. Larsen (Hg.), Power and Propaganda, Mesopotamia 7, Copenhagen 1979.

Redditt, P. L., Daniel 9: Its Structure and Meaning, CBQ 62(2000),236 –249.

Redford, D. B., The Literary Motif of the Exposed Child (cf. Ex. ii 1 – 10), Numen 14(1967),209 – 228.

Redford, D. B., An Egyptological Perspective on the Exodus Narrative, in: A. F. Rainey (Hg.), Egypt, Israel, Sinai. Archaeological and Historical Relationships in the Biblical Period, Tel Aviv 1987,137 – 161.

Redford, D. B., Egypt, Canaan, and Israel in Ancient Times, Princeton 1992.

Reinert, A., Die Salomofiktion. Studien zu Struktur und Komposition des Koheletbuches, WMANT 126, Neukirchen-Vluyn 2010.

Rendtorff, R., Genesis 8, 21 und die Urgeschichte des Jahwisten, KuD 7 (1961), 69 – 78 = ders., Ge-sammelte Studien zum Alten Testament, ThB 57, München 1975,188 – 197.

Rendtorff, R., Das überlieferungsgeschichtliche Problem des Pentateuch, BZAW 147, Berlin/New York 1977.

Rendtorff, R., Theologie des Alten Testaments: Ein kanonischer Entwurf, Bd. 1: Kanonische Grund-legung, Neukirchen-Vluyn 1999; Bd. 2: Thematische Entfaltung, Neukirchen-Vluyn 2001. Renz, J./Röllig, W., Handbuch der althebräischen Epigraphik. Bde. 1 – 3, Darmstadt 1995 - 2003. Reuss, E., Die Geschichte der Heiligen Schriften des Alten Testaments, Braunschweig 1881. Rigger, H., Siebzig Siebener. Die „Jahrwochenprophetie" in Dan 9, TThSt 57, Trier 1997. Rogerson, J. W., Die Bibel lesen wie jedes andere Buch? Auseinandersetzungen um die Autorität der Bibel vom 18. Jahrhundert an bis heute, in: S. Chapman u. a. (Hgg.), Biblischer Text und theologi-sche Theoriebildung, BThSt 44, Neukirchen-Vluyn

251

2001,211 - 234.

Röllig, W. (Hg.), Altorientalische Literaturen (Neues Handbuch der Literaturwissenschaft 1), Wies-baden 1978.

Römer, T. , Israels Väter. Untersuchungen zur Väterthematik im Deuteronomium und in der deute-ronomistischen Literatur, OBO 99, Fribourg/ Göttingen 1990.

Römer, T. , Exode et Anti-Exode. La nostalgie de l'Egypte dans les traditions du désert, in: ders. (Hg.), Lectio difficilior probabiblior? L'exégèse comme expérience de décloisonnement. FS F. Smyth-Florentin, DBAT. B 12, Heidelberg 1991,155 - 172.

Römer, T. , Joseph approche: source du cycle, corpus, unité, in: O. Abel/F. Smyth (Hgg.), Le livre de traverse de l'exégèse biblique à l'anthropologie. Préface par M. Detienne, Paris 1992,73 - 85.

Römer, T. , Why Would the Deuteronomists Tell About the Sacrifice of Jephthah's Daughter? JSOT 77(1998),27 - 38.

Römer, T. , Le jugement de Dieu dans les traditions du séjour d'Israël dans le désert, in: E. Bons (Hg.), Le jugement dans l'un et l'autre Testament. I. Mélanges offerts à Raymond Kuntzmann, LeDiv 197, Paris 2004,63 - 80.

Römer, T. , The So-Called Deuteronomistic History. A Sociological, Historical and Literary Introduc-tion, London/New York 2005.

Römer, T. , Israel's Sojourn in the Wilderness and the Construction of the Book of Numbers, in: R. Rezetko u. a. (Hgg.), Reflection and Refraction. FS A. G. Auld, VT. S 113, Leiden u. a. 2007,419 - 445.

Römer, T. /Schmid, K. (Hgg.), Les dernières rédactions du Pentateuque, de l'Hexateuque et de l'Ennéateuque, BEThL 203, Leuven 2007.

Römheld, D. , Wege der Weisheit. Die Lehren Amenemopes und Proverbien 22, 17 - 24,22, BZAW 184, Berlin/New York 1989.

Rösel, C. , Die messianische Redaktion des Psalters. Studien zu Entstehung und Theologie der Sammlung Psalm 2 - 89 ∗ , CThM A 19, Stuttgart 1999.

Rösel, M. , Übersetzung als Vollendung der Auslegung. Studien zur Genesis-Septuaginta, BZAW 223, Berlin/New York 1994.

Rösel, M. , Towards a „ Theology of the Septuagint", in: W. Kraus/R. G. Wooden (Hgg.), Septuagint Research. Issues and Challenges in the Study of the Greek Jewish Scriptures, SBL. SCS 53, Atlanta 2006,239 - 252.

Rösel, M. , Salomo und die Sonne. Zur Rekonstruktion des Tempelweihspruchs I Reg 8,12f, ZAW 121(2009),402 - 417.

252 Rost, L. , Die Überlieferung von der Thronnachfolge Davids, BWANT III/6

(1926), in: ders., Das kleine geschichtliche Credo und andere Studien zum Alten Testament, Heidelberg 1965,119 - 253.

Rothenbusch, R., Die kasuistische Rechtssammlung im „Bundesbuch" (Ex 21,2 - 22. 18 - 22,16) und ihr literarischer Kontext im Licht altorientalischer Parallelen, AOAT 259, Münster 2000.

Rudnig, T. A., Heilig und Profan. Redaktionskritische Studien zu Ez 40 - 48, BZAW 287, Berlin/New York 2000.

Rudnig, T. A., Davids Thron. Redaktionskritische Studien zur Geschichte von der Thronnachfolge Davids, BZAW 358, Berlin/New York 2006.

Rudnig, T. A., „Ist denn Jahwe nicht auf dem Zion? " (Jer 8,19), ZThK 104 (2007), 267 - 286. Rudnig-Zelt, S., Hoseastudien. Redaktionskritische Untersuchungen zur Genese des Hoseabuches, FRLANT 213, Göttingen 2006.

Rüpke, J., Heilige Schriften und Buchreligionen. Überlegungen zu Begriffen und Methoden, in: C. Bultmann u. a. (Hgg.), Heilige Schriften, Münster 2005 189 - 202. 248f.

Ruppert, L., Studien zur Literaturgeschichte des Alten Testaments, SBAB 18, Stuttgart 1994. Rüterswörden, U., Der Bogen in Genesis 9. Militär-historische und traditionsgeschichtliche Erwä-gungen zu einem biblischen Symbol, UF 20(1988),247 - 263.

Rüterswörden, U., Dtn 13 in der neueren Deuteronomiumsforschung, in: A. Lemaire (Hg.), Con-gress Volume Basel 2001, VT. S 92, Leiden u. a. 2002,185 - 203.

Rüterswörden, U., Die Liebe zu Gott im Deuteronomium, in: M. Witte/K. Schmid/D. Prechel/J. C. Gertz (Hgg.), Die deuteronomistischen Geschichtswerke. Redaktions- und religionsgeschichtli-che Perspektiven zur „ Deuteronomismus"-Diskussion in Tora und Vorderen Propheten, BZAW 365, Berlin/New York 2006,229 - 238.

Sæbø, M., Vom, Zusammen-Denken' zum Kanon, JBTh 3(1988),115 - 133.

Sacchi, P., The History of the Second Temple Period, JSOT. S 285, Sheffield 1999.

Saénz Badillos, Á., A History of the Hebrew Language, Cambridge 1993.

Sandmel, S., Parallelomania, JBL 81(1962),1 - 13.

Särkiö, P., Exodus und Salomo. Erwägungen zur verdeckten Salomokritik anhand von Ex 1 - 2,5,14 und 32, SESJ 71, Göttingen 1998.

Särkiö, P., Concealed Criticism of King Solomon in Exodus, BN 102(2000),74 - 83.

Sarna, N. M., Ancient Libraries and the Ordering of the Biblical Books. A Lecture Presented at the Library of Congress, March 6,1989, The Center for the Book Viewpoint Series 25, Washington 1989.

Sass, B., Arabs and Greeks in Late First Temple Jerusalem, PEQ 122(1990), 59 - 61.

Saur, M., Die Königspsalmen. Studien zu ihrer Entstehung und Theologie, BZAW 340, Berlin/New York 2004.

Schäfer, P., Geschichte der Juden in der Antike. Die Juden Palästinas von Alexander dem Großen bis zur arabischen Eroberung, Neukirchen-Vluyn 1983.

Schams, C., Jewish Scribes in the Second-Temple Period, JSOT. S 291, Sheffield 1998.

Schaper, J., Priester und Leviten im achämenidischen Juda, FAT 31, Tübingen 2000.

Schaper, J., Die Textualisierung der Religion, FAT 62, Tübingen 2009.

Schaudig, H., Nabonid, der „Archäologe auf dem Königsthron". Zum Geschichtsbild des ausgehen-den neubabylonischen Reiches, in: G. J. Selz (Hg.), Festschrift für Burkhart Kienast. Zu seinem 70. Geburtstage dargebracht von Freunden, Schülern und Kollegen, AOAT 274, Münster 2003,447 - 497.

Schelbert, G., Art. Jubiläenbuch, TRE 17, Berlin/New York 1988,285 - 289.

Schenker, A., Die Verheissung Natans in 2Sam 7 in der Septuaginta. Wie erklären sich die Differen-zen zwischen Massoretischem Text und LXX, und was bedeuten sie für die messianische Würde des davidischen Hauses in der LXX?, in: M. A. Knibb (Hg.), The Septuagint and Messianism, BEThL 195, Leuven 2006,177 - 192.

253 Scherer, A., Das weise Wort und seine Wirkung. Eine Untersuchung zu Komposition und Redaktion von Proverbia 10, 1 - 22, 16, WMANT 83, Neukirchen-Vluyn 1999.

Schipper, B. U., Israel und Ägypten in der Königszeit. Die kulturellen Kontakte von Salomo bis zum Fall Jerusalems, OBO 170, Fribourg/Göttingen 1999.

Schipper, B. U., Vermächtnis und Verwirklichung. Das Nachwirken der ramessidischen Außenpolitik im Palästina der frühen Eisenzeit, in: R. Gundlach/U. Rößler-Köhler (Hgg.), Das Königtum der Ramessidenzeit. Voraussetzungen-Verwirklichung-Vermächtnis. Akten des 3. Symposiums zur ägyptischen Königsideologie, Bonn, 7. - 9. 6. 2001, ÄAT 36, Wiesbaden 2003,241 - 275.

Schipper, B. U., Israels Weisheit im Kontext des Alten Orients, BiKi 59

(2004),188 - 194.

Schipper, B. U. , Die Lehre des Amenemope und Prov 22, 17 - 24, 22. Eine Neubestimmung des litera-rischen Verhältnisses, ZAW 117 (2005), 53 - 72. 232 - 248.

Schipper, J. , „Significant Resonances" with Mephibosheth in 2 Kings 25: 27 - 30: A Response to D. F. Murray, JBL 124(2005),521 - 529.

Schluchter, W. , Grundlegungen der Soziologie. Eine Theoriegeschichte in systematischer Absicht, Bd. 1, Tübingen 2006.

Schmid, H. H. , Gerechtigkeit als Weltordnung. Hintergrund und Geschichte des alttestamentlichen Gerechtigkeitsbegriffs, BHTh 40, Tübingen 1968.

Schmid, K. , Buchgestalten des Jeremiabuches. Untersuchungen zur Redaktions- und Rezeptionsge-schichte von Jer 30 - 33 im Kontext des Buches, WMANT 72, Neukirchen-Vluyn 1996a.

Schmid, K. , Klassische und nachklassische Deutungen der alttestamentlichen Prophetie, Zeitschrift für Neuere Theologiegeschichte 3 (1996b), 225 - 250.

Schmid, K. , Manasse und der Untergang Judas: „Golaorientierte" Theologie in den Königsbüchern?, Bib. 78(1997),87 - 99.

Schmid, K. , Ausgelegte Schrift als Schrift. Innerbiblische Schriftauslegung und die Frage nach der theologischen Qualität biblischer Texte, in: R. Anselm/S. Schleissing/K. Tanner (Hgg.), Die Kunst des Auslegens. Zur Hermeneutik des Christentums in der Kultur der Gegenwart, Frankfurt am Main u. a. 1999a, 115 - 129.

Schmid, K. , Biblische Geschichte zwischen Historie und Fiktion, ZeitSchrift 48 (1999b),122 - 125. Schmid, K. , Erzväter und Exodus. Untersuchungen zur doppelten Begründung der Ursprünge Israels innerhalb der Geschichtsbücher des Alten Testaments, WMANT 81, Neukirchen-Vluyn 1999c. Schmid, K. , Kollektivschuld? Der Gedanke übergreifender Schuldzusammenhänge im Alten Testa-ment und im Alten Orient, ZAR 5(1999d),193 - 222.

Schmid, K. , Der Geschichtsbezug des christlichen Glaubens, in: W. Härle/H. Schmidt/M. Welker (Hgg.), Das ist christlich. Nachdenken über das Wesen des Christentums, Gütersloh 2000a, 71 - 90.

Schmid, K. , Innerbiblische Schriftauslegung. Aspekte der Forschungsgeschichte, in: R. G. Kratz/T. Krüger/ders. (Hgg.), Schriftauslegung in der Schrift. FS O. H. Steck, BZAW 300, Berlin/New York 2000b, 1 - 22.

Schmid, K. , Israel am Sinai. Etappen der Forschungsgeschichte zu Ex 32 - 34 in seinen Kontexten, in: E. Blum/M. Köckert (Hgg.), Gottes Volk am Sinai, VWGTh 18, Gütersloh 2001,9 - 40.

Schmid, K. , Die Unteilbarkeit der Weisheit. Überlegungen zur sogenannten Paradieserzählung und ihrer theologischen Tendenz, ZAW 114(2002),21 - 39.

Schmid, K. , Differenzierungen und Konzeptualisierungen der Einheit Gottes in der Religions- und Literaturgeschichte Israels. Methodische, religionsgeschichtliche und exegetische Aspekte zur neueren Diskussion um den sogenannten „Monotheismus" im antiken Israel, in: M. Oeming/ders. (Hgg.), Der eine Gott und die Götter. Polytheismus und Monotheismus im antiken Israel, AThANT 82, Zürich 2003,11 - 38.

Schmid, K. , Art. Schreiber/Schreiberausbildung in Israel, RGG^4 VII, Tübingen 2004a, 1001f. Schmid, K. , Das Deuteronomium innerhalb der „deuteronomistischen Geschichtswerke " in Gen-2Kön, in: E. Otto/R. Achenbach (Hgg.), Das Deuteronomium zwischen Pentateuch und deuteronomistischem Geschichtswerk, FRLANT 206, Göttingen 2004b, 193 - 211.

Schmid, K. , Buchtechnische und sachliche Prolegomena zur Enneateuchfrage, in: M. Beck/U. Schorn (Hgg.), Auf dem Weg zur Endgestalt von Gen-II Reg. FS H. C. Schmitt, BZAW 370, Berlin/New York 2006a, 1 - 14.

Schmid, K. , Hatte Wellhausen recht? Das Problem der literarhistorischen Anfänge des Deuteronomis-mus in den Königebüchern, in: M. Witte/ders. /D. Prechel/J. C. Gertz (Hgg.), Die deuteronomisti-schen Geschichtswerke. Redaktions- und religionsgeschichtliche Perspektiven zur „Deuteronomis-mus"-Diskussion in Tora und Vorderen Propheten, BZAW 365, Berlin/New York 2006b, 19 - 43.

Schmid, K. , Himmelsgott, Weltgott und Schöpfer. „Gott" und der „Himmel" in der Literatur der Zeit des Zweiten Tempels, in: D. Sattler/S. Vollenweider (Hgg.), Der Himmel, JBTh 20(2005), Neukirchen-Vluyn 2006c, 111 - 148.

Schmid, K. , L'accession de Nabuchodonosor à l'hégémonie mondiale et la fin de la dynastie davidi-que. Exégèse intra-biblique et construction de l'histoire universelle dans le livre de Jérémie, ETR 81(2006d),211 - 227.

Schmid, K. , Persische Reichsautorisation und Tora, ThR 71 (2006e), 494 - 506.

Schmid, K. , Gibt es „Reste hebräischen Heidentums" im Alten Testament? Methodische Überlegun-gen anhand von Dtn 32,8f und Ps 82, in: A. Wagner (Hg.), Primäre und sekundäre Religion, BZAW 364, Berlin/New York 2006f, 105 - 120.

Schmid, K. , Art. Authorship, erscheint in: Encyclopedia of the Bible and Its Reception, Berlin/New York 2007a.

Schmid, K. , Der Pentateuchredaktor. Beobachtungen zum theologischen Profil des Toraschlusses in Dtn 34, in: T. Römer/ders. (Hgg.), Les dernières rédactions du Pentateuque, de l'Hexateuque et de l'Ennéateuque, BEThL 203, Leuven 2007b, 183 – 197.

Schmid, K., Methodische Probleme und historische Entwürfe einer Literaturgeschichte des Alten Testaments, in: S. Lubs u. a. (Hgg.), Behutsames Lesen. Alttestamentliche Exegese im interdiszipli-nären Methodendiskurs. FS C. Hardmeier, ABG 28, Leipzig 2007c, 340 – 366.

Schmid, K., Innerbiblische Schriftdiskussion im Hiobbuch, in: Th. Krüger u. a. (Hrsg.), Das Buch Hiob und seine Interpretationen. Beiträge zum Hiob-Symposium auf dem Monte Verità vom 14. – 19. August 2005, AThANT 88, Zürich 2007d, 241 – 261.

Schmid, K., Hiob als biblisches und antikes Buch. Intellektuelle und historische Kontexte seiner Theologie, SBS 219, Stuttgart 2010.

Schmid, K., Schriftgelehrte Traditionsliteratur. Fallstudien zur innerbiblischen Schriftauslegung im Alten Testament, FAT 77, Tübingen 2011a.

Schmid, K., The Quest for 'God:' Monotheistic Arguments in the Priestly Texts of the Hebrew Bible, in: B. Pongratz-Leisten (Hg.), Reconsidering the Concept of Revolutionary Monotheism, Winona Lake 2011b, 271 – 289.

Schmid, K., Literaturgeschichte des Alten Testaments: Aufgaben, Stand, Problemfelder und Perspek-tiven, TLZ 136(2011c),243 – 262.

Schmid, K., Jesaja 1 – 23, ZBK 19/1, Zürich 2011d.

Schmid, K., Gibt es Theologie im Alten Testament? Zum Theologiebegriff in der alttestamentlichen Wissenschaft, ThSt(B) 7, Zürich 2013.

Schmid, K./Steck O. H., Heilserwartungen in den Prophetenbüchern des Alten Testaments, in: K. Schmid (Hg.), Prophetische Heils- und Herrschererwartungen, SBS 194, Stuttgart 2005,1 – 36.

Schmidt, L., Literatur zum Buch Numeri, ThR 63(1998),241 – 266.

Schmidt, L., Das vierte Buch Mose. Numeri. Kapitel 10,11 – 36,13, ATD 7/2, Göttingen 2004.

Schmidt, L., Neuere Literatur zum Buch Numeri (1996 – 2003), ThR 70(2005), 389 – 407.

Schmidt, W. H., Die deuteronomistische Redaktion des Amosbuches, ZAW 77 (1965),168 – 193.

Schmidt, W. H., Exodus, Sinai und Mose, EdF 191, Darmstadt 1983.

Schmidt, W. H., Einführung in das Alte Testament, Berlin 1979 ([5]1995).

Schmitt, H.-C., Der heidnische Mantiker als eschatologischer Jahweprophet. Zum Verständnis Bile-ams in der Endgestalt von Num 22 – 24, in: I. Kottsieper

255 u. a. (Hgg.), „Wer ist wie du, Herr, unter den Göttern? ". Studien zur Theologie und Religionsgeschichte Israels. FS O. Kaiser, Göttingen 1994,180 – 198.

Schmitt, J. J. , The Motherhood of God and Zion as Mother, RB 92(1985),557 – 569.

Schmitt, J. J. , The Virgin of Israel: Referent and Use of the Phrase in Amos and Jeremiah, CBQ 53(1991),365 – 387.

Schniedewind, W. M. , How the Bible Became a Book. The Textualization of Ancient Israel, Cam-bridge 2004.

Schoors, A. , Die Königreiche Israel und Juda im 8. und 7. Jahrhundert v. Chr. Die assyrische Krise, Biblische Enzyklopädie 5, Stuttgart 1998.

Schreiner, J. , Theologie des Alten Testaments, NEB. Erg 1, Würzburg 1995.

Schreiner, S. , Wo man Tora lernt, braucht man keinen Tempel. Einige Anmerkungen zum Problem der Tempelsubstitution im rabbinischen Judentum, in: B. Ego u. a. (Hgg.), Gemeinde ohne Tem-pel. Community without temple. Zur Substituierung und Transformation des Jerusalemer Tem-pels und seines Kults im Alten Testament, antiken Judentum und frühen Christentum, WUNT 118, Tübingen 1999,371 – 392.

Schroer, S. , Von zarter Hand geschrieben. Autorinnen in der Bibel? Welt und Umwelt der Bibel 28(2003),28f.

Schüle, A. , Der Prolog der hebräischen Bibel. Der literar- und theologiegeschichtliche Diskurs der Urgeschichte (Genesis 1 – 11), AThANT 86, Zürich 2006.

Schwartz, S. , Hebrew and Imperialism in Jewish Palestine, in: C. Bakhos (Hg.), Ancient Judaism in its Hellenistic Context, JSJ. S 95, Leiden u. a. 2005,53 – 84.

Schwienhorst-Schönberger, L. , Das Bundesbuch (Ex 20,22 – 23,33) Studien zu seiner Entstehung und Theologie, BZAW 188, Berlin/New York 1990.

Schwienhorst-Schönberger, L. , „Nicht im Menschen gründet das Glück" (Koh 2, 24). Kohelet im Spannungsfeld jüdischer Weisheit und hellenistischer Philosophie, HBS 2, Freiburg im Breisgau u. a. 1994, [2]1996.

Schwienhorst-Schönberger, L. , Kohelet, HThK. AT, Freiburg im Breisgau u. a. 2004.

Scoralick, R. , Einzelspruch und Sammlung. Komposition im Buch der Sprichwörter Kapitel 10 – 15, BZAW 232, Berlin/New York 1995.

Seebaß, H. , Genesis I; II/1; II/2; III, Neukirchen-Vluyn 1996/1997/ 1999/2000.

Seibert, J., Zur Begründung von Herrschaftsanspruch und Herrschaftslegitimation in der frühen Diadochenzeit, in: ders. (Hgg.), Hellenistische Studien. Gedenkschrift für H. Bengtson, Münche-ner Arbeiten zur Alten Geschichte 5, München 1991, 87 – 100.

Seiler, S., Die Geschichte von der Thronfolge Davids (2Sam 9 – 20; 1Kön 1 – 2). Untersuchungen zur Literarkritik und Tendenz, BZAW 267, Berlin/New York 1998.

Seitz, C. R., Theology in Conflict. Reactions to the Exile in the Book of Jeremiah, BZAW 176, Berlin/New York 1989.

Seow, C. -L., Ecclesiastes. A New Translation with Introduction and Commen-tary, AncB 18C, New York 1997.

Seybold, K., Die Psalmen. Eine Einführung, UB 382, Stuttgart 1986, 108 – 116.

Shectman, S. /Baden, J., The Strata of the Priestly Writings. Contemporary Debate and Future Direc-tions, ATANT 95, Zürich 2009.

Siegert, F., Zwischen Hebräischer Bibel und Altem Testament. Eine Einführung in die Septuaginta, MJS 9, Münster 2001.

Simon, R., Histoire critique du Vieux Testament, Rotterdam 1685.

Ska, J. L., L'appel d'Abraham et l'acte de naissance d'Israël, in: M. Vervenne/J. Lust (Hgg.), Deutero-nomy and Deuteronomic Literature. FS C. H. W. Brekelmans, BEThL 133, Leuven 1997, 367 – 389.

Ska, J-L., A Plea on Behalf of the Biblical Redactors, ST 59(2005), 4 – 18.

Smelik, K. A. D., Historische Dokumente aus dem alten Israel, Göttingen 1987.

Smend, R., sen., Ueber die Genesis des Judenthums, ZAW 2(1882), 94 – 151.

Smend, R., Theologie im Alten Testament (1982), in: ders., Die Mitte des Alten Testaments, BevTh 99, 1986, 104 – 117.

Smend, R., Mose als geschichtliche Gestalt, HZ 260(1995), 1 – 19.

Smith, M., The Common Theology of the Ancient Near East, JBL 71(1952), 135 – 147.

Soggin, J. A., Introduzione all'Antico Testamento, Brescia 1968/1969(⁴1987).

Speyer, W., Bücherfunde in der Glaubenswerbung der Antike. Mit einem Ausblick auf Mittelalter und Neuzeit, Hypomnemata 24, Göttingen 1970.

Spieckermann, H., Juda unter Assur in der Sargonidenzeit, FRLANT 129, Göttingen 1982.

Spieckermann, H., Heilsgegenwart. Eine Theologie der Psalmen, FRLANT 148, Göttingen 1989.

Spieckermann, H., Stadtgott und Gottesstadt. Beobachtungen im Alten Orient

256

und im Alten Testa-ment, Bib. 73(1992),1 - 31.

Spieckermann, H. , Ambivalenzen. Ermöglichte und verwirklichte Schöpfung in Genesis 2f, in: A. Graupner u. a. (Hgg.), Verbindungslinien. FS W. H. Schmidt, Neukirchen-Vluyn 2000,363 - 376.

Spieckermann, H. , *Ludlul bel nemeqi* und die Frage nach der Gerechtigkeit Gottes (1998), in: Gottes Liebe zu Israel. Studien zur Theologie des Alten Testaments, FAT 33, Tübingen 2001a, 103 - 118.

Spieckermann, H. , Art. Hiob/Hiobbuch, RGG[4] III, Tübingen 2001b, 1777 - 1781.

Staiger, E. , Die Kunst der Interpretation. Studien zur deutschen Literaturgeschichte, Zürich 1955. Steck, O. H. , Israel und das gewaltsame Geschick der Propheten, WMANT 23, Neukirchen-Vluyn 1967.

Steck, O. H. , Das Problem theologischer Strömungen in nachexilischer Zeit, EvTh 28(1968),445 - 458.

Steck, O. H. , Überlegungen zur Eigenart der spätisraelitischen Apokalyptik, in: J. Jeremias, L. Perlitt (Hgg.), Die Botschaft und die Boten. Festschrift für Hans Walter Wolff zum 70. Geburtstag, Neu-kirchen-Vluyn 1981,301 - 315.

Steck, O. H. , Genesis 12, 1 - 3 und die Urgeschichte des Jahwisten, in: H. W. Wolff (Hg.), Probleme bi-blischer Theologie. FS G. von Rad, München 1971, 525 - 554 = ders. , Wahrnehmungen Gottes im Alten Testament. Gesammelte Studien, ThB 70, München 1982,117 - 148.

Steck, O. H. , Friedensvorstellungen im alten Jerusalem, ThSt(B) 111, Zürich 1972,9 - 25.

Steck, O. H. , Strömungen theologischer Tradition im Alten Israel, in: ders. (Hg.), Zu Tradition und Theologie im Alten Testament, BThSt 2, Neukirchen-Vluyn 1978, 27 - 56 = ders. , Wahrnehmun-gen Gottes im Alten Testament. Gesammelte Studien, TB 70, München 1982,291 - 317.

Steck, O. H. , Weltgeschehen und Gottesvolk im Buche Daniel (1980), in: ders. , Wahrnehmungen Gottes im Alten Testament. Gesammelte Studien, ThB 70, München 1982,262 - 290.

Steck, O. H. , Bereitete Heimkehr. Jesaja 35 als redaktionelle Brücke zwischen dem Ersten und dem Zweiten Jesaja, SBS 121, Stuttgart 1985.

Steck, O. H. , Zion als Gelände und Gestalt. Überlegungen zur Wahrnehmung Jerusalems als Stadt und Frau im Alten Testament, ZThK 86(1989),261 - 281, =ders. , Gottesknecht und Zion. Ge-sammelte Aufsätze zu Deuterojesaja, FAT 4, Tübingen 1992b, 126 - 145.

Steck, O. H. , Der Abschluß der Prophetie im Alten Testament. Ein Versuch zur

Frage der Vorge-schichte des Kanons, BThSt 17, Neukirchen-Vluyn 1991a.

Steck, O. H. , Studien zu Tritojesaja, BZAW 203, Berlin/New York 1991b.

Steck, O. H. , Der Kanon des hebräischen Alten Testaments, in: W. Pannenberg/ T. Schneider (Hgg.), Verbindliches Zeugnis I, DiKi 7, Freiburg im Breisgau/ Göttingen 1992a, 11 – 33.

Steck, O. H. , Israel und Zion. Zum Problem konzeptioneller Einheit und literarischer Schichtung in Deuterojesaja, in: ders. , Gottesknecht und Zion. Gesammelte Aufsätze zu Deuterojesaja, FAT 4, Tübingen 1992b, 173 – 207.

Steck, O. H. , Das apokryphe Baruchbuch. Studien zu Rezeption und Konzentration „kanonischer" Überlieferung, FRLANT 160, Göttingen 1993.

Steck, O. H. , Die Prophetenbücher und ihr theologisches Zeugnis. Wege der Nachfrage und Fährten zur Antwort, Tübingen 1996.

Steck, O. H. , Der neue Himmel und die neue Erde. Beobachtungen zur Rezeption   257 von Gen 1 – 3 in Jes 65,16b – 25, in: J. van Ruiten/M. Vervenne (Hgg.), Studies in the Book of Isaiah. FS W. A. M. Beu-ken, BEThL 132, Leuven 1997,349 – 365.

Steck, O. H. , Die erste Jesajarolle von Qumran (1QIs^a). Schreibweise als Leseanleitung für ein Pro-phetenbuch, SBS 173/1. 2, Stuttgart 1998.

Steck, O. H. , Exegese des Alten Testaments. Leitfaden der Methodik, Neukirchen-Vluyn [14] 1999. Steck, O. H. , Gott in der Zeit entdecken. Die Prophetenbücher des Alten Testaments als Vorbild für Theologie und Kirche, BThSt 42, Neukirchen-Vluyn 2001.

Steck, O. H. , Zur konzentrischen Anlage von Jes 1,21 – 26, in: I. Fischer/U. Rapp/J. Schiller (Hgg.), Auf den Spuren der schriftgelehrten Weisen. FS J. Marböck, BZAW 331, Berlin/New York 2003,97 – 103.

Stegemann, H. , Die Bedeutung der Qumranfunde für die Erforschung der Apokalyptik, in: D. Hell-holm (Hg.), Apocalypticism in the Mediterranean World and the Near East, Tübingen [2] 1989,495 – 509.

Stegemann, H. , Die Essener, Qumran, Johannes der Täufer und Jesus. Ein Sachbuch, Freiburg im Breisgau/Basel/Wien [9] 1999.

Stegemann, W. , Jesus und seine Zeit, BE 10, Stuttgart u. a. 2009.

Steinberg, J. , Die Ketuvim-ihr Aufbau und ihre Botschaft, BBB 152, Hamburg 2006.

Steiner, M. , David's Jerusalem: Fiction or Reality? It's Not There: Archaeology Proves a Negative, BAR 24(1998a),26 – 33.

Steiner, M. , The Archaeology of Ancient Jerusalem, CR: BS 6 (1998b),143 – 168.

Steiner, M. , The Notion of Jerusalem as a Holy City, in: R. Rezetko u. a. (Hgg.), Reflection and Re-fraction. FS A. G. Auld, VT. S 113, Leiden u. a. 2007,447 – 458.

Steins, G. , Die Chronik als kanonisches Abschlußphänomen, BBB 93, Weinheim 1995. Stemberger, G. , Öffentlichkeit der Tora im Judentum. Anspruch und Wirklichkeit, JBTh 11(1996),91 – 101.

Stern, E. , Archaeology of the Land of the Bible. The Assyrian, Babylonian, and Persian Periods 732 – 332 BCE, New York u. a. 2001.

Stern, E. , The Babylonian Gap: The Archaeological Reality, JSOT 28(2004),273 – 277.

Steymans, H. U. , Deuteronomium 28 und die adê zur Thronfolgeregelung Asarhaddons. Segen und Fluch im Alten Orient und in Israel, OBO 145, Fribourg/Göttingen 1995a.

Steymans, H. U. , Eine assyrische Vorlage für Deuteronomium 28,20 – 44, in: G. Braulik (Hg.), Bundes-dokument und Gesetz. Studien zum Deuteronomium, HBS 4, Freiburg im Breisgau u. a. 1995b.

Steymans, H. U. , Die literarische und theologische Bedeutung der Thronfol-gevereidigung Asarhad-dons, in: M. Witte/K. Schmid/D. Prechel/J. C. Gertz (Hgg.), Die deuteronomistischen Geschichts-werke. Redaktions- und religionsgeschichtliche Perspektiven zur „Deuteronomismus"-Diskus-sion in Tora und Vorderen Propheten, BZAW 365, Berlin/New York 2006,331 – 349.

Stipp, H. -J. , Das masoretische und alexandrinische Sondergut des Jeremiabuches. Textgeschicht-licher Rang, Eigenarten, Triebkräfte, OBO 136, Fribourg/Göttingen 1994.

Stipp, H. -J. Gedalja und die Kolonie von Mizpa, ZAR 6(2000),155 – 171.

Stipp, H. -J. , Vom Heil zum Gericht. Die Selbstinterpretation Jesajas in der Denkschrift, in: F. Sedlmeier (Hg.), Gottes Wege suchend. Beiträge zum Verständnis der Bibel und ihrer Botschaft. FS R. Mosis, Würzburg 2003,323 – 354.

Stipp, H. -J. , „ Meinen Bund hat er gebrochen " (Gen 17, 14). Die Individualisierung des Bundesbruchs in der Priesterschrift, MThZ 56(2005),290 – 304.

Stipp, H. -J. , Die Verfasserschaft der Trostschrift Jer 30 – 31 *, ZAW 123 (2011a),184 – 206.

Stipp, H. -J. (Hg.), Das deuteronomistische Geschichtswerk, Österreichische biblische Studien 39, Frankfurt u. a. 2011b.

Stoekl, J. , Prophecy in the Ancient Near East. A Philological and Sociological

Comparison, CHANE 56, Leiden 2012.

Stolper, M. W. , Entrepreneurs and Empire. The Murašu Archive, the Murašu   258
firm, and Persian rule in Babylonia, Uitgaven van het Nederlands Historisch-
Archeologisch Instituut te Istanbul 54, Istanbul 1985.

Stolz, F. , Psalmen im nachkultischen Raum, ThSt 129, Zürich 1983a.

Stolz, F. , Unterscheidungen in den Religionen, in: H. F. Geisser/W. Mostert
(Hgg.), Wirkungen her-meneutischer Theologie. FS G. Ebeling, Zürich
1983b, 11 - 24.

Stolz, F. , Grundzüge der Religionswissenschaft, Göttingen 1988.

Stolz, F. , Einführung in den biblischen Monotheismus, Darmstadt 1996.

Stolz, F. , Art. Religionsgeschichte Israels, TRE 28, Berlin/New York 1997,
585 - 603. Strecker, G. , Literaturgeschichte des Neuen Testaments, UTB
1682, Göttingen 1992. Stuckenbruck, L. T. , „ Angels " and „ God ":
Exploring the Limits of Early Jewish Monotheism, in: ders. /W. E. S. North
(Hgg.), Early Jewish and Christian Monotheism, JSOT. S 263, London
2004,45 - 70.

Süssenbach, C. , Der elohistische Psalter. Untersuchungen zur Komposition und
Theologie von Ps 42 - 83, FAT II/7, Tübingen 2004.

Sweeney, M. , King Josiah of Judah: The Lost Messiah of Israel, Oxford 2001.

Swete, H. B. , An Introduction to the Old Testament in Greek, Cambridge ²1914
(repr. Peabody MA 1989).

Tadmor, H. , The Inscriptions of Tiglath-Pileser III King of Assyria: Critical
Edition, with Introduc-tions, Translations and Commentary. Fontes ad res
Judaicas spectantes, Jerusalem 1994.

Tappy, R. E. , The Archaeology of Israelite Samaria, Bd. 1: Early Iron Age
through the Ninth Century BCE, HSS 44, Atlanta 1992; Bd. 2: The Eighth
Century BCE, HSS 50, Atlanta 2001.

Theißen, G. , Die Entstehung des Neuen Testaments als literaturgeschichtliches
Problem, Heidelberg 2007.

Thiel, W. , Die deuteronomistische Redaktion von Jeremia 1 - 25, WMANT 41,
Neukirchen-Vluyn 1973; Die deuteronomistische Redaktion von Jeremia 26 - 45,
WMANT 52, Neukirchen-Vluyn 1981.

Thompson, H. O. /Zayadine, F. , The Works of Amminadab, BA 37(1974),13
- 19.

Tigay, J. H. (Hg.), Empirical Models for Biblical Criticism, Philadelphia 1985.

Tilly, M. , Einführung in die Septuaginta, Darmstadt 2005.

Timm, S. , Ein assyrisch bezeugter Tempel in Samaria?, in: U. Hübner/E. A.

Knauf (Hgg.), Kein Land für sich allein. Studien zum Kulturkontakt in Kanaan, Israel/Palästina und Ebirnari für M. Weip-pert zum 65. Geburtstag, OBO 186, Fribourg/Göttingen 2002,126 – 133.

Toorn, K. van der (Hg.), The Image and the Book. Iconic Cults, Aniconism, and the Rise of Book Re-ligion in Israel and the Ancient Near East, CBET 21, Peeters 1997.

Toorn, K. van der, Cuneiform Documents from Syria-Palestine. Texts, Scribes, and Schools, ZDPV 116(2000),97 – 113.

Toorn, K. van der, From the Mouth of the Prophet: The Literary Fixation of Jeremiah's Prophecies in the Context of the Ancient Near East, in: J. Kaltner/L. Stulman (Hgg.), Inspired Speech. Pro-phecy in the Ancient Near East, FS. H. B. Huffmon, JSOT. S 378, London/New York 2004, 191 – 202.

Toorn, K. van der, Scribal Culture and the Making of the Bible, Cambridge MA/ London 2007.

Tov, E., Der Text der Hebräischen Bibel. Handbuch der Textkritik, Stuttgart 1997.

Tov, E., Rewritten Bible Compositions and Biblical Manuscripts, with Special Attention to the Sama-ritan Pentateuch, DSD (1998),334 – 354.

Tov, E., Scribal Practices and Approaches Reflected in the Texts Found in the Judean Desert, StTDJ 54, Leiden u. a. 2004.

Tov, E., Hebrew Scripture Editions: Philosophy and Praxis, in: F. García Martínez u. a. (Hgg.), From 4QMMT to Resurrection, Mélanges qumraniens en hommage à Émile Puech, STDJ 61, Leiden/Boston 2006,281 – 312.

259 Trebolle Barrera, J. C., Origins of a Tripartite Old Testament Canon, in: L. M. McDonald/J. A. San-ders (Hgg.), The Canon Debate, Peabody 2002, 128 – 145.

Treves, M., The Dates of the Psalms. History and Poetry in Ancient Israel, Pisa 1988.

Troyer, K. de, Die Septuaginta und die Endgestalt des Alten Testaments. Untersuchungen zur Entste-hungsgeschichte alttestamentlicher Texte, UTB 2599, Göttingen 2005.

Tull, P., Intertextuality and the Hebrew Scriptures, CRBS 8(2000),59 – 90.

Uehlinger, C., Die Frau im Efa (Sach 5,5 – 11). Eine Programmvision von der Abschiebung der Göt-tin, BiKi 49,1994,93 – 103.

Uehlinger, C., Gab es eine joschijanische Kultreform?, in: W. Groß (Hg.), Jeremia und die „deutero-nomistische Bewegung", BBB 98, Weinheim 1995,57 –

89.

Uehlinger, C. , Qohelet im Horizont mesopotamischer, levantinischer und ägyptischer Weisheitslite-ratur der persischen und hellenistischen Zeit, in: L. Schwienhorst-Schönberger (Hg.), Das Buch Kohelet. Studien zur Struktur, Geschichte, Rezeption und Theologie, BZAW 254, Berlin/New York 1997,155 – 247.

Uehlinger, C. , „... und wo sind die Götter von Samarien? " Die Wegführung syrisch-palästinischer Kultstatuen auf einem Relief Sargons II. in Khorsabad/Dûr-Šarrukin, in: M. Dietrich/I. Kottsieper (Hgg.), „ Und Mose schrieb dieses Lied auf ... ". FS O. Loretz, AOAT 250, Münster 1998a, 739 – 776.

Uehlinger, C. , Art. Bilderkult, RGG⁴ I, Tübingen 1998b, 1565 – 1570.

Uehlinger, C. , Art. Bilderverbot, RGG⁴ I, Tübingen 1998c, 1574 – 1577.

Uehlinger, C. , Bildquellen und, Geschichte Israels '. Grundsätzliche Überlegungen und Fallbeispiele, in: C. Hardmeier (Hg.), Steine-Bilder-Texte. Historische Evidenz außerbiblischer und bibli-scher Quellen, ABG 5, Leipzig 2001a, 25 – 77.

Uehlinger, C. , Spurensicherung: alte und neue Siegel und Bullen und das Problem ihrer historischen Kontextualisierung, in: S. Lubs u. a. (Hgg.), Behutsames Lesen. Alttestamentliche Exegese im in-terdisziplinären Methodendiskurs. FS C. Hardmeier, ABG 28, Leipzig 2007a, 89 – 137.

Uehlinger, C. , Das Hiob-Buch im Kontext der altorientalischen Literatur- und Religionsgeschichte, in: T. Krüger u. a. (Hgg.), Das Buch Hiob und seine Interpretationen. Beiträge zum Hiob-Sympo-sium auf dem Monte Verità vom 14. – 19. August 2005, AThANT 88, Zürich 2007b, 97 – 162.

Uehlinger, C. /Müller Trufaut, S. , Ezekiel 1, Babylonian Cosmological Scholarship and Iconography:
Attempts at Further Refinement, ThZ 57(2001b),140 – 171.

Uehlinger, C. /Grandy, A. , Vom Toben des Meeres zum Jubel der Völker. Psalterexegetische Beobach-tungen zu Psalm 46, in: D. Böhler u. a. (Hgg.), L'Ecrit et l'Esprit. Etudes d'histoire du texte et de théologie biblique en hommage à Adrian Schenker, OBO 214, Fribourg/Göttingen 2005,372 – 393.

Ulrich, E. , The Canonical Process, Textual Criticism, and Latter Stages in the Composition of the Bi-ble, in: M. Fishbane u. a. (Hgg.), Sha'arei Talmon: Studies in the Bible, Qumran, and the Ancient Near East Presented to Shemaryahu Talmon, Winona Lake 1992,267 – 291.

Ulrich, E. , Art. Daniel, Book of, in: L. Schiffmann/J. VanderKam (Hgg.), Encyclopedia of the Dead Sea Scrolls, Bd. 1, Oxford 2000,170 – 174.

Ulrich, E. , From Literature to Scripture: Reflections on the Growth of a Text's Authoritativeness, DSD 10(2003a),3 – 25.

Ulrich, E. , The Non-attestation of a Tripartite Canon in 4QMMT, CBQ 65 (2003b),202 – 214. Ulrich, E. , The Biblical Qumran Scrolls: Transcriptions and Textual Variants, VT. Sup 134, Leiden u. a. 2010.

Ussishkin, D. , Big City, Few People: Jerusalem in the Persian Period, BAR 31 (2005),26 – 35.

Ussishkin, D. , The Borders and de facto Size of Jerusalem in the Persian Period, in: O. Lipschits/M. Oeming (Hgg.), Judah and the Judeans in the Persian Period, Winona Lake 2006,147 – 166.

Utzschneider, H. , Art. Literaturgeschichte II. Altes Testament, RGG[4], Tübingen 2002,405 – 408.

260 Utzschneider, H. , Was ist alttestamentliche Literatur? Kanon, Quelle und literarische Ästhetik als LesArtsalttestamentlicherLiteratur, in: ders. /E. Blum (Hgg.), Lesarten der Bibel. Untersuchungen zu einer Theorie der Exegese des Alten Testaments, Stuttgart 2006,65 – 83.

Vanderhooft, D. S. , The Neo-Babylonian Empire and Babylon in the Latter Prophets, HSM 59, At-lanta 1999.

VanderKam, J. C. , Revealed Literature in the Second Temple Period, in: ders. , From Revelation to Ca-non. Studies in the Hebrew Bible and Second Temple Literature, JSJ. S 62, Leiden u. a. 2000,241 – 254.

Vanoni, G. , Beobachtungen zur deuteronomistischen Terminologie in 2Kön 23,25 – 25,30, in: N. Lohfink (Hg.), Das Deuteronomium. Entstehung, Gestalt und Botschaft, BEThL 73, Leuven 1985,357 – 362.

Van Seters, J. , Histories and Historians of the Ancient Near East: The Israelites, Or. 50(1981),137 – 185.

Van Seters, J. , In Search of History. Historiography in the Ancient World and the Origins of Biblical History, New Haven/London 1983.

Van Seters, J. , Joshua's Campaign of Canaan and Near Eastern Historiography, SJOT 4(1990),1 – 12.

Van Seters, J. , Cultic Laws in the Covenant Code (Exodus 20,22 – 23,33) and Their Relationship to Deuteronomy and the Holiness Code, in: M. Vervenne (Hg.), Studies in the Book of Exodus. Re-daction-Reception-Interpretation, BEThL 126, Leuven 1996,319 – 345.

Van Seters, J. , The Pentateuch. A Social-Science Commentary, Sheffield 1999.

Van Seters, J. , The Court History and DtrH: Conflicting Perspectives on the House of David, in: A. de Pury/T. Römer (Hgg.), Die sogenannte

Thronfolgegeschichte Davids. Neue Einsichten und An-fragen, OBO 176, Fribourg/Göttingen 2000,70 – 93.

Van Seters, J. , A Law Book for the Diaspora Revision in the Study of the Covenant Code, Oxford 2003.

Van Seters, J. , The Edited Bible. The Curious History of the „Editor" in Biblical Criticism, Winona Lake 2006.

Vaughn, A. G. /Killebrew, A. E. (Hgg.), Jerusalem in Bible and Archaeology. The First Temple Period, Atlanta 2003.

Veenhof, K. R. , Geschichte des Alten Orients bis zur Zeit Alexanders des Großen, GAT 11, Göttingen 2001.

Vegge, T. , Paulus und das antike Schulwesen. Schule und Bildung des Paulus, BZNW 134, Berlin/New York 2006.

Veijola, T. , Die ewige Dynastie: David und die Entstehung seiner Dynastie nach der deuteronomisti-schen Darstellung, Helsinki 1975.

Veijola, T. , Das Bekenntnis Israels. Beobachtungen zur Geschichte und Theologie von Dtn 6,4 – 9, ThZ 48(1992a),369 – 381.

Veijola, T. , Höre Israel! Der Sinn und Hintergrund von Deuteronomium VI 4 – 9, VT 42(1992b),528 – 541.

Veijola, T. (Hg.), Das Deuteronomium und seine Querbeziehungen, SESJ 62, Helsinki/Göttingen 1996.

Veijola, T. , Die Deuteronomisten als Vorgänger der Schriftgelehrten. Ein Beitrag zur Entstehung des Judentums, in: ders. , Moses Erben. Studien zum Dekalog, zum Deuteronomismus und zum Schriftgelehrtentum, BWANT 149, Stuttgart 2000,192 – 240.

Veldhuis, N. , Mesopotamian Canons, in: M. Finkelberg/G. G. Stroumsa (Hgg.), Homer, the Bible and Beyond. Literary and Religious Canons in the Ancient World, Leiden 2003,9 – 28.

Veltri, G. , Art. Philo von Alexandrien, RGG[4] VI, Tübingen 2003, 1286 – 1288.

Vielhauer, P. , Geschichte der urchristlichen Literatur. Einleitung in das Neue Testament, die Apokry-phen und die ApostolischenVäter, Berlin/New York 1975.

Vielhauer, P. , Die Apokalyptik, in: W. Schneemelcher (Hg.), Neutestamen- 261 tliche Apokryphen in deut-scher Übersetzung, Tübingen [6]1997,492 – 508.

Vielhauer, R. , Das Werden des Buches Hosea. Eine redaktionsgeschichtliche Untersuchung, BZAW 349, Berlin/New York 2007.

Viewerger, D. , Archäologie der biblischen Welt, UTB 2394, Göttingen 2003.

Vincent, J. M. , Leben und Werk des frühen Eduard Reuss, BevTh 106, München 1990.

Vleeming, P. /Wesselius, W. M. , An Aramaic Hymn of the Fifth Century B. C. , BiOr 39(1982),501 – 509.

Volk, K. , Edubba'a und Edubba'a-Literatur: Rätsel und Lösungen, ZA 90 (2000),1 – 30.

Vos, J. C. de, Das Los Judas. Über Entstehung und Ziele der Landbeschreibung in Josua 15, VT. S 95, Leiden/Boston 2003.

Vriezen, T. C. /Woude, A. S. van der, Ancient Israelite and Early Jewish Literature, Leiden/Boston 2005.

Wagner, A. , Gattung und „ Sitz im Leben ". Zur Bedeutung der formgeschichtlichen Arbeit Her-mann Gunkels (1862 – 1832) für das Verstehen der sprachlichen Größe Text, in: S. Michaelis (Hg.), Texte-Konstitution, Verarbeitung, Typik, Edition Linguistik 13, München/Newcastle 1996, 117 – 129.

Wahl, H. -M. , Noah, Daniel und Hiob in Ezechiel XIV 12 – 20 (21 – 23): Anmerkungen zum tradi-tionsgeschichtlichen Hintergrund, VT 42(1992),542 – 553.

Waltisberg, M. , Zum Alter der Sprache des Deboraliedes Ri 5. ZAH 12(1999), 218 – 232.

Wanke, G. , Die Zionstheologie der Korachiten, BZAW 97, Berlin 1966.

Watts, J. W. (Hg.), Persia and Torah. The Theory of Imperial Authorization of the Pentateuch, SBL. SS 17, Atlanta 2001.

Weber, B. , Zur Datierung der Asaph-Psalmen 74 und 79, Bib. 81(2000),521 – 532.

Weber, O. , Die Literatur der Babylonier und Assyrier. Ein Überblick, Leipzig 1907.

Weinfeld, M. , Deuteronomy and the Deuteronomic School, Oxford 1972.

Weinstein, J. , The Egyptian Empire in Palestine: A Reassessment, BASOR 241 (1981),1 – 28.

Weisberg, D. B. , The Impact of Assyriology on Biblical Studies, in: W. W. Hallo (Hg.), The Context of Scripture. Archival Documents from the Biblical World, Leiden u. a. 2002, xliii-xlviii.

Weippert, H. , Die „deuteronomistischen" Beurteilungen der Könige von Israel und Juda und das Problem der Redaktion der Königsbücher, Bib. 53(1972),301 – 339.

Weippert, H. , Palästina in vorhellenistischer Zeit, HdA II/1, München 1988.

Weippert，M.，Geschichte Israels am Scheideweg，ThR 58(1993),71 - 103.

Weippert，M.，Synkretismus und Monotheismus. Religionsinterne Konfliktbewältigung im alten Is-rael (1990)，in: ders.，Jahwe und die anderen Götter. Studien zur Religionsgeschichte des antiken Israel in ihrem syrisch-palästinischen Kontext，FAT 18，Tübingen 1997,1 - 24.

Wellek，R.，The Fall of Literary History，in: R. A. Amacher/V. Lange (Hgg.)，New Perspectives in Ger-man Literary Criticism. A Collection of Essays，Princeton 1979,418 - 431.

Wellek，R. /Warren，A.，Theory of Literature，New York 1949，dt.: Theorie der Literatur，Frankfurt am Main 1971.

Wellhausen，J.，Geschichte Israels (1880)，in: ders.，Grundrisse zum Alten Testament，hg. von R. Smend，ThB 27，München 1965,13 - 64.

Wellhausen，J.，Prolegomena zur Geschichte Israels，Berlin u. a. 1883/⁶1927.

Wellhausen，J.，Die Composition des Hexateuchs und der historischen Bücher des Alten Testaments，Berlin ³1899.

Wellhausen，J.，Israelitische und jüdische Geschichte，Berlin 1904.

Welten，P.，Geschichte und Geschichtsschreibung in den Chronikbüchern WMANT 42，Neukirchen-Vluyn 1973.

Welten，P.，Art. Buch/Buchwesen II. Altes Testament，TRE 7，Berlin/New York 1981,272 - 275.

Wessetzky，V.，Die Bücherliste des Tempels von Edfu und Imhotep，Göttinger Miszellen 83(1984),85 - 89.

262

Westermann，C.，Der Aufbau des Buches Hiob. Mit einer Einführung in die neuere Hiobforschung von Jürgen Kegler，CThM 6，Stuttgart 1977.

Wette，W. M. L. de，Dissertatio critica quae Deuteronomium a prioribus Pentateuchi libris diversum，alius cuiusdam recentioris auctoris opus esse demonstrator，Jena 1805.

Wettengel，W.，Die Erzählung von den beiden Brüdern. Der Papyrus d'Orbiney und die Königsideo-logie der Ramessiden，OBO 195，Fribourg/Göttingen 2003.

White，J. B.，Universalization of History in Deutero-Isaiah，in: C. D. Evans u. a. (Hgg.)，Scripture in Context. Essays on the Comparative Method，PThMS 34，Pittsburgh 1980,179 - 195.

Whybray，R. N.，Wisdom in Proverbs，SBT 45，London 1965.

Whybray，R. N.，The Joseph Story and Pentateuchal Criticism，VT 18(1968),522 - 528.

Wiesehöfer，J.，Das frühe Persien. Geschichte eines antiken Weltreichs，München 1999.

Wildeboer, G., De letterkunde des Ouden Verbonds naar de tijsorde van haar ontstaan, Groningen 1893; (deutsche Übersetzung: Die Litteratur des Alten Testaments nach der Zeitfolge ihrer Entste-hung, Göttingen 1895).

Wilke, A. F., Kronerben der Weisheit. Gott, König und Frommer in der didaktischen Literatur Ägyp-tens und Israels, FAT II/20, Tübingen 2006.

Willi, T., Die Chronik als Auslegung, FRLANT 106, Göttingen 1972.

Willi, T., Die Chronik-(k)ein Buch wie andere. Die biblischen Chronikbücher als Exempel alttesta-mentlicher Literaturwerdung, in: S. Lubs u. a. (Hgg.), Behutsames Lesen. Alttestamentliche Exegese im interdisziplinären Methodendiskurs. FS C. Hardmeier, ABG 28, Leipzig 2007,89 - 137.

Williamson, H. G. M., In Search of the Pre-Exilic Isaiah, in: J. Day (Hg.), In Search of Pre-Exilic Israel. Proceedings of the Oxford Old Testament Seminar, JSOT. S 406, London/New York 2004,181 - 206.

Willi-Plein, I., Art. Sacharja/Sacharjabuch, TRE 29, Berlin/New York 1998,539 - 547.

Willi-Plein, I., Warum musste der Zweite Tempel gebaut werden?, in: B. Ego/ A. Lange/P. Pilhofer (Hgg.), Gemeinde ohne Tempel. Community without Temple. Zur Substituierung und Transfor-mation des Jerusalemer Tempels und seines Kults im Alten Testament, antiken Judentum und frü-hen Christentum, WUNT 118, Tübingen 1999,57 - 73.

Wilson, F. M., Sacred or Profane? The Yahwistic Redaction of Proverbs Reconsidered, in: K. Hoglund u. a. (Hgg.), The Listening Heart. Essays in Wisdom and the Psalms in Honor of Roland E. Murp-hy, JSOT. S 87, Sheffield 1987,313 - 334.

Wilson, G. H., The Editing of the Hebrew Psalter, Chico 1985.

Wilson, G. H., A First Century C. E. Date for the Closing of the Hebrew Psalter?, in: J. J. Adler (Hg.), Haim M. I. Gevaryahu. Memorial Volume, English-French-German Section, Jerusalem 1990,136 - 143.

Wischnowsky, M., Die Tochter Zion. Aufnahme und Überwindung der Stadtklage in den Propheten-schriften des Alten Testaments, WMANT 89, Neukirchen-Vluyn 2001.

Witte, M., Die biblische Urgeschichte. Redaktions- und theologiegeschichtliche Beobachtungen zu Genesis 1,1 - 11,26, BZAW 265, Berlin/New York 1998.

Witte, M., Vom Glauben in der (End-)Zeit. Ein exegetischer Spaziergang durch das Buch Habakuk, in: G. Linde u. a. (Hgg.), Theologie zwischen Pragmatismus und Existenzdenken, MThSt 90, Mar-burg 2006,323 - 337.

Witte, M., Von der Analyse zur Synthese: Historisch-kritische Anmerkungen zu Hermann Gunkels Konzept einer israelitischen Literaturgeschichte, in: U. Eisen u. a. (Hgg.), Hermann Gunkel Revi-sited: Literatur- und religionsges-chichtliche Studien, Exegese in unserer Zeit 20, Münster 2010, 2 1 - 51.

Witte, M. /Schmid, K. /Prechel, D. /Gertz, J. C. (Hgg.), Die deuterono-mistischen Geschichtswerke. Re-daktions- und religionsgeschichtliche Perspe-ktiven zur „Deuteronomismus"-Diskussion in Tora und Vorderen Propheten, BZAW 365, Berlin/New York 2006.

Wöhrle, J., Die frühen Sammlungen des Zwölfprophetenbuches. Entstehung und Komposition, BZAW 360, Berlin/New York 2006. 263

Wolff, H. W., Das Thema „Umkehr" in der alttestamentlichen Prophetie, ZThK 48(1951), 129 - 148 = ders., Gesammelte Studien zum Alten Testament, TB 22, München 1964, 130 - 150.

Wolff, H. W., Das Kerygma des deuteronomistischen Geschichtswerks, ZAW 73 (1961), 171 - 186 = ders., Gesammelte Studien zum Alten Testament, TB 22, München 1964, 308 - 324.

Wolff, H. W., Art. Haggai/Haggaibuch, TRE 14, Berlin/New York 1985, 355 - 360.

Woude, A. S. van der, Pluriformity and Uniformity. Reflections on the Transmission of the Text of the Old Testament, in: J. N. Bremmer/F. García Martínez (Hgg.), Sacred History and Sacred Tests in Early Judaism. A Symposium in Honour of A. S. van der Woude, CBET 5, Kampen 1992, 151 - 169.

Wright, J., Rebuilding Identity. The Nehemiah-Memoir and its Earliest Readers, BZAW 348, Berlin/New York 2004.

Wyrick, J., The Ascension of Authorship. Attribution and Canon Formation in Jewish, Hellenistic and Christian Traditions, Cambridge MA 2004.

Young, I., Diversity in Pre-Exilic Hebrew, FAT 5, Tübingen 1993.

Young, I., Israelite Literacy: Interpreting the Evidence, VT 48(1998), 239 - 253. 408 - 422.

Young, I. (Hg.), Biblical Hebrew. Studies in Chronology and Typology, JSOT. S 369, London u. a. 2003.

Young, I., Israelite Literacy and Inscriptions: A Response to Richard Hess, VT 55(2005), 565 - 568.

Young, I. /Rezetko, R. (Hgg.), Linguistic Dating of Biblical Texts, 2 vols., London 2008.

Younger, K. L. Jr., Ancient Conquest Accounts. A Study in Ancient Near

Eastern and Biblical History Writings, JSOT. S 98, Sheffield 1990.

Younger, K. L. Jr., The „Contextual Method": Some West Semtitic Reflections, in: W. W. Hallo (Hg.), The Context of Scripture. Archival Documents from the Biblical World, Leiden u. a. 2002, xxxv - xlii.

Zadok, R., The Jews in Babylonia During the Chaldean and Achaemenian Periods According to the Babylonian Sources, Haifa 1979.

Zenger, E., Die deuteronomistische Interpretation der Rehabilitierung Jojachins, BZ 12(1968),16 - 30.

Zenger, E., Art. Mose/Moselied/Mosesegen/Moseschriften I., TRE 23, Berlin/New York 1994,330 - 341.

Zenger, E., „Daß alles Fleisch den Namen seiner Heiligung segne" (Ps 145,21). Die Komposition Ps 145 - 150 als Anstoß zu einer christlich-jüdischen Psalmenhermeneutik, BZ 41(1997a),1 - 27.

Zenger, E., Art. Priesterschrift, TRE 27, Berlin/New York 1997b, 435 - 446.

Zenger, E., Die Provokation des 149. Psalms. Von der Unverzichtbarkeit der kanonischen Psalmen-auslegung, in: R. Kessler/K. Ulrich u. a. (Hgg.), „Ihr Völker alle, klatscht in die Hände! ". FS für E. S. Gerstenberger zum 65. Geburtstag (EuZ 3), Münster 1997c, 181 - 194.

Zenger, E., Der Psalter als Buch, in: ders. (Hg.), Der Psalter in Judentum und Christentum, HBS 18, Freiburg im Breisgau u. a. 1998,1 - 57.

Zenger, E., Die Psalmen im Psalter: Neue Perspektiven der Forschung, ThRev 95(1999),443 - 456. Zenger, E., „Es sollen sich niederwerfen vor ihm alle Könige" (Ps 72,11). Redaktionsgeschichtliche Beobachtungen zu Psalm 72 und zum Programm des messianischen Psalters 2 - 89, in: E. Otto/E. Zenger (Hgg.), „Mein Sohn bist du" (Ps 2,7). Studien zu den Königspsalmen, SBS 192, Stuttgart 2002,66 - 93.

Zenger, E., Der Monotheismus Israels. Entstehung-Profil-Relevanz, in: T. Söding (Hg.), Ist der Glaube Feind der Freiheit? Die neue Debatte um den Monotheismus, QD 196, Freiburg im Breis-gau u. a. 2003,9 - 52.

264 Zenger, E., Einleitung in das Alte Testament, Stuttgart u. a. [5]2004.

Zenger, E. (Hg.), The Composition of the Book of Psalms, BETL 238, Leuven 2010.

Zevit, Z., The Religions of Ancient Israel. A Synthesis of Parallactic Approaches, London/New York 2001.

Zevit, Z., Three Debates about Bible and Archaeology, Bib. 83(2002),1 - 27.

Zimmer, T., Zwischen Tod und Lebensglück. Eine Untersuchung zur Anthropologie Qohelets, BZAW 286, Berlin/New York 1999.

Zimmerli, W. , Sinaibund und Abrahambund. Ein Beitrag zum Verständnis der Priesterschrift, ThZ 16 (1960), 268 - 280 = ders. , Gottes Offenbarung. Gesammelte Aufsätze zum Alten Testament, ThB 19, München 1963, 205 - 217.

Zimmerli, W. , Ezechiel, BK XIII/1. 2, Neukirchen-Vluyn 1969.

Zobel, K. , Prophetie und Deuteronomium. Die Rezeption prophetischer Theologie durch das Deute-ronomium, BZAW 199, Berlin/New York 1992.

Zunz, L. , Die gottesdienstlichen Vorträge der Juden, historisch entwickelt. Ein Beitrag zur Altert-humskunde und biblischen Kritik, zur Literatur- und Religionsgeschichte (1892), hg. von N. Brüll, Frankfurt am Main ^{2}1992.

Zwickel, W. , Der salomonische Tempel, Kulturgeschichte der antiken Welt 83, Mainz 1999.

Zwickel, W. , Jerusalem und Samaria zur Zeit Nehemias. Ein Vergleich, BZ 52 (2008),201 - 222.

圣经及经外文献索引

265

（说明：本索引中的页码为原书的页码，即本书的边码）

2:10-12	97
2:13	96,100
3-6	96
3:1	48,96f
3:7	97
4:6-12	100
5:1	48,96f
5:4ff	100
5:14	100
5:25f	97
7-9	96,100,163
7:9	91,92
7:14	96
7:16	91,92
8:2	148
8:2f	96
9:1	96,100
9:12	100

俄巴底亚书

1-4	49
8f	49

弥迦书

1:2	94
3:12	94
7:12	193
7:20	91

哈巴谷书

2:2	48f

西番雅书

3:8	193

哈该书

2:2	142

2:6	161
2:21-23	120,161ff
2:22	161

撒迦利亚书

1:3	171,199
1:8-6:8	162
4:6-10	163
5:5-11	163f
6:9-15	163
7f	162f
9:1	199
9:1-8	198
9:9f	198
9:13	198
11:13	198
12:1	199
14:5	96
14:16ff	199
14:20f	198

玛拉基书

1:1	199
3:7	171,199
3:22	207
3:22-24	51,199

诗篇

1	51,64,192,203f
1f	204
1:2	49
2	78
2-89	205
2:1	78
2:1f	185f
2:1-9	64
2:7	188

约伯记

II. 黎凡特铭文

人名索引

（说明：本索引中的页码为原书的页码，即本书的边码）

Bauks,M.,鲍克斯 62

Baumann,G.,鲍曼 53,180,182

Baumgart,N. C.,鲍姆加特 154

Baumgartner,W.,鲍姆加特纳 106

Beaulieu,P. —A.,博柳 111,141

Beck,M.,贝克 69

Becker,U.,贝克尔 36,39,90,93,96,98,100,159,194

Becking,B.,贝金 63,73,85,111,121,141,158

Beckwith,R.,贝克威思 29,30,45

Bedford,P. R.,贝德福德 141

Begg,C. T.,贝格 158

Ben Zvi,E.,本·兹维 43,45

Berger,K.,伯杰 210

Berges,U.,伯格斯 195

Bergler,S.,伯格勒 161

Bertholet,A.,伯托雷 20

Bewer,J. A.,贝沃 21

Beyerle,S.,拜尔勒 123,140,186,191

Biddle,M.,比德尔 128

Bickerman,E. J.,比克曼 201

Blanco Wißmann,F.,布兰科·威斯曼 90,113

Blenkinsopp,J.,布伦金索普 16,34,147,154

Blum,E.,布卢姆 16,20,32,39,50,51, 68,91,96,99,120,124,125,140, 149,172,174,220

Boda,M. J.,博达 198

Bodi,D.,博提 143

Bormann,A. von,博尔曼 52

Bosshard—Nepustil,E.,博斯哈德—内普施蒂尔 154,161,199

Brandt,P.,布兰特 29,30

Braulik,G.,布劳利克 107

Brekelmans,C. H. W.,布雷克尔曼斯 107

Brettler,M. Z.,布雷特莱 38,61,121,141

Bringmann,K.,布林格曼 140,201

Broshi,M.,布罗施 62

Budde,K.,布德 20,21

Burkard,G.,布卡德 25

上海三联人文经典书库

已出书目

1. 《世界文化史》(上、下) 〔美〕林恩·桑戴克 著 陈廷璠 译
2. 《希腊帝国主义》 〔美〕威廉·弗格森 著 晏绍祥 译
3. 《古代埃及宗教》 〔美〕亨利·富兰克弗特 著 郭子林 李凤伟 译
4. 《进步的观念》 〔英〕约翰·伯瑞 著 范祥涛 译
5. 《文明的冲突:战争与欧洲国家体制的形成》 〔美〕维克多·李·伯克 著 王晋新 译
6. 《君士坦丁大帝时代》 〔瑞士〕雅各布·布克哈特 著 宋立宏 熊莹 卢彦名 译
7. 《语言与心智》 〔俄〕科列索夫 著 杨明天 译
8. 《修昔底德:神话与历史之间》 〔英〕弗朗西斯·康福德 著 孙艳萍 译
9. 《舍勒的心灵》 〔美〕曼弗雷德·弗林斯 著 张志平 张任之 译
10. 《诺斯替宗教:异乡神的信息与基督教的开端》 〔美〕汉斯·约纳斯 著 张新樟 译
11. 《来临中的上帝:基督教的终末论》 〔德〕于尔根·莫尔特曼 著 曾念粤 译
12. 《基督教神学原理》 〔英〕约翰·麦奎利 著 何光沪 译
13. 《亚洲问题及其对国际政治的影响》 〔美〕阿尔弗雷德·马汉 著 范祥涛 译
14. 《王权与神祇:作为自然与社会结合体的古代近东宗教研究》

（上、下）　〔美〕亨利・富兰克弗特　著　郭子林　李　岩　李凤伟　译

15. 《大学的兴起》　〔美〕查尔斯・哈斯金斯　著　梅义征　译

16. 《阅读纸草,书写历史》　〔美〕罗杰・巴格诺尔　著　宋立宏　郑　阳　译

17. 《秘史》　〔东罗马〕普罗柯比　著　吴舒屏　吕丽蓉　译

18. 《论神性》　〔古罗马〕西塞罗　著　石敏敏　译

19. 《护教篇》　〔古罗马〕德尔图良　著　涂世华　译

20. 《宇宙与创造主:创造神学引论》　〔英〕大卫・弗格森　著　刘光耀　译

21. 《世界主义与民族国家》　〔德〕弗里德里希・梅尼克　著　孟钟捷　译

22. 《古代世界的终结》　〔法〕菲迪南・罗特　著　王春侠　曹明玉　译

23. 《近代欧洲的生活与劳作(从 15—18 世纪)》　〔法〕G.勒纳尔　G.乌勒西　著　杨军　译

24. 《十二世纪文艺复兴》　〔美〕查尔斯・哈斯金斯　著　张　澜　刘　疆　译

25. 《五十年伤痕:美国的冷战历史观与世界》(上、下)　〔美〕德瑞克・李波厄特　著　郭学堂　潘忠岐　孙小林　译

26. 《欧洲文明的曙光》　〔英〕戈登・柴尔德　著　陈　淳　陈洪波　译

27. 《考古学导论》　〔英〕戈登・柴尔德　著　安志敏　安家瑷　译

28. 《历史发生了什么》　〔英〕戈登・柴尔德　著　李宁利　译

29. 《人类创造了自身》　〔英〕戈登・柴尔德　著　安家瑷　余敬东　译

30. 《历史的重建:考古材料的阐释》　〔英〕戈登・柴尔德　著　方　辉　方堃杨　译

31. 《中国与大战:寻求新的国家认同与国际化》　〔美〕徐国琦　著　马建标　译

32. 《罗马帝国主义》　〔美〕腾尼・弗兰克　著　官秀华　译

33.《追寻人类的过去》［美］路易斯·宾福德 著 陈胜前 译

34.《古代哲学史》［德］文德尔班 著 詹文杰 译

35.《自由精神哲学》［俄］尼古拉·别尔嘉耶夫 著 石衡潭 译

36.《波斯帝国史》［美］A. T. 奥姆斯特德 著 李铁匠等 译

37.《战争的技艺》［意］尼科洛·马基雅维里 著 崔树义 译 冯克利 校

38.《民族主义:走向现代的五条道路》［美］里亚·格林菲尔德 著 王春华等 译 刘北成 校

39.《性格与文化:论东方与西方》［美］欧文·白璧德 著 孙宜学 译

40.《骑士制度》［英］埃德加·普雷斯蒂奇 编 林中泽 等译

41.《光荣属于希腊》［英］J. C. 斯托巴特 著 史国荣 译

42.《伟大属于罗马》［英］J. C. 斯托巴特 著 王三义 译

43.《图像学研究》［美］欧文·潘诺夫斯基 著 戚印平 范景中 译

44.《霍布斯与共和主义自由》［英］昆廷·斯金纳 著 管可秾 译

45.《爱之道与爱之力:道德转变的类型、因素与技术》［美］皮蒂里姆·A. 索罗金 著 陈雪飞 译

46.《法国革命的思想起源》［法］达尼埃尔·莫尔内 著 黄艳红 译

47.《穆罕默德和查理曼》［比］亨利·皮朗 著 王晋新 译

48.《16 世纪的不信教问题:拉伯雷的宗教》［法］吕西安·费弗尔 著 赖国栋 译

49.《大地与人类演进:地理学视野下的史学引论》［法］吕西安·费弗尔 著 高福进 等译 ［即出］

50.《法国文艺复兴时期的生活》［法］吕西安·费弗尔 著 施诚 译

51.《希腊化文明与犹太人》［以］维克多·切利科夫 著 石敏敏 译

52.《古代东方的艺术与建筑》［美］亨利·富兰克弗特 著 郝

海迪 袁指挥 译

53.《欧洲的宗教与虔诚:1215—1515》 ［英］罗伯特·诺布尔·斯旺森 著 龙秀清 张日元 译

54.《中世纪的思维:思想情感发展史》 ［美］亨利·奥斯本·泰勒 著 赵立行 周光发 译

55.《论成为人:神学人类学专论》 ［美］雷·S.安德森 著 叶汀 译

56.《自律的发明:近代道德哲学史》 ［美］J.B.施尼温德 著 张志平 译

57.《城市人:环境及其影响》 ［美］爱德华·克鲁帕特 著 陆伟芳 译

58.《历史与信仰:个人的探询》 ［英］科林·布朗 著 查常平 译

59.《以色列的先知及其历史地位》 ［英］威廉·史密斯 著 孙增霖 译

60.《欧洲民族思想变迁:一部文化史》 ［荷］叶普·列尔森普 著 周明圣 骆海辉 译

61.《有限性的悲剧:狄尔泰的生命释义学》 ［荷］约斯·德·穆尔 著 吕和应 译

62.《希腊史》 ［古希腊］色诺芬 著 徐松岩 译注

63.《罗马经济史》 ［美］腾尼·弗兰克 著 王桂玲 杨金龙 译

64.《修辞学与文学讲义》 ［英］亚当·斯密 著 朱卫红 译

65.《从宗教到哲学:西方思想起源研究》 ［英］康福德 著 曾琼 王涛 译

66.《中世纪的人们》 ［英］艾琳·帕瓦 著 苏圣捷 译

67.《世界戏剧史》 ［美］G.布罗凯特 J.希尔蒂 著 周靖波 译

68.《20世纪文化百科词典》 ［俄］瓦季姆·鲁德涅夫 著 杨明天 陈瑞静 译

69.《英语文学与圣经传统大词典》 ［美］戴维·莱尔·杰弗里(谢大卫)主编 刘光耀 章智源等 译

70.《刘松龄——旧耶稣会在京最后一位伟大的天文学家》 ［美］斯坦尼斯拉夫·叶茨尼克 著 周萍萍 译

71.《地理学》［古希腊］斯特拉博　著　李铁匠　译

72.《马丁·路德的时运》［法］吕西安·费弗尔　著　王永环
　　肖华峰　译

73.《希腊化文明》［英］威廉·塔恩　著　陈　恒　倪华强　李
　　月　译

74.《优西比乌：生平、作品及声誉》［美］麦克吉佛特　著　林中
　　泽　龚伟英　译

75.《马可·波罗与世界的发现》［英］约翰·拉纳　著　姬庆
　　红译

76.《犹太人与现代资本主义》［德］维尔纳·桑巴特　著　艾仁
　　贵　译

77.《早期基督教与希腊教化》［德］瓦纳尔·耶格尔　著　吴晓
　　群　译

78.《希腊艺术史》［美］F·B·塔贝尔　著　殷亚平　译

79.《比较文明研究的理论方法与个案》［日］伊东俊太郎　梅棹
　　忠夫　江上波夫　著　周颂伦　李小白　吴　玲　译

80.《古典学术史：从公元前 6 世纪到中古末期》［英］约翰·埃
　　德温·桑兹　著　赫海迪　译

81.《本笃会规评注》［奥］米歇尔·普契卡　评注　杜海龙　译

82.《伯里克利：伟人考验下的雅典民主》［法］　樊尚·阿祖莱
　　著　方颂华　译

83.《旧世界的相遇：近代之前的跨文化联系与交流》［美］　杰
　　里·H.本特利　著　李大伟　陈冠堃　译　施诚　校

84.《词与物：人文科学的考古学》修订译本　［法］米歇尔·福柯
　　著　莫伟民　译

85.《古希腊历史学家》［英］约翰·伯里　著　张继华　译

86.《自我与历史的戏剧》［美］莱因霍尔德·尼布尔　著　方
　　永　译

87.《马基雅维里与文艺复兴》［意］费代里科·沙博　著　陈玉
　　聃　译

88.《追寻事实：历史解释的艺术》［美］詹姆士　W.戴维森　著
　　［美］马克　H.　利特尔著　刘子奎　译

89.《法西斯主义大众心理学》 [奥]威尔海姆·赖希 著 张峰 译

90.《视觉艺术的历史语法》 [奥]阿洛瓦·里格尔 著 刘景联 译

91.《基督教伦理学导论》 [德]弗里德里希·施莱尔马赫 著 刘平 译

92.《九章集》 [古罗马]普罗提诺 著 应明 崔峰 译

93.《文艺复兴时期的历史意识》 [英]彼得·伯克 著 杨贤宗 高细媛 译

94.《启蒙与绝望:一部社会理论史》 [英]杰弗里·霍松 著 潘建雷 王旭辉 向辉 译

95.《曼多马著作集:芬兰学派马丁·路德新诠释》 [芬兰]曼多马 著 黄保罗 译

96.《拜占庭的成就:公元330～1453年之历史回顾》 [英]罗伯特·拜伦 著 周书垚 译

97.《自然史》 [古罗马]普林尼 著 李铁匠 译

98.《欧洲文艺复兴的人文主义和文化》 [美]查尔斯·G.纳尔特 著 黄毅翔 译

99.《阿莱科休斯传》 [古罗马]安娜·科穆宁娜 著 李秀玲 译

100.《论人、风俗、舆论和时代的特征》 [英]夏夫兹博里 著 董志刚 译

101.《中世纪和文艺复兴研究》 [美]T.E.蒙森 著 陈志坚 等译

102.《历史认识的时空》 [日]佐藤正幸 著 郭海良 译

103.《英格兰的意大利文艺复兴》 [美]刘易斯·爱因斯坦 著 朱晶进 译

104.《俄罗斯诗人布罗茨基》 [俄罗斯]弗拉基米尔·格里高利耶维奇·邦达连科 著 杨明天 李卓君 译

105.《巫术的历史》 [英]蒙塔古·萨默斯 著 陆启宏 等译 陆启宏 校

106.《希腊-罗马典制》 [匈牙利]埃米尔·赖希 著 曹明 苏婉儿 译

107.《十九世纪德国史(第一卷):帝国的覆灭》 ［英］海因里希·
冯·特赖奇克 著 李 娟 译
108.《通史》 ［古希腊］波利比乌斯 著 杨之涵 译
109.《苏美尔人》 ［英］伦纳德·伍雷 著 王献华 魏桢力
译

欢迎广大读者垂询,垂询电话:021－22895540

图书在版编目（CIP）数据

旧约：一部文学史/（瑞士）康拉德·施密特（Konrad Schmid）
著.李天伟,姜振帅译.—上海:上海三联书店,2021.1(2024.9重印)
（上海三联人文经典书库）
ISBN 978-7-5426-6745-8

Ⅰ.①旧…　Ⅱ.①康…②李…③姜…　Ⅲ.①《旧约
圣经》-研究　Ⅳ.①B971.1

中国版本图书馆 CIP 数据核字(2019)第 167392 号

旧约：一部文学史

著　　者 / ［瑞士］康拉德·施密特
译　　者 / 李天伟　姜振帅

责任编辑 / 邱　红　李天伟
装帧设计 / 徐　徐
监　　制 / 姚　军
责任校对 / 王凌霄

出版发行 / 上海三联书店
　　　　　 (200041)中国上海市静安区威海路 755 号 30 楼
邮　　箱 / sdxsanlian@sina.com
联系电话 / 编辑部：021-22895517
　　　　　 发行部：021-22895559
印　　刷 / 上海展强印刷有限公司

版　　次 / 2021 年 1 月第 1 版
印　　次 / 2024 年 9 月第 2 次印刷
开　　本 / 655mm×960mm　1/16
字　　数 / 395 千字
印　　张 / 27.75
书　　号 / ISBN 978-7-5426-6745-8/B·642
定　　价 / 98.00 元

敬启读者,如发现本书有印装质量问题,请与印刷厂联系 021-66366565